기업의 미래
피터 드러커

This book originally published in English under the title,
THE ORGANIZATION OF THE FUTURE
by Frances Hesselbein, Richard Beckhard and Marshall Goldsmith/
Jossey-Bass Inc., Publishers, San Francisco, CA, USA.

Copyright ⓒ 1997 by The Peter F. Drucker Foundation for Non-Profit Management.
All rights reserved.

Korean translation copyright ⓒ 2009 by The Korea Economic Daily & Business Publications, Inc.

This edition published by arrangement with Jossey-Bass Inc., Publishers, California through KCC(Korea Copyright Center), Seoul.

이 책의 한국어판 저작권은 한국저작권센터(KCC)를 통한 저작권자와의 독점계약으로
한국경제신문 한경BP가 소유합니다.
저작권법에 의하여 한국 내에서 보호를 받는 저작물이므로 무단전재와 무단복제를 금합니다.

Peter F. Drucker

피터 드러커
기업의 미래

THE ORGANIZATION OF THE FUTURE

프랜시스 헤셀바인 · 마셜 골드스미스 외 지음 | 이재규 옮김

한국경제신문

미래 기업의 가치는
직원의 가치가 결정한다

세계화의 빠른 변화는 우리 경제에 많은 영향을 끼치고 있습니다. 경영 방식도 과학적 진보와 맞물려 변화하고 사회 전반으로도 공동의 이익보다는 개인의 이익을 내세우고 집단의 규범이나 의무보다는 개인의 소신과 개성을 주장하고 있습니다. 이렇게 기업 내외적으로 많은 변화가 이루어지고 있지만 아직도 우리는 말뿐인 변화와 경쟁력 강화를 외치고 있습니다.

    보다 근본적인 변화와 경쟁력 강화를 위해서는 어려운 사자성어나 외래어로 된 구호를 외치기보다 실제로 실행할 수 있는 방법을 강구해야만 합니다. 우리가 시도하고 도전해야 할 변화는 미래의 생존과도 직결되어 있습니다. 미래를 준비하면서 변화와 경쟁력을 강화하기 위해 우리가 가장 초점을 맞춰서 생각해야 할 구성 요소는 바로 '인간'입니다.

미래는 인간의, 인간을 위한, 인간에 의한 사회이기 때문입니다. 기술이 고도로 발전하면서 과학적이고 분석적으로 변한다고 하지만 그 중심에는 인간이 있습니다.

우리는 21세기를 예상하면서, 그리고 국가적으로는 외환위기를 겪으면서 '탈인간화 ─ 인간을 소모품으로 여기는 ─ 또는 거대화'의 논리에 빠져 있었지만 이제 이를 적극적으로 수정해야 할 때입니다.

인간이 바로 미래의 답이자 해결 방안입니다. 그런데 이런 답안지를 먼저 작성해놓은 분이 계십니다. 피터 드러커의 경영 철학에는 인간이 있습니다. 휴머니즘이 있습니다. 그는 서른 권이 넘는 저서에서 빼놓지 않고 이 점을 지적하고 있습니다. 그는 기업이나 조직의 최고 목적을 "인간의 장점을 강화하고 약점을 무용하게 하는 것이다"라고 했습니다. 특히 이 책 《기업의 미래》는 지금 기업을 이끌고 있는 리더와 미래의 리더들을 위한 책입니다. 46명의 리더가 모여 보이지 않는 변화에 대해서, 그리고 나아가 그런 변화가 미래를 어떻게 바꾸어놓을지에 대한 의견을 모아놓은 저서입니다.

조직원이 진보하면 기업도 진보합니다. 국민들이 나아지면 국가도 발전합니다. 우리 모두 숨을 쉬면서도 공기의 고마움을 생각하지 못하듯, 어쩌면 이 책은 우리가 잊고 있거나 도외시했던 점들을 새삼 일깨워주고 있는지 모르겠습니다. 바로 우리 개개인이 모든 변화와 경쟁력 강화의 가장 근원적인 요소라는 것입니다.

(주)디자인하우스 대표

이영혜

월간지 《디자인》 《행복이 가득한 집》을 비롯 《LUXURY, Mywedding, Mom&enfant, STYLE H, Men's Health》, 《designhouse books》 발행인. 일찍이 '서울리빙디자인페어' '서울디자인페스티벌' 등의 페어, 이벤트에 관심도 많고, 성공시키고 있다. 올해로 32년째 발행해오는 월간 《디자인》은 디자이너들을 위한 전문지로 디자인은 아트와 비즈니스 사이'에 있음을 알리고, 또한 '생활을 디자인하면 행복이 더 커진다'는 믿음으로 생활 문화지들을 발간하고 있다.

서문

새로운 조직을 향해

1860년대 이래 100년간, 전 세계적인 추세는 대규모 조직을 중심으로 한 피고용자 사회로 나아가는 것이었다. 그 추세는 냉정하고도 돌이킬 수 없는 것으로 보였다. 1965년 세계 최대의 베스트셀러는 프랑스의 정치가이자 저널리스트인 장자크 세르방 슈라이버 Jean-Jacques Servan-Schreiber가 쓴 《아메리카의 도전Le Defi americain》이었다. 세르방 슈라이버는 다음과 같이 예언했다. "1990년 또는 그 전후로 세계 제조업의 5분의 4는 미국의 15대 다국적 기업들 손아귀에 들어갈 것이고, 다국적 기업은 각기 전 세계에 수십만 명의 종업원을 거느리고 있을 것이다."

그러나 이 책이 수백만 권이나 팔릴 무렵 그 예측은 끝이 났다. 지난 30여 년간 세계의 생산과 판매고는 세 배 이상 증가했다. 그러나 1960년대 중반 이후 기존의 미국·영국·독일·프랑스·스위스 그리고 심지어 일본의 대기업들은 전 세계적으로 시장점유율을 빼앗기고 있었다. 인플레이션을 감안하면 자체적으로 성장한 대기업은 거의 없었고, 인수와 합병을 통해서만 겨우 규모가 확대되었다. 하나의 예를 들면, 1980년대 중반 이후 지난 10여 년간 미국의 수출 상품은 거의 두 배로 늘어났다. 그러나 증가된 수출 상품의 80~90%는 중소기업들의 몫이었다. 사실 우리는 지금까지 규모의 경제를 강조해왔지만, 지금부터는 점점 더 '규모의 비경제 diseconomies of scale'를 말하게 될 것이다.

대규모 조직에 기초한 피고용자 사회로 나아가는 추세는 제1차 세계대전 이후 강력한 힘을 발휘했고, 제2차 세계대전 이후 절정을 이루었다. 제1차 세계대전이 발발하기 직전인 1914년의 통계에 따르면, 선진국 노동력의 대부분은 독자적으로 일하거나 자영업에 종사하는 사람들이 아니었다. 이들 노동력의 대부분은 종업원들이었다. 선사시대 이래로 최대 다수였다. 그러나 그들은 조직을 위해 일하는 것이 아니었다. 그들은 하인이나 소작인 또는 가정부로서 주인님 또는 마님을 위해 일했다. 그리고 조그만 가게의 점원으로, 조그만 수공업 공장의 도제나 장인으로 일했다. 제조 공장의 블루컬러들만이 조직을 위해 일했다. 그러나 그들은 여전히 소수였고, 전체 노동력의 10분의 1을 넘지 않았다. 심지어 그 비율은 당시 최고의 공업국가들 사이에서도 마찬가지였다.

1965년경이 되자 미국·독일·영국·일본 등 선진국의 노동력 가운데 5분의 4는 조직의 피고용인이 되었다. 사실 린든 존슨Lyndon Johnson 대통령의 '위대한 사회Great Society' 프로그램, 예를 들면 의료 개혁은 1990년 또는 1995년까지 미국의 모든 노동력이 대규모 조직의 피고용자가 되어 있을 것이므로 대규모 조직은 종업원의 건강보험과 연금을 납부해야 할 것으로 가정했다. 그러나 모든 사람이 그 예측이 타당하다고 받아들일 무렵 그런 추세는 끝이 났다. 오늘날 선진국에서 최대 다수를 차지하는 노동력은 조직을 위해, 또는 조직에서 일하는 것이 아니다. 그들은 조직의 종업원으로 일하는 것이 아니라 '외부 하청업자'의 임시 피고용자로, 전문적 서비스를 제공하는 전문가 등으로 일하고 있다. 우리는 피고용자 사회라기보다는 서서히 네트워크 사회로 이동하고 있는 것이다.

　1860년대 또는 1870년대 이래 한 세기 동안 조직들은 소유권에 기초해 성립되었다. 무슨 사업을 하든 간에 기업은 개인이 소유했고, 개인이 통제했다. 독립적인 공공업자와 판매업자가 존재했지만, 그들은 단지 '국외자outsider'였다. 회사는 명령과 통제에 근거해 존재했고, 소유자에게 깊이 매달려 있었다. 이것은 여전히 전통적인 회사의 조직 구조다. 그러나 명령과 통제는 점점 더 다양한 종류의 관계로 대체되거나 서로 얽히고 있다. 전략적 제휴, 합작투자, 소수민족 참여, 파트너십, 기술계약, 판매계약 등의 관계는 어떤 한 사람이 통제하거나 명령할 수 없다. 이러한 관계는 그 목적·정책·전략을 상호 이해하는 데서 출발하고, 팀워크를 이루어

진행되고, 설득에 의해 추진된다. 그렇지 않으면 전혀 움직이지 않는다. 그리고 소유권에 기초한 구식의 명령·통제 조직은 영원하다고 간주되었지만, 새로 형성되는 수많은 관계는 일시적이거나 임시적인 것으로 간주되고 있다.

많은 사람들이 생각하는 것과 달리 다국적 기업은 제2차 세계대전 이후의 발명품이 아니다. 그것은 15세기 플로렌스에 본점을 둔 세계 최대 금융기관 메디치 은행Medici bank으로 거슬러올라간다. 이 은행은 세계 최초의 진정한 다국적 기업으로서, 유럽 지역에 16개 또는 18개의 지점을 두고 있었다. 다국적 기업들은 제1차 세계대전 이전에 이미 제조업과 금융업, 심지어 소매업 분야에서도 수십 년 동안 실질적으로 세계 경제의 상당 부분을 오늘날 이상으로 점유하고 있었다. 그러나 당시 다국적 기업은 메디치 은행과 마찬가지로 같은 소유주 아래 여러 나라에서 독자적으로 사업을 하고 있었다. 미국의 금전등록기 회사 NCR의 스위스 자회사는 NCR이 미국에서 디자인한 대로 금전등록기를 생산하고 판매했다. 그러나 스위스의 자회사는 독자적인 회사처럼 경영되었고, 스위스 사람들을 채용했다(아마도 예외적으로 경리 책임자는 미국인이었을 것이다). 그들은 모든 제품을 스위스에서 만들어 스위스에서만 판매했다. 오늘날까지 대부분의 영국 사람들은 영국의 포드자동차Ford Motor Company와 울워스 백화점Woolworth Corporation을 '진정한' 영국 회사로 알고 있으며 영국 회사가 아이보리 비누를 생산하는 것으로 생각하고 있지만, 사실 100% 미국 자회사이고 아이보리 비누는 미국 프록터 앤 갬블Procter&Gamble : P&G의 자회사가 생산하고 있다. 그러나 최근까지도 영국의 자회사들은 자율적으로 또는 최소한 독립적으로, 영국 회사처럼 경영되었다.

기업들은 점점 더—심지어 소규모 기업마저도—초국적 기업처럼 운영되고 있다. 기업의 시장은 여전히 지역적이다. 그러나 경쟁은 분명 세계적이다. 다국적 기업들의 전략은 기술과 재무적 측면에서, 제품과 시장 측면에서, 정보와 사람이라는 차원에서 글로벌화되어야만 한다. 이러한 추세는 기업 이외의 조직에도 마찬가지로 적용된다. 예를 들어, 내가 가르치고 있는 조그만 경영대학(클레어몬트 대학)도 캘리포니아 남부와 미국 전역의 경영대학들과 경쟁하고 있다는 가정 아래 교과목을 짤 뿐만 아니라 사실은 유럽의 대학들, 그리고 뉴질랜드의 경영대학과도 경쟁하는 것처럼 가정하고 있다. 우리 대학의 번영과 생존은 점점 더 외국 학생들의 등록률에 의존하고 있는데, 특히 아시아와 유럽의 학생들에 크게 의존하고 있다. 최고경영자 과정도 마찬가지다. 스위스와 프랑스의 경영대학들은 학생 모집 면에서 빠른 속도로 우리의 최대 경쟁자가 되어가고 있다.

이러한 변화와 혼란을 목격한 많은 연구자들은 '조직의 종말'에 대해 쓰고 있다. 그러나 그것은 어떤 하나가 확실히 일어나지 않으리라고 예측하는 것이다. 이론적으로는 분명히 무정부 상태, 즉 조직의 부재는 지금까지 가장 일관성 있고 또한 가장 설득력 있는 이론이었다. 하지만 이 이론의 가장 큰 결함은 그것이 작동하지 않는다는 것이다. 조직은 전보다 훨씬 더 필요할 것이다. 구체적으로 말하면, 그런 상황은 너무 애매하고 너무 임의적이고 변화가 많기 때문에 사명·가치·전략이라는 측면에서 훨씬 더 명확하게 해야만 한다. 장기적 목적과 단기적 목적 사이에서 균형을 이루고, 기업의 목적을 확실히 해야 한다. 무엇보다도 누가 최종적으로 의사결정을 내리고, 위기 시에 누가 명령을 내리는지에 대해 분명히 해두어야만 한다.

일반적으로 '조직'이라고 말하는 것의 의미는 진정 변하고 있다. 조직에 대한 첫 번째 정의는 프러시아의 왕 프레더릭 대제Frederick the Great가 18세기 중엽 최초의 조직 이론이라고 해도 좋을 근대적인 군대를 창설하면서 내린 것이다. 그는 다음과 같이 말했다. "군대란 세 부분으로 나뉜다. 보병은 걷고, 기병은 말을 달리고, 대포는 끌려간다. 달리 표현하면, 조직은 서로 다른 작업이 어떻게 수행되는가에 따라 정의된다." 프레더릭 대제가 내린 이 기본 개념은 제2차 세계대전에 이를 때까지 모든 군대 조직에 적용되었고, 제1차 세계대전 때 유럽 최대 광업회사의 최고경영자였던 앙리 페욜Henri Fayol이 개발한 제조업 이론에도 영향을 미쳤다. 조직의 목적은 과업을 완수하는 것이다. 그렇게 하려면 유사한 작업을 한꺼번에 묶는 구조가 필요하다. 예를 들면 엔지니어링·제조·판매 등을 같은 부문으로 묶어야 한다. 제1차 세계대전 후 알프레드 슬로언Alfred Sloan이 제너럴 모터스General Motors : GM를 재조직한 후(1950년대 GE가 분권화하면서 절정을 이루었다) 사람들은 페욜의 기업 이론 모델에 '사업 부문'이라고 불리는 구조를 추가하게 되었다. 사업 부문은 내부적으로는 작업을 수행하기 위한 '내부적인 관심'과 시장에 봉사하기 위한 '외부적인 관심' 사이에서 균형을 유지하려고 애쓴다. 사업 부문 조직은 지금까지 광범위하게 수용되어 온 접근 방식이며, '핵심 역량'과 '시장 지향' 사이에 균형을 잡는 것, 그리고 최근의 '리엔지니어링' 논의를 뒷받침하고 있다.

그러나 지금 완전히 새로운 접근 방식이 등장하고 있다. 구식을 대체하는 것이 아니라 그 위에 덧붙이는 것이다. 새로운 접근 방식에 따르면, 조직의 목적은 외부에 결과를 제공하는 것으로, 시장에서 성과를 내는 것이다. 그러나 조직은 페욜의 구조와는 달리 기계에 지나지 않는 것이 아니라 그 이상이다. 그것은 경제적인 것 이상이고, 시장에서 결과를 판정받게 된다. 무엇보다도 조직은 '사회적'이다. 그것은 곧 사람이다. 따라서 조직의 목적은 사람들의 힘을 효과적으로 활용하는 한편, 사람들의 약점을 약화시키는 것이 되지 않으면 안 된다. 사실 그것은 오직 조직만이 할 수 있는 하나의 역할이다. 지금 우리가 조직을 갖고 있고 또한 조직을 원하는 이유이기도 하다.

조직 이론의 변화, 그에 따른 조직 구조의 변화도 중요하지만 그보다 더 중요한 것은 조직 이론과 이상적인 조직 구조는 단 하나밖에 없다는 신념을 급속도로 탈피하고 있다는 사실이다. 달리 말해 프레더릭 대제의 군대에 관한 정의, 페욜의 전형적인 제조기업 이론, 슬로언의 GM, 그리고 잭 웰치Jack Welch의 제너럴 일렉트릭General Electric : GE에서 사용하고 있는 사업부제가 유일한 진리가 아니라는 사실이다. 이 책에 기고한 많은 저자들은 여전히 세상에는 하나의 이상적인 조직이 있다고, 또는 있어야만 한다고 믿고 있는 것처럼 보인다. 그러나 저자들의 다양한 견해는 조직들이 점점 더 서로 다르게 되어갈 것임을 분명하게 말할 것이다. 목적이 다르고, 작업의 종류가 다르고, 사람이 다르고, 조직 문화도 다를 것이다. 조직은 단순한 하나의 도구가 아니다. 조직은 가치를 창출한다. 이는 기업의 특성을, 비영리 조직의 특성을, 정부 조직의 특성을 의미하기도 한다. 조직은 사업의 구체적인 결과에 의거해 정의되고 또한 규정된다. 가장 새로우면서 이 책이 분명하게 기술하고 있는 것은 조직이 다원화되고 있다는 사실이다. 우리는 빠르게 새로운 조직을 향해 나아가고 있다.

피터 드러커

CONTENTS

THE ORGANIZATION OF THE FUTURE

- 추천사 005
- 서문 : 새로운 조직을 향해 / 피터 드러커 008

 미래의 조직은 어떤 모습일까

01 조직 변화를 위한 준비 _ 제임스 A. 챔피 022

02 세대 변화가 조직 생활을 변화시킬 것인가 _ 제이 A. 콘저 034

03 새로운 조직의 영혼 _ 마이클 해머 046

04 미래의 '거대' 조직 _ 릭 두크 · 폴 개스크 057

05 과거의 실수를 되풀이할 것인가 _ 제프리 페프 074

06 수행능력 제고를 위한 조직 설계
_ 오리트 가디시 · 스콧 올리베트 089

07 새로운 세계를 위한 새로운 핵심 역량
_ 아이언 소머빌 · 존 에드윈 엠로즈 111

한경클래식 03

 새로운 작업 방식과 조직 모델

08 원형조직 _ 프랜시스 헤셀바인 134

09 변형 가능 조직 _ 제이 R. 갤브레이스 142

10 조직의 새로운 옷 _ 론 애슈케나스 159

11 몬드라곤 : 21세기를 향한 새로운 길 _ 조엘 A. 바커 172

12 미래 조직 : 영광의 카멜레온 _ 도그 밀러 186

13 학습 사명을 가진 리더십 조직의 창조 _ 글렌 R. 존스 196

 전략적 우위를 위한 조직 만들기

14 미래 조직의 중심은 사람이다 _ 로자베스 모스 캔터 212

15 경쟁력과 시민정신 _ 필립 코틀러 232

16 새로운 경쟁 환경과 관리자의 과업 _ C. K. 프라할라드 245

17 영원한 승리를 위한 조직 _ 마틴 E. 하나카 · 빌 호킨스 261

18 21세기를 위한 지속적 학습공동체의 창조

　　_ 스테파니 페이스 마셜 273

19 능력에 기초한 조직 만들기 _ 데이브 울리히 290

CONTENTS

네트워크 사회의 과업과 조직

20 디지털 경제와 인적 자본 _ 앤서니 F. 스미스 · 팀 켈리 304

21 통신 혁명의 충격파 _ 에드워드 D. 밀러 320

22 정보시대의 자존심 _ 나다니엘 브랜든 332

23 자존심의 일곱 가지 R 모델 _ 디팩 세티 346

24 미래의 현재 _ 프레더릭 G. 하몬 358

미래 조직의 리더십

25 자리 넘겨주기 : 미래의 지도자 만들기
　　_ 제임스 G. 브록스미스 주니어 374

26 최고 직원의 유치 _ 마셜 골드스미스 386

27 다문화 조직의 상황적인 리더십 _ 폴 허시 · 듀이 E. 존슨 394

28 직원관리의 감정 · 템포 · 타이밍 _ 피에르 J. 에버라이트 406

29 다문화 직원 리더십 : 다섯 가지 핵심 역량
　　_ 존 알렉산더 · 미나 S. 윌슨 425

30 리더십과 내부 역량 개발 _ 다이애나 채프먼 월시 438

31 리더십 학습 _ 로버트 H. 로젠 451

 **PART 6 조직건강의 새로운 정의**

32 직원 근로생활의 균형 : 경쟁우위 _ 루이스 E. 플랫 468

33 건강한 조직 : 개요 _ 리처드 벡하드 480

34 미래의 다양성과 미래의 조직 _ R. 루스벨트 토머스 주니어 485

35 사회적 결과의 창출 _ 그레그 파스턴 502

36 미래의 자발적 건강 조직 _ 존 R. 세프린 513

37 장기적으로 건강한 회사 만들기

　_ A. W. 댈버그 · 데이비드 W. 코넬 · 제니퍼 랜드럼 528

38 미래의 도전 _ 크리스 아지리스 540

맺음말 : 상상하지 못했던 미래 _ 찰스 핸디 552

THE
ORGAN
OF
THE FU

PART 1

미래의 조직은 어떤 모습일까

01

James A. Champy

조직 변화를
위한 준비

나는 오늘날의 조직 변화를 종종 '여행'으로 표현한다. 많은 경영자들에게 그것은 종착지 없는 여행이기도 하다. 어떤 이는 나에게 그 여행이 경영자들을 숨도 쉬지 못할 정도로 바쁘게 만든다고 말한다. 그에 대한 나의 충고는 다음과 같다. "남과 다르게 숨 쉬어라, 그리고 만나고 싶은 것을 기대하라."

제임스 A. 챔피 James A. Champy | 컨설팅회사인 페로 시스템사(Perot Systems Corporation)의 회장으로 비즈니스 리엔지니어링, 조직 변화, 기업 혁신과 같은 경영 이슈의 권위자다. 200만 부 이상 팔린 《리엔지니어링 기업 혁명(Reengineering the Corporation)》의 공저자이며 《비즈니스 위크(Business Week)》지는 그가 쓴 《리엔지니어링 경영 혁명(Reengineering Management)》을 1995년도 최고의 경영서 가운데 하나로 꼽았다. 1996년 3월 니틴 노리아(Nitin Nohria)와 함께 《하버드 비즈니스 리뷰(Harvard Business Review)》지에 게재된 변화에 관한 논문을 모아 《미래를 향하여(Fast Foward)》를 펴냈다.

이 장은 기대와 준비에 관한 것이다.

변화에 관한 모든 노력은 여행의 목적지를 기술하는 것에서부터 시작한다. 그것은 단순한 재무 성과가 아니라 경영 성과의 극적인 향상일 것이다. 원가절감에 시선을 집중하면 단지 다운사이징 downsizing으로 끝나버릴 뿐 조직 유효성 organization's effectiveness 의 향상이라는 진정한 성과는 달성하지 못한다. 궁극적으로 당연히 서비스 · 품질의 향상, 성장 또는 투자수익률의 향상을 포함해야 한다. 때로는 주주의 가치 창출이라는 보다 높은 관점에서 목적이 표현되기도 한다. 어떤 제약회사의 목적은 연구 · 개발비를 반으로 줄이고, 신약 허가 기간을 8년에서 4년으로 단축하는 것이다. 한 통신회사의 목적은 30일이나 걸렸던 신규 전화 설치를 단 하루에 끝내는 것이다. 또 의료 서비스 기관의 목적은 고객들이 가장 편리한 시간대에 의사를 만날 수 있도록 하는 것이다. 그 반대가 아니다.

이처럼 야심찬 목적이 바로 리엔지니어링이 추구하는 성과 기준이다. 이 외에도 리엔지니어링은 작업 조직이 부서의 기능을 따를 필요가 없고, 기능들 사이에 연결되는 과정을 따라야 한다는 것을 인식하는 것이다. 또한 근본적으로 작업의 흐름을 자주 디자인해야 하고, 지금 가동하고 있는 방식을 점진적으로 바꾸기보다 처음부터 다시 시도해야 한다는 것을 인식하는 것이다. 일반적으로 리엔지니어링은 해도海圖가 없는 물길을 따라가는 여행이다.

그러나 때로 여행의 목적은 어떤 기업의 작업 과정을 바꾸거나 경영 성과를 향상시키는 것보다 훨씬 더 야심적이다. 많은 회사들은 그들이 경쟁하고 있는 산업이 엄청나게 변하고 있음을 깨닫고 있다. 변화의 동인은 인터넷과 같은 새로운 기술, 규제 완화, 민영화, 자유무역 등이다. 때로는 이와 같은 요소가 복합적으로 얽혀 근본적인 산업 구조조정을 촉구한다.

이러한 변화는 심각한 전략적 문제를 야기하기도 한다. 디지털 형태로 뉴스가 무료로 보급되고, 광고주들이 자신의 메시지를 전달하는 방송 채널을 갖고 있는 정보시대에 신문사들은 어떻게 수익을 올릴 수 있겠는가? '가상은행virtual banks'과 홈뱅킹의 맹공격 앞에서 벽돌과 모르타르로 된 사무실의 지점망에 돈을 투입하고 있는 은행은 어떻게 살아남을까? 상대적으로 가격이 평준화되어 있는 시장에서 전력회사는 어떻게 경쟁하고 성장하는 방법을 배울 수 있을까? 미래가 불투명한 의료산업에서 '병원 사업'이란 무엇인가?

이러한 질문에 대한 대답은 기업의 프로세스를 리엔지니어링 하는 일보다 훨씬 더 어렵다. 그것은 사업 그 자체를 재창조하라고 요구한다. 기업 재창조라는 여행은 리엔지니어링 여행길보다 훨씬 더 거센 물길을 따라가야만 할 것이다. 재창조하려면 조직의 많은 요소가 한꺼번에 변화해야 한다. 프로세스가 다시 디자인되어야 하고, 새로운 기회와 전략이 나와야 할 것이고, 조직 구조와 상호 관계는 안팎에서 변화가 일어날 것이며, 새로운 정보 기술 인프라가 필요할 것이고, 경영자의 업무가 변할 것이며, 그리고 경영자는 직원들에게 새로운 행동을 요구할 것이다. 주주와 고객은 빨리 변하라고 보채고 있을 것이므로 이 모든 것은 경영자의 숨 가쁜 상황에 또 다른 걱정거리를 보태줄 것이다.

극적이고도 다양한 변화에 맞부딪쳐야 하는 경영자는 과거의 전략적 계획을 버리지 않으면 안 된다. 이것은 단순히 A지점에서 B지점으로 이동하는 여행이 아니다. 거기에는 우리가 알지 못하는 장애물이 너무나 많고, 알고 있는 장애물 또한 너무나 많다. 그럼에도 불구하고 우리는 여행의 목적을 구체적인 숫자로 알고 있어야 하고, 목적지까지 이르는 길에서 부딪칠 도전과 장애를 고려해야만 한다. 리엔지니어링과 마찬가지로 재창조는 심사숙고보다는 행동을 요구하는 여행이다. 그것은 우리가 복구해야 하고, 또한 극복해나가야 할 파괴로 점철되어 있다. 자 이제부터 당신이 리엔지니어링을 하든, 기업을 재창조하든 간에 앞으로 미리 예상해야 하고 준비해야 할 몇 가지 조건과 사건을 제시해보자.

톱으로부터의 분열

주요한 변화 계획은 톱다운top down식이어야 하고, 비전을 추구해야 하며, 계획 과정과 집행 시 폭넓은 참여가 요구된다. 그러나 내 생각에는 월요일 아침에 출근한 직원들이 회사를 변혁시키기 위해 투표를 하자고 제안하지는 않을 것이다. 적어도 처음에는 경영자가 적극적으로 주요한 변화 계획을 이끌고 가야 한다.

최고경영자팀은 변화의 필요성과 변화의 방향에 대해 종종 의견이 일치하는 것으로 보인다. 다음과 같은 광범위한 전략적 의지 표명은 쉽다.

"우리는 고객 만족 분야에서 최고가 되고 싶다."

"저원가 고품질 제품의 제공자가 되자."

"우리는 혁신을 통해 시장을 선도해가지 않으면 안 된다."

그러나 일반적으로 주요한 변화 계획을 실시한 이후 고위 경영진의 구성원들이 실제로 변화해야 할 상황에 부딪치면 그들의 노력은 모두 수포로 돌아가고 만다.

때로는 최고경영자팀의 분열이 공공연하게 드러나기도 하고, 대치 국면으로까지 확대되기도 한다. 그래도 그 정도는 괜찮다. 그것은 문제와 관심 분야에 대한 토론의 기회를 제공하고, 해결 방안을 찾게 하고, 그렇게 함으로써 앞으로 나아간다. 그러나 어떤 때는 조용히 분열이 일어나기도 한다. 어느덧 변화 계획은 지하로 잠복해버린다. 그 안에는 "이것 또한 떠들썩하다가 지나가버릴 거야"라는 희망이 잠재되어 있다. 회사의 변화를 유도하던 어느 최고경영자는 내게 "사람들이 내가 주재하는 모임에 오기를 꺼린다"고 털어놓았다. 이러한 상황이라면 변화 활동이 천천히 진행되도록 하는 등 분열이 시작된 것이다. 결국 변화 계획은 사라지고 만다.

변화 계획의 중단에 대한 이유가 무엇이든 간에 최고경영자팀은 최소한 다음 세 가지 문제점에 대한 합의를 이끌어내는 노력을 다시 시작하지 않으면 안 된다.

① 기업이 변해야 하는 이유("왜 우리는 이 계획을 실천해야 하는가?")

② 변화의 범위와 규모("어떤 과정을 리엔지니어링할 것인가, 또는 어느 정도 변해야 하는가?")

③ 변화 계획을 실천하기 위한 경영 구조("누가 계획할 것이고, 누가 결과에 대해 책임질 것인가?")

물론 이러한 것들은 변화 계획을 처음 실시할 때 결정해두는 것이 가장 좋다. 그러나 대부분의 경영자들은 앞으로 나아가기만 좋아해서 사실은 그렇지 않은데도 그들 사이에 합의가 된 것으로 생각하고 일을 그르치는 경우가 많다. 또는 합의를 한 경우에도 추상적인 목적에 대해서만 합의를 하고 만다. 어떤 경우든 이 세 가지에 대해 진지하게 토의한다면 변화 계획을 시작하든가, 아니면 처음부터 다시 시작할 수 있을 것이다.

변화의 범위

나는 언젠가 매우 까다로운 사람을 관리자로 두고 있었는데, 그는 내게 자신이 추진하는 변화 계획의 적임자가 자신인지 어떻게 알 수 있느냐고 물었다. 그는 변화 계획의 범위가 늘 변하기 때문에 특히 신경이 쓰인다는 것이었다. 그는 어쩔 수 없는 사람인가 아니면 타당한 질문을 한 사람인가? 나는 다음과 같이 대답했다.

"물론 때에 따라 다르겠지만, 당신은 옳게 보고 있어요."

범위의 변화는 늘 일어나는 일이다. 앞에서 말한 것처럼 오늘날의 변화 계획은 야심 있게 추진되어야 한다. 기업은 단시간 내에 큰 효과를 거두려고 한다. 그러나 그 야심찬 추진은 종종 위험을 고려하면서 주춤한다. 우리가 어느 정도까지 변할 수 있는가? 그러다가 회사를 큰 위험에 빠뜨리는 것은 아닌가?

이러한 상황은 조직을 정신 분열적 상태로 몰고 간다. 대체로 최초에는 범위를 크게 잡지만, 몇 달이 지나면 범위는 좁아지게 마련이다. 위험과 위험 대처 능력을 고려하기 때문이다. 변화 계획이 실행되면서 담당자들은 변화의 범위가 좁은 경우 기대하는 결과가 이루어지지 않는다는 것을 알고 나서는 그 범위를 넓힌다.

이것은 자연스러운 현상이다. 중요한 것은 변화 노력의 범위가 당신이 원하는 결과를 제공해줄 수 있는가 하는 점을 줄곧 챙겨보는 것이다. 경영 위험에 대해 몇 가지 조언을 하자면, 모든 대규모 변화는 위험하고 의견 분열은 불가피하다. 분열을 완전히 막을 수 있는 통제 시스템은 없다. 분열이 일어나면 몇몇 사람들의 초인적인 노력으로 분열상이 외부 고객에게 드러나기 전에 회사를 회복시키기도 한다. 분열에 적절히 대처할 수 있는 사람을 최고경영자팀 중에서 확보함으로써 기업의 위험을 최소화할 수 있다.

규모

상식과는 반대되는 것처럼 보이겠지만, 나는 변화 계획의 규모가 클수록 성공 가능성이 더 크다고 본다. 물론 내 주장이 종종 반대에 부딪친다는 것을 인정한다. 반대자의 견해는 대규모 변화 계획이야말로 사람들이 받아들이기에 '너무 크고, 너무 빠르다'는 것이다. 조직이나 사람은 그렇게 빨리 변하지 않는다고 한다. 점진적이고 진화적인 접근 방식이 필요하다고 말들 한다.

당연히 나는 그러한 주장을 받아들이지 않는다. 점진적 변화를 유도하는 변화 계획은 변화를 막는 많은 세력 때문에 반대에 부딪친다. 때로는 조용히 싸우기도 한다. 그러나 반대 투쟁이 일어나고 있다는 사실조차 모르고 지나가기도 한다. 그리고 실제로 아무 일도 일어나지 않을 수 있다. 마냥 토론과 연구만 하고 아무런 행동도 뒤따르지 않는 것이다. 조직의 면역체가 변화 계획을 조용히 소리도 없이 죽여버리는 것이다. 그러나 변화 계획이 크면, 그리고 최고경영자가 직접 추진하면 조직은 변화에 필요한 모든 것을 동원하게 된다. 숨길 것도 없고 현 상태로 되돌아올 것도 없다. 결과는—또는 결과가 없어도—눈에 띄게 된다. 어쨌든 변화의 정도와 경영자의 야심이 회사의 크기를 결정하고 조직 변화를 추진할 수 있다는 사실을 기억하라. 변화는 사람들을 숨 가쁘게 만들 것이다. 그러나 우리는 그것을 늦출 방법이 없다.

모든 것은 변한다

때로는 대규모 변화 계획이 한정된 분야에서 출발할 수도 있다. 예를 들면 주문 처리 리엔지니어링, 고객 서비스 향상 리엔지니어링, 신제품 개발 과정 리엔지니어링 등으로 출발할 수 있다. 그러나 기업 프로세스의 변화보다 더 큰 변화를 준비해야 하며, 변화가 어떤 한정된 분야에 국한될 것으로 기대해서도 안 된다. 기업의 프로세스가 변하면, 직원에게 필요한 자질과 직무 또한 변한다. 결과적으로 새로운 조직 문화가 형성된다. 과거의 보상 체계와 평가 체계는 더 이상 효과를 발휘하지 못한다. 직원이 자율적으로 업무를 처리하게 되면, 즉 자율 경영을 하게 되면 경영자의 직무도 변한다. 경영자는 이러한 변화를 예견하고 변화 과정을 가속화시킬 수도 있다. 모든 변화가 처음부터 가시화되지는 않겠지만, 가시화된 변화에 대해 미리 주의를 기울임으로써 같은 일을 되풀이하거나 변화 계획을 다시 시작하는 실수는 막을 수 있다.

예를 들면 경영 방식과 기업의 지배 구조가 어떻게 되어야 하는가를 미리 생각해보는 것은 변화 과정을 어떻게 진행시켜야 할지에 대해 많은 도움을 준다. 만약 기업의 구조와 경영자 모두가 변해야 한다면, 변화 과정의 관리는 회사의 정상적인 지배 구조 바깥에서 진행되어야 한다.

그리고 기업의 구조와 경영자의 모습을 미리 그려보는 것은 지금까지의 경영 방식을 새롭게 바꿀 때 당신이 어떻게 해야 할지를 결정하는 데 도움을 줄 것이다. 기업과 조직의 변화를 계획하는 사람이 직접 변화를 진행시켜야만 하는가? 변화 계획의 과정을 이끌 지원자, 리더는 바뀌어야 하는가? 두 가지 작업을 일정 기간 동안 한 사람이 직접 해야 하는가? 한 사람은 새로운 방식으로 수행하고, 또 다른 한 사람은 옛날 방식으로 운영해야 하는가? 또는 즉시 한 사람이 맡아서 옛날 방식으로부터 새로운 방식으로 이동해가야 하는가? 이런 이동 과정에 대해서도 미리 생각해보는 것이 현장 직원과 참모직을 구분하는 데 도움을 준다.

변화를 국지적으로 한정하기 전에 대부분의 주요한 성과가 조직 경계에 구애받지 않는 변화로부터 온다는 점을 인식해야 한다. 과거보다 훨씬 더 빨리 제품을 시장으로 출하하는 일은 연구·개발 기능만 향상시킨다고 되는 것이 아니다. 그것은 생산·마케팅·판매·유통 등과도 관련이 있다. 고객 서비스를 한층 더 잘하기 위해서는 그 전보다 전화만 더 잘 받는다고 되는 것이 아니다. 제품을 다시 디자인해 하자를 줄여야 하고, 그 결과 애당초 고객 서비스 담당자의 전화벨이 울리지 않게 해야 하는 것이다.

오늘날 조직 변화의 많은 사례는 부문 간의 구분을 없애기 위한 것이다. 각각의 부문과 기능을 강조하다 보면 관료주의와 내부 지향적 관리로 귀결된다는 것을 회사들도 알고 있다. 기업이 획기적으로 성과를 올리기 위해서는 조직들 사이의 경계를 한층 더 엷게 해야만 한다. 따라서 부문들을 없애기 위해 직접적으로 노력하든, 아니면 몇 단계 과정의 변화를 거쳐 그렇게 하든 변화는 처음의 계획보다는 훨씬 더 폭넓어지리라는 점을 예상하라.

대화와 의사소통

어떤 변화 계획이든 간에 계속 의사소통할 필요가 있다는 말은 귀가 따갑도록 들어왔다. 의사소통 프로그램을 갖고 있는 많은 회사들을 관찰하고 나서 내린 결론은 단순히 메시지만 전하는 것만으로는 충분치 않다는 것이다. 필요한 것은 대화이지 단순한 의사소통이 아니다. 그 사실을 발견한 경영자의 말을 들어보자.

"나는 규칙적으로 회장님의 말씀을 전달했다. 왜 우리가 변해야 하는지, 우리가 어디로 가는지에 대해 말이다. 그러나 나는 그것만으로는 충분치 않다는 사실을 알았다. 그래서 우리는 비디오테이프를 제작했고, 사내보를 만들었으며, 그리고 각종 미디어를 사용했다. 그러나 그것 또한 충분치 않음을 깨달았다. 우리가 필요로 하는 것은 카페테리아를 운영하는 직원을 이해시켜 그 지역에서 일하는 모든 직원들에게 우리가 왜 이 일을 하는지, 우리가 어디로 가는지, 그리고 그것이 우리 모두에게 무엇을 뜻하는지에 대해 말해줄 수 있도록 하는 것이었다."

주요 변화 계획을 실행하는 과정에는 두 가지 전제가 따른다는 점을 미리 생각해야만 한다. 첫째, 회사가 하고 있는 것이 무엇인지, 시장이 어떤 방향으로 가고 있는지, 변화를 실행하기 위해 회사가 어떻게 해야 하는지를 최고경영자가 알고 있다는 믿음이 필요하다. 둘째, 그 변화가 조직 구성원 개개인에게 어떤 의미가 있는지에 대해 이해할 필요가 있다. 두 번째 필요성을 충족시키는 데 따르는 어려움은 대부분 조직 변화의 과정 초기에는 그런 변화가 개개인에게 무슨 의미가 있는지 모를 수 있다는 것이다. 일방적 의사소통만으로는 관심사가 충족될 수 없는 법이다. 변화 계획의 촉진 요소들, 그리고 그 의미에 대해 경영자가 조직 전반에 걸쳐 있는 모든 사람과 대화해야 한다. 앞으로 일어날 일을 사람들에게 진실로 이해시키려면 대화를 주고받는 토론이 필요하다.

| **두려움과 냉소주의**

두려움, 그리고 냉소주의와 부딪칠 각오를 하라. 두려움은 해고 또는 직무 변화의 가능성이 높아지면서 나타난다. 리엔

지니어링이 당연히 다운사이징으로 이어지는 것은 아니지만, 많은 경영자들이 리엔지니어링과 다운사이징을 동의어로 사용하고 있다. 사실 때때로 리엔지니어링은 조직의 규모를 축소하려는 의도를 갖고 시작한다. 냉소주의는 경영자가 어떤 말을 했지만 그것을 실제로 하리라고 믿지 않을 때 나타난다. 그리고 경영자가 하는 말이 실제와는 다른 의도를 갖고 있다고 의심할 때도 나타난다. 뿐만 아니라 많은 조직들이 아무런 성과도 못 올린 변화 계획을 그대로 답습하고 있다. 두려움이나 냉소주의는 사람들과 대화를 하는 가운데서도 나타날 수 있다. 두려움은 그 대상이 합리적이라 하더라도 사라지지 않는다. 그러나 경영자가 자신이 한 말을 지킨다면 냉소주의는 사라질 것이다.

성과에 집중하기

마지막으로 충고한다. 오늘날 모든 조직의 변화는 성과 향상이라는 이름으로 진행된다. 그것은 계속적으로 목적이 되어야만 한다. 그 목적을 향해 나아가는 동안 몸놀림이 민첩한 회사를 만들어야 한다. 그렇게 되면 다양한 변화를 지속시킬 수 있을뿐더러 효과도 낼 수 있다. 우리는 지금 앞으로 5년 후쯤 닥칠 산업 변화의 물결에 신속히 대응할 수 없는 조직을 만들려고 하는 것이 아니다. 현재의 조직 대신 똑같이 융통성 없는 또 다른 조직으로 대체하고 있지는 않은지 끊임없이 주의를 기울여야 한다. 민첩성과 신성성이 조직 디자인의 핵심 기준이 되어야 한다.

02

Jay A. Conger

세대 변화가 조직 생활을 변화시킬 것인가

지구상의 어느 지역에는 계절풍이 불어오는데, 그것은 그 지역 주민의 생활에 큰 영향을 미친다. 눈에 보이지는 않지만, 계절풍은 독특한 생리적 효과를 야기하는 온도와 기압의 변화를 일으킨다. 인류의 다른 세대들 사이에서도 이와 같은 현상이 일어난다. 비록 생물학적으로는 같은 종이지만, 각 세대는 분명히 구분되는 모습

제이 A. 콘저 Jay A. Conger | 서던 캘리포니아대학 리더십센터의 이사장이자 원장이다. 그는 리더십 분야의 세계적인 전문가 가운데 한 명이다. 60여 편의 논문과 4권의 저서가 있고, 주로 최고경영자의 리더십, 조직 변화 관리, 그리고 최고경영자와 관리자의 훈련과 계발에 관해 연구하고 있다. 그의 저서 《지휘 방법의 학습(Learning to Lead, 1992)》은 리더십 훈련 분야에 대한 2년간의 실험을 정리한 것이다. 《포춘(Fortune)》지는 리더십 훈련을 이해하는 데 있어 이 책이 중요한 역할을 한다고 평했다. 그의 다른 저서 《작업 정신(Spirit at Work, 1994)》은 작업장에서의 공동체 의식과 작업의 의미를 파악한 것이다.

또는 개성을 갖는다. 각 세대의 구성원들은 살아가는 동안 그보다 앞서간 세대와는 다른 방식으로 사회에 영향을 미친다. 오늘날의 조직 생활 관점에서 보면, 그 영향력은 특별한 의미가 있다. 이렇게 말하는 이유는 두 가지 의미심장한 변화가 동시에 일어나고 있기 때문이다. ① 베이비 붐 세대Baby Boomer는 지금 최고경영자층에 진입하고 있고, ② 최초로 출생 저하 세대Baby Buster 또는 X세대는 일선 관리자층에 진입할 나이가 됐다. 이런 변화는 미래 조직에서 경영층은 어떻게 구성되어야 하는가에 대한 예상을 극적으로 바꾸어놓을 것이다.

이에 대한 하나의 예로서, 같은 세대 안에서도 보스boss라는 단어는 그 의미가 완전히 바뀌었다. 이 단어는 더 이상 성취나 권위를 의미하고 있지 않다. 오히려 다른 사람과의 거리감을 유발하고 있으며, 매력 없는 어떤 것을 함축하고 있다. 반면에 베이비 붐 세대, 그리고 X세대에게서는 상징적 동료 집단symbolic peer을 리드하려는 욕구가 나타나고 있다.

최근에 나는 베이비 붐 세대 출신의 최고경영자와 점심식사를 했다. 식사를 마친 후 그는 운전기사가 딸린 회사 자동차의 앞자리에 운전기사와 나란히 앉았다. 그 다음주에 나는 소매점을 경영하는 60세의 최고경영자와 식사를 했다. 이 최고경영자는 운전기사가 딸린 회사 자동차의 뒷자리에 올라탔다. 두 사람 모두 운전기사를 잘 알고 있었고, 돌아가는 길 내내 회사의 직원들에 대해 중요한 이야기를 나누었다. 단 한 세대의 차이인데도 이와 같이 눈에 띄는 변화를 야기하는 그 무엇이 발생한 것이다.

만약 X세대가 단순히 그 전 세대, 즉 베이비 붐 세대의 복사품이라고 생각한다면, 여자 상사에 대한 두 집단의 견해 차이는 어떻게 해석할 것인가? S. 미첼S. Mitchell이 1996년 2월호 《미국의 인구American Demographics》지에 발표한 논문에 따르면, 여자 X세대의 61%가 여자 상사와 일하는 것을 선호한 반면에, 베이비 붐 세대는 그 비율이 26%였다. 남자 X세대는 22%만이 여자 상사를 선호했지만, 52%가 여자든 남자든 관계없다고 대답했다. 뭔가 매우 근본적이고도 중요한 변화가 두 세대 사이에, 그리고 세대 안에서 일어나고 있는 것이다.

오늘날의 작업 세대

오늘날의 조직에서는 3세대가 함께 일하고 있다. 각 세대를 독특하게 만드는 것은 그들 세대마다 고유한 어떤 역사적 사건을 경험했기 때문인데, 예를 들면 조용한 세대 대부분은 1925~1942년 사이에 출생하여 제2차 세계대전에 참전하지 못했고 전쟁 중 또는 대공황 시기였다. 그들은 미국 역사상 가장 젊은 나이에 결혼한 세대일 뿐만 아니라 오늘날 이혼율이 가장 높은 연령층이기도 하다.

조용한 세대에 뒤이어 1943~1960년 사이에 태어난 베이비 붐 세대는 대학 학장실에서 농성을 하고, 귀가 따가울 만큼 시끄러운 록 음악을 즐기면서 대학 생활을 시작했다. 그들은 국가의 부富가 획기적으로 증가하는 시기에 성장했는데, 그 결과 그들은 어느 정도 방탕하게 되었고, 여피yuppies라는 별명이 붙은 자아도취 세대가 되었다. 베이비 붐 세대의 인구 통계학자들은 대부분 자신의 특성을 개인주의적이라고 규정한다.

가장 최근의 세대는 1961~1981년 사이에 출생했는데, 베이비 붐 세대가 떠나간 자리를 메워가고 있다. 이런 젊은이들을 공식적으로는 베이비 버스터Baby Busters 세대라고 부르는데, 그 이유는 베이비 붐 세대에 뒤이어 출산율이 급락하는 출산 기피 시대에 태어났기 때문이다. 사람들은 그들에 관한 이야기를 다루어 베스트셀러가 된 책 제목을 따서 X세대라고 부르기도 한다. 그들은 맞벌이 부부, 그리고 맞벌이 부모의 자녀들인데, 그들 부모 세대의 이혼율은 기록적으로 높았다. 베이비 붐 세대와는 대조적으로, X세대는 대학에서 부모 세대가 택했던 정치학·심리학 대신에 경영학·경제학을 주로 선택했다. X세대 사이에서는 베이비 붐 세대에 그렇게도 유행했던 청년기의 이상주의가 사라지고 실제적인 문제, 그리고 냉소적 현실주의가 만연했다.

우리는 조직의 관점에서 세대 간의 이러한 근본적인 차이에 특별히 관심을 갖는다. 왜냐하면 그 차이가 기대와 동기를 말해주기 때문이다. 예를 들면 공식적 권위에 대한 태도와 개인이 선호하는 관리 방식 사이에는 직접적 상관관계가 존재한다. 공식적 권위를 강력히 지지하는 사람은 매우 강압적이고 통제 지향적인 상사를 따르거나 적어도 인정할 것이다. 반면에 공식적 권위를 싫어하는 사람은 강압적인 상사를 용인하지 않거나 그들의 권위에 저항하거나 도피할 것이다. 이런 상황에서 성과를 내기 위해 동기를 부여한다고 잘될 리가 없다.

　사람은 개인의 생애 주기에 따라 공식적 권위에 대한 반응을 달리 나타내는 것이 일반적이다. 다른 말로 표현하면, 우리는 나이가 젊을수록 권위를 불신하고 거부하는 경우가 훨씬 더 많다고 가정한다. 결국 10대들은 개인으로서 정체성을 찾는 시기이고, 따라서 기존 체제에 대한 거부감은 중요한 하나의 과정이다. 결정적인 문제는 기존 권위에 대한 불신이 중년이 되어서도, 그리고 그 이후에도 지속되어 우리가 말하는 세대 간의 구조적 차이를 형성하는가 하는 것이다. 그것은 그 자체만으로도 주목할 만한 역사적 사건이다. 나는 지금 우리가 그 주목할 만한 역사적 사건을 진정으로 경험하고 있다고 말하고 싶다. 오늘날의 조직에서는 공식적 권위를 존중할 의사가 있는지의 여부에 대해 세대 간에 주요한 구조적 차이가 나타나고 있다. 이 근본적인 변화는 베이비 붐 세대부터 일어나기 시작했고 베이비 버스터 세대까지 이어지고 있으므로, 베이비 붐 세대와 베이비 버스터 세대는 그 전 세대와는 분명히 단절되고 있는 것이다.

　조용한 세대는 본질적으로 명령이 통하는 세대의 마지막 선에 있다. 그들의 부모는 대부분 군에 복무했을 뿐만 아니라 명령에 복종했던 세대로서 마지막 살아 있는 세대다. 조용한 세대의 부모 세대는 평생 동안 강력하고도 존경할 만한 정치적·군사적 지도자들이 사회의 복지를 증진시키고 세계대전에서 승리하는 것을 보아왔던 것이다. 그들은 '조직 인간organi-zation man'이라는 말이 통했던 세대다. 왜냐하면 조직 인간이란 조직이 요구하는 충성심, 그리고 조직을 향하는 충성심 때문에 생겼기 때문이다. 부모 세대에 뒤이어 등장한 조용한 세대는 공식적 권위에 대해, 그리고 명령 모델의 유효성에 대해 깊은 존경심을 갖고 있었다. 그러나 조용한 세대의 아이들, 즉 베이비 붐 세대는 모든 것이 달랐다.

| **베이비 붐 세대**

베이비 붐 세대는 권위에 취약하다. 그들은 베트남전쟁에서 패배한 것을 보았고, 존 피츠제럴드 케네디 John Fitzgerald Kennedy 대통령과 로버트 케네디 Robert Kennedy, 그리고 마틴 루터 킹 주니어 Martin Luther King Jr.가 암살당하는 것을 보았으며, 워터게이트 사건으로 리처드 밀하우스 닉슨 Richard Milhouse Nixon 대통령의 불명예 퇴진을 목격했고, 석유 위기를 겪었으며, 핵 유축에 따른 스리마일 섬 Three Mile Island의 환경 파괴를 경험했다. 베이비 붐 세대에게 권위는 믿을 만한 것이 못 되고, 간혹은 분명 나쁜 것으로 보였을 것이다. 부모 세대와 달리 그들은 권위에 직접 도전하는 것을 합리적이라고 생각했다. 그들의 대학 시절은 베트남전쟁의 부당성에 항의하기 위해 학교 행정 사무실을 점거하는 데모로 점철되었다. 이것은 조용한 세대로서는 전혀 상상할 수 없는 권위에 대한 도전이었다.

이 세대가 공식적 권위를 수락하기를 거부하는 또 다른 이유는 어린 시절부터 독립심을 배양받았기 때문이다. 예를 들어, 미국 역사상 100년간에 걸쳐 진행된 공공 여론조사 결과를 보면, 독립심이 아이들의 긍정적인 성격을 형성하는 데 영향을 미쳤음을 쉽게 알 수 있다. 1890년에 시작된 조사에 따르면, 부모 가운데 16%만이 독립심이 아이들에게 중요하다고 믿었다. 그러나 1970년대 말에는 약 75%가 독립심이 가장 중요한 한 측면이라고 받아들이고 있었다.

독립심을 강조한 데는 많은 이유가 있겠지만, 그 가운데 특별히 중요한 몇 개가 있었다. 그중 하나가 《스포크 박사의 육아법Dr. Spock's Baby and Child Care》이 출판된 뒤 등장한 새로운 아기 기르기 방식이었는데, 그 책은 아이들에게 독립심을 가르치라고 강력하게 권했다. 이 책은 베이비 붐 세대의 부모들에게 육아법의 바이블이나 마찬가지였다. 그 뒤 1960년대에 먹는 피임약이 상업적으로 등장하자 여자들은 임신의 공포에서 해방되었다. 여성해방운동의 성공과 더불어 궁극적으로 여성의 독립심은 지금까지 보지 못한 놀라운 수준으로 향상되었다. 여성 노동력이 대거 등장하기 시작했다. 1960년 여성 노동 인구는 31.5%였으나, 1992년 거의 60%로 늘어났는데, 이는 여성의 독립심을 한층 강화했다.

마지막으로, 교육이 전통적 권위를 훼손시키는 결정적인 역할을 했다. 베이비 붐 세대는 역사상 최대로, 그리고 가장 많은 양의 교육을 받은 세대다. 이런 추세는 X세대까지 계속되었다. 그 전보다 훨씬 더 많은 학생들이 대학 교육을 받았고, 대학원에 진학했으며, 자신들이 공부하고 있는 책과 사상에 대해 비판하도록 자극받았고, 또한 그런 비판이 권장되는 학습 환경에서 생활했다. 그들은 실제로 서로 의견을 교환하고, 상대방의 생각에 도전하는 능력을 기초로 평가받았으며, 심지어 강의실에서 교수들의 생각마저도 비판했다.

이 모든 세력이 전형적인 지도자의 역할을 거부하는 새로운 세대의 지도자를 창조했다. 진정 우리는 한층 덜 공식적이고, 팀 중심 리더십 역할이 그들 사이에서 나타나는 광경을 보게 될 것이다. 그들은 책임을 한층 더 쉽게 공유할 것이고, 훨씬 더 자주 대화를 나눌 것이며, 그들이 속해 있는 조직의 계층 구조에 부담 없이 도전할 것이다.

X세대

베이비 붐 세대와 마찬가지로 버스터 세대들은 스스로 무언가를 결정하는 데 높은 감각을 지니고 있고, 일할 의욕으로 넘쳐 있다. 그러나 직무가 그들의 개인 생활을 침해하지 못하도록 경계를 긋는 욕구와 잘 조화되어 있다. 내가 발견한 이런 사실은 젊은 은행가의 발언으로도 확인할 수 있다.

저는 주중에 얼마든지 오래 일할 각오가 되어 있습니다. 마찬가지로 사람들에게는 자기 자신, 자기 가족, 그리고 여가 생활을 즐기기 위해 시간이 필요합니다. 삶의 질을 높이기 위한 욕구가 점점 더 늘어날 것으로 생각합니다. 실제로 돈이 드는 휴가를 원하는 것은 아닙니다. 다만, 인생을 즐기고 싶은 것이지요. 물질을 소유하는 것만으로는 우리를 만족시켜주지 못합니다. 인생은 불확실한 것이 너무 많으니까요. 우리가 생각하는 인생은 1950년대 또는 1960년대의 그것과 다릅니다. 살아가는 동안에는 온갖 잡다한 일이 일어나지요. 질병도, 범죄도 일어납니다. 사람들은 이렇듯 끊임없이 부정적인 사건에 노출됩니다. 따라서 인생의 일부분을 따로 떼어내 즐겨야 한다는 생각을 하게 된 거지요.

일반적으로 말해, 몇몇 역사적인 세력들이 X세대들로 하여금 베이비 붐 세대보다 조직에 덜 충성하도록 만들었고, 또한 전통적인 권위에 도전하도록 만들었다. 비록 X세대가 중년의 나이에 접어들면서 가치관이 변할 수도 있겠지만, X세대에 대한 수요가 늘어나면서 X세대의 그런 가치관은 지금 X세대의 트레이드마크가 된 것처럼 보인다. 수많은 인터뷰를 거쳐 확인한 바에 따르면, 열심히 일하려는 생각은 강하지만 자신의 개인적인 인생은 희생하지 않으려고 하는 것이 분명하다. 이런 태도는 X세대의 어린 시절 가정에서 형성되었고, 그리고 그들의 부모 세대가 일했던 조직에서 형성되었다.

무엇보다도 X세대는 맞벌이 부부 세대이기도 하다. 최근 역사에서 이들만큼 부부가 모두 일하는 세대는 없었다. X세대들이 1961~1981년 사이에 태어났음을 기억하면, 여섯 살 이내의 자식을 갖고 있으며 일터로 나온 여성들은 1960년 18.6%에서 1992년 59.9%로 뛰었다. 그 결과 X세대는 이중 가족 소득이라는 장점과 부모가 자식을 돌보지 않는 단점을 동시에 지닌 최초의 세대가 되었다. 많은 어머니들이 노동시장에 참여하면서 자연히 이혼율은 역사상 가장 높아졌다. 통계적 추세에 따르면, 오늘날 미국의 기혼자들 중에서는 약 절반이 이혼하게 될 것이다. 높은 이혼율과 맞벌이 경력은 여성이 직업을 가짐으로써 이혼이 초래하는 빈곤에 대해 덜 염려하게 되면서 동시에 나타났다.

X세대 구성원들에 대해 우리가 발견한 사실은 그들이 그다지 부유하지 않았던 그들의 부모들과 함께 보낸 어린 시절을 반복하려는 것은 아니지만 그런 시절에 호감을 갖는다는 점이었다. 그들 사이에서는 한층 더 전통적인 가족 생활을 영위해나가려는 욕구가 점점 더 증가하고 있는 것으로 보인다. 25세의 남성 관리자는 내게 다음과 같이 말했다. "당신은 진정 당신의 모든 것을 조직의 직무에 쏟아붓지 않도록 주의할 필요가 있다. 왜냐하면 하루 종일 일하고 난 뒤 집에 돌아오면 당신의 동반자에게 줄 것이라고는 아무것도 없으니 말이다."

그들 부모 세대의 경우 집에서 가족과 함께 시간을 보내는 것을 부분적으로 추구했지만, 그들에게는 소중하게 여기는 것 가운데 가장 중요한 가치다. 인터뷰를 하면서 나는 다음과 같은 말을 끊임없이 들었다. "우리는 일하기 위해 사는 것이 아니라 살기 위해 일한다. 단지 월급봉투를 집에 갖다주기 위해 일하는 것이 아니라 하고 싶은 일을 하면서 사는 것이다."

이런 태도는 X세대들로 하여금 어떤 조직과 철저히 연결된 자신의 모습을 받아들이지 않도록 만들고 있다. 그들은 현재 일하고 있는 어떤 조직이 마음에 들지 않으면 언제라도 떠날 수 있는 독립적인 존재로 비쳐지기를 원한다.

X세대들이 공식적인 권위를 존중하지 않도록 하는 두 번째 세력은 조직 그 자체에서 나온다. 대학을 졸업하면서부터 대기업의 다운사이징 열풍을 목격한 이들 젊은 층은 기업에 대한 충성심은 옛날에 물 건너갔노라고 재빨리 그리고 정확하게 인식했다. AT&T와 IBM과 같이 한때 안전한 직장으로 보였던 기업들이 수십만 명의 직원들을 해고했다. 종신토록 충성하겠다는 계약은—베이비 붐 세대부터 서서히 줄어들었는데—사실상 존재하지 않았던 것이다. X세대들이 그들의 경력 관리에 대해 갖는 기대감 이상으로 그 사실을 잘 증명해주는 것도 없다. 그들에게 직장 생활을 하면서 몇 명가량의 고용주 아래에서 근무하게 될 것으로 예상하는가 하고 물으면 전형적으로 "세 명 또는 다섯 명"이라고 대답한다. 그 이유는 그들 세대의 구성원들이 언젠가 직업을 잃게 되리라 예상하기 때문이라고 말한다. 더욱 중요한 것은 그들은 같은 조직 내에서 침착하게 기다리면서 승진하기를 바라지 않고 다른 조직으로 이직함에 따라 더 나은 기회, 더 나은 급료, 더 멋있는 도전, 더 나은 근무 환경이 자신들 앞에 놓인다고 생각한다. 베이비 붐 세대와 마찬가지로 그들에게 충성이란 자기 자신에게, 그리고 동료들에게 하는 것이지 몸담고 있는 조직에 하는 것이 아니라고 생각한다.

베이비 붐 세대와 마찬가지로 X세대를 관리하면서 자신이 X세대의 상사라 생각하고 관리하다가는 잘못되기 십상이다. 그들은 명령 대신 합리적인 설득으로 끌고 가는 스승이나 코치 같은 경영자를 좋아한다. 어린 시절 공동체에 대한 감각이 비교적 부족했음을 감안하면, X세대가 진정한 의미의 공동체를 창조하는 경영자와 조직에 이끌리는 것은 당연하다. X세대 구성원들 자신이 경영자가 되면, 부하들에게 그런 식으로 대하려고 노력할 것이고 부하들을 동료라고 부를 것이다.

| **결론**

지금까지 논의한 세대 이동 현상은 미래 조직의 구성원들이 어떤 식으로 관리·감독받고 싶어하는지를 추측하는 중요한 역할을 할 것이다. 베이비 붐 세대와 X세대에게는 확실히 좀 더 비공식적이고 팀 중심의 설득을 바탕으로 한 경영 방식이 성공할 가능성이 크다. 그러나 경영자들이 부딪치는 딜레마는 이런 세대 간의 성향 변화가 바다 깊숙이 흐르는 역조류와 비슷하다는 점이다. 변화의 세력은 표면상으로는 정확히 관찰되지 않는다. 오히려 개개인의 일상적인 행동에서 그런 변화를 경험할 수 있다. 왜 나이를 40이나 먹은 미국의 중년 간부가 자신이 스스로 결정하지 않고 팀이 합의한 사항을 따르는지 어안이 벙벙해지면서 말이다. 또는 29세의 젊은 사원이 두 단계나 건너뛴 승진을 한 직후에 창업을 위해 퇴사하는 것을 보고서 말이다. 미래 조직의 경영자로서 이처럼 동적인 세력들을 이해하지 못한다면 밀려드는 파도에 휩쓸려 넘어지고 말 것이다.

03

Michael Hammer

새로운 조직의 영혼

하나의 조직은 단순히 일련의 제품과 서비스를 제공하는 집단 그 이상이다. 조직 역시 인간 사회다. 그리고 여느 사회와 마찬가지로 독특한 문화의 형태, 즉 '기업 문화'를 배양한다. 모든 회사는 자신만의 고유한 언어를 갖고 있으며, 그들만의 역사(또는 신화)를 갖고 있으며, 역사적으로 그리고 지금도 그들만의 영웅과 문제아들을

마이클 해머 Michael Hammer | 세계 최고의 컨설턴트 가운데 한 명으로서 리엔지니어링과 프로세스 중심 사상을 창시했다. 그의 사상은 현대의 기업 세계를 변혁시키고 있다. 한때는 MIT의 컴퓨터 분야 교수였고, 첨단 기술 기업 서너 개를 창업 또는 경영했으며, 세계적인 베스트셀러였던 《리엔지니어링 기업 혁명(Reengineering the Corporation : A Manifesto for Business Revolution, 1993)》, 《리엔지니어링 혁명(The Reengineering Revolution : A Handbook, 1995)》, 《리엔지니어링 이후(Beyoud Reengineering : how the Process-Centered Organization Is Changing Our Work and Our Lives, 1996)》의 저자이기도 하다. 1996년 《타임(Time)》지는 그를 미국의 가장 영향력 있는 인물 25명 가운데 하나로 선정했다.

갖고 있다. 이 모든 것이 뒤엉켜 조직의 구세대를 형성했으며, 신참자들을 유인하고, 기업의 독특한 정체성과 특정한 행동 규범을 따르도록 만든다. 그리고 공식적·비공식적 방법으로 어느 것이 옳고 그른지 구성원들에게 알려준다.

많은 차이점이 있음에도 불구하고, 현대의 조직 문화 사이에는 커다란 유사성이 존재한다. 심지어 어떤 속성은 거의 모든 조직에 공통적이다. 비난과 책임을 면하려 하고, 동료를 경쟁자로 취급하고, 기득권을 누리려 하고, 조직에 대해 진지하게 생각하거나 몰입하지 않는다. 이런 공통성은 놀랄 일이 아니다. 결국 오늘날의 기업들 대부분은 동일한 기업 환경 속에서 태어나 성장해왔기 때문에 똑같은 압력을 받고 있고 문제점을 갖고 있다. 그리고 기업세계 역시 후천적인 습관이 본성을 지배하므로, 공통의 환경에 직면한 기업들은 비슷한 문화를 개발하기 마련이다.

현대 조직이 지난 200여 년 동안 경험해온 환경의 주요 특성은 대체로 수요가 공급을 능가했다는 것이다. 약간 과장해서 표현하면, 이 시대의 기업 성장은 순전히 인구 증가, 즉 소비자의 증가와 구매력의 증가에 기인했으므로 대단한 것이라 할 게 없다. 결론적으로 말해, 18세기 말경부터 20세기 말까지 공급자들은 늘 수요자들에게 고자세를 취했던 것이다. 경기 순환상 침체기를 제외하고는 언제나 재화와 용역을 필요로 하는 사람과 기업들이 그들을 만족시켜줄 재화나 서비스의 양보다 더 많았다. 그것이 자동차든 전화 서비스든 음료수든 간에 현대 기업의 주요 관심사는 분명히 충족되지 않는 수요에 대응해 공급을 늘리는 것뿐이었다. 그때의

1차적인 목적은 실수를 하지 않는 것이었다. 충족되지 않은 시장이었기 때문에 제품과 서비스의 우수성이나 혁신은 필요하지 않았다. 매일매일 적당히 주의를 기울여 열심히 일만 하면 되었다. 이러한 상황에서 위험한 일을 할 필요가 있겠는가? 가장 중요한 것, 예를 들면 계획·통제·규율 등은 기존의 시장에 편승하는 데 필요했다.

이상하게도 이러한 기업 환경은 독립적이고도 민주적인 미국의 정신과는 반대되는 기업 문화를 양성했다. 사람들은 가부장적이고 통제 지향적이고 관료주의적인 조직에서 경력을 쌓고 생활하는 것 이상으로 미국인의 기질을 발휘해서는 안 된다고 간주되었다. 여기에 속임수가 있었다. 사람들이 그런 생활에 익숙해지면 개인의 자유는 사라지는 것이다. 그럼에도 불구하고 사실 복잡한 관료주의를 헤치고 계층 구조의 상위로 기어올라간 몇몇 운 좋은 사람을 제외하고는 거의 모든 사람이 그렇게 생활했다. 근로자나 경영자나 거의 모든 사람들이 산업사회의 숨 막힐 듯한 실망스런 환경에서 인생을 살아갔다. 발명가적 기질은 규정과 업무 규칙 때문에 좌절되었다. 야망은 생산성을 향상하기보다는 정치적인 곳에 집중되었다. 장인 기질은 과거의 것이었고 창의성은 미래의 것이므로 그것을 꽃피우려면 훗날을 기다려야만 했다.

왜 미국 사람들은 그런 생활을 그렇게 오래도록 해왔는가? 해답은 분명하다. 그것은 안전 때문이다. 미국인이라 할지라도 생각만큼 자유를 좋아하고, 독립심 강하고, 위험을 추구하지는 않았다. 한마디로 그들은 그렇게 창의적이지 않았으며, 직업상의 안전이라는 가치를 중요시했던 것이다. 지나치게 단순화하는 점은 있지만 (그러나 다시 한 번 말해 지나친 것은 아니다), 구식 기업 문화의 심장에는 교환거래가 박혀 있다. 복종과 근면을 제공하는 대신 안전을 보장받는 것이다. 안전을 위한 복종과 근면 말이다. 거래가 언제나 간단히 성사되지는 않았다. 많은 근로자들이 노동조합을 만들어 더 높은 임금은 말할 것도 없고, 직업의 안전을 획득하기 위해 파업을 했다. 그러나 거래는 성사되었고, 그것은 현대 사회의 좋은 측면을 구성하게 되었다.

그러나 더 이상은 아니다. 기업 환경에 엄청난 변화가 일어나 기업 문화를 바꾸도록 압력을 가하는 역사적 연쇄 반응이 일어나고 있는데, 이것이 축적되면 곧 기존의 거래를 깨뜨리고 말 것이다. 소득 수준이 높은 까다로운 소비자의 증가는 복종과 근면을 담보로 하여 안전이라는 거래를 성사시켜준 연쇄 반응을 깨뜨리는 결정적 요소로 작용하고 있다. 그런 기업 환경에서 새로운 고객이 등장하면, 그 어떤 것이 기업 문화를 조정하지 않으면 안 된다.

고객들은 기업의 경영 구조가 어떤지, 전략적 계획이 무엇인지, 또는 재무 구조가 어떤지 개의치 않는다. 그들은 오직 한 가지에만 관심을 갖는다. 결과, 즉 기업이 제공하는 가치다. 고객에게 초점을 맞춘다는 것은 기업이 결과에 집중한다는 것이고, 또한 그들에게 서비스 제공 속도를 높이도록 문화를 바꿔야 한다는 것이다.

현대의 고객이 복종과 근면을 안전과 맞바꾼 거래에 미치는 영향은 이미 관찰되고 있다. 고객이 나팔을 불면 기업에 근무하는 모든 사람들은 거기에 맞춰 춤을 추지 않으면 안 된다. 이것은 명령을 포기해야 한다는 의미다. 지혜를 분산하고 의사결정을 경영층에 맡기는 경영 시스템, 즉 명령에 의한 경영방식으로는 고객이 요구하는 속도와 민첩성을 발휘할 수 없다. 그것은 또한 '손만 좀 빌리자'라는 비유를 포기해야 한다는 의미이기도 하다. 고객은 그들에게 봉사할 손과 머리, 그리고 심장을 가진 완전한 사람을 필요로 한다.

새로운 경영 체제에서 경영자는 직원의 운명을 결정하는 사람이 아니다. 직원의 운명을 결정하는 사람은 바로 고객이다. 기업이 공장의 문을 닫거나 정리해고를 하는 것이 아니다. 고객들이 한다. 그들이 물건을 사거나 사지 않는 방식으로 말이다. 새뮤얼 곰퍼스 Samuel Gompers : 미국의 노조 지도자는 독점기업가 또는 과점기업가들 면전에서라면 아마도 "좀 더 많은 임금을!"이라는 슬로건을 그럴 듯하게 내걸 수도 있을 것이다. 곰퍼스의 적들은 시장과 고객을 통제했다. 그들이 원하기만 하면, 그들은 직원들에게 더 많은 임금을 줄 수 있었다. 그러나 지금은 '거대하고도 강력한 다국적 기업'에 대한 장광설을 늘어놓는 것이 우스운 일이 되고 있다. 내가 아는 대기업들은 가엾게도 힘 없는 거인에 다름없고, 고객의 비위를 맞추려고 기를 쓰고 있다. 고객이 중요한 시대에서 회사와 직원은 당연히 그 다음이다. 기업이 해야 할 일은, 그리고 기업이 제공해야만 하는 것은 고객들이 필요로 하는 가치를 충족시켜주는 것이다.

싫든 좋든 간에 직업의 안정성·종신고용 등은 끝났다. 그 이유는 단순한데, 세상에 그것을 제공할 수 있는 사람이 없기 때문이다. 고객이 그렇게 하지 않으면 회사 또한 할 수 없다. 회사는 냉정하지도, 잔인하지도, 그리고 무정하지도 않다. 회사는 다만 까다롭고도 용서해주지 않는 고객을 따라가기 위해 바쁘게 움직이고 있다. 회사에서 일하는 직원들 또한 마찬가지다. 지금은 공장에도, 사무실에도, 작업장에도 "당신의 운명은 당신의 손에"라는 슬로건이 걸려 있다 그것은 다른 사람들이 당신에게 관심이 없다는 말이 아니다. 단지 아무도 그런 역할을 대신할 수 없다는 말일 뿐이다.

그러나 새로운 경영 방식 또한 경영자들이 명령을 포기한 대가로 급료를 제공하고, 고객과 시장으로부터 직원들을 보호하지 않는 대가로 임금을 제공한다. 회사는 개인의 자유와 성장을 제공한다. 현대 조직이 제공하는 새로운 거래의 핵심은 교환인데, 그것은 곧 기회와 자율성이다. 회사는 직원들이 개인적으로 성공할 수 있도록 기회를 제공하고 때로는 교육 수단을 제공한다. 반면에 직원들은 고객을 위해 가치를 창출하는 데 앞장서고, 그 결과 회사에 이익을 제공할 것을 약속한다.

이제 복종과 근면은 적절하지 않다. 명령에 복종하는 것이 성공을 보증하지 않는다. 잘못된 일을 열심히 하는 것은 아무 쓸모가 없다. 고객이 왕인 시대에 유연성도 열정도 없이, 그저 열심히 일하는 것만으로는 아무런 성과도 못 낸다. 일은 멋있게 해야 하고, 적당한 목표를 정해야 하고, 일의 과정과 고객이라는 특수한 상황에 적응해야만 한다. 상상력과 유연성, 그리고 결과에 대한 몰입이 필요하다. 좋은 결과를 달성하지 못했는데도 "나는 시키는 대로 했고 또한 열심히 했다"고 항변하며 보상을 요구할 수는 없다. 그것은 아무런 관계가 없다. 당신은 결과에 책임을 지는 것이지, 노력

그 자체에 책임을 지는 것이 아니다.

보호가 없으면 복종할 이유도 없다. 그리고 복종이란 그 사촌 격인 충성으로 이어지는 것이다. 문화적 가공물로서 회사에 대한 충성심은 기업 성과에 대한 몰입으로 대체되고 있다. 조직 인간의 유사 봉건주의적 가정quasi-feudal assumptions, 즉 기업의 이익을 제일 중요하게 취급함으로써 개인은 더 큰 책임과 성공을 보장받는다는 생각은 오늘날 웃음거리일 뿐이다. 결과를 얻지 못하고 기업이 성공하지 못하면 충성심이란 속 빈 강정이다. 충성심이 조직의 성공을 더 이상 보증하지 못한다면, 그것은 또한 개인의 성공을 더 이상 보증할 수 없다. 충성심과 근면은 그 자체가 재미있는 유물이다. 그것은 마티니 한 잔을 완전하게 만드는 능력에도 필요하지만, 현대 기업 활동의 성공에도 중요하다. 오늘날 조직은 직원들로 하여금 그들의 충성심을 조직에 보여주는 것 이상으로 고객에게 보여주도록 독려하지 않으면 안 된다. 그것이 회사가 살아갈 수 있는 유일한 방법이기 때문이다.

더 이상 회사는 '머리'이고 직원은 '손'으로 비유될 수 없다. 직원은 이제 성숙하고, 능력 있고, 믿을 수 있는 성인으로 간주된다. 회사는 직원들을 돌보아주겠다고 약속하지 않는다. 이는 매우 당연한 일인데, 왜냐하면 그런 약속은 허위이고 지켜질 수 있는 것이 아니기 때문이다. "당신의 직원을 돌보아주어라"라는 말은 당신이 직원들을 보호하기 위해 당신 주변의 세력들과 진정으로 타협할 수 있는 환경에 어느 정도 통제를 가한다는 것을 의미한다. 그런 약속은 한때 실현 가능성이 있었으나 지금은 웃음거리가 될 뿐이다. 그 대신 회사는 직원에게 기회를 제공해야 한다. 업무를 잘 수행할 수 있는 기회, 성공할 수 있는 기회, 그들의 경력을 쌓아올릴 수 있는 기회 말이다. 새로운 거래는 직원을 외부 세력에 영향을 받는 대상으로 취급하는 '훈련과 재훈련' 대신 '기회의 장을 제공' 해야 한다. 회사를 떠나는 직원은 새로 입사하는 직원보다 훨씬 유능하고 지식 있는 개인으로서 회사를 떠날 수 있어야만 한다. 그러나 거기에는 조건이 하나 있다. 직원이 그 기회를 이용할 수 있어야만 한다는 것이다. 어쨌든 회사로서는 직원을 개발할 책임이 있다고 생각할 필요가 없어졌다.

이런 변화가 좋은가 나쁜가 하는 것은 모든 개인이 스스로 내려야만 하는 가치 판단이다. 어떤 사람은 새로운 경영 방식을 해방적이고도 권한위양적이라고 생각할 것이다. 그들은 새로운 경영 방식이 모든 사람에게 인간의 존엄성과 자율성을 제공한다고 생각할 것이다. 근로 현장의 모든 사람들의 생활을 통제했던 일련의 숨막히고도 복잡한 규칙을 제거함으로써 말이다. 또 어떤 사람들은 거칠고도 잔인한 세계라고 느낄 수 있다. 적자생존이 판치는 다윈식의 밀림Darwinian jungle으로, 그것을 다만 일시적인 것으로 생각할 것이다.

나는 이러한 변화를 간단하게 현실적이라고 명명한다. 대기업은 너무나 오랫동안 사람들에게 직업안전이라는 것이 실제로 있다고 믿을 수 있는 환상적인 환경을 제공해왔다. 열심히 일하고 규칙을 따름으로써 외부 세계의 불확실성을 강 너머 불로 치부할 수 있었다. 조직은 현실과는 다른 완충 장치를 제공했고, 예측 가능하고도 안정성 높은 지역을 제공했던 것이다. 수요가 공급을 초과하고, 고객이 까다롭게 굴지 않고 계속 구매해준다면 환상적인 성장은 계속될 수 있었을 것이다.

그러나 더 이상 그런 일은 없다. 기업이 시장을 지배하지 못하고, 고객을 통제할 수 없고, 기업의 미래를 결정할 수 없으며, 더 이상 어찌할 수가 없다. 대기업과 직원들은 그들의 사촌격인 창업자들이 오래전부터 적응해온 환경과 생활 스타일에 익숙해지지 않으면 안 된다. 어떤 환경인가 하면, 불확실하고도 불안하긴 하지만 자유를 즐길 수 있는 환경 말이다. 누구나 좋아하는 것은 아니지만 되돌아갈 곳도 없다.

사실 대기업과 중소기업 사이, 신생 기업과 오래된 기업 사이, 시장을 창출하는 기업과 그 시장을 통제하는 기업 사이의 질적인 차이란 사라져버렸다. 그 차이는 종종 하찮은 양적 차이로 대체되고 있다. 대기업은 더 이상 중소기업과 다르지 않다. 어니스트 헤밍웨이Ernest Hemingway의 말을 빌리면, 대기업이란 단지 근무하는 사람들이 많은 기업일 뿐이다. 그리고 대기업이 실질적으로 중소기업과 닮아간다면, 그 속에서 근무하는 모든 직원은 중소기업의 소유자인 양 행동하고 생각하지 않으면 안 된다. 우리의 새로운 모델은 기업의 관리자manager가 아니라 기업가entrepreneur이어야 한다. 아무도 중소기업 사장에게 "고객에게 가까이 가라"라든가 "유연성을 유지하라"라든가 "부가가치를 창출하지 않는 간접비를 줄이라"라든가 "새로운 상황에 재빨리 적응하라"고 말할 필요가 없다. 중소기업 경영자는 기업이 성과를 내는 방법과 소유주 자신의 개인적 성공, 그리고 미래 전망과의 관계를 철저히 알고 있다. 중소기업 경영자는 성공에 필요하다면 무슨 일이든 할 것이고, 과거는 미래의 지침이 될 수 없다는 사실을 알고 있으며, 호화 여행을 하지 않고, 미래의 고용을 보장하지 않으며, 어떤 일에 성공했을지라도 다른 일에 성공하지 않으면 아무런 소용이 없다는 점을 잘 알고 있다.

이렇듯 새로운 문화적 요소가 모두 통합된다면 그 모습은 어떤 것일까? 그것을 알아보기 위해 뉴저지와 펜실베이니아에서 공장을 가동하고 있는 중규모 전력회사인 GPU의 사례를 보자. 미국의 전력회사는 과거 정부로부터 규제를 받고 있었고 독점산업이었지만, 지금은 탈규제의 폭풍 속에 있다. 그리고 전력회사의 직원들은 역할을 바꾸고 함께 일하면서 회사가 필요로 할 때 모든 사람들이 공유해야 하는 태도와 철학을 분명하게 익히고 있다. 다음의 몇몇 설명은 그들이 하는 일을 잘 표현하고 있다.

"GPU 전력회사에서 우리가 갖고 있는 단 하나의 성공 기준은 누가 우리의 중요하고 값진 고객인지(또는 될 것인지)를 발견해 그들이 원하는 것을 파악하고, 다른 회사보다 빨리 더 나은 총체적 가치를 그들에게 제공하는 것이다."

"고객을 위한 최선의 가치를 창출하는 것보다 더 중요한 것은 없다. 다른 일은 전혀 고려할 가치가 없다."

"고객에게 봉사하고 가치를 창출한다는 것은 회사의 모든 구성원들이 회사의 부품이 아닌, 가능하면 모든 일에 책임을 지는 전문가처럼 취급되어야만 한다는 의미다. 상사와 검토하는 것을 그만두라. 당신은 고객을 위해 무엇이 최선인지 알고 있으며, 당신의 고객에게 봉사할 책임을 지고 있다. 계속해서 상사의 허가를 받으려고 해서는 안 된다. 도움이 필요하면 도움을 요청하라."

"성과를 달성하려면, 당신은 전문가로서 행동하면서 동시에 자유와 자율권 모두를 갖고 있어야 한다."

"진정으로 고객을 위해 가치를 창출하는 일에 관심을 가지려면, 우리에게 전통적인 의미의 상사는 필요하지 않다. 우리는 무엇을 해야 할지 미리 알게 될 것이다. 우리는 오직 서로 정보를 교환하며 지도를 받기 때문에 우리가 하는 일을 훨씬 더 잘할 수 있다."

"아무도 우리에게 무엇을 주지 않는다. 우리는 날마다 우리가 가진 것을 위해 일한다. 우리는 우리 팀에 공헌하고 싶어하지 않는 그 어떤 사람도 도와줄 수 없다."

이것은 이론이 아니라 현실이다. 21세기 조직은 책임·자율성·위험·불확실 등으로 특징지어진다. 그것은 편한 분위기는 아니지만 매우 인간적이다. 전통적인 기업의 인위적인 경직성과 규칙은 사라진다. 그 자리에 진정한 의미의 사람들이 사는 세상으로 특징지어지는 무질서·도전·실망 등으로 가득 찬 세상이 등장한다.

04

Ric Duques · Paul Gaske

미래의 '거대' 조직

최근 퍼스트 파이낸셜 매니지먼트 코퍼레이션First Financial Management Corporation을 완전 인수한 퍼스트 데이터 코퍼레이션First Data Corporation : FDC은 이제 미국 자본시장에서 74위의 대기업이 되었고, 총 3만 6,000여 명의 직원을 거느리고 있다. FDC는 거래, 지급 업무, 정보처리 분야 시장에서 1~2위의 강력한 지도적 역할을

릭 두크 Ric Duquesames | FDC의 회장이자 최고경영자다. 1989년 데이터 베이스드 서비스 그룹(Data Based Services Group)으로부터 아메리칸 익스프레스 정보 서비스 회사(AMEXISC)가 설립되었을 때, 그는 AMEXISC의 초대 사장이 되었다. 1992년 AMEXISC는 퍼스트 데이터 코퍼레이션으로 개명되었고, 상장기업이 되었다.
폴 개스크 Paul Gaske | 케일티 골드스미스 앤 컴퍼니(Keilty Goldsmith&Company)의 전무로 근무하면서 아메리칸 익스프레스, 케이블 비전 시스템스(Cable Vision Systems), 챔피언 인터내셔널 코퍼레이션(Champion International Corporation), FDC, 노텔(Nortel), 그리고 파이저(Pfizer) 등을 고객으로 갖고 있다. 이 회사에 오기 전 개스크는 샌디에이고 주립대학·오리건대학·남부캘리포니아대학의 교수로 재직했다.

수행하고 있다. FDC는 1989년 아메리칸 익스프레스American Express에서 ISC라는 이름으로 업무를 시작한 이래 해마다 매출액과 이익률 모두 20% 또는 그 이상 꾸준히 성장해왔다. 1992년 4월 1주당 22달러의 가격으로 처음 상장한 이후 FDC의 주가는 거의 350%나 상승했고, 최근에는 1주당 75달러에 거래되고 있다. 이런 점에서 보면, 어떤 기준으로도 FDC는 성공한 기업이라고 평가되어야 한다.

FDC 조직의 미래 모습을 볼 때 떠오르는 결정적인 단어는 '변화' 다. 이처럼 급속도로 성장하는 역동적 산업이 직면하는 문제는 조직 구조, 기업의 사회적 책임, 그리고 기업 문화의 철저한 재검토이다. 게리 하멜Gary Hamel이 1996년도 FDC의 최고경영자회의에서 지적했듯이, 규모가 크고 시장지배적인 기업이 정상에 도달하고 난 이후 계속적으로 시장지배력을 유지하는 경우가 드물고 혁신적인 신제품과 용역을 창조하거나 개발하는 경우가 거의 없다는 것을 생각하면 정신이 번쩍 든다. 우리가 한숨 돌리기를 좋아하고 편히 쉬고 싶고 또한 최종 목적지에 도달하기를 즐기는 것과 마찬가지로, 규모가 큰 대기업이 되는 길로 가는 여행이 이제 막 시작되었다는 것은 분명한 사실이다. 위대한 성과를 향해 가는 길은 과거의 장점 유지와 새로운 활동이 잘 어울려야만 한다.

이 장에서는 FDC의 미래 모습에서 몇 가지 요소를 찾아보려고 한다. 우리가 직면한 도전은 분명 급성장하고 있는 혁신적인 기업이라면 공통적으로 부딪치는 것으로, 어떻게 시장지배력을 획득하고 그것을 유지하는가일 것이다. 우리 회사는 전대미문의 기회

앞에 서 있다. 뛰어난 성과를 달성하거나 아니면 평범한 (또는 더 악화된) 기업으로 쇠락하는 길로 접어들 그런 기회 말이다. 우리가 속해 있는 산업의 변화 속도로 보면, 변신이 빠른 자에게는 보상을 주고 그렇지 못한 기업들에게는 벌을 내릴 것이다.

증권 관련 산업의 기초는 고객의 충성심을 이끌어내고, 고객을 지속적으로 유지하는 데 있다. FDC의 비전에는 '고객 만족'을 초월하는 기준이 담겨 있다. "모든 고객은 FDC를 추천한다"는 것이다. 고객 추천에 관심을 집중하기 위해 우리는 '서비스 이익 사슬'을 만들어 기업 전략을 알리고, 의사결정의 기초를 제공하며, FDC의 가치를 확인하는 개념적 틀로 사용하고 있다. 하버드대학교 교수와 외부 컨설턴트 집단이 공동으로 개발한 서비스 이익 사슬은 '고객의 종신 가치' 개념을 이용해 고객 유치가 수익성과 성장에 미치는 경제적 영향에 대해 기술하고 있다. 제공하는 서비스 질과 서비스 가치가 고객을 유지시켜준다. 높은 직원 만족과 충성심은 높은 품질의 서비스를 제공하도록 동기를 부여한다. 고객이 FDC를 다른 사람에게 꾸준히 추천하도록 하기 위해서는 FDC 직원들이 FDC가 근무하기에 좋은 직장이라는 것을 추천할 수 있어야만 한다고 우리는 믿고 있다. 〈그림 4-1〉은 서비스 이익 사슬 구성 요소 사이의 상호관계를 보여준다.

서비스 이익 사슬에는 대규모 기업들이 수익증가 · 이익률 · 시장지배력을 유지하는 데 필요한 네 가지 결정적 요소에 관심을 기울이게 하는 특별한 가치가 있다.

〈그림 4-1〉 서비스 이익 사슬

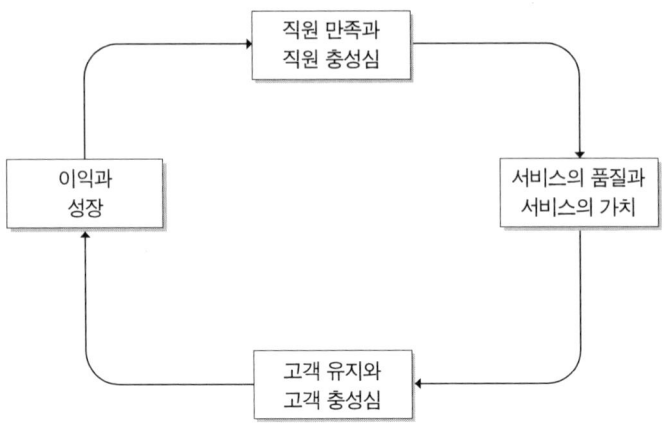

요소 1 : 중소기업처럼 행동하라

오만은 기업의 규모가 커지면서 자주 나타난다. 그것이 잠재적으로 '힘자랑'을 하고 싶은 성향의 결과물이든, 아니면 순전히 다수에 의한 실질적인 영향력의 행사 능력 때문이든 간에 성장은 간혹 시장지배자로 하여금 고객의 지지기반을 망각하게 한다. 그것은 시장지배자가 점점 더 유연성을 잃게 되거나 또는 고객의 요구와 필요에 대해 반응하지 못하면서 나타날 수 있다. 시장지배자는 자신이 고객의 요구에 적응하기보다는 고객이 자신의 필요에 훨씬 더 잘 적응하기를 요구하는 것 같다. 기업이 보다 소규모였거나 또는 새로운 고객이 등장했을 때 제공했던 개인적 관심은 사라진 것 같다. 개별 고객에 대한 맞춤 서비스 또는 새로운 방식의 도입은 주문처리의 지연, 그리고 효율성이라는 이름으로 프로세스를 표준화하지 않을 수 없도록 하는 높은 압력 때문에 오랜 시간이 걸릴지도 모른다. 예를 들면 최근 개인용 컴퓨터 산업에서 시장지배력이 크게 바뀐 이유는 고객의 소리를 듣고, 변화된 고객의 욕구를 만족시켜주기 위해 신제품이나 새로운 서비스를 재빨리, 그리고 효과적으로 제공하는 능력 또는 무능력이 초래한 직접적인 결과다.

우리는 "모든 고객은 FDC를 추천한다"라는 비전을 통해 현재 고객의 충성심과 고객 확보가 시장지배자로서의 위치를 지속적으로 유지할 수 있는 시금석임을 인식하고 있다. 위에서 기술한 '대기업'의 특징 가운데서는 어느 것도 고객 추천으로 연결되지 않을 것이다. 지금은 아니라 하더라도 미래에는 조직의 유연성이 조직의 근육을 대체하게 될 것이다. 유연한 대기업이란 비유하자면 목욕탕 물에서 전함의 방향을 바꾸려 하는 것과 같이 현재로서는 여러 측면에서 모순이다. "중소기업처럼 행동하라"라는 것은 생존하기 위해 고객을 만족시키고 고객을 유지해야 하는 중소기업처럼 행동하라는 뜻이다. 서비스 이익 사슬 개념으로 표현하자면, 기업을 무결점 상태로 경영하라는 것이다. 그렇다면 시장을 지배하고 있는 대기업이 미래에는 어떻게 중소기업처럼 행동할 것인가? 몇 가지 생각을 제안한다.

1. 규모가 아니라 제품 또는 서비스를 중심으로 조직하라

기업의 규모가 커져서 드러나는 것이 있다면, 고객을 개별적으로 취급하는 데 무능해진다는 점이다. 대규모 조직은 고객 서비스 기능을 고객이 원하는 제품과 서비스(조직이 고객에게 어떻게 부가가치를 제공해줄 수 있는지)보다는 고객의 규모(거래 금액)를 기준으로 운영한다. 대규모 조직은 종종 수익과 비용을 커다란 통에 한꺼번에 집어넣고는 개별 고객별로 수익성을 계산하거나 구분할 수 없도록 하며, 신제품과 새로운 서비스에 대해 적절한 투자를 할 수 있는 능력을 흐려놓는다. 왜 기존 고객이 새로운 고객을 끌어들이는 것을 거부하는지 우리는 철저히 검토해야만 한다. 만일 당신이 고객을 잃어도 신경을 쓰지 않게 되면 (더욱 나쁜 것은 고객이 떨어져 나간 사실마저도 인식하지 못하게 되면) 조직이 너무 커졌음을 알아야 한다.

2. 현재의 고객과 깊은 신뢰관계를 형성하라

기존의 고객에게 끊임없이 가치를 제공할 수 있는 능력은 장기적인 고객 만족, 고객의 유지, 그리고 고객의 추천을 받기 위해 결정적으로 필요하다. 기존 고객에게 귀를 기울임으로써 신제품과 새로운 서비스를 개발하고 테스트하는 최상의 자료를 얻을 수 있다. 개별 고객에게 또는 고객의 가족에게(고객 서비스를 집중화하고, 고객과의 접촉을 관료화하는 현재의 추세를 따르지 않고) 가치를 제공하는 것은 높은 이익을 가져다주는 길로 가는 '중소기업처럼 행동하는' 기회를 활용하는 것이다. 고객은 자신들을 잘 알고 있을뿐더러 믿을 수 있는 공급자로부터 더 많은 것을 사고, 더 빨리 구입한다. 기존 고객과의 '하이테크, 하이터치high-tech, high-touch' 식 접근은 고객들에게 가치를 제공해야 할 뿐만 아니라 내부 직원에게도 더 높은 만족을 제공해야만 한다. 진정 만족감을 느끼는 내부 직원은 개별 고객에게 가치를 제공할 수 있는 능력과 고객과의 의미 있는 관계를 개발할 수 있는 능력에서 참된 보상을 찾는다.

3. 스스로 실행한다는 의식과 습관을 일상화하라

소규모 혁신적 기업들은 전형적으로 개인의 창의성과 내부 아이디어의 개발에 크게 의존한다. 그것은 부분적으로 경쟁 우위를 유지하려는 욕망으로부터, 그리고 부분적으로 현실적인 희소자원으로부터 기인한다. 대기업들은 종종 그들에게 없는 자원을 기업 인수와 라이선스, 또는 여러 전략을 통해 구입한다. 불행하게도 이것이 대기업 개발 전략의 규범이 되어버리기도 하고, 때로는 인수·합병으로 갖게 된 제품을 통해 고객을 만족시키려는 잘못된 시도를 하는 수도 생긴다. 그 결과 대기업은 고객 중심 변화가 일어나도록 하는 관행을 재빨리 포기하게 되고, 대응이 매우 느리거나 반응하지 않는 것처럼 인식되기도 한다.

비록 이런 속성이 FDC와 여러 대기업으로 하여금 '중소기업처럼 행동' 하도록 도울 수도 있지만, FDC와 대기업들은 중소기업과 같은 의식을 확립하기 위해 몇 가지 구체적인 변화를 고려하고 있다.

1. 개인기업의 규모로 감독자를 배치하고, 그 기업이 성장하면 별도의 손익계산 단위로 분리하라

우리는 크지만 '작은' 기업들의 성공을 보아왔다. 예를 들면

아시아 브라운 보베리Asia Brown Boveri : ABB, 코닝Corning, 3M 등은 지속적으로 소규모 영업 단위를 활용하고 있다. 손익계산에 대해 직접 책임지는 경영자의 수가 실질적으로 증가하기 때문에 이 정책은 다양한 분야의 경영 능력 개발이라는 부수적인 효과를 거둘 수 있다.

2. 신제품과 새로운 서비스 개발에 대한 수익 목표를 설정하라

예를 들면 3M은 총수익의 25%가 5년 이내에 개발된 제품들로부터 창출되어야 한다고 규정하고 있다. 3M은 이 목표를 고객, 조직 구조, 제품 개발과 관련해 '중소기업처럼 생각하기'라는 제도적 명령을 통해 달성하고 있다. FDC를 포함해 많은 대기업들이 새로운 수익을 창출하기 위해 덩치를 키울 필요가 있다. 덩치를 키우는 가장 안전한 방법은 기존의 고객에게 귀를 기울이고, 고객이 그들 시장에서 성공할 수 있도록 도와주는 일에 한층 더 관심을 집중하는 것이다.

3. 고객의 반응 속도를 측정할 수 있는 방법을 개발하라

우리는 '중소기업처럼 행동하기'의 핵심 측정 기준과 고객 중심으로 그것을 달성하기 위해 노력하는 데 관심을 집중해야 한다. 규모가 작거나 멋있는 경쟁자들이 사용하는 주요 무기로는 민첩성, 유연성, 반응 속도, 주의력, 그리고 소규모 그 자체의 이점 등이 있다. 이런 무기를 갖고 중소기업들과 경쟁할 수 있는 대규모 기업들은 그렇지 못한 대규모 기업들에 비해 지속적으로 성장하는 데 훨씬 유리한 위치를 차지한다.

요소 2 : 혁신을 위해 긴급 체제를 만들어라

규모가 크고 시장지배적인 회사들이 보여주는 한 가지 놀라운 역사적 현실은 그들이 한 번 시장지배력을 달성하고 난 후에는 획기적인 신제품이나 서비스 개발 실적이 미미하다는 점이다. 당연히 이와 같이 주요한 역할을 수행하는 데 실패한 대기업들은 영광의 자리에서 물러나게 된다.

이때 규모가 크고 시장지배적인 기업들은 혁신 활동을 자극하기 위한 몇 가지 조치를 생각할 수 있다. 아마도 가장 중요한 것은 3M의 '작게 만들고, 작게 팔기' 철학을 다양한 기업들에게 주입시키는 일일 것이다. 예를 들면 FDC에서 우리는 때로 높은 가격을 지불하면서까지 바깥으로 눈을 돌리고는 소규모 기업들을 인수해 신제품을 사들였다. 어떤 경우에는 회사의 다른 부문에서 이미 수행하고 있는 기능 또는 심지어 거의 개발이 완료된 기능도 사들였다. 이런 분야에 대한 투자 결과의 성과를 추적해보면, 기업 인수의 투기적 성격과 우리 스스로 창출한 혁신에 대해 체계적으로 주의를 기울이는 데 실패한 것 등을 따져볼 때 기껏해야 일시적이었다. 몇 년간 우리가 장부에서 상각해버린 투자비는 내부에서 연구개발비로 사용해도 충분할 정도로 엄청났다.

'작게 만들고, 작게 팔기' 철학의 한 가지 열쇠는 기존 고객에게 관심을 갖는 것이다. 우리의 기존 고객은 혁신적 아이디어의 원천일 뿐 아니라 상호협동적으로 실험해볼 수 있는 실험장이다. 또 하나의 열쇠는 그 아이디어가 효과를 발휘하지 않을 때 언제 포기해야 하는지를 아는 것이다. 마치 농부가 농산물의 수확을 늘리기 위해 김을 매듯이 우리는 혁신을 눈여겨보아야 한다. 많은 혁신적 사업계획이 시장에 등장하기 전에 진행되고 있는데, 적절한 계획에 자원이 투입되어 결실을 맺을 수 있도록 우리는 고의로 몇몇 계획을 중단해야만 한다.

혁신적인 사업계획에 투입된 자원은 지원이 보증되어야만 한다. 예를 들면 FDC는 사업 분야의 손익계산에 악영향을 미치지 않고도 내부적인 프로젝트를 수행하기 위해 상당한 수준의 전략적 투자기금을 축적할 것을 고려했다. 우리는 그런 기금이 고객 요구에 부응해 여러 사업 부문에서 공통적인 프로젝트를 부추길 수 있을 것으로 기대하고 있다. 기금 설정에 이어 강력하고도 신속한 신용평가 과정, 그리고 기존의 프로젝트를 지속할 것인지 또는 중단할 것인지에 대한 일정의 합의 등이 뒤따라야 할 것이다.

궁극적으로 우리의 목적은 작고도 민첩한 기업의 상징인 창업가정신을 다시 일깨우는 것이다. FDC의 변화 노력은 외부에서 혁신적 제품을 획득하는 것과 내부에서 혁신적 제품을 만드는 것 사이에 균형을 잡으려는 것이다. 기업과 직원의 주인의식에 대한 자부심은 제품을 개발하거나 부가가치를 창출하는 서비스를 제공하는 창조적 기회를 가짐으로써 나온다. 지금은 능력을 발휘하지 못하고 혁신적이지도 못한 오늘날의 재능 있는 직원들이 내일 새로운 기업을 창업하고 미래의 경쟁자가 되고, 또는 얄궂게도 미래의 인수 대상이 될 수도 있음을 우리는 또한 알고 있다.

요소 3 : 부가가치 창출이라는 기업 기능을 형성하라

규모가 크고 시장 지배적인 회사 처지에서 본다면, 과도하게 집중된 스태프들은 내용도 없이 덩치만 키우는 햄버거집 종업원과도 같다. 그것은 기업이 할 수 있고, 또 해야만 하는 부가가치의 창조 역할을 축소하지 않는다. 그러나 그것은 권한의 크기 또는 권한의 집중이 기업의 높은 성과를 지속적으로 보증하는 지표가 아니라는 것을 말해준다.

미래 기업의 역할은 많은 미묘한 균형을 깨뜨리는 것이어야만 한다. 예를 들어 기업의 리더십은 기업 활동을 방해하지 않도록 사리 있게 발휘되어야만 한다. 이상적인 기업의 기능은 현업 부서가 자유롭게 활동할 수 있도록 기준을 정하는 한편, 간섭하는 자가 아닌 촉진자로서 인식되어야 한다. 그렇게 하려면 "우리는 어떻게 개별 사업을 통제하고, 그들이 성장하도록 도와줄 수 있을까?"라는 자세에서 "정해진 기준 안에서 우리가 어떻게 하면 개별 사업이 성장할 수 있도록 도울 수 있을까?"로 바뀌어야 한다.

기업의 리더십은 또한 조직의 능력, 즉 자원 배분, 정보 확산 등과 같은 것을 활용하는 촉매자가 될 수도 있다. 최우수 관행을 학습하기 위한 내부 커뮤니케이션망을 만들든, 기업의 주요 직위에 대해 전사적으로 후보자를 물색하는 시스템을 개발하든, 또는 기술회의를 위한 일정을 잡거나 조정을 하든 간에 기업의 기능은 회사를 통틀어 얻을 수 있는 조직적 능력을 활용함으로써 부가가치를 높여야 한다. 뿐만 아니라 기업의 성공 사례를 알리고 우수한 성과를 확인하는 조직적 기구가 되어야 한다. 또한 계속적으로 성장하고 시장지배력을 유지하는 데 필요한 리더십의 질과 수준을 확보하기 위해 현재와 미래의 지도자 개발을 후원하고 지원할 필요가 있다.

아마도 경영자가 인식하고 있는 역할을 바꾸는 최상의 직접적인 방법은 경영자의 주요 직위와 책임을 재정의하는 것이리라. 예를 들어 FDC에서 가장 큰 사업 부분인 관리 분야 상급경영자는 고객 만족과 관련된 문제를 해결하는 현장에서 근무하는 역할을 맡고 있다. 그는 개선이 필요한 지역 또는 강력한 고객 만족 활동을 실행함으로써 많은 효과를 볼 수 있는 지정된 분야에서 1~3개월 동안 근무한다. 그가 하는 업무는 지역의 총괄관리자와 감독자의 코치 역할이기도 하고, 프로세스 개선 업무를 실행할 팀의 개발이기도 하며, 각각의 활동에 대해 그 결과를 지속적으로 관찰하면서 측정 방법과 기준을 결정하는 것이기도 하다. 그것은 서비스 이익 사슬을 FDC의 기업 문화에 짜넣는 적절한 활동일 뿐만 아니라 직원 만족과 고객 만족을 위한 '직접 대화하기' 방식을 적극적으로 실천하고 있음을 보여주는 것이다. 어쩌면 그보다 더 중요한 것은 그런 노력이 스태프 부문의 지원 역할 가치와 타당성을 재정의하려는 극적인 의도에서 진행된다는 것이리라.

이런 노력이 성공하려면 선정된 분야에 대해 조직의 정치적 장애물 또는 막무가내식 장애물의 방해를 받지 않고 접근할 수 있어야 한다. 또한 지정된 기간에 엄격히 실시되도록 최고경영자가 관심을 보여주어야만 한다. 어떤 업무에 지명된 직원을 임의로 다른 업무로 전근시키거나 또는 그때그때 발생하는 급한 일만 맡긴다면, 이는 직원에 대한 관심 부족을 나타내는 징후에 다름 아니다. 그리고 사내의 모든 최고경영자들에게 접근하고 지원받을 수 있는 절대적인 권리가 필요하다. 왜냐하면 그런 곳에 낭비할 시간과 노력은 정말이지 불필요하기 때문이다.

이런 과업은 최고위층이든 또는 일선계층이든 관계없이 기업의 미래 직무를 구성한다. 이상적으로는 외부 컨설턴트에게 정규적으로 위양된 책임 가운데 많은 부분을 내부 인적 자원이 수행해야만 할 것이다. 어떤 조직의 규모가 비대해져서 외부 컨설턴트의 도움 없이는 의사결정을 할 수 없게 되면, 그때가 바로 조직을 단순화해야 할 때다. 우리 생각으로는 그런 단순화를 실행할 수 있는 주체는 회사다. 그렇게 함으로써 시장지배력과 성장을 유지하는 데 필요한 민첩성과 유연성을 제고할 수 있다.

요소 4 : 활기찬 문화를 창조하라

지속적인 시장지배자를 실패로 내모는 적들 가운데는 자기만족감과 오만이 있다. 뿐만 아니라 성과를 내야 한다는 무자비한 압력, 과도한 스트레스,

고용 안전과 관련한 끊임없는 걱정 등도 포함된다. 또한 직원의 심리적 패배감도 자기만족감과 마찬가지로 미래 조직에 대한 위협이다. 특히 다운사이징 추세가 진행되면서 사람은 적게 쓰고 효율은 높여야 한다는 혹독한 요구가 계속되는 때에는 더욱 그렇다.

규모가 큰 기업이 경쟁력을 유지하려는 중소기업처럼 행동해야 하는 것과 마찬가지로 직원 개개인에게도 그렇게 대해야 한다. 그렇게 하려면 다음과 같은 요소가 기업 문화의 한 부분이 되어야 한다.

1. 조직이 가치에 대해 정의를 내리고 그것에 몰입해야 한다

이것은 기업의 모든 부분에 걸쳐 불변의 원리가 되어야 한다. 이를 통해 일상적인 의사결정을 내릴 때 조직의 가치 판단을 몸에 익히게 하는 능력을 향상시켜준다.

2. 지역 수준에서 직원과 고객 만족에 대해 책임을 져야 한다

FDC의 기업 기능은 매년 직원 조사를 통해 FDC의 직원들을 하나의 집단으로서 어떻게 만족시키느냐에 관심을 갖는 한편, 직원 개개인과 그들이 하는 일에 훨씬 더 많은 관심을 기울이고 있으며, 지역사업 단위에서도 만족 수준을 높이기 위한 활동을 지원할 수 있는지에 대해 관심을 기울이고 있다. 비록 기업 전체 수준에서 어느 정도 주도권을 쥐고 추진하는 것이 적절하겠지만, 대부분의 실질적인 영향력은 지역 수준에서 행사되어야 한다.

3. 혁신 활동에 대한 불안 수준을 낮추라

새로운 아이디어와 관련해 가장 해서는 안 되는 것은 새로운 아이디어의 개발을 장려해놓고 그 아이디어가 실패하면 아이디어 개발자를 징벌하는 행위다. '솎아내기' 과정은 혁신 활동의 성장에 결정적으로 필요한 것이다. 어떤 일을 중단하는 것은 어떤 일을 언제 시작하는가를 결정하는 것보다 더 중요하고 또한 훨씬 어렵다. 우리가 직원들에게 알려주어야 할 것은 어떤 아이디어의 진행을 중단한다거나 또는 실패했음을 알려주는 것이 곧 다른 것을 시도할 기회이자 학습 경험이라는 점이다. 우리는 성공보다는 실패에서 배우는 것이 더 많다. 무슨 말인가 하면, 혁신의 촉진자는 궁극적으로 어떤 프로젝트의 중지를 결정하자는 제안을 가장 많이 하는 사람이어야 한다는 것이다.

4. 고용 안전은 기득권이 아니라 성과에 기초해 보장하라

경영층은 고용 안전이 회사의 성장과 수익성에 얼마나 기여했는가에 직접적으로 연결되어 있다는 점을 분명하고도 명료하게 밝히고, 성과주의에 기초한 보상과 평가 시스템을 기준으로 고용 안전을 지원한다는 것을 알려주어야 한다. 《안전지대의 위험Danger in the Comfort Zone》에서 주디스 바드위크Judith Bardwick가 관찰한 것과 같이 이런 성과 중심 문화로의 변화는 근무기간에 따라 보상받거나 '가만히 있으면 중간은 한다'는 식으로 근무해온 사람에게 공포감을 야기할 것이다. 종신고용 의식의 종말은 직원 만족, 그리고 직원 충성심에 대한 관심과는 정반대인 것처럼 보인다. 그러나 미래의 대기업에서 근무하는 직원들은 다음과 같은 상황에서는 여전히 높은 충성심을 발휘할 것이다.

· 회사가 연구 · 개발에 지속적으로 투자한다.
· 직원들의 공헌과 기여를 공정하고도 적정한 방법으로 평가한다.
· 고성과 달성자에게는 고용 안전이 제공된다는 것을 회사가 보장한다(다시 말해 고성과 달성자는 일시해고가 필요한 경우 예외로 취급된다).
· 작업은 늘 도전적이고 즐거운 것으로 인식되고 유지되며, 직원들은 각자의 업무가 어떻게 성과를 내는지 잘 이해하고 있다.

3M, 서비스 마스터Service Master, 사우스웨스트 항공Southwest Airlines 등 지속적인 성공을 구가하는 회사들은 그들 기업 문화의 덕을 적잖이 보고 있다. 기업 문화는 회사와 관련된 의사결정을 하는 데 있어 결정적인 요소다. 그것은 직원으로서 개인의 성과에 영향을 미치고, 직원이 기업을 떠나느냐 또는 계속 근무하느냐를 결정하는 데에도 영향을 미친다. 시장지배력을 유지하기 위해 조직 문화는 기업 목적과 정합성을 유지해야 하고, 또한 기업 목적을 지원해야 한다. FDC가 그 비전, 즉 "FDC의 모든 고객은 FDC를 추천한다"는 것을 실현하기 위한 지침으로 서비스 이익 사슬을 채택한 것은 경쟁력 있는 기업에 미치는 문화의 중요성을 사실상 인정

하고 있는 것이다.

실질적인 성장, 그리고 시장지배력을 유지하려는 도전은 매우 어렵다. 그러나 아마도 그보다 더욱 어려운 도전은 기업이 정상에 올라선 후 그 자리에 계속 머무르는 것이다. 미래에는 정상을 유지하기가 한층 더 어려울 것이다. 그러므로 실패하기 위한 확실한 처방은 아무것도 하지 않고 가만히 있는 것이다. 중소기업처럼 생각하고 행동함으로써, 역동적으로 내부 혁신을 추구함으로써, 기업의 사회적 책임을 재정의함으로써, 그리고 기업 문화를 재정립함으로써, 미래의 FDC(그리고 미래의 대규모 조직)는 과거를 되풀이하는 것이 아니라 장기적 성공을 보장하는 더욱 큰 기회를 맞을 수 있을 것이다.

05

Jeffrey Pfeffe

과거의 실수를
되풀이할 것인가

미국인은 대체로 자신들의 역사를 모르거나 별로 주의를 기울이지 않는다. 미국의 기업사가들은 훨씬 더 심하다. 오늘날 우리는 가상 조직, 네트워크 조직, 무경계 조직 등과 같은 용어를 자주 듣고 '새로운 고용계약'에 관해 말하고 있는데, 그것은 하나의 조직에서 오랫동안 경력을 쌓는 것이 과거의 유물이고, 근로자들은 모두 임시

제프리 페프 Jeffrey Pfeffe | 스탠퍼드대학교 경영대학원 토머스 D. 디(Thomas D. Dee) 석좌교수다. 그는 《조직과 조직 이론(Organizations and Organization Theory)》, 《조직의 권력(Power in Organizations)》, 《조직 디자인(Organizational Design)》, 《권력경영(Managing with Power : Politics and Influence in Organizations)》, 《사람이 경쟁력이다(Competitive Advantage Through People : Unleashing the Power of the Work Force)》 등을 저술했다. 또한 《조직의 외부통제(The External Control of Organizations : A Resource Dependence Perspective)》의 공저자이고, 90여 편의 논문과 편저가 있다.

적이라는 것을 의미한다. 이런 조직 내 변화는 각각 현재의 조직들이 부딪치고 있는 경쟁력 향상, 그리고 변화 적응의 문제를 완전히 (또는 적어도 거의) 해결해줄 수 있는 새로운 것으로 환영받고 있다.

그러나 그 모든 것에도 큰 문제가 도사리고 있다. 이른바 '새로운' 조직 형태라는 것이 전혀 새롭지 않다는 사실이다. 그것은 이미 100년 전에도 있었던 기업의 조직 방법이다. '새로운' 고용 관행 역시 마찬가지다. 내부 노동시장과 경력계층 구조가 생기기 훨씬 전에, 직원과 고용주 사이에 장기간 고용계약이 성립되기 훨씬 전에 작업은 그날그날 일당지급 기준으로 이루어졌다. 오늘날과 같이 '노동력manpower'이라거나 또 다른 임시직 서비스, 그리고 외부 공급자의 도움도 없이 말이다. 믿기지 않을는지 모르지만 미국 경제사를 보면, 과거의 경쟁 환경과 기술 변화는 오늘날의 것보다 훨씬 더 역동적이었고 압력이 심했다는 증거가 있다.

과거에 대한 우리의 무지는 꽤 값비싼 대가를 초래한다. 조직의 진화, 그리고 그에 따른 고용관계의 변화에 대한 이해가 없다면 우리는 과거의 실수를 되풀이할 수도 있다. 무엇이 새로운 추세인지 끊임없이 추적하는 동안 우리는 오늘날 조직 현상의 약점, 그리고 장점마저도 진정으로 이해하지 못하고 있는지도 모른다. 조직의 리더는 역사를 더 깊이 이해함으로써 세 가지 이점을 얻을 수 있다. 첫째, 새로운 것으로 보이는 것이 진정 오래된 것이라는 신선한 관점을 가질 수 있다. 둘째, '새로운' 조직 계획 뒤에 숨어 있는 비용을 완전히 파악하게 된다(그리고 우리가 그것을 알게 될 때쯤이면, 우리 자신이 역사적인 사례연구의 대상이 될지도 모른다). 셋째, 경쟁 우위를 유지하는 데 필요한 적절한 절차를 이해하게 되고, 경영 유행어와 일시적인 유행에 빠지지 않게 된다.

간략한 경제역사

조직이 세상에 등장하기 전에 이미 시장은 존재했다. 우리의 직업 90% 이상이 다른 사람을 위해 경제 활동을 하는 피고용자라는 개념이었다. 노동역사가 크리스토퍼 힐Christopher Hill은 《과거와 현재Past and Present》지에서 "임금에 전적으로 의존한다는 개념이 자신을 스스로 자유인이라고 생각하는 사람들에 의해 수백 년간 거부당해왔다는 것을 우리는 잊고 있다"고 썼다. 1700년대 말경 '전대제'는 섬유산업에서 등장했고, 그 후 많은 산업에도 채용되었다. 이 제도 아래에서는 근로자들이 생산시설을 소유했으며, 그들이 작업시간을 결정했다. 그러나 상인적 기업가는 원료를 확보하고, 외부에다 생산을 의뢰해 완제품으로 만들게 한 뒤 이를 회수해 시장에 팔았다. 상인적 기업가는 진정 교역자였는데, 그는 다양한 종류의 반제품과 최종 제품, 그리고 시장 사이에 존재했다.

이 제도는 나중에 대규모 공장이 생기면서 내부계약제로 바뀌었다. 그러나 공장에서 일하는 사람들은 공장 소유주와는 관계없이 여전히 독립된 개체였다. "내부계약자들은 서로 계약을 맺었다. … 각자가 부품을 만들고, 그 생산 숫자에 따라 일정한 금액을 받는다"고 경영사가 댄 클로슨Dan Clawson이 자신의 저서 《관료제와 노동 과정Bureaucracy and the Labor Process》에 기술했다. "내부계약자들은 그들 자신의 분야에 대한 생산에 있어서는 전적으로 책임을 졌고, 그들이 직원을 고용했고, 작업 과정을 감독했다." 내부계약제는 유명한 회사들, 예를 들면 싱어 소잉 머신Singer Sewing Machine, 프랫 앤 휘트니Pratt&Whitney, 리드 앤 바턴 실버스미스Reed&Barton Silversmiths, 그리고 볼드윈 로코모티브Baldwin Locomotive 등에서도 이용되었다.

이런 초기의 조직들이 피고용자를 고용하기 시작했을 때에도 조직은 꽤나 규모가 작았고, 고용기간은 짧았으며, 다른 어떤 것보다도 현물시장과 비슷했다. 예를 들면 로버트 레이시Robert Lacey가 포드자동차에 대해 쓴 책《포드 : 인간과 기계Ford : The Men and the Machine, 1913》에 따르면, 미시건주 하일랜드파크공장의 이직률은 거의 400%에 가까웠다. 3년 이상 회사에 근무한 근로자들에게 크리스마스 보너스를 지급하려고 했을 때, 1만 5,000여 명의 근로자들 가운데 해당자는 겨우 640명에 지나지 않았다. 따라서 새로운 조직의 기념비적 모델은 100년 전의—수직적 작업 방식도 없었고 장기 고용계약도 없이, 다만 단기적 고용에 따른—대표적 작업 조직이었다.

경쟁적 도전 또한 새로운 현상이 아니다.《아메리칸 소셜로지컬 리뷰American Sociological Review》지에 래리 그리핀Larry Griffin, 마이클 월리스Michael Wallace, 그리고 베스 루빈Beth Rubin 등이 기고한 논문에 따르면 1890~1928년에 거의 60만 개의 기업들이 도산했다. 이 기간의 도산율은 제2차 세계대전 후 기업의 평균 도산율보다 거의 두 배나 높았다. 20세기에 접어들 무렵, 세상은 역사상 가장 강력한 인수와 합병의 물결을 맞았다. 1899년과 1929년에 인수·합병된 기업 숫자는 1967년까지 깨지지 않았다. 그 당시의 합병률은 1967년보다 훨씬 높았는데, 왜냐하면 1967년까지는 매우 많은 기업들이 등장했기 때문이다. 그 당시의 불투명한 경제적 전망은 오늘날 원가와 생산성을 강조하는 기업 경영을 다시 회상케 해준다. 메사비 철광회사Mesabi Iron의 어떤 감독자는 자신이 가장 원하는 것이 무엇이냐는 질문에 대한 대답으로 "철광석 1톤당 1달러를 더 절감하는 것이다"라고 했다.

마지막으로, 기술적 변화가 급속하게 일어나는 시대를 상상해보라. 100년 전 전기·전화·전신이 발명되었다는 것을 생각해보라. 가솔린 엔진이 발명됐고, 전국적으로 철도망이 깔렸고, 또한 많은 공업적 발명이 앞의 것들과 비슷한 경제적 충격을 주었다. 그러자 갑자기 전국적 시장이 등장하고 빠른 통신이 먼 곳까지 전달되었다. 사실 통계자료에 따르면, 미국의 경우 100만 명당 특허출원 건수는 1970년대와 1980년대보다 1900년대가 더 높았다고 로버트 에클스Robert Eccles와 니틴 노리아Nitin Nohria가 그들의 저서 《유행어를 넘어Beyond the Hype》에 인용했다. 적어도 특허를 기준으로 비교하면, 기술적 변화가 더욱 빠르게 일어나고 있다는 증거도 없다. 에클스와 노리아는 경영이라는 태양 아래에서는 진정코 새로운 것이란 없다고 주장한다. 오늘날의 새로운 경영 추세를 표현하는 데 사용되는 과열된 신조어 가운데 다수가 단지 행동을 촉진하기 위해 사용되거나 컨설팅 서비스를 팔기 위해, 또는 관련 책이나 논문을 파는 데는 도움이 되지만 오늘날의 세계가 과거와 어떻게 다른지를 이해하는 데는 별 소용이 없는 것들이다.

| **역사의 교훈**

수직적 통합과 조직 확장은 고용관계가 발전하면서 동시에 등장했다. 회사들은 회사의 성공을 방해하는 결정적인 불확실성을 확실히 통제하고 싶어했다. 노동력의 활용과 관련해 이직률이 매우 높거나 피고용자들이 고용주들에게 전적으로 의존하지 않으면, 사람을 통한 경쟁력 확보 또는 심지어 조직의 운영마저도 보장하기가 어려웠다. 조립 공정의 도입과 더불어 상호의존성은 증가했다. 조립 라인은 각각의 모든 일에 직원이 고정 배치되어 있지 않으면 운영될 수 없다. 설비에 대한 투자가 높아지면서, 운영의 중단은 고비용을 초래하게 되었다.

헨리 포드Henry Ford가 그 당시 기준으로 상당히 높은 임금인 일당 5달러를 지급하기로 한 결정은 (당시 《월스트리트 저널Wall Street Journal》이 그 결정을 강력히 비난한 것을 보면 요즈음의 상황과 그다지 변한 것이 없다는 증거다) 근로자들이 자동차를 구입할 여유를 갖게 하려는 것도 아니고, 근로자가 착해서 그런 것도 아니었다. 포드자동차가 만들 수 있는 숫자 이상으로 수요가 늘어나자 헨리 포드는 생산에 차질이 생기지 않도록 제때 작업장에 나타나 일을 해줄 믿음직하고도 헌신적인 노동력이 필요했기 때문이다. "포드는 일당 5달러 정책이 '효율적 방법'일 뿐 '자선이라는 생각은 전혀 없다'는 말을 즐겨 했으며, 그 후 그는 그것을 '우리가 시행하고 있는 원가절감 방법 가운데 최상'이라고 즐겨 보고했다"고 레이시는 쓰고 있다.

이와 마찬가지로 부품 공급 또는 반제품조립 계약, 그리고 서비스 제공 계약을 할 때는 어쩔 수 없이 서비스를 공급하는 사람들이 주도권을 쥐고 마음대로 회사를 좌지우지했다. 이 경우 가전제품산업이 좋은 예다. 첫째, 미국의 TV·라디오·기타 가전회사들은 일부 부품 생산을 외부에 용역을 줄 수 있다고 믿었다. 그러나 제조 과정과 생산 디자인은 밀접하게 상호의존적이므로 회사들은 곧 디자인 과정의 주요한 부품을 외주 계약했고, 마케팅과 배급 기능만 보유했다. 이런 방식은 경쟁자를 끌어들였다. 일본과 한국 회사들이 처음에는 제조로 시작하더니 제품 개발에 뛰어들었고, 곧 마케팅과 공급 쪽으로 발을 들여놓고는 결국 시장 전체를 빼앗아 가버렸다. 자동차산업에서도 비슷한 과정이 일어났다. 다시 말해 처음에는 부품을 만들어 공급하던 회사들이 곧 완전한 경쟁자로 커버렸는데, 예컨대 미쓰비시三菱자동차가 크라이슬러Chrysler의 경쟁자가 되어버린 것 등이다.

지금까지의 이야기에 대한 반론은 시대가 바뀌었다는 것이다. 비록 생산관계 사슬을 구성하는 회사들이 조직 경계 바깥에 있다 하더라도 정보기술이 발달해야 제품과 부품 공급자 사이에 조정이 가능하다. 그리고 조립회사들은 종종 일본식이라고 알려진 방식에 의거해 부품 공급자들과 협력하는 방법도 배웠다. 일본 회사들은 원가와 기술에 관한 지식을 상호 공유하는 조직 사이에 망을 만들고는 마치 하나의 조직인 양 효과적으로 행동한다.

노동시장도 마찬가지로 변했다. 쉽게 노동계약을 맺을 수 있고 임시직을 고용할 수 있다—결국 근로자는 미국에서 최대의 사적 부문 고용주다—그리고 장기간 고용에 따른 고정비 부담이 없고, 사람을 관리하는 데 어려움도 없다.

노동계약을 할 수 있고 조직 경계를 넘어서 경영할 수 있는 확대된 능력은 의심 없이 현실이고, 분명히 포드자동차의 리버루지 공장River Rouge Plant에서 관찰될 수 있을 정도의 진정한 통합이다. 그곳에서는 자동차뿐만 아니라 강철과 유리, 그리고 여러 가지 원재료와 부품이 만들어졌는데, 그것이 꼭 경제적이거나 효율적인 것은 아니었다. 그것은 경쟁 우위, 즉 일정 기간 지속적으로 평균보다 높은 경제적 이익을 올릴 수 있는 능력을 얻을 수 있는 사례도 아니었고, 단지 시장에서 자원을 획득할 수 있을 뿐이었다. 누구라도 단기고용 알선기관을 통해 인적 자원을 조달할 수 있다. 그리고 어떤 회사든 전자산업 분야에서 필요로 하는 것을 공급할 수 있을 만큼의 규모로 성장한 수많은 공급업자와 계약을 맺을 수 있다. 당연히 외부에서 구입할 수 있는 물품은 경쟁 우위를 확보하기 위해 지속적인 가치를 제공하지 못하는데, 그 이유는 경쟁자들도 그것을 구입할 수 있기 때문이다.

기술이나 경영 전략 또는 심지어 제품이나 서비스보다는 조직 문화와 경영 방식을 모방하기가 훨씬 더 어렵다는 것은 명백하다. 이것이 바로 조직 문화와 조직의 능력이 점점 더 중요한 성공의 원천이 되는 이유다. 그러나 그것이 진실이라 해도 회사는 고성과와 높은 몰입을 보장하는 작업관행을 실천할 필요가 있고, 고객(왜냐하면 신규 고객 획득은 당연히 기존 고객의 유지보다는 비용이 더 들고 또한 더 어렵다)과 직원 모두와 좋은 관계를 형성하는 작업이 뒤따라야 한다.

우리는 가상 조직에서 문화적으로, 그리고 조직 능력이라는 점에서 어떻게 성공할 수 있는가? 가상 조직에는 분명히 가상 문화밖에 없을 텐데 말이다. 강한 문화를 갖고 있는 조직은 이직률이 낮고 직원과의 관계를 현물시장처럼 보지 않는다. 조직 능력을 획득하고 향상시키려면 암묵적 지식tacit knowledge을 갖고 있는 직원을 유지해야 한다. 많은 조직들은 직원이 떠나고 나서야, 그들이 갖고 있던 지식이 사라진 후에야 유감스럽게도 그것을 알게 된다.

많은 '새로운' 조직관행, 그리고 고용관행과 관련해서는 명백한 원가절감이—간혹 실제로는 환상에 지나지 않는데—효과를 나타내고 즉각적인 것처럼 보이지만, 장기적으로 경쟁력을 해치는 결과가 나타나거나 불확실하고, 어떤 경우에는 잘못된 의사결정이었음을 확실히 추적할 수가 없다. 역사에서 교훈을 배우지 못한다는 것은 놀라운 일이 아니다. 예를 들면 대부분의 소매업자들은 시간제 고용을 하고, 그것도 가능하면 적게 쓰고, 급료도 낮추어 인건비를 최소화하고 있다. 이런 경영관행으로 유명한 백화점 체인이었던 엠포리엄 캡웰 컴퍼니Emporium Capwell Company는 지금 도산하고 없다. 이 회사는 소매업에서 내가 말하는 이른바 '중성자탄 neutron bomb : 건물은 파괴하지 않고 그 속의 사람만 죽인다' 이론에 철저했다. 회사에는 좋은 물건이 많았으나 그것을 판매할 사람이 없었던 것이다. 물론 원가 최소화가 소매업의 목적은 아니다. 만약 그것이 목적이라면, 점포를 폐쇄해 인건비를 제로로 만들면 된다. 노드스트롬Nordstrom사는 성공적으로 운영되고 있는데, 소매 분야 판매원의 월급이 산업 평균보다 대략 두 배나 많다. 뉴 유나이티드 모터스 매뉴팩처링New United Motors Manufacturing사는 자동차산업 가운데 가장 높은 임금을 지급하는 회사이다. 그러나 이전보다 생산성을 50%나 더 높여주는 생산 시스템과 높은 품질 수준을 유지함으로써 지금도 자동차산업계에서 선두를 유지하고 있다.

비록 급료 수준이 낮고 그 결과 값싼 노동력처럼 보이는 직원이라 해도 회사가 이익을 내는 데 필요한 지식·경험·헌신이 없다면, 그는 여전히 매우 급료가 비싼 사람이다. 그 반면에 급료가 높은 사람이라도 원가와 비교해 매우 효과적일 수 있다. 어느 지역의 석유 정유업에 대한 조사 결과 다른 정유업자들보다 직원에게 급료를 35%나 더 높게 지급하는 회사가 있었다. 리처드 리케츠Richard Ricketts가 《오일 앤드 가스 저널Oil and Gas Journal》지에 기고한 논문에 따르면, 그 회사는 수준이 더 높은 근로자를 고용하고 그들을 다기능 직원으로 훈련시키고 숙련된 근로자를 유지할 만큼 충분한 급료를 지급함으로써 총수선비를 제2위의 정유회사보다 25%가량 낮췄다.

노웨스트 뱅크Norwest Bank와 몇몇 은행을 빼고, 미국의 은행들은 노동시장 정책과 경쟁 전략에서 소매업자의 전철을 밟았다. 은행들은 단기적 비용절감 전략을 추구하면서 단지 자신들의 직무만 수행할 줄 아는 근로자를 시간제로 고용했다. 은행은 경력 개발과 승진을 무시했다. 그 결과 서구의 어떤 나라보다도 미국 은행의 직원 이직률은 높아졌다. 예를 들면 상업대출 담당자의 이직률이 33%에 달한다면 '관계를 중시하는' 은행거래는 하룻밤 장사에 그치는 것이다. 요구불예금(오늘날에는 상호부금이 예금자산을 더 많이 운영한다)을 비롯해 대출이나 신용카드(미국에서 신용카드업계의 3대 회사 가운데 2개 회사는 은행이 아니다) 시장에서 미국 은행의 점유율이 하락한 것은 다른 나라, 특히 독일의 경험과 비교해보면 잘 알 수 있다. 독일에서는 고객 획득(미국에서 지난주 은행 가입 권유를 몇 번이나 받았는가?)을 중시하는 전략을 사용하지 않았다. 그 대신 고객 유지, 그리고 기존 고객에게 다양한 서비스를 제공하는 전략을 사용했다.

| **차별화는 용기가 있어야**

최근의 추세 또는 유행을 그대로 따르려는 유혹은 종종 엄청나게 강하다. 또한 새것을 찾는다면서 우리는 간혹 옛것을 끄집어낸다. 레비 스트로스Levi Strauss사가 1980년대 말 미국 공장에 도입한 생산현장 직원에 대한 혁신적인 성과배분 방식은 1930년대 스캔론 플랜Scanlon Plan에 근거한 것이고 당시부터 통용되던 것이다. 에릭 에이브러햄슨Eric Abrahamson이 《아카데미 오브 매니지먼트 리뷰Academy of Management Review》지에 기고한 논문에 따르면, 종업원의 주식 소유에 대한 관심은 1920년대 말 최정점을 기록한 뒤 끊임없이 주기적으로 나타나고 있다. 스티브 발리Steve Barley와 기데온 쿤다Gideon Kunda는 《어드미니스트

러티브 매니지먼트 쿼털리Administrative Management Quarterly》지에 경영진은 동기부여 방법으로서 한편으로는 비금전적이고 문화적인 방법, 다른 한편으로는 객관적 기준에 의거해 금전적 보상을 지급하는 방법에 대해 관심을 갖고 있다고 하면서 이는 역사적으로 여러 번 되풀이되었다고 주장했다.

대중의 뒤를 따라간다면 어떤 조직도 대중을 앞질러갈 수 없음을 인식하는 것이 중요하다. 만약 어떤 회사가 경쟁자들이 하는 대로 한다면 그 성과는 어느 정도나 더 나을까? 그것이 바로 사우스웨스트 항공, 노웨스트 뱅크, 월마트Wal-Mart 등과 같이 뛰어난 기업들이 전통적인 지혜를 따르지 않고 남다르게 영업 활동을 하는 이유다. 사우스웨스트 항공은 불행한 사람들을 최대한 한 곳에 같은 시간대에 모아놓는 방식으로 알려진 허브 앤드 스포크hub and spoke 시스템을 채택하지 않고, 그 대신 포인트 투 포인트point to point 서비스를 제공하고 있다. 월마트는 독자적인 트럭 배송 시스템을 이용하고 있는 반면, 케이마트K-mart와 여러 경쟁자들은 배송 시스템과 같은 비핵심적 기능은 외부 하청을 이용하고 있다. 나중에 뒤돌아보면 배송 시스템이 할인점의 성공에 얼마나 결정적인 역할을 했는지를, 그리고 자체 트럭 운송을 통제하는 것이 얼마나 유용했는지를 확인하는 것은 쉽다. 그러나 뒤돌아본다는 것은 늘 그런 식이다.

조직과 경영에 관해 지속적으로 인정받고 있는 몇 가지 진실이 있다. 그 가운데 하나가 상호주의reciprocity 규범인데, 이는 모든 국가와 모든 문화에 공통적으로 존재한다. 상호주의에 기초해 직원들에게 몰입하지 않으면, 우리는 직원들로부터 헌신과 충성심을 기대할 수 없다. 또 다른 하나의 진실은 핵심 역량 또는 기업의 능력에 관한 아이디어다. 1890년대와 1990년대 핵심 역량 부문을 외부 용역에 맡긴 기업들은 종종 재난에 이르는 처방을 안은 격이었다. 왜냐하면 외부 용역은 경쟁 우위의 기초를 공개시장에 내버려둔 것이었으니까 말이다. 세 번째 진실은, 성공하기 위해서는 현대의 경제생활을 형성하는 기본적인 세력과 아이디어를 이해해야만 하고, 효과가 없는 추세는 거부해야만 하며, 그리고 정확한 판단 없이 그럴 듯한 유행어에 빠져들지 말아야 한다는 것이다.

리더를 위한 함의

변화가 필요한 시기에 변화하지 않거나 맹목적으로 경영 유행을 따르는 딜레마에 빠지지 않기 위해서는 스스로 다음과 같은 몇 가지 질문을 해보고 해답을 가슴 속에 깊이 간직하는 것이 유용하다.

1. 우리의 경쟁 우위를 지켜주는 핵심 요소는 무엇인가?

사우스웨스트 항공과 노드스트롬, 그리고 급속히 성장하는 천연식품 체인점 홀 푸드 마켓Whole Foods Market 등을 여느 기업과 구분해주는 요소는 이들 기업이 자신들이 하는 일에 대해 분명히 알고 있다는 점이다. 즉 물건을 팔고, 높은 고객 만족과 함께 정시에 항공기를 띄우고, 일반식품과 건강식품을 배송하며, 그 과정에서 소비자를 교육한다. 시스템 · 절차 · 정책 · 전략 그리고 그 밖의 모든 기업관행은 기업 목적을 위한 수단이지, 그 자체가 목적이 아니다.

2. 경쟁시장에서 필요한 핵심 역량과 기업 능력은 어떤 것인가?

그리고 이러한 핵심 역량과 기업 능력을 유지하기 위해 우리가 할 수 있는 것은 무엇인가? 핵심 역량을 만들기 위한 투자는 비용이 아니다. 경쟁 우위를 확실히 하는 데 반드시 필요한 사항이다. "오늘날 우리는 모두 서비스 비즈니스를 하고 있다"는 말은 진부한 이야기다. 제품도 그것이 제공하는 서비스에 기초해 팔리고 있으며, 이들 서비스는 제조업자들에 의해 제공된다. 그럼에도 불구하고 많은 회사들은 서비스 제공 능력을 높이고 유지하는 데 실패하고 있다.

서비스 제공 능력을 높이기 위해서는 사람에 대한 투자가 필요하다. 실험을 해보라. 찰스 슈웝Charles Schwab, 피델리티 인베스트먼트fidelity Investments, 그리고 웰스 파고 은행Wells Fargo Bank에 전화를 걸어 상대방이 나오는 데 얼마나 시간이 걸리는지 재보고, 당신의 질문에 답변하는 직원의 능력을 관찰해보라. 그런 뒤 재무 서비스 시장에서 어느 회사가 성공할지 추측해보라. 당신이 전화를 통해 경험하는 것이 회사의 고용관계 전략을 구성하는 직원훈련 및 유지와 관련된 정책(또는 관계 없는 정책)과 전략을 반영한다는 것은 놀라운 일이 아니다.

3. 모집 · 선발 · 임금 · 훈련과 개발 · 노동력 조직 방식 등의 조직 정책이 시장에서 성공하기 위한 핵심 역량과 일치하는가?

내가 관찰한 많은 조직의 대답은 "아니다"였다. 정책은 동굴 속의 저장물과 같이 형성되었고, 조직이 수행해야 할 과업과의 정합성alignment은 매우 낮았다.

4. 우리의 조직과 경쟁 조직을 구분해주는 것은 무엇인가?

만약 그 대답이 조직의 문화 · 사람 · 기술 · 능력 등이라면 계획된 정책과 결정이 이것들을 더욱 향상시켜주는지, 아니면 파괴하는지의 관점에서 (정책과 결정을) 확실히 평가해야 한다. 대부분의 회사들이 브랜드 가치 개념을 이해하고 있는 것은 당연하다. 광고와 제품의 질은 브랜드의 이미지를 형성하는데, 브랜드 이미지는 은행에 예금된 돈과 같다. 회사가 가진 노동력의 '가치'를 인식하고 그에 따라 회사가 어떤 결정을 내리는 것은 덜 보편적인 것이지만, 그렇다고 해서 덜 중요한 것은 아니다.

06

Orit Gadiesh · Scott Olivet

수행능력 제고를
위한 조직 설계

오늘날 기업이 직면하고 있는 도전은 도처에서 볼 수 있다. 사업 영역의 파괴, 글로벌 시장의 활성화, 폭발적인 경쟁, 인구이동, 그리고 꾸준히 증가하는 변화의 속도 등이 그것이다. 회사들은 새로운 전략으로 내일의 조직을 만들고, 새로운 경영기법을 도입하고, 그들이 수행해야 할 일에 대한 새로운 사고방식 등을 갖추고 이에

오리트 가디시 Orit Gadiesh | 국제적인 경영자문회사 베인 앤 컴퍼니(Bain&Company)의 이사회 회장이다. 그녀는 기업 포트폴리오 재구축, 글로벌 전략 개발, 그리고 변화계획 실행 분야에서 정력적으로 일했다. 그녀는 많은 조직의 이사회에 참여하고 있는데, 그 가운데에는 하버드 비즈니스 스쿨 프레스(Harvard Business School Press)의 출판위원회 이사회, 와튼 스쿨(Wharton School) 최고경영자를 위한 SEI센터의 이사회 등이 있다.

스콧 올리베트 Scott Olivet | 베인 앤 컴퍼니의 부사장이다. 그는 통신회사, 소비자 제품, 운송 분야, 재무서비스 분야의 전략과 경영 문제 등을 깊이 있게 다루고 있다. 베인 앤 컴퍼니의 조직 유효성과 변화 전략 분야의 책임자이기도 하다.

적응하기 위해 노력하고 있다. 최근 몇 년 동안 우리는 또 다른 해결용 지렛대에 점점 더 의존하고 있음을 보는데, 그것은 바로 구조의 재디자인이다. 기능 중심으로 조직된 회사는 고객 세분화에 기초해 조직을 다시 짜거나, 조직 계층을 제거함으로써 의사결정 시간을 단축하기 위해 노력하고 있다.

그러나 재디자인은 큰 성과를 내지 못하고 있다. 조직을 재구축한 많은 회사들은 몇 년 뒤 조직을 또다시 재구축할 것이다. 이런 재디자인을 반복하는 이유 가운데 몇 가지는 외부의 변화 때문인데, 최초의 조직 재구축이 그 적절성과 힘을 잃어버리기 때문이다. 그러나 이 밖에도 회사는 종종 최초의 재디자인에 대해 단순히 실망하여 두 번째 재디자인 단계로 접어들기도 한다. 실망은 선택된 구체적인 구조들과는 별 관계가 없고, 오히려 구조가 고안되고 그 자리에 적용된 방법으로 인해 발생한다.

이 회사 저 회사를 컨설팅하는 동안 우리는 재디자인의 목표가 분명하지 않을 뿐만 아니라 재디자인이 조직의 핵심 부분을 제외하거나 부분적으로 집행되었다는 사실을 발견했다. 아무리 미래 조직이 비슷하게 보인다 하더라도, 부분적인 디자인에 기초한 부분적 집행, 구체적이지 않은 목표를 기준으로 한 측정 등은 성공적인 처방이 아니다.

모든 조직의 궁극적인 재디자인의 목적은 같다. 즉 회사의 전략과 결정을 수행할 수 있는 능력을 향상시키는 것이다. 우리는 그것을 수행능력이라고 부르는데, 그것은 제품의 디자인을 통해 제조 가능성을 높이려는 목적과 비유해도 크게 틀리지 않는다. 제조

가능성이 결여된 상태에서 디자인된 제품은 서류상으로는 그럴듯하게 보이지만, 간혹 두 가지 심각한 결점 때문에 곤란에 처하게 된다. 그것은 필요한 원가 범위 안에서 제조될 수 없고, 전반적인 성능을 떨어뜨리는 교환관계trade off 가 반드시 존재한다. 이는 제품이 고객의 기대에 부응할 수 없다는 의미와 같다. 마찬가지로 수행능력에 맞게 구체적으로 디자인되지 않는다면 조직을 훼손시킨다. 그리고 디자인이 적절하게 집행되지 않으면, 심지어 잘 디자인된 조직마저도 훼손될 것이다. 더욱이 재디자인의 결과가 실망스러우면 회사의 지도자는 또 다른 새로운 디자인을 시작하는데, 이 때는 아무리 빨라도 충분하지 않다. 어떤 회사는 그런 순환 과정을 끊임없이 되풀이하기도 한다.

회사를 재디자인할 때는 세 가지 확인해야 하는 필수사항이 있다.

① 회사의 지도자들은 "우리가 변해야 하는 것은 당연하다. 그러나 왜 새로운 구조가 필요한가?"라는 질문에 적절히 대답할 수 있어야만 한다.
② 회사의 지도자들은 수행능력을 기준으로 디자인하지 않으면 안 된다. 새로운 구조의 첫 번째 우선순위는 회사의 매일 매일의 결정과 절차 수행을 촉진하는 것이어야만 한다.
③ 새로운 구조를 적용하는 데 있어 회사의 지도자들은 철저해야 하고, 분석적이고도 인내심이 있어야 한다.

| 이유를 물어보라

새로운 구조의 가장 보편적인 목표는 바뀐 경계 또는 고객의 구매방식 변화에 대응하고, 원가를 절감하고, 기업 활동의 우선순위를 재조정하고, 인사이동을 하고, 생산시설을 재조정하고, 회사의 여러 가지 문제를 해결하려는 것이다. 조직 구조의 변화는 회사가 이런 목적 가운데 어느 것을 해결하는 데 도움이 되지만, 그것이 구조 변화를 시작하는 가장 좋은 이유 또는 시기는 아니다. 구조는 다만 전반적인 해결 과정의 한 부분인 것 같다.

제일 먼저 시작해야 하는 것은 과연 구조 변화가 적절한지 의문을 갖는 것이다. 정직하게 말해, 성장률이 낮고 변화에 더딘 근본적인 원인이 무엇인가? 재디자인에 성공한다 해도 고객이 그것을 어떻게 알 수 있는가? 월요일 아침, 남달리 어떻게 하고자 하는가? 신제품 개발 문제를 두고 생산 부문과 판매 부문 사이의 갈등을 야기하는 것은 아마도 회사의 구조가 아니라 불분명한 목표나 전략의 부족 또는 부처이기주의적 행동을 촉진하는 보상 시스템 때문일 것이다. 진정한 훼방꾼을 제거하는 데 구조가 진실로 최상의 지렛대일까? 업무를 개선할 때 사용하는 것과 똑같은 방법으로 대안들을 분석해보라.

목표를 이해하면 디자인 과정에서 발생하는 교환관계를 분석하는 데 도움을 주고 디자인 그 자체에도, 새로운 디자인을 적용하는 과정에도, 결과를 측정하는 데도 도움을 준다. 직원의 참여가 가능하고 매우 공개적인 디자인 과정은 어떤 특정한 문제의 해결을 원하는 고객 요구에 대응하는 데 적절하다. 그러나 당면한 문제가 어떤 사업 부문을 처분하는 것이면 덜 적절하다. 어떤 조직 구조를 사용할지 선택할 때, 무엇을 선택해도 장점과 단점은 존재한다. 원가와 유연성 또는 속도와 정밀성 사이에 교환관계가 발생한다. 선택된 것을 집행하는 과정에서도 교환관계가 일어난다. 예를 들면 변화 계획을 발표하는 방법도 직원의 반응에 영향을 미친다. 만약 당신의 목적이 회사를 휘저어놓는 것이라면 당신은 변화 계획을 갑자기 발표할 것이고, 주요한 인사이동도 포함할 것이다. 변화의 규모가 크고 신중한 관리가 필요하다면, 좀 더 신중한 발표와 여유 있는 집행이 훨씬 더 적절할 것이다. 구조적 재디자인은 언제나 비용이 들고, 고객과 직원을 당황하게 만들고, 생산성을 저하시키고, 직접적으로 돈이 들기 때문에 가볍게 실시해서는 안 된다. 조직 재구축은 꼭 해야 할 때, 그리고 그것에 대한 투자가 그만한 가치가 있을 때 실시해야 한다. 목표가 분명하지 않으면 교환관계가 무엇인지 사전에 알 수 없다는 것을 기억하라.

수행능력 향상을 위한 디자인

새로운 조직 디자인으로 당신이 성취하고자 하는 것이 무엇인지 정확하게 알고 난 뒤에는 그것을 청사진 위에 작업한다. 우리는 언제나 올바른 해답을 제시해주는 디자인 기계를 갖고 싶어한다. 또는 어떤 디자인은 어떤 특정한 경쟁 상황 또는 회사의 수명주기상 어느 단계와 정확히 맞아떨어진다고 말해주는 디자인 기계를 선호한다. 그러나 그런 마법은 존재하지 않는다. 우리는 특정 구조와 만족하는 관리자 또는 불만족스러운 일반관리자 사이에 전혀 상관관계가 없음을 발견할 수 있다. 불만족은 새로운 디자인에 대한 기대와 그 구조가 실제로 창출하는 개선 사이에 나타나는 차이 때문에 발생한다. 차이를 야기하는 이유는 조직 구조 그 자체가 아니라 구조를 철저히 디자인하는 데 실패했거나, 그 후 그것을 철저히 집행하지 못했기 때문이다. 조직 재구축이 애초에 시도했던 효과를 거두지 못하는 것도 디자인 과정에서 다음과 같은 실수를 범했기 때문이다.

· 최고경영자에게만 관심을 기울이고 하위계층에는 관심을 기울이지 않는다. 예를 들면 회사는 지역 중심이 아니라 시장 중심의 기본적인 구조를 지정하고 수직 구조의 다른 부분을 명백하게 디자인하지 않는다.

· 수직적 계층 구조에만 관심을 기울이고 수평 구조는 등한시한다. 회사가 어떤 기능은 어떤 시장에서 적용된다는 식의 수직적 계층 구조만 지정하고 조직 단위들을 가로질러 일어나는 조정 기능에는 주의를 기울이지 않는다.

· 관계에만 집중하고 결정이나 과정은 무시한다. 회사는 누가 누구에게 보고하고 그들이 점선으로 연결됐는지 또는 실선으로 연결됐는지에 관심을 기울이지만, 개인이나 집단이 의사결정을 내리고 제품과 서비스를 고객에게 전달하는 방법에 대한 계획을 수립하지 않는다.

· 직무에 대해서는 관심을 기울이지만 팀에 대해서는 소홀하다. 회

사는 각각의 새로운 직위를 명확히 하기 위해 개별적인 직무 기술서를 작성하지만, 부서에서부터 팀의 조정에 이르기까지 집단의 책임에 대해서는 무시한다.

· 구조에만 집중하고 지원사항에 대해서는 무관심하다. 회사는 전적으로 구조에만 관심을 집중함으로써 새로운 프로세스, 신기술 개발, 성과관리 시스템, 정보 시스템을 디자인하는 데 실패하고 있다.

회사는 단지 조직의 일부분만 디자인함으로써 조직이 실제로 어떻게 기능할 것인가를 고려하지 못하고 있다. 이와 같이 무시된 요소는 언제나 문제를 야기하는데, 점점 더 복잡해지는 글로벌 조직, 그리고 회사의 모든 프로세스의 처리 속도를 높이고자 하는 압력은 무시된 요소를 더욱더 절실하게 만든다. 조직 내부관계가 한층 더 복잡해짐으로써 프로세스의 처리 속도는 느려지는 경향이 있는데, 회사는 스스로 훨씬 더 빨리 업무를 처리하지 않으면 안 되는 것이 사실이다. 이런 갈등을 극복하기 위해 회사들은 수행능력을 디자인하는 과정에서 모든 요소를 빠뜨리지 않도록 세심한 주의를 기울여야 한다.

완전한 수직적 계층 구조의 디자인

회사로서는 작업, 즉 제품 · 기능 · 지역 · 고객 · 시장 · 프로세스 등을 조직하는 기본적 방법을 선택하는 것이 주요한 결정이다. 어떤 것을 선택하더라도 어느 정도는 장점과 단점이 있을 것이다.

예를 들면 직능식 구조는 강력한 기능적 전문성을 형성하겠지만, 때때로 제품 개발에 오랜 기간이 소요된다. 완전한 수직적 계층구조를 상세하게 디자인하면 직능식 구조와는 달리 조직을 관리하는 방법을 파악하거나 조직 갈등을 완화하기 위한 다른 디자인 요소를 이용하는 데 도움이 된다. 사실 회사의 계층 수를 2단계, 3단계, 4단계로 디자인하는 것은 계층 수를 단 하나로 디자인하는 것만큼이나 중요할 수도 있다. 개인과 팀에게 가장 중요한 것은 그들이 보고해야 하는 사람과 그들이 충성을 바쳐야 하는 사람이다. 따라서 하위계층의 디자인은 직원의 행동, 의사결정, 작업 흐름에 큰 영향을 미친다. 중간관리자로서는 자신이 맡고 있는 조직 구조에 투입하는 요소도 중요하지만, 최고경영자는 그런 교환관계를 무시할 필요도 있고, 모든 조직 부문이 적절히 통합되고 있는지 확실히 할 필요도 있다.

　전 세계적으로 소비자 제품을 취급하는 회사가 최근 조직 재구축을 실시했는데, 우리는 지역 특화와 제품 특화 중 어느 정책을 택할지 토론을 벌인 끝에 전자를 선택했다. 그 후 우리는 두 번째 계층의 설치 여부, 기능별 지역 구조, 고객·국가별 구조 등에 대해 한층 더 격렬하게 토론했다. 무엇보다도 우리는 생산지 결정 문제로 논쟁을 벌였다. 국가별로 생산 조직을 구축하면 국가별 고객 요구에 한층 더 빨리 대응할 수 있다. 그러나 각 국가별 시장은 규모가 너무 작아서 규모의 경제이익을 크게 실현할 수 없다. 이런 교환관계를 면밀히 검토한 끝에 최대의 경제성을 확보하기 위해서는 글로벌 차원에서 생산문제를 결정해야 한다는 점이 분명해졌다. 완전한 수직적 구조를 디자인함으로써 우리가 최초로 제안한 구조조정계획에 내재된 고유한 갈등을 확인하는 데 도움이 되었고, 여러 지역 사이에서 의사결정을 하기 위해서는 글로벌 생산 담당자가 필요하다는 사실을 알았으며, 우리가 그 전에 선택한 배타적 지역 구조에 많은 의문을 갖게 되었다. 그 후 모든 직능과 프로세스를 다시 생각해보았는데, 그 결과 우리는 기초적 구조로서 지역적·직능적 혼합식 조직 구조를 개발했다.

조정기구의 디자인

조직 재구축에서 발생하는 공통적 실수 가운데 하나는 서류상에 나타난 것만 재디자인하는 일이다. 그러나 서류상에 나타난 것은 대체로 수직적 구조 문제뿐인데, 그것은 실제 조직의 사소한 부분일 뿐이다. 더욱이 회사는 그 조직 구조를 채택한 이후 많이 변했고 또한 발전했다. 오늘날 회사에서 잘 작동되지 않고 있는 것을 분석할 때는 당신이 생각하는 이상적인 상태와 회사의 실제 작동 방법을 비교할 필요가 있다. 오래전에 어떤 사람이 주장한 바와 같이 그것이 어떻게 '당위적'으로 작동되어야 하는지와 비교해서는 안 된다.

조직이 실제로 어떻게 작동하는지에 대해 집중한다는 것은 교차 조직간 조정과 의사결정에 많은 주의를 기울인다는 의미인데, 이것이 바로 수평적 프로세스 또는 조정기구다. 조정기구는 형태와 기능 면에서 매우 다양하다. 예를 들면 교차기능간 과제를 해결하기 위한 영구적 팀 조직에서부터 프로세스 관리를 위한 조정집단, 특수 프로젝트를 해결하기 위한 전담부서, 일시적인 문제 해결을 위한 회의 등에 이르기까지 다양하다. 회사가 어떤 형태의 조정기구를 갖든, 회사의 규모가 어느 정도든 간에 조정기구가 없다면 회사는 수행능력을 확립할 수 없다. 조정기구는 교환관계를 완화하고, 의사결정을 빠르고 단순하게 하며, 핵심 역량의 개발을 촉진하고, 수직 구조에서 오는 그 어떤 것만큼이나 영향력 있는 사전 경고를 보내주면서 통합적인 조직 문화와 공동 목적을 달성하도록 해준다.

그러나 이러한 일을 효과적으로 수행하려면 수평적 프로세스임을 누구나 알 수 있게 명시적으로 디자인해야 한다. 너무나 자주 일어나는 일이지만, 고위 경영자들은 그들이 바라는 형태의 조정기구에 대해 어느 정도 일반적인 방향을 제공하고는 실질적 조정기구를 디자인하는 작업을 다른 사람에게 맡겨버린다. 여러 가지 이유로 인해 그것이 잘되는 경우는 거의 없다. 한 가지 곤란한 문제는 이해갈등이다. 조정기구를 디자인하고 그것을 관리하도록 요청받은 사람은 자신이 속해 있는 부서의 요구를 묵살해버릴 만큼 강력한 프로세스를 창조하기 위해 최선을 다할 것 같지 않기 때문이다. 사실 좋은 수평적 프로세스의 목적 가운데 하나는 이와 같은 과도한 수직적 통제에 대해 정확하게 맞대응하려는 것이다.

비공식적이든 자발적이든 간에 조정기구가 조직 시스템의 각 요소들을 의도적으로 잘 통합하면 최상의 효과를 발휘할 것이다. 조정기구는 조직 구조의 다른 모든 측면과 비슷하다. 최고의 효과를 내려면 조정기구는 명시적으로 디자인되어야 한다.

의사결정 과정의 디자인

조직의 구조가 성장을 가로막을 수도 있는 상황에 대해 알아보기 위해 우리는 수백 명의 고위 경영자들을 인터뷰했다. 공통적인 하나의 반응은 비즈니스 과정의 디자인과 관련이 있었는데, 그것은 최근 많은 책과 논문을 통해 집중적으로 조명받은 주제다. 그러나 가장 공통적인 반응은 의사결정과 관련이 있었다. 경영자들은 자신이 직무를 수행하는 데 필요한 의사결정 능력이 부족하고, 최고경영자는 의사결정을 신속히 하지 못한다는 것이다. 비효과적인 의사결정을 내린 데는 많은 이유가 있다. 기업 환경의 복잡성에서부터 경영 스타일과 경영철학의 차이에 이르기까지 다양하다. 그러나 가장 빈번하게 일어나는 원인 가운데 하나는 회사가 의사결정 과정을 디자인하는 데 실패한 것이다. 핵심적 의사결정 사항이 무엇인지 확인하지 못하고, 그것을 어떻게 결정하는지 구체화하지 못하고, 그리고 의사결정 과정이 조직 구조 또는 지원기구들과 충돌하지 않는다고 보기 때문이다.

조직간 경계를 넘지 않는 의사결정을 내리는 조직은 찾기 힘들고, 서로 다른 목적을 갖고 있는 집단들과 관련되지 않은 의사결정을 내리는 조직도 거의 없고, 팀과 개인들의 책임 사이에 그리고 스태프와 라인 사이에 갈등이 전혀 일어나지 않는 조직도 거의 없다. 교착 상태에 빠지기 쉬운 곳이 바로 조직 사이의 교차지점이다. 이 길목에서 조직은 꼼짝 못하게 되는데, 그 이유는 문제의 본질 때문이 아니라 의사결정의 방법 때문이다. 만약 당신이 추구하는 것이 수행능력을 제고하는 것이라면, 당신은 제품과 서비스의 제공뿐만 아니라 의사결정에 대해서도 분명히 하지 않으면 안 된다. 즉 다음과 같이 해야만 한다.

- 전략을 실행하는 데 필요한 핵심 의사결정을 지정한다.
- 본질적인 문제·자료·필요한 분석 등을 확인한다.
- 관련된 개인, 그리고 집단의 역할과 책임을 열거한다.
- 필요한 사람과 정보가 함께 모이는 과정과 시기를 설명한다.

우리가 경험한 바에 따르면, 오늘 의사결정 과정이 어떻게 진행되는지 진단하는 일부터 시작하는 것이 때에 따라서는 최선의 방법이다. 이 경우 두 개의 수단이 도움을 준다. 첫째는, 의사결정 도표라고 불리는 것으로, 핵심 결정사항에 이르는 과정을 안내하는 양식이다. 이는 의사결정 과정에 관련된 사람들을 순서대로 표시한 것인데, 의사결정 과정이 조직을 통과하면서 만나는 복잡한 경로를 그림으로 보여준다. 과거에 실제로 일어난 의사결정 과정을 도표화하는 것은 같은 작업을 되풀이할 때 발생하는 비효율성을 파악하고, 현재의 의사결정 과정의 효과를 평가하는 데 큰 도움이 된다. 또한 최고경영자들에게는 추구하는 일의 전개 과정에 대한 그들의 인식을 올바르게 바로잡는 데 사용될 사실적인 기초를 제공한다. 두 번째 도구는 당신이 새로운 의사결정 과정을 디자인할 때 도움을 줄 수 있는 매트릭스matrix다. 이 매트릭스의 한 축에는 회사의 주요 의사결정 항목을 열거하고, 개개인과 각 집단이 의사결정 과정에서 수행할 역할을 서술한다. 즉 그 역할을 제안하고

recommend, 동의하고agree, 자료를 제공하고input, 결정한다decide. 이 과정을 앞으로 RAID라 부른다. 만약 당신이 다른 부서에서 온 어떤 관리자들에게 현재의 작업이 진행되는 과정을 중심으로 RAID 매트릭스를 만들어보라고 지시하고, 다른 사람에게는 일이 어떻게 진행되었으면 좋겠는가를 중심으로 RAID 매트릭스를 만들어보라고 지시했다고 가정하자. 아마 당신은 현재의 작업관행에 대해, 그리고 그 작업에 관련되어야 할 사람들의 엄청난 불일치가 있음을 보고 놀랄 것이다. 분명히 두 번째 RAID 매트릭스, 즉 새로 제안된 과정과의 불일치는 더욱더 클 것이다. 그러나 이런 의견 불일치를 파악하는 것이야말로 바로 정확하게 당신이 추구하는 바다. 그것들이야말로 의사결정을 방해하는 주요 원인이다.

    의사결정 과정에 대한 디자인이 조직 구조 디자인의 다른 측면들보다 앞서가야 하는 것인지, 또는 동행하는 것인지에 관계없이 그것은 조직 구조 디자인 작업을 훨씬 수월하게 만들어줄 것이다. 의사결정 분석부터 시작한다면 당신은 핵심적 의사결정에서 지역 · 제품 · 직능 · 고객 등과 같은 기본구조의 어떤 차원이 가장 논리적인지 금방 발견할 것이다. 만약 당신이 기본구조를 제안한 후에 의사결정을 분석하면, 제안된 구조가 어디에서 의사결정을 방해하는지, 그리고 모든 갈등의 소지가 무엇인지 파악할 수 있을 것이다. 어쨌든 의사결정 디자인은 당신이 의사결정 과정을 정의하는 데 도움을 줄 것이고, 협상 테이블에서 당신이 필요로 하는 능력을 확실히 해줄 것이며, 그리고 그런 능력을 습득할 수 있도록 해줄 것이다.

팀의 사명선언서와 책임 디자인

전형적인 대기업은 구매나 제품 개발업무 등을 취급하는 몇 개의 팀을 운영하고 있는데, 이처럼 다양한 집단이나 팀의 증가는 지리적 또는 각종 경계를 가로질러 업무를 처리하는 과정에서 책임 문제를 불러일으킨다. 그 결과 이제는 개인들에 대한 직무기술서를 작성하는 것만으로는 충분하지 않다. 집단과 팀이 나아가야 할 방향을 제시하기 위해, 목표를 분명히 하기 위해, 목적과 측정 기준을 설정하기 위해, 한계를 긋기 위해, 관리자가 교환관계를 결정하도록 하기 위해 팀의 사명선언서Team Charters와 책임을 디자인하지 않으면 안 된다.

분명한 팀의 사명선언서는 팀 구성원들로 하여금 자신들의 문제에 앞서 회사의 모든 문제를 해결해야만 한다는 생각을 다지게 하는 방향으로 팀이나 집단의 행동방향을 정립할 수 있다. 전술적인 판매 유효성을 향상시키는 과업을 책임진 팀의 구성원들은 그들이 분명히 책임지도록 요구받은 구체적인 개선안에 대해 집중하는 대신, 그들의 업무 범위—회사가 어떤 고객에게 봉사해야 하고, 판매원들이 누구에게 보고해야 하고, 신제품 개발에 대한 연구자금 배분결정 등에 대해—를 넘어 문제를 파악하기 위해 거의 1년간을 소비했다. 회사의 경영자들은 모든 집단 또는 팀의 목표·권한·책임·의사결정 과정상의 역할을 분명히 해둠으로써 이런 종류의 월권과 시간낭비를 해소할 수 있다. 당신 회사의 업무가 점점 더 팀에 의해 집행된다면, 팀들에게도 과거 전통적으로 개개인들에게 준 것과 똑같은 방향과 지침을 제공해야 한다.

정합성의 디자인

"구조는 전략을 따라야만 한다"는 경영 격언은 수없이 들어왔다. 사실 이는 조직 구조를 당신 회사의 최근 전략적 혁신과 합치되도록 다시 디자인하면서 지금 당신이 준수해야 할 격언이다. 그러나 전략이 최고경영자층에게는 아무리 분명하다 하더라도, 당신은 조만간 디자인팀이 전략의 구체적인 내용을 몰라 어려움에 처하리라는 점을 알게 될 것이다. 디자인 과정에서 먼저 전략을 구체적으로 파악하고, 그 후 그것을 일련의 디자인 원칙으로 삼는 일부터 시작하는 것이 효과적이고도 시간을 절약하는 방법이라는 점도 알게 될 것이다.

조직 디자인 과업에서 모든 사람이 동일한 가정 아래 출발하는 것은 필수적이다. 그러나 자율경영팀들이 국경과 문화적 경계를 넘어 수행하는 작업의 양이 늘어나므로 분명한 전략 그 자체는 조직 구조 디자인에서 더 이상 적절한 지침이 못 되고 있다. 앞서 말한 경영 격언을 "구조는 조직의 이념과 전략을 따라야만 한다"라고 고쳐야 한다. 왜냐하면 조직들이 정합성을 유지하려면 차츰 회사의 목적과 핵심 가치에 대한 이해의 폭이 넓어져야 하기 때문이다. 더욱이 전략이나 전술과는 달리 조직 이념은 원칙적으로 오래도록 변하지 않는 것이므로 조직 디자인의 일관성을 유지하는 데 더없이 훌륭한 닻 역할을 한다.

전략이나 이념만으로도 충분하지 않다. 조직 디자인을 할 때에는 당연히 회사의 이념을 구성하는 요소들, 즉 전략·구조·프로세스·보상 그리고 사람들이 정합성을 유지해야 한다. 그렇게 하지 않으면, 그리고 자연스럽게 또는 확실히 하지 않으면 당신은 복잡한 신호에 파묻혀버릴 것이다. 예를 들어, 당신이 가장 수지맞는 분야만 팔라고 판매지침을 내렸다고 하자. 그 목적과 직원의 보상 시스템 사이에 정합성을 유지하려면, 당신은 판매원에게 제품의 수익성에 관한 자료를 제공하는 시스템을 만들어야 하고, 총수익만을 기초로 하는 보상 시스템을 중단해야 한다. 조직의 모든 구성요소가 조직의 목적을 달성하는 방향으로 정렬해야 한다. 길을 가로막아서는 안 된다.

한꺼번에 모든 것을 해결하려고 할 필요는 없을 것이다. 그러나 모든 것이 어떻게 조합되어야 하는지에 대한 분명한 그림을 갖는 것은 중요하다. 이것을 잘하는 하나의 방법은 종이 위에 세 개의 칸을 그리고 제일 왼쪽에는 재디자인으로 가게끔 한 조직의 성장 애로요인을 열거한다. 오른쪽 칸에는 미래의 이상적인 조직 요소들을 똑같이 묘사한다. 중앙에는 당신이 만들려고 하는 디자인상의 변화를 열거하고는 다음과 같은 질문에 대해 스스로 답변해본다.

"중앙의 각 요소를 변화시키면 왼쪽의 취약한 상태가 오른쪽의 이상적인 상태로 이동할 것인가?"

그렇지 않다면 변화를 포기하거나 그것을 지원하기 위해 필요한 다른 변화나 조정이 있는지 질문해보라.

| **변화의 반복**

수행능력의 디자인은 언제나 하나의 반복적인 과정인데, 아마도 영원히 중단되지 않는 과정이라고 하는 것이 옳을 듯하다. 수행능력을 향상시키려면 단계마다 다음과 같은 질문을 해야만 한다.

① 이번의 재구축으로 노리는 것이 무엇인가? 각각의 변화가 목적을 향상시키는가? 제안된 각각의 변화가 독자적인가, 또는 다른 사업 분야의 부수적인 변화가 뒤따라야 하는가?
② 오늘날 조직은 실제로 어떤 식으로 작동하고 있는가? 우리는 현장의 실질적인 변화를 제안하고 있는가, 아니면 서류상 변화를 제안하고 있는가?
③ 제안된 변화가 기업의 핵심 이념, 그리고 조직의 전략과 일치하고 있는가?
④ 모든 변화에는 장점과 단점이 있다고 가정할 때, 조직을 재구축하면서 야기하는 묵시적 교환관계를 어떻게 파악하고 준비할 수 있을까? 잠재적인 약점을 약화시키기 위해 또 다른 디자인 요소를 어떻게 이용할 수 있을까? 이런 교환관계를 일상적으로 어떻게 이용할 수 있는가?

이런 질문에 답할 수 있다 해도 최고경영자층에서 일선관리자까지, 부문에서 부문까지 명시적으로 그리고 구체적으로 조직을 디자인하지 않으면 안 된다. 전략과 가치, 그리고 사업 시스템 사이에 상호 연결고리를 디자인해야 하고, 팀과 개별 구성원들의 목표 방향을 디자인해야 한다. 이는 모든 요소가 다 변해야 한다는 의미는 아니다. 그러나 모든 요소가 회사의 목적과 내부적으로 일치하고, 회사의 목적을 직접적으로 지원하도록 하기 위해 분석해야만 한다.

| **철저히 실행한다**

우리의 경험에 따르면, 변화관리에 대해서는 비교적 주의를 기울였던 회사들이 구조적 재디자인을 수행하는 과정에서는 매우 무기력해질 수 있다. 수행능력을 향상시키기 위해 최상급의 디자인을 마련했다 하더라도 그것을 철저히 실행하지 않으면 2류 수준의 결과밖에 얻지 못할 것이다. 철저한 집행이란 모든 사업 단위와 개인들이 예외 없이 참여하고, 거부가 없어야 하며, 묵살하는 일이 없어야 한다는 것이다. 즉 필요한 모든 변화에 대해 일정을 마련하고, 그 일정대로 진행해야 한다는 것을 의미한다. 아울러 변화 계획을 무산시킬 수 있는 수많은 사소한 타협을 사전에 방어해야 한다는 것을 의미한다. 혼란을 막고, 몰입하도록 하고, 동기를 부여하고, 실제로 회사가 필요로 하는 모든 분야까지 변화가 고루 미치게 하는 최상의 방법은 변화관리의 원칙을 면밀히 이용하는 것이다. 재구축 과정에서 회사는 다음 사항에 특히 노력을 기울여야 한다.

1. 긴급한 변화 욕구를 지원하기 위해 재구축의 필요성을 제공하라

많은 재구축 계획은 환경 변화에 직접적으로 대응하기 위한 것이다. 따라서 조직 구조 디자인을 새로운 전략적 현실과 연결시켜야 한다. 목적·가치·전략·목표 등과 같은 기본요소에 대해 재강조하는 것은 변화에 대한 몰입감을 형성하고, 새로운 행동을 유발하고, 의사결정의 지침을 제공하는 데 필수적이다.

2. 미래의 생생한 모습을 제시하라

직원들이 처음부터 재구축의 실체를 파악하기란 어렵다. 미래의 모습을 제시하지 못하면, 직원들은 부분적인 정보에 기초해 스스로 미래의 모습을 예상한다. 한편으로는 회사가 어떻게 변할까 알고 싶어하고, 재디자인이 회사의 성공에 기여할 수 있을까 알고 싶어한다. 다른 한편으로는 직원들 자신에게 재디자인이 어떤 영향을 미칠지, 그리고 함께 일하는 동료들에게 어떤 영향을 미칠지 알고 싶어한다. 미래에 대해 생생하고도 그럴 듯한 모습을 보여줌으로써 직원들이 변화를 분명히 이해하고, 방향을 잡고, 스스로의 사기를 높이는 계기를 제공해야 한다.

3. 새로운 구조를 알리고 작동되는 방법을 이해시키라

완전하고도 상세한 디자인의 중요성에 대한 우리의 충고를 받아들인다면, 새로 만든 조직 구조를 이해시키는 데 실패함으로써 소기의 성과를 얻지 못하는 상황은 벌어지지 않을 것이다. 조직 재구축 과정을 진행하는 최상의 방법은 다음과 같이 의사소통에 노

력을 기울이는 것이다. 즉 외부에서 안으로의 변화에 대한 상황 제시에 30%, 직원의 시각에서 볼 때 더 높은 경쟁력을 유지하는 데 필요한 변화의 이해에 20%, 행동과 프로세스 변화에 30%, 그리고 조직도의 구성과 새로운 임무의 부여에 20%를 배분한다. 의사소통이 부족한 곳에서는 각종 소문·오해·몰이해 등이 스며든다는 것을 우리 모두 알고 있다. 따라서 조직 전반에 걸쳐 분명하고도 일관성 있는 메시지를 제공해야 하고 그것을 자주 되풀이해야 한다. 변화 노력을 평가해보면, 의사소통은 언제나 무엇을 좀 더 잘하기 위해 해야 할 일의 순서에서 최상위를 차지한다.

4. 변화를 철저히 관리하라

최고경영자들은 조직이 디자인된 대로 운영되기 위해 필요한 지침, 방향 제시, 통제를 소홀히 생각하는 경향이 있다. "이것이 어떻게 작동될까?" 하는 문제에 실제로 대응하기 위한 손쉬운 방법은 다음과 같은 질문을 각 집단과 개인에 대해 스스로 해보는 것이다.

"월요일 아침 8시 정각, 이 사람 또는 이 팀이 남달리 해주기를 바라는 것이 무엇인가?"

당신이 이 질문에 답할 수 없다면 당신의 업무는 험난할 것이다. 그리고 사람들이 이 질문에 대해 각 팀마다 팀별 이기주의에 근거해 해답을 찾아 나중에는 무너뜨리기 어려운 새로운 장벽을 쌓게 되면, 혼란은 영원히 해결 못할 문제로 고착될 수도 있다. 분명한 목표와 그곳으로 이끌고 가는 제도는 다같이 중요하다. 주요 기준, 구체적인 일정, 서너 개의 단기적인 목표를 강조해두는 것은 변화 기간 동안 발생하는 문제를 해결하는 데 도움을 줄 뿐만 아니라 조직의 궁극적인 목적과 목표에 관심을 집중하도록 해준다.

5. 새로운 디자인이 진행될 수 있도록 시간적 여유를 두라

모든 재디자인이 급박하게 관리되어야 하겠지만, 시간이 걸린다는 것도 이해해야 한다. 많은 경영자들이 이 사실을 알고 실망하지만, 당신은 여러 가지 변화가 일어나는 길목에 다른 사람의 구두를 신고 서 있는 셈이다. 사업 부문의 수, 팀의 수, 그리고 변화해야 할 외부 조직들을 곱해보면 복잡성은 훨씬 더 늘어난다. 따라서 변화 계획은 몇 개월이 걸린다는 것을 쉽게 이해할 수 있다. 최초의 재디자인이 작동될 기회를 갖기 전에 부수적인 변화를 추가하고 싶은 함정에 빠져서는 안 된다. 그렇게 되면 당신은 영원히 실패의 고리에 빠지게 될 것이다.

내일의 조직 구조

변화의 속도와 긴급성이 증가하면서 기업과 사업 단위 전략의 수명주기는 점점 더 짧아진다. 많은 회사들이 몇 년 전만 해도 대부분 2~5년간의 전략을 수립해놓고 있었지만, 최근에는 지속적인 전략 개발을 제도화해두고 있다. 이런 추세가 지속되면, 즉 미래에는 지속적인 전략 수정이 필요하다면 우리는 미래 조직에 대해 사전적으로 몇 가지 확실한 예측을 할 수 있다.

첫째, 조직이 심한 스트레스를 받거나 역기능에 빠지지 않으면서도 긴급하게 전략 변화를 할 수 있는 역량을 개발해두지 않으면, 미래에 살아남을 수 없을 것이다. 둘째, 회사는 이런 방향 전환을 실행하기 위한 하나의 수단으로서 그들의 조직 구조를 수정하거나 완전히 다시 디자인하는 작업을 계속해야 할 것이다. 셋째, 그들이 채택하고 있는 조직 구조는 오늘날의 조직 구조 대부분을, 그리고 새로운 것을 많이 포함할 것이다. 그 가운데 몇몇은 진정 과거와는 다를 것이다. 넷째, 새로운 조직 구조에 대한 만족도는 조직 구조 그 자체에 점점 덜 의존하게 될 것이다. 대신 조직이 얼마나 철저히 디자인할 수 있는가, 새로운 디자인을 어느 정도 잘 실행할 수 있는가, 변화의 실행을 지원하는 제도를 얼마나 잘 활용하는가에 달려 있을 것이다.

07

Iain Somerville · John Edwin Mroz

새로운 세계를 위한 새로운 핵심 역량

소크라테스 이전의 과학자와 고대 철학자로부터 찰스 다윈Charles Darwin, 칼 마르크스Karl Marx, 존 듀이John Dewey에 이르기까지 변화라는 것은 정의 내리거나 측정하기 어려운 대표적인 질문이었다. 그럼에도 불구하고 오늘날 기업의 경영자들은 거의 감당할 수 없을 정도로 복잡하고 빠르게 변해버린 세상에서 의사결정을 하지

아이언 소머빌 Iain somerville | 최고경영자에 관한 연구와 혁신 분야를 주로 취급하는 앤더슨 사고리더십센터(Anderson Center for Thought Leadership)의 공동경영자다. 컨설턴트이자 교육자로서, 그는 세계적인 사적·공적 조직, 사회 부문 조직 등에서 20여 년간 봉사해왔다.
존 에드윈 엠로즈 John Edwin Mroz | 공공정책 문제를 해결하기 위해 사적·공적 조직, 사회 부문 조직을 통합하는 문제를 다루는, 세계적으로 선구적인 행동단체 이스트웨스트연구소(Institute for East West Studies)의 창업자이자 대표다. 여러 국가에 대한 고문관으로서, 그는 중부 유럽국가들이 시장경제를 창설하는 데 핵심적인 역할을 수행했다.

않으면 안 된다. 시간·공간·언어 등에서 경계가 무너지고 있으며, 산업·시장 사이의 경계가 사라지고 있다. 그리고 사적·공적 부문, 사회 부문 사이의 경계도 불분명해지고 있다. 경영자들은 변화하는 게임의 규칙을 따라잡는 일에 자신이 준비되어 있지 않다는 사실을 깨닫고는 점점 더 좌절하고 있다. 옛날 방식으로는 일이 돌아가지 않고, 새로운 방식은 이해하기도 어렵고 실행하기도 쉽지 않다.

조직 성과의 모든 차원에서 혁신의 필요성이 높아지고 있지만, 규모가 큰 사적 또는 공적 조직 가운데 많은 조직들은 그들이 해야 할 바를 하기 싫어할 수 있다. 그들은 통제를 중단하지 않으려 하고, 새로운 전략적 제휴를 하지 않으려 하고, 지식을 공유하지 않으려 하고, 관료주의를 버리지 않으려 하며, 과거의 사업 방식을 포기하지 않으려 한다. 그들은 과거의 방식을 철저히 고수하려 한다. 이른바 세계 최강국들, 즉 G7마저도 주요한 세계 문제에 대해 논의하지 않고, 다만 긴급한 문제만 취급하고 있다. 그러나 기업의 경영자들은 그런 식으로 한가롭게 문제를 회피할 수 없다.

기업의 최고경영자들과 리더십을 발휘해야 할 팀들은 공적 부문의 정치적 리더들과 마찬가지로, 폭풍이 몰아치는 변화의 바다를 헤쳐나갈 길을 제시하는 새로운 해도를 필요로 하고 있다. 최고경영자들과 그들 조직들은 지금 세계를 휩쓸고 있는 변화의 범위를 한층 더 정밀하게 이해해야만 한다. 그리고 변화의 바다를 항해하고 다음 세기에도 번영하기 위해 필요한 새로운 역량에 대해 철저히 이해해야 한다. 조직 역량은 소유권·안정성·통제 등과 같은 과거의 원칙에 기초하지 않고, 상호의존성·융통성·동반자관계 등과 같은 새로운 원칙에 기초할 것이다. 이런 역량은 사람들을 모으고 영감을 불어넣고, 팀과의 동반자관계를 발전시키며, 지식을 획득하고 사용하는 방식 등을 포함한다.

전 세계의 다양한 조직들로부터 얻은 경험에 따르면, 지도자들은 오늘날 높은 경쟁력을 유지하고 가치 있는 조직을 존속시켜야 하며, 미래에 일정 기간 동안 장기적으로 활용할 수 있는 새로운 핵심 역량을 개발하는 데 성공해야 한다. 휴렛패커드Hewlett-Packard, 브리티시 페트롤륨British Petroleum, 산타페 연구소Santa Fe Institute, 미국 육군 등은 새로운 업무 방식을 개발해 그들의 조직 문화에 주입하고 있다. 비록 해결책은 산업별·기업별로 다를 뿐만 아니라 만능열쇠도 없지만, 몇몇 새로운 조직 역량은 전통적인 형태를 벗어나고, 지속적인 시장지배자가 되기 위해 갖추어야 할 본질을 완비한 듯이 보인다. 그들은 가속도가 붙은 채 점점 더 불확실하고 무한정 변하는 세계에서 끊임없이 타당성을 검증받고 있다.

이 장은 우리가 경쟁 우위 기업들로부터 이끌어낸, 새롭고도 단순한 몇몇 핵심 역량 지표를 일곱 가지 구체적 분야로 나누어 제시한 최초의 구상이다. 기업의 최고경영자들은 이 핵심 역량을 기준으로 조직이 어떻게 경영되고 있는지 평가할 수 있다. 비록 새로운 역량에 대한 우리의 연구가 진행 중인 작업이고, 그 목록이 한정적인 것은 아니지만, 새로운 세계를 맞아 당신의 조직체가 얼마나 잘 조직되었는지를 평가할 수 있는 몇 가지 기준은 제시할 수 있을 것이다(〈그림 7-1〉 참조). 평가 과정은 투자와 행동의 우선순위

〈그림 7-1〉 새로운 세상을 위한 조직화

〔역량은 0퍼센트(중심)에서 100퍼센트(가장자리)까지〕

당신 조직의 기준

예 : 이스트웨스트연구소

를 결정할 때 당신의 사고능력을 향상시켜줄 것이다.

| **더 높은 목적에 집착하기**

대부분의 조직은 최고경영자들로 하여금 사명선언서를 만들게 하고는 액자에 넣어 벽에 걸어놓게 하거나 티셔츠에 인쇄하거나 매년 영업보고서에 발표할 비전을 마련하도록 하지만, 일상생활에서는 그것을 잊어버리고 있다. 이런 노력은 때때로 시간낭비적인 관심 끌기에 지나지 않는다. 왜냐하면 그런 아이디어가 작업장 또는 시장에서 성과를 내는 예는 거의 없기 때문이다.

그러나 몇몇 조직은 존재 이유를 보증하는 진정한 목적의식을 불어넣는다. 그들은 고상하고도 높은 감성을 직원·고객·여러 이해관계자들의 마음으로부터 우러나오는 반응으로 바꾸어놓았다. 그들은 사명과 비전의 차원을 넘어 직원들이 날마다 실제로 일터로 나가야 하는 가치와 의미를 제공하는 한 차원 높은 목적을 제공했다. 리츠칼튼 호텔Ritz Carlton Hotels, 레비스트로스, 국제적십자International Red Cross의 직원들과 이야기해보면, 그들 가운데 많은 사람들이 매일 생각하고 실행하는 일이 조직의 우수한 성과에 기여하고자 하는 개인의 목적의식과 결부되어 있음을 알 수 있다.

X세대와 Z세대의 영혼과 마음을 사로잡기 위해서는 가치 있는 목적에 한층 더 관심을 기울여야 한다. 조직은 경쟁력이라는 차원을 넘어 그들의 세상과 새로운 관계를 원만하게 맺지 않으면 안

된다. 그들은 그들이 만나는 사람들과 의도적으로 공감할 필요가 있고, 평균 수준을 상회하는 높은 성과에 접근할 필요가 있다. 이 목적은 사명이나 목표라기보다는 조직 전체를 통틀어 사람들의 일상적인 활동에서 볼 수 있는 관심의 표현이다. 또한 그것은 단순한 감상적인 구절이 아니라 당연히 행해야 할 실질적이고 조직적인 방법이다. 작업장과 의료 분야에 품질 좋은 가구를 제공하는 것으로 유명한 허먼 밀러Herman Miller사의 목적은 "고객 생활의 질을 높이고 품질과 서비스에서 그들이 활용하는 기준점이 되는 것이다." 이것은 이 회사가 해야 할 바를 정확히 말해준다.

말보다도 더 중요한 것은 목적을 주입하는 과정이다. 이 과정은 공개적이어야 하고, 조직 전반에 걸쳐 모든 사람들이 참여해야 하고, 사람들로 하여금 그들 개인의 목적의식을 기업의 목적과 연결시킬 이유를 찾도록 해야 한다. 세상이 예측 불가능하고 당신의 조직이 혼란스러운 때일수록, 당신이 고용하거나 당신이 봉사하는 사람을 위해 더욱더 그래야만 한다. 기업의 높은 목표는 안정감과 동기부여의 틀을 제공할 수 있으므로 직원들은 그들의 마음가짐뿐만 아니라 영혼마저도 작업에 몰입시킬 수 있다. 레비스트로스의 최고경영자 봅 하스Bob Haas가 단언한 것처럼 "우리가 그것을 하는 이유는 그것이 우리를 기분 좋게 해주기 때문이 아니다. 그것이 정치적으로 옳기 때문도 아니다. 우리 직원의 능력을 해방시키는 것과 기업의 성공 사이에는 상관관계가 있다고 믿기 때문이다."

최고경영자는 근본적인 네 가지 과정 '즉 누가, 무엇을, 언제, 어디에서'라는 것을 잘 잊어버린다. 그리고 그에 대한 대꾸로서

"그래서 어쩌란 말인가?"라는 말보다 질문이 왜 덜 중요한지 잊어 버리기 쉽다. 그들이 고객이든 직원이든 간에 대부분의 사람들은 다음 세대가 물려받을 미래와 지구의 미래에 대해 자신들의 높은 봉급과 승진만큼이나 염려하고 있다. 무엇이 진정 당신의 조직에 근무하는 사람들에게 영감을 불어넣는가? 무엇이 당신이 하는 작업에 영감을 불어넣을 수 있는가? 개인적인 관심사와 기업의 목적이 교차하는 곳은 어디인가? 잘 다듬었지만 의미 없는 사명선언서를 당신은 왜 벽에다 붙여놓았는가? 아니면 국제적십자처럼 분명하고도 직접적인 높은 목표, 즉 "가장 상처받은 사람들에게 봉사한다"와 같은 사명선언서를 갖고 있는가? 조지 버나드 쇼George Bernard Shaw가 말한 것처럼 "이것은 인생의 진정한 즐거움이다. 스스로 능력 있는 자로 인정받을 수 있는 어떤 목적을 위해 사용될 수 있는 존재가 되는 것 말이다."

책임지는 리더십 불어넣기

리더십에 관한 책은 많다. 점점 더 혼란스러워지고 있는 세상에서 성공을 이끌어낼 수 있는 그런 종류의 리더십에 관해 생각할 때면, 우리는 전통적인 리더십 역할을 하는 사람들뿐만 아니라 조직 전반에 걸쳐 최고경영자가 할 만한 의사결정을 내릴 수 있는 사람에게 관심을 집중한다. 고객 응대의 속도와 융통성이 결정적인 성공요소로 기능하는 상황에서는 그곳이 급성 질병을 치료하는 병원이든, 패션 가게든, 온라인 은행이든, 피난민 보호소든 간에 멀리 떨어져 있는 본사에 조회할 시간이 없으면 그 문제를 해결할 특정 지도자가 돌아올 때까지 기다릴 수도 없다. 모두가 리더십을 발휘할 필요가 있다.

야간 전장은 구체적으로 적절한 예다. 최근 캘리포니아주 포트 어윈Fort Irwin에서 벌어진 미 육군의 탱크전 훈련 도중에 의사소통 시스템에 문제가 생겼다. 명령계통이 무너지고 탱크에 타고 있던 병력들은 혼란에 빠졌다. 패주가 시작됐다. 이때 갑자기 젊은 탱크 장교가 스스로 책임을 지고는 재빨리 장갑차 부대원들을 소집한 후 작전을 지시해 그날 전투에서 거의 승리를 목전에 두고 있었다. 그러나 상급 장교가 명령계통에 복귀하고 그때까지 능력을 충분히 발휘하던 젊은 장교의 주도권을 박탈했기 때문에 그의 부대는 패퇴하고 말았다.

리더십 책임을 지고 있는 사람들이 필요로 하는 것은 지원과 격려이지, 통제도 아니고 벌은 더더욱 아니다. 리더십 책임을 많이 진다는 것은 점점 더 조직의 모든 사람을 포함한다는 의미다. 당신 회사의 리더십 훈련 계획이 오직 관리자나 경영자에 관한 것뿐이라면 핵심을 놓치고 있는 것이다. 당신 회사의 최일선 직원들이 높은 성과를 내는 커피전문점 스타벅스Starbucks의 종업원들처럼 리더가 될 능력이 있는가? 최근 필자들 가운데 하나가 스타벅스에서 카푸치노 커피를 사려고 줄을 섰는데, 그때 마침 금전등록기가 고장이 났다. 종업원 하나가 "지금부터 금전등록기를 고칠 때까지 커피는 무료다"라고 선언했다. 그는 그 일을 열정적으로 해냈다. 그 이후 커피를 마시러 우리가 어디로 갈지 추측해보라.

책임지는 리더십을 위한 분위기를 창조하는 것은 최고경영자의 책임이다. 의사결정을 하고 이를 지속적으로 실행에 옮기는 일이 중요하겠지만, 초점은 코치, 모범 제시, 의무와 책임에 관한 역할 모델로 이동해가야만 한다. 그런 역할 모델 가운데 하나가 브리티시 항공British Airways사의 회장인 콜린 마셜Colin Marshall 경인데, 그는 킹King 경과 더불어 정부 소유의 관료주의적 회사를 변혁시켜 '세계적으로 선호도가 높은 항공사'로 만들었다. 고객의 가방이 늦게 나올 때면 그는 겉옷을 벗고 직접 가방을 들어주었다. 그는 해야만 할 일을 보았고 그것을 했을 뿐이지만, 아랫사람들이 따라야 할 모범을 보여준 것이다.

| **다기능 팀을 양성하라**

모든 경영자들은 팀을 잘 알고 있다. 혼다Honda자동차의 생산라인도, 소니Sony사의 제품 개발도, 그리고 팀 환경에서 높은 성과를 창출하기 위해 적용되는 원칙과 역할에 대해서도 잘 인식하고 있다. 그러나 혁신을 달성하기 위해서는 창조적인 팀 구성이 중요한데, 그것을 잘 이해하지 못하고 있다. 우리는 다양한 전문적 교육을 받고, 각각 인생 경험이 다르고, 여러 문화적 배경(기업·국가·기타)을 가진 사람들로 구성된 팀이 오늘날의 복잡한 문제를 해결하는 데 오히려 꼭 필요하다는 것을 발견했다. 팀 구성원들이 팀에 가져오는 엄청나게 다양한 배경은 조직 역량으로 나타난다.

예를 들면 플로리다주 포트 마이어스Fort Myers에 있는 리 메모리얼Lee Mermorial병원, 오스트레일리아 멜버른Melbourne에 있는 성 빈센트St. Vincent병원과 같은 응급환자 전문병원은 부서의 편의보다는 환자와 환자 가족의 욕구를 중심으로 조직된 다기능 팀—의사·간호사·연구원·방사선기사·약사를 포함해—을 활용해 치료하는 모델을 채택했다. 이들 병원은 제조업의 원칙을 이용해 입원수속에서부터 퇴원에 이르기까지 환자의 요구 사항을 해결하는 치료 위주의 병실, 즉 집중치료 단위를 만들었다.

환자들은 더 이상 빙빙 돌면서 이 부서에서 저 부서로, 그때마다 이런저런 절차와 검사를 받기 위해 복도에서 끊임없이 기다릴 필요가 없게 되었다. 반면에 병원의 팀들은 환자에게 모든 치료를 제공하는 데 필요한 도구와 자원을 갖추고 있다. 초기에는 기능별로 효율이 떨어지고 통제가 안 되어 불편을 겪었으나 성과는 괄목할 만했다. 병원 운영비가 실질적으로 줄어들었고, 의사·보호자·환자 모두 만족도가 높아졌으며, 환자들의 회복도 빨라졌다.

21세기의 조직은 자연스런 작업 방식으로서 고성과 다기능 팀을 자발적으로 만들고, 또한 다시 만들 수 있는 길을 찾지 않으면 안 된다. 특히 우리는 대부분의 경영자들이 생각하는 자격 한계를 넘어 팀의 구성원 자격이 좀 더 폭넓은 팀을 생각하고 있다. 산업간의 경계가 무너지는 세상에서의 경쟁은 전통적인 자원 사이에서만 일어나지 않으며, 변화를 막는 장애물이 사적 부문 바깥에서 등장한다. 따라서 고객의 요구, 공급자의 견해, 외부 전문가들의 다양한 관점을 포함하는 것이 필수다.

콜로라도에 있는 키스톤센터Keystone Center는 이해가 상충되는 이해집단들(기업 · 환경단체 · 시민단체 · 공공기관 · 노동단체 · 학계 등)로 하여금 견해 차이가 존재할 필요가 없다는 전제 아래 독성 폐기물을 공동으로 해결하도록 했다. 미국 환경기금전국위원회 National Commission on Superfund에 따르면, 전통적인 적대단체들의 의견일치는 현행 환경기금법을 훨씬 개선할 수 있는 토대를 제공할 수 있을 것으로 보고했다. 환경기금법은 청소 과정을 실질적으로 향상시킬 것이고, 지역사회로 하여금 그들의 생활에 영향을 미칠 결정에 참여하도록 하고, 소송을 줄이고, 환경적 정의에 관한 문제를 해결하도록 할 것이다. 이처럼 혁신적 해결책은 다기능 팀의 유효성을 높여주고 있다.

만약 당신의 조직이 아직도 다양한 기능과 수준의 사람들이 자발적으로 모여서 부문 간에 일어나는 문제를 해결하는 장소가 아니라면, 당신의 조직은 앞으로 해결해야 할 과제가 많다. 다기능 팀 조직을 만드는 데는 이스트웨스트연구소가 말하는 다양성을 통한 생존이 필요하다. 이는 단순히 관용을 베풀거나 바르게 평가만 하는 것으로 끝나는 것이 아니라 조직이 살아남아야 한다는 뜻이다. 모든 수준의 경영자들은 이처럼 급진적 사고와 팀 작업을 자극하는 데 필요한 개인적 · 제도적 지원(교육 · 인정 · 보상 등을 포함해)을 제공해야 한다.

말은 쉽고 행동은 어려운 법이다. 이런 원칙은 중역실뿐만 아니라 일선감독자에게도 마찬가지로 적용되어야 한다. 그 결과는 엄청난 성과 향상으로 귀결될 것이다.

| **유기적 동반자 의식을 향상하라**

물론 팀 작업윤리는 조직의 전통적인 영역을 넘어 연합 조직과 팀 조직의 가치 사슬에까지 이르러야 한다. 전략적 동반자들은 제품개발자 · 공급자 · 제조업자 · 배급업자 · 시장관리자 · 하청업자 심지어 고객들까지도 포함해 최종적으로 소비자를 만족시켜줄 확대기업 또는 파트너십을 만든다. 최근 앤더슨 컨설팅의 조사에 따르면, 원거리 통신업과 의료사업에서는 각각 85%와 95%를 넘는 경영자들이 "전략적 제휴는 우리의 미래에 필수적이라고 믿고 있다"고 한다. 그러나 그 조사에 응한 모든 경영자들은 그들의 전략적 제휴가 기대된 가치를 제공하는 데 실패할 뿐만 아니라 다른 대부분의 전략적 제휴도 실패해 해체될 것으로 예상한다고 했다.

문제는 대체로 전략적 제휴에 참가한 동반자들의 상이한 목적, 비현실적인 기대, 주도권 쟁탈전, 문화적 갈등 때문으로 분석된다. 그러나 확실한 사실은 이런 전략적 제휴가 전략적으로 취급되지 않았다는 점이다. 동반자들은 제각기 따로 떨어져 있을 때보다 상호보완적인 역량을 묶어 더 많은 가치를 창조하기 위해 상호협조적으로 행동하는 방법과 가치창출 방법을 배울 필요가 있다. 그들은 전략적 제휴를 변호사나 중재자들에게 의뢰하지 않고 혼다 자동차와 영국의 로버Rover 또는 후지Fuji와 제록스xerox사처럼 장기적 · 전략적 관계로 만들어가야 한다.

비록 월가Wall Street는 아직도 현실을 이해하지 못하고 있지만 합병비용을 보상할 전망이 보이지 않는 최근의 대형 합병에 대한 주가변동을 보면 알 수 있는데, 우리의 경험에 따르면, 50 대 50의 전략적 제휴는 51 대 49 형태의 합병보다 종종 훨씬 더 높은 가치를 창출한다. 가치창출의 핵심은 신뢰이지 주도권이 아니며, 모든 참가자가 상호존중하고 진정한 윈윈win-win 관계를 추구하는 시너지 행동을 하는 데 달려 있다.

동업 활동에서의 조직 역량 발휘는 전략적 제휴에 대해 진정 전략적으로 접근함으로써 가능하다. 그러나 그것은 다만 첫 단추일 뿐이다. 우리가 관찰한 진화는 유기적 동반자관계의 과정이었는데, 앤더슨 컨설팅의 컨설팅 동업자관계, 아스트라 머크Astra Merck사와 같은 제약업 벤처, 브리티시 페트롤륨과 같은 석유회사 등은 우리네 인생살이와 마찬가지로 시장에서 진정으로 차별화할 수 있는 핵심 역량만 사내에 보유하려는 의도만 갖고 전략적 동반자관계를 끊임없이 형성하고 다시 만드는 과정에서 배우고 있었다. 이런 조직과 그 최고경영자들은 전략적 제휴를 통해 가치를 창조하기 위해서가 아닌 제휴를 지속적으로 유지하기 위해 역량을 축적하고 있다.

지식 네트워크를 향상하라

선두조직들은 변화에 대응하기 위해 연구·개발·생산·물류·마케팅·고객서비스·일상적 활동을 통해 자신들이 개발한 지식을 적극적으로 관리하고 있다. 지식에 대한 투자는 전자우편·웹페이지·인트라넷intranets·그룹웨어groupware를 넘어 연구·개발, 그리고 지혜와 경험의 확산으로까지 확대되고 있다. 그렇게 함으로써 조직의 모든 개인들은 언제, 어디에 있건 간에 조직의 지식자산에 접근할 수 있고, 전 세계적인 지식을 자신의 일상적인 작업에 활용할 수 있다.

요점은 지식을 전략적 자산으로 획득하고 관리하기 위해 톰 피터스Tom Peters가 말하는 '공식적 지식관리구조formal knowledge management structure'를 형성하는 일이다. 예를 들면 앤더슨 컨설팅은 지식 엑스체인지Knowledge Xchange라는 지식관리 시스템을 개발했다. 이 시스템은 회사로 하여금 연구·개발과 일상활동에서 배운 교훈을 정리하여 전 세계적으로 3만 명이 넘는 컨설턴트에게 24시간 내내 그 지식에 접근할 수 있도록 하는 것이다. 지식 엑스체인지는 컨설턴트로 하여금 회사의 지식자산을 사용하고, 또한 지식자산에 기여하도록 고안되어 있다. 더욱이 정교한 사용자 인터페이스·토론자료·인터넷을 통한 정보교환을 묶어 회사의 지식자산을 실시간으로 활용할 수 있도록 해준다. 포함해야 할 기본적인 요소는 기술과 시스템뿐만 아니라 사람과 설비를 포함해 지식 네트워크 구조를 형성·유지하고, 지식 수명주기의 모든 단계에 도서관학의 원칙(구입·분류·평가·저장·접근·사용·보완·폐기)을 적용하는 것이다.

지식 기술자들이 아직도 당신과 공식적으로 또는 비공식적으로 이해를 같이하는 성장하는 공동체를 지원할 필요성을 느끼지 못하고 있다면, 당신은 지식 네트워크를 형성하는 첫 단계도 시작하지 않은 셈이다. 진정한 지식 네트워크는 조직 안팎에 가치 있는 지식을 생산하고 최대로 응용하는 데 필요한 시장원칙을 갖춘 지식시장을 의식적으로 창조하는 것이다. 오늘날과 같이 한층 더 지식 집약적인 세상, 아이디어와 경험의 반감기가 짧아지고, 지식의 적용이 지리적으로 확대되는 세상(예를 들면 민영화에서 배운 교훈의 확산 등)에서는 지혜와 경험의 체계적 획득·종합·분배가 거의 모든 조직의 성공에 필수적이다. 최고경영자의 역할은 지식자산을 평가하고, 인정하고, 그것에 대한 대가를 지급함으로써 지식을 축적하고 시장을 창조하는 지식자본가의 역할로 변하고 있다.

전 지구적 탐색을 촉진하라

많은 사적·공적 부문, 사회 부문의 최고경영자들이 조직학습에 관한 아이디어에 감명받고는 있지만, 그 개념을 점진적 프로세스 혁신을 넘어 그들이 바라는 지속적 성과 혁신이라는 일상적인 현실로 만드는 데는 어려움에 봉착하고 만다. 연구·개발부서는 구체적인 질문에 대답할 수 있고 대안적 시나리오를 제시할 수 있지만, 하늘에서 날아온 공이 떨어질 좌표를 정하는 데 능한 사람은 거의 없다. 제조 부문과 판매 부문은 최상의 업무관행을 연구할 수 있고 가치 있는 통찰력을 제공하는 자료를 수집할 수는 있지만, 최상의 관행에 관한 연구란 늘 후발자의 모방 전략이지 선두주자가 되는 연구는 아니다. 그러므로 최고경영자들은 중요한 문제와 기회를 확인하기 위해 동료들 사이의 네트워크, 외부 전문가, 각종 미디어 등 비공식적 정보기관에 계속적으로 의존한다. 다음과 같은 문구에 진실이 담겨 있다.

"당신이 모른다는 사실을 아는 것은 아무 문제가 없다. 그러나 당신이 모른다는 사실조차 모른다면, 당신은 곤경에 처할 것이다."

동유럽 공산주의가 붕괴된 직후 폴란드의 어느 관료는 "유럽화한 폴란드는 아시아와 라틴아메리카가 시장경제와 시민사회로 전환한 것으로부터 무엇을 배울 수 있다"는 말을 듣고는 큰 충격을 받았다고 한다. 오늘날 그 폴란드 관료는 "유럽인들·일본인들·미국인들은 모두 칠레의 연금혁명모델이 배워야 할 하나의 대상이라는 것을 곧 알게 될 것이다"라고 쓰고 있다. 이와 마찬가지로 보잉사Boeing Company는 소련 붕괴 후 낡은 모스크바의 공장을 인수할 때까지 그곳에서 작업하고 있던 박봉의 러시아 과학자들을 이용해 차세대 항공기를 개발할 수 있음을 발견했다.

그러므로 21세기의 성공적인 조직은 문제해결과 의사결정을 위해 조직 안팎의 경계를 넘어 전 세계적으로 해결 방법을 찾아 탐색하는 조직이 될 것이다.

세계적 탐색이란 조직의 모든 계층이 지구의 가장 먼 구석까지 시장·역량·자원을 찾으려는 노력을 기울인다는 의미다. 사적·공적 부문, 사회 부문 조직 모두에게는 세계의 구석구석을 다 뒤져서라도 아이디어를 수집하고, 전문가를 확보하고, 혁신 방법을 찾는 일이 중요한 과업이 될 것이다. 세계적 탐색이라는 마인드를 조직 속에 엮어넣기 위해서는 사람들이 지구적으로 생각하고 탐색하고 행동하도록 가치를 불어넣고 보상을 제공해야 할 것이다. 비록 그 조직과 고객이 모두 내국인일지라도 말이다. 세계적인 문제해결 능력을 지역적 문제에 적용할 수 있는 능력은 미래 조직의 성공을 가늠하는 하나의 척도가 될 것이다.

| **변화를 포용하라**

대부분의 변화 노력이 실패한다는 것은 진실이다. 변화 노력은 비용이 너무 많이 들고, 위험하고, 느리다. 심지어 최고경영자가 변화의 필요성을 진실로 이해하고, 신중하고도 조화로운 의사소통 방법과 회의를 통해 직원들에게 그 필요성을 알리고, 품질관리, 프로세스 리엔지니어링, 조직 재구축을 비롯해 인기 있는 경영기법뿐만 아니라 더할 나위 없이 좋은 프로그램을 적용했다 하더라도 조직과 조직 문화는 대체로 그것을 훼방 놓게 마련이다. 그러나 문제는 세상이 누구도 기다리지 않는다는 것이다. 1991년 1월 팬암PanAm사는 붕괴하기 몇 달 전에 전사적인 변화 노력을 실행했다. 1989년 10월 동독의 절망적인 지도자들은 시민들을 달래기 위해 매일매일 점점 더 많은 자유를 허용했다. 그랬지만 그것은 너무 적었고 너무 늦었다.

계획된 변화는 정말 집행하기가 어렵다. 기존의 하부 구조들(시스템·기술·시설·조직 구조 등)은 엄청난 비용을 들여 몇십 년에 걸쳐 만들어진 것이므로, 당연히 새로 도입할 작업 방식이나 요구를 지원하는 데 적합하게 디자인되어 있지 않다. 그것을 하려면 종종 더 많은 투자와 몇 년간의 시간이 필요하다. 한편 변화는 본질적으로 모든 계층의 사람들을 실망시키고, 심지어 그 변화 때문에 덕을 보는 사람도 변화를 싫어하므로, 기업 문화를 직접적으로 바꿀 수는 없다. 문화란 당신이 변화시킬 수 있는 요소, 즉 개인·집단·척도·보상 등으로 몇 년간 형성되어온 독특한 행동 현상이다. 1980년대 말 브리티시 페트롤륨의 전 세계적 차원의 변화 계획(문화변동·계층단축·권한이양 등)은 문화를 변화시키는 데 실패했고, 재무적 손실을 줄이는 데 실패했으며, 결국 최고경영자는 물러나고 말았다.

그러나 성공담도 있다. 브리티시 페트롤륨의 새로운 최고경영자 존 브라운 John Brown은 석유탐사 사업 부문을 시작으로 부문 경영자들로 하여금 매우 높은 목표에 도전하도록 했고, 모든 것에 대해 의문을 제기할 수 있도록 환경을 조성하고 지원했으며, 급진적 변화를 추진하도록 했고, 진정 성과를 낼 수 있도록 했으며, 성공 여부에 따라 그에 걸맞은 보상을 지급했다. 그 과정에서 새로운 성과 중심 문화가 몇 년 안 되어 형성되었고, 경제적 부가가치가 창출되었다. 요점은 근본적인 이유를 제시한 데 있으며, 표면적인 증후에 연연하지 않았다는 점이다. 10여 년에 걸쳐 낮은 성과를 보이며 국영기업으로서 국내선만 운항하다가 높은 성과와 민영화된 세계적 항공사로서 탈바꿈한 브리티시 항공과 같은 몇몇 성공담을 인정하는 것은 타당하지만, 대규모 변화를 실행할 능력은 문제해결 과정에서 겨우 일부분에 지나지 않는다. 중요한 것은 변화를 지속할 방법을 찾고, 조직 안에 스스로 지속적인 변혁을 할 수 있는 능력을 심어두는 것이다.

투자은행과 같은 기업들을 보면, 그곳에는 변화가 회사 전반에 스며들어 있으며, 잘못되었을 때는 만회할 시간이 없고, 서비스 재창조가 곧 일상생활임을 알 수 있다. 우리는 거기에서 우리가 말하는 끊임없는 근본적인 변화를 관찰하기 시작한다. 예를 들어, 금융산업의 기관차격인 골드먼 삭스 앤 컴퍼니Goldman Sachs & Company는 1994년 경기하락 때 수익성이 급격히 떨어졌다. 그런데 다행스럽게도 몇십 년 동안 독특하고도 높은 수익과 높은 위험거래가 매시간 일어나는 혼란스런 시장에서 단련된 이 회사의 기업 문화는 또 하나의 급한 불을 꺼야 하는 변화를 감당할 수 있었다. 골드먼 삭스의 공동경영자들은 존 코진Jon Corzine만 남고 물러났다. 코진 사장은 즉각 비용을 삭감하고, 직원들을 줄이고, 회사의 성장 속도를 낮추면서 속으로는 회사가 가야 할 방향을 심사숙고했다.

몇 주일 뒤, 새로운 기업지배 구조가 제시되었다. 이는 회사의 일상적인 경영을 담당했던 최고경영위원회를 축소해 회사의 주요한 의사결정을 다루는 기능적 부서의 책임자와 영업 단위 부서의 책임자를 참여시키는 확대운영회의 및 동업자위원회를 통합하는 것이었다. 6개월이 지나자 골드먼 삭스는 오래된 기업 경영 방식을 포기하고, 과거의 지배적 위치를 회복하기 위해 근본적으로 새로운 경영 방식을 제도화했다. 지금 시점에서 판단하건대 장차 골드먼 삭스는 상황을 역전시킬 수 있고, 또 시킬 것으로 보인다.

지속적인 변혁은 정보 시스템과 기술 등을 포함해 인프라의 변화를 필요로 하는데, 전화회사 MCI가 친구와 가족 할인제도를 제시한 것이 하나의 예가 될 수 있다. AT&T의 영업 방식은 그다지 융통성이 없었기 때문에 MCI와 같은 서비스를 제공할 수 없었다.

인프라의 변화에는 인적 자원관리의 지원이라든가 중앙부서에서만 할 수 있는 또 다른 서비스가 필요하다는 점이 매우 중요하다. 이것은 영업 단위 부서가 지속적인 행동 변화를 일으키는 데 필요하다. 예를 들면 모토롤라Motorola사는 고용과 해고에서부터 동업 관계를 맺고 혁신적 변화를 촉진하는 일에 이르기까지 인적 자원관리 전문가의 역할을 다시 정립했다. 그리고 새로운 기술을 가진 사람들을 외부에서 모집했다. 모토롤라는 이 과정을 '지속적인 인적 자원의 재창조'라고 부르고 있다.

변화를 일상화하는 좋은 예가 지멘스닉스도르프Siemens-Nixdorf사인데, 게르하르트 슐마이어Gerhard Schulmeyer는 1991년 이래 매년 수억 달러씩 적자를 기록하고 있던 PC 사업 부문의 방향 전환을 추진했다. 그가 책임을 맡은 지 1년이 지나자 회사는 합병 이후 처음으로 흑자를 기록했다. 그는 공개적으로 사업부문의 회복에 대한 공을 전체 직원의 약 15%에 달하는 5,000명의 '변화 촉매자들'에게 돌렸다. 그들은 전도 유망한 중간관리자들로서 변화 계획에 자발적으로 참여해 훈련을 받았으며, 그 와중에 대부분 자신들의 일상적인 업무도 수행했다. 슐마이어는 다음과 같이 말했다.

"놀라운 것은 변화를 일으키자고 작정한 사람들로 구성된 공동체가 사내에 탄생되었다는 것인데, … 그들은 그들이 배운 것을 내부화했고, 변화를 환영했고, 동료들이 변화 일정을 추구하도록 이끌고 가는 과정에서 발생하는 위험을 감수할 준비가 되어 있었다."

| **결론**

지금까지 논의한 일곱 가지 역량을 개발하는 일은 쉽지 않을뿐더러 그것으로 충분하지도 않을 것이다. 왜냐하면 세상은 너무나 빠르게 변하고, 많은 변화가 눈에 띄지도 않으며, 역량의 상대적 중요성은 그때그때마다 다르므로 또 다른 역량이 필요할 것이기 때문이다. 아마도 회사가 부딪치는 최대의 도전은, 그리고 최고경영자가 진정으로 성공을 측정할 수 있는 도구 가운데 하나는 끊임없이 변하는 세상이 미래에 요구할 —아직 확인되지 않은— 역량을 지속적으로 찾고, 그것을 개발하는 능력일 것이다. 위대한 시인 토머스 S. 엘리엇Thomas S. Eliot의 시 한 구절을 인용하자.

> 우리는 탐색을 멈추지 않을 것이며
> 그리고 우리의 모든 탐색의 끝은
> 우리가 출발했던 곳에 도착하는 것일 터
> 그리고 처음으로 우리가 그 장소를 아는 때이리라.

THE ORGAN OF THE FU

PART 2

새로운 작업 방식과 조직 모델

08

Frances Hesselbein

원형조직

500여 년 전 르네상스 시기의 인간은 지구가 둥글다는 사실을 발견했다. 그 후 350년 뒤 조직인은 경영관리를 개발했다. 경영관리는 진화했지만, 조직인은 지구가 둥글다는 사실을 잊고 경영의 세계를 정사각형과 네모난 상자, 그리고 피라미드로 만들었다. 조직인의 세계에는 조직 구조와 일치하는 특수한 언어가 있었다. 즉 명

프랜시스 헤셀바인 Frances Hesselbein | 계간 《리더 투 리더(Leader to Leader)》지의 편집장이자 피터 드러커 비영리재단 이사장이며, 조지프슨 윤리연구소(Josephson Institute for the Advancement of Ethics) 이사회 회장이다. 그녀는 1976년 7월~1990년 2월까지 미국 걸스카우트연맹 총재를 역임했다. 조지 부시(George Bush) 대통령은 그녀를 1991년 8월 국가와 지역사회 서비스위원회 이사회의 이사로 지명했고, 1989년에는 포인트 오브 라이트 이니셔티브(Points of Light Initiative) 재단의 자문위원회 위원으로 임명했다. 그녀는 12개의 명예박사학위와 미국여성경제연맹(National Women's Economic Alliance)으로부터 최우수 리더십상을 포함해 많은 상을 받았다.

령과 통제, 질서와 예측, 계층을 따라 올라가는 승진, 상사와 부하, 위와 아래 같은 언어 말이다. 그 후 100여 년간 모든 대규모 조직에서는 지위와 권한이 일치했다. 그리고 사람과 기능을 정사각형이나 직사각형으로 채워넣었다. 상자와 같이 높이 쌓아올린 계층 구조, 즉 경직된 조직 구조는 대체로 잘 움직였다. 심지어 조직은 제일 높은 곳에 최고경영자가 앉아서 아래를 내려다보고, 부하들은 위를 쳐다보는 그 유명한 피라미드 구조를 개발했다.

그리고 그 후 엄청난 역사적 변화의 시기가 시작되었다. 글로벌 경쟁과 불분명한 국경 문제, 그리고 새로운 현실과는 맞지 않는 구식 해법에 대한 변화가 일어났다. 세 가지 부문 조직, 즉 사적 부문, 공적 부문, 사회 부문 모두에서 우리의 기본적인 제도에 도전하는 새로운 냉소주의가 자라나고 있었다. 정부, 기업, 자원봉사단체, 기타 사회 부문 조직이 변화의 바람을 타기 위해 노력하는 가운데 전혀 다른 철학 조직이 지평선에 나타나기 시작했다. 그리고 그것과 함께 새로운 언어, 새로운 방식, 성性과 인종에 대한 새로운 인식이 등장했다. 1970년대와 1980년대에 사적 부문과 자원봉사단체의 몇몇 지도자들은 과거의 계층 구조가 그들이 살고 있는 현실 또는 그들이 살아갈 미래의 환경에 적합하지 않다는 사실을 파악했다. 따라서 그들은 사람과 기능을 상자 속에서 끄집어냈다. 그렇게 함으로써 그들은 인간의 영혼을 자유롭게 했고, 조직을 변혁시켰다.

오늘날 우리는 유동적이고 융통성 있는 관리 구조에서 일하는 새로운 지도자들을, 미래의 지도자들을 만나기 시작한다. 그리고 언어의 힘을 이해하는 그런 지도자들로부터 새로운 언어를 듣는다.

- "조직은 사명에 집중해야 하고, 가치를 바탕으로 하고, 인구통계학의 변화를 기초로 하지 않으면 안 된다."
- "사람을 가두어두는 방법이 아니라 그들을 이끌고 가는 방법을 배워라."
- "경영은 수단이지 목적이 아니다."
- "구성원 의식이란 신뢰를 의미한다."

기업의 지도자들은 한층 더 적절하고도 포괄적인 언어를 사용하고 있다. 예를 들면 제너럴 일렉트릭General Electric : GE의 잭 웰치Jack Welch는 《하버드 비즈니스 리뷰》의 한 인터뷰에서 다음과 같이 말했다.

"지금부터 10년 후 나는 경영잡지들이 GE를 두고 직원들이 창조적인 사람이 될 자유가 있는 일터로, 모든 사람이 최고로 능력을 발휘할 수 있는 일터로 묘사해주기를 바란다. 자신들이 하는 일이 중요한 것이라는 느낌을 갖는 공개적이고 공정한 장소, 성취감 그 자체가 그들이 받는 월급봉투로서, 그들의 영혼으로서 보상받을 수 있는 그런 일터 말이다. 이것이 바로 우리의 경영성적표다."

기업의 지도자가 영혼을 말하고 있다니? 세상은 변하고 있군!

1976년 경험한 일인데, 나는 세계 최대의 소녀 및 부녀자 조직인 미국 걸스카우트연맹의 이사장으로 일하기 위해 웨스턴 펜실베이니아Western Pennsylvania의 산악지를 향해 떠났다. 나는 물론 옛날식 조직이 다음 세기는 말할 것도 없고, 다음 세대에 적합하지 않다는 것을 알고 있었다. 따라서 자원봉사자들과 참모들 모두 수평적·원형적·유동적 관리 시스템에 적응하도록 풀어놓았다.

    새로운 조직 구조에서 사람들과 각 기능은 세 개의 동심원을 가진 원형조직을 가로질러 일했다. 최고경영자는 지난날처럼 위에서 아래를 내려다보지 않고 한가운데서 바깥을 보도록 했다. 그 조직 구조를 제시하자 5분 후에 어느 동료는 그것이 '거품 차트the bubble chart' 같다고 했고, 어느 관찰자는 '행운의 수레바퀴the wheel of fortune' 같다고 했다. 구성원들은 조직도표의 원형 단위를 가로질러 일했고, 우리는 용어를 새로이 지어내느라고 애를 먹었다. 그 결과는 높은 성과와 높은 사기로 나타났다.

    나는 종종 경영학을 공부하는 학생들, 그리고 나와 함께 일하는 조직의 중간관리자들로부터 다음과 같은 질문을 받곤 한다.

    "우리가 위에 있지 않으면, 어떻게 우리가 (귀하가 말하는) 조직을 자유롭게 하고, 변화를 가능하게 할 수 있을까요?"

    나의 대답은 이랬다.

    "당신은 당신이 있는 곳에서부터 시작할 수 있습니다. 당신의 직무가 무엇이든 간에 당신은 새로운 통찰력과 새로운 리더십을 당신의 팀과 집단에 제공할 수 있습니다."

    이 충고는 똑같이 아니 특히 최고경영자층에도 적용된다. 그들이 변화를 야기할 수 있는 하나의 장소는 바로 그들 자신이 속해 있는 집단이고 또한 일상적인 업무를 통해서다.

    한층 더 유동적이고 원형인 세계관으로 되돌아옴으로써 거친 투쟁의 시절, 경영자를 중심으로 하는 스타 시스템, 고독한 외톨이와 같은 론 레인저Lone Ranger의 시절은 끝이 난다. 동반자의 시대가 우리 앞에 있다. 다른 기업들, 정부기관, 사회 부문 조직들과 함께 일하는 방법을 배운 지도자들은 그들의 조직 활동에서 새로운 에너지, 새로운 영향력, 그리고 새로운 의의를 발견할 것이다. 그러나 효과적인 동반자관계를 관리하기 위해 지도자들은 세 가지 필수사항, 즉 사명 중심 경영, 혁신 중심 경영, 다양성 중심 경영을 습득하지 않으면 안 된다.

1. 사명 중심 경영(managing for the mission)

자신의 사명을 이해한다는 것은 소규모 비영리 단체든 《포춘Fortune》 500대 기업이든 간에 효과적인 전략 수행의 핵심이다. 조직사명을 만들고 있는 사람들에게 드러커가 던진 다음과 같은 질문의 힘을 생각해보라.

- 우리의 사업 또는 사명은 무엇인가?
- 누가 우리의 고객인가?
- 고객이 가장 가치 있게 생각하는 것은 무엇인가?

강력하고도 매력 있는 사명은 사람들에게 조직의 존재 이유를 분명하게 알려주고 동기를 부여한다. 드러커에 따르면, 사명선언서는 티셔츠에 써넣고 다니는 데 적합해야 한다고 한다. 예를 들면 국제적십자의 사명, 즉 "가장 약한 사람들에게 봉사한다"는 것은 모든 기준을 만족시키고 또한 훌륭하게 성과를 내고 있다. "주주 가치를 최대화한다"는 대다수 기업들의 현실적인 사명은 단지 첫 번째 질문만 만족시키므로 비참하게 실패하고 만다.

2. 혁신 중심 경영(managing for innovation)

드러커는 혁신을 '새로운 차원의 성과를 창조하는 변화'로 정의한다. 만약 우리가 조직을 만드는 방식에, 인적 자원을 이끌고 가는 방식에, 팀을 활용하는 방식에, 그리고 함께 일하는 방법을 짤 때 혁신을 포함시킨다면 혁신은 문화, 작업, 직원의식, '새로운 차원의 성과'의 자연스런 한 부분이 될 것이다. 그와 동시에 드러커가 우리에게 상기시켜준 대로 '계획적 폐기'를 실천하지 않으면 안 된다. 오늘날에는 효과가 있지만, 미래에는 적절하지 않을 프로그램들을 버리지 않으면 안 된다.

3. 다양성 중심 경영(managing for diversity)

아마도 오늘날 세계에서 가장 결정적인 질문은 "사람들이 그들의 가장 깊은 곳에 있는 남다른 것을 활용할 수 있도록 우리가 어떻게 도와줄 수 있을까?" 하는 것인지도 모른다. 모든 지도자는 노년 인구와 엄청나게 다양한 인구 구조가 가족, 조직, 서비스, 지역사회의 자원에 미치는 영향을 예견하지 않으면 안 된다. 신문의 주요 기사와 텔레비전은 다양성 속의 통치 활동이 이 세상에서 가장 큰 도전이라는 것을 알려준다. 또한 그 뉴스는 공적 부문이든 사적 부문이든 비영리단체든 간에, 어떤 단일조직도 우리의 도시를 건강하게 복구할 수 없으면 모든 시민들에게 건강한 장래를 창조할 수 없다는 인정하고 싶지 않은 현실을 상기시켜준다. 그러나 세 가지 부문에서 나타나고 있는 동반자관계 속에서는 눈에 띌 정도로 개방적이고 높은 성과를 내는 것을 우리는 관찰하고 있다. 우리에게는 앞으로 이런 동반자관계가 수천 개나 더 필요하다. 우리 모두는 서로서로 배우고 있다. 헌신적인 공적 부문에서 봉사하는 수천 명의 직원들은 이 세상에서 그들이 속해 있는 작은 구석을 개선하기 위해 매일 엄청나게 어려운 일을 해결하고 있다. 미국에 있는 자원봉사기관이 100만 개가 넘고, 전 세계적으로는 2,000만 개나 있다. 그것도 참으로 적은 예산을 가지고 말이다. 그리고 사적 부문이 지니고 있는 엄청난 자원·에너지·전문지식은 모든 문제의 이면에 진정코 기회가 있다는 것을 우리에게 확인시켜준다. 자신이 속해 있는 조직이 남다른 성과를 낼 수 있도록 문제의식을 찾아내고 사명과 혁신, 그리고 문제를 해결할 수 있는 다양성에 기초해 효과적인 동반자관계를 형성하는 것은 지도자의 임무다.

얼마 전 나는 국제구조기관의 직원과 함께 회의에 참석하기 위해 차를 타고 가는 도중 뉴욕 시내에서 교통체증을 겪었다. 지체되는 동안 나는 어떻게 하면 다양한 문화·민족·인종을 통합하는 방향으로 내가 주관할 리더십에 관한 분과회의를 개최할지 생각하고 있었다. 우연히 나는 역시 교통체증에 걸려 멈춰선 버스를 보았다. 버스의 옆면에는 커다란 흰색 플래카드가 붙어 있었고, 거기에는 다음과 같은 구절이 쓰여 있었다.

위대한 성과를 달성하기 위해서는,
당신이 있는 자리에서 출발하라.
당신이 가진 것을 이용하고,
당신이 할 수 있는 것을 하라.

– 아서 애시 Arthur Ashe

그것은 행운이었다. 나는 이 메시지를 미국의 위대한 스포츠맨이자 인문주의자이고, 수혈을 잘못 받아 에이즈에 걸려 죽게 될 비극적인 인생의 말엽에 저술 활동을 시작한 애시로부터 인용했다. 그리고 종종 엄청난 문제를 한정된 자원으로, 그리고 소수의 사람들과 함께 가장 비극적인 인간 조건과 상황을 나날이 해결하고 있는 사람들에게 전해주었다.

그의 메시지는 영감을 불어넣고 불을 밝혀주는 것이었다. 그것은 엄청난 변화가 가능하도록 했고, 개인적인 변화가 인생의 일부분이 되도록 했다. 인간적인 차원에서 변화를 관리할 수 있다는 것은 나의 희망사항이다. 우리가 있는 곳에서 출발해 우리가 가진 것을 이용하고, 우리가 할 수 있는 것을 하는 일 말이다.

효과를 내기 위해 지도자들은 회사의 벽을, 대학의 벽을, 병원의 벽을, 정부기관의 벽을 넘어 시야를 넓혀야만 하고, 그 안의 사람들을 포용하는 응집력 있는 지역사회를 만들기 위해 노력해야만 한다. 만약 지역사회가 벽을 넘어 치열한 경쟁사회에 필수적인 건강하고도 활기찬 노동력을 제공하지 못하면, 벽 속에 갇혀 있는 기업이 아무리 생산적이어도 희망이 없다는 사실을 인식해야 한다.

09

Jay R. Galbraith

변형 가능 조직

변화가 일상적으로 일어난다는 것은 오늘날 누구나 인정하는 사실이다. 변화는 사물의 자연적 질서다. 이 책의 여러 저자들은 미래의 리더십을 변화관리 능력으로 인식했다. 사실 최고경영자층의 시간과 정력의 많은 부분은 오늘날의 조직을 변화시키고, 전환시키고, 또는 다시 활력을 불어넣는 데 투자되고 있다. 이 과업은 처음부터

제이 R. 갤브레이스 Jay R. Galbraith | 스위스 로잔(Lausanne)에 있는 국제경영개발원(International Institute for Management Development)의 교수다. 그는 또한 남부 캘리포니아대학교의 효과적 조직연구소(Center for Effective Organization)의 선임연구원이다. 그의 주요 연구 영역은 기업 수준, 사업 단위 수준, 국제 수준의 전략과 조직이다. 그는 《유연한 횡적 조직의 경쟁력(Competing with Flexible Lateral Organizations)》의 저자이고, 《미래 조직과 전략적 실행 - 구조와 과정의 역할(Organizing for the Future and Strategy Implementation : The Role of Structure and Process)》의 공저자다. 또한 많은 전문지에 여러 편의 논문을 기고했다.

조직을 변형 가능하도록 디자인함으로써 훨씬 덜 어렵고 또한 시간을 단축할 수 있다. 만약 변화가 영원하다면 우리의 조직을 중단 없이, 그리고 쉽게 바꿀 수 있도록 디자인하지 않는 이유가 무엇인가? 이 장에서 내가 묘사하려는 것은 바로 쉽게 바뀔 수 있거나 쉽게 변형할 수 있는 조직이다.

| **지속되지 않는 우위와의 경쟁**

기업 조직은 사업 전략을 수행하기 위해 창조되었다. 전략이 다르면 조직도 그에 알맞게 다르게 형성되어야 한다. 변형 가능 조직의 필요성은 경쟁 우위의 지속 가능성이 사라지면서 대두되고 있다. 경쟁 우위가 오래 지속되지 않으면, 그것을 활용하는 조직도 오래 가지 못한다. 과거의 경영자는 승리를 보장하는 기업 전략을 만들고는 이 전략적 우위를 유지하기 위해 진입장벽을 세웠다. 이어 그것이 성공하도록 그에 상응하는 조직 구조를 기능, 제품과 서비스, 시장, 지역별로 만들었다. 조직의 통합성을 완성하기 위해 계획과 예산 과정, 정보 시스템, 신제품 개발 과정, 보상 시스템, 선발과 승진 기준, 경력 경로, 인사고과, 훈련과 개발 등이 상호간에 정합성을 유지하고, 조직의 전략과 구조에 적합하도록 디자인된다. 이런 정합성을 유지하는 조직은 가능한 한 마찰을 일으키지 않고도 전략을 실행할 수 있다.

오늘날 많은 기업에서 조직 디자인 모델이 실패하고 있다. 그 이유는 성공 처방이 오래 지속되지 않기 때문이다. 조직이 어떤 경쟁 우위를 중심으로 디자인되면, 경쟁자가 재빨리 그것을 모방하거나 심지어 그를 능가하는 전략을 만들어낸다. 그러므로 조직에 관심을 집중하고 정합성을 만들어내는 것은 취약하기 짝이 없다. 따라서 몇몇 사람은 정합성이 조직 디자인에 더 이상 유용한 기준이 아니라고 결론내리고 있다. 초점이 맞춰진 전략 위주로 형성된 정합성이 새로운 전략의 도입을 위한 변화를 막을 수 있다는 점을 인정하지만, 문제는 정합성이 너무 잘 이루어져 있다는 사실보다는 지속되지 않는 경쟁 우위에 끊임없이 초점을 맞춘다는 것이다. 반면에 전략·구조·프로세스가 정합성을 유지하지 못하면, 경영활동에 갈등을 유발하고, 부서들이 상호협조를 못하게 되며, 조직은 끝내 활기를 잃고 만다. 따라서 우리는 정합성을 유지하는 새로운 조직 디자인을 필요로 한다. 새로운 조직은 끊임없이 변하는 전략에 맞추어 조직 구조와 프로세스가 쉽게 재구성될 수 있고 다시 정렬될 수 있는 것이어야만 한다.

그러므로 새로운 도전은 더 이상 지속적 경쟁 우위가 보이지 않을 때 전략을 실행할 수 있는 조직을 디자인하는 일이다. 제품의 차별적 우위가 장기간 유지되지 않을 때는 단기간 또는 일시적인 우위를 유지하는 일련의 제품군을 창조할 수 있는 측이 승자가 된다. 이 시나리오 아래에서는 선두주자들이 미래 지향적이어야 할 것이고, 고객에게 가치를 제공할 수 있는 능력을 지속적으로 창조해야 할 것이다. 그들은 재빨리 그런 능력을 결합해 현재의 경쟁 우위(자신들의 것을 포함해)에 대응하고, 또한 능가하도록 해야 할 것이다. 마치 체스 게임을 하는 것처럼 그들은 일련의 정책과 정책의 수정을 통해 경쟁자를 교묘히 따돌릴 것이다. 유연한 대응능력과 기간별로 다양한 전략을 갖고 있는 기업은 대부분 이기게 될 것이다. 변형 가능 조직은 이런 전략적 이동을 끊임없이 실행할 수 있는 수단이다.

변형 가능 조직은 세 가지 능력을 능숙하게 사용한 결과다. 첫째, 조직이 부문 조직에 구애됨 없이 스스로 팀을 재구성한다. 팀과 같은 수평 조직은 강력한 내부 네트워킹 능력을 필요로 한다. 둘째, 조직은 다양한 팀들의 복잡한 문제를 조정하기 위해 내부가격·시장·시장제도와 유사한 수단을 사용한다. 마지막으로 조직은 자신에게 결여된 능력을 확보하기 위해 동반자관계(제휴관계)를 형성한다. 이런 동반자관계는 외부 네트워킹 능력을 필요로 한다. 이 세 가지 능력의 예를 들어보자.

변형 가능 조직의 예

과자와 크래커같이 밀가루를 구워서 파는 어느 제조회사는 상표관리와 배달에 있어 핵심 역량을 갖추고 있었다. 이 회사는 북미 전체의 빵가게와 제휴관계를 맺고 있었으며, 공장에서 빵가게로 직접 배달할 수 있는 물류 시스템도 갖추고 있었다. 이 회사의 상표와 물류 시스템은 오랫동안 경쟁 우위를 지켜주었고, 신규 경쟁자들의 진입을 막아주었다. 그런데 1980년대 들어 경쟁 우위가 흔들리기 시작했다. 소매 빵가게들과 자가상표 공급자들이 가격은 훨씬 낮지만 이 회사 제품의 품질과 비슷한 빵을 쉽게 만들 수 있게 되었다. 그리고 이 회사의 제품은 지방과 칼로리가 높았다. 그 결과 이 회사는 높은 가격과 건강을 염려하는 고객들로부터 외면당하게 되었다.

이 회사의 회복은 제품의 맛은 그대로 유지하지만 저지방의 원재료를 발견하면서 시작되었다. 미국식품의약청Food and Drug Administration : FDA의 허가를 얻은 뒤 가장 인기 있던 기존의 상표를 재구성하기 시작했고, 판매촉진을 위해 건강식품에 초점을 맞추었다. 새로운 제품은 빵가게 선반을 휩쓸었다. 상표 재구성이 기존의 상표에 활기를 불어넣었고, 여느 자가상표가 따라올 수 없는 경쟁 우위를 확보하게 했다. 제품의 선호도를 더욱 확실히 하기 위해 이 회사는 가능한 한 모든 판매채널을 파고들었다. 그러나 상이한 판매채널에는 상이한 포장이 필요했다. 따라서 이 회사는 개별 제조회사들(공동포장자라고 명명하자)이 다양한 규격의 포장을 하도록 동반자관계를 맺었다. 그들은 할인점에 상자 단위로 엄청난 양을 공급하고 있고, 자동판매기와 편의점에서 팔 수 있도록 일회용 포장으로도 공급하고 있다.

그 다음에 이 회사는 몇몇 제품군, 예를 들면 아침식사용 빵이나 스낵에 대한 경쟁 우위를 확보하기 위해 새로운 성분을 첨가했다. 또한 동반자관계에 있는 회사들과 함께 그로놀라 바granola bars처럼 굽지 않은 신제품을 개발했다. 추가된 신제품은 슈퍼마켓의 별도 구역에 새로운 사업거리를 제공했다. 신제품은 회사의 기존 배달 시스템을 이용해 신속히 배달되었기 때문에 신선도가 높았다. 아침식사용 빵을 만드는 다른 제조업자들은 그런 배달 능력도 없었고 저지방 제품도 만들지 못했다.

회사는 대규모 거래처 두 곳과 동반자관계—회사는 이 시스템을 카테고리 관리라고 부르고 있다—를 맺었다. 두 거래처는 빵과 크래커의 판매관리를 이 회사에 맡겼다. 제빵회사의 상표관리 기술, 바코드 자료분석 능력, 빵과 크래커 분야에 대한 지식은 이들 거래처와 회사가 모두 수익을 올리도록 해주었다. 이 회사는 제품과 현금관리를 제빵회사로부터 판매가게로 이전하는 협상을 통해 운전 자본을 최소화할 수 있었다. 지금 슈퍼마켓은 그들에게 맞는 고유한 포장규격을 갖고 있다. 다시 말해 제빵회사는 포장규격에 융통성을 갖고 있었기 때문에 고객의 요구에 응할 수 있었던 것이다.

요약하면 여기에서 인용한 회사는 제품의 맛을 유지하면서도 저지방의 제품을 개발함으로써 경쟁 우위를 회복했다. 기존의 물류·상표관리 능력을 이용해 더 나은 제품 생산을 목표로 했고, 그 결과 성공적으로 시장지배자가 되었다. 이 회사는 판매할 수 있는 시장을 확대하기 위해 다양한 판매채널과 다양한 포장능력을 개발했다. 새로운 아침식사 대용 제품 분야로 침투하기 위해 이 회사는 새로운 성분을 개발하고 물류 시스템을 이용했다. 새로운 원료가 갖는 장점은 이 회사가 새로운 분야에 대한 지식을 축적할 시간을 벌어준다. 마지막으로 회사의 명성·상표관리·물류·융통성 있는 포장능력 등이 높아져 이 회사는 대규모 소매업자들에게 매력 있는 동반자가 되었다. 이 회사는 새로운 역량을 오래된 역량과 결합하고, 또다시 결합함으로써 신제품과 새로운 사업 분야로 침투하고, 새로운 판매채널과 새로운 고객관리를 형성하게 해주는 일련의 경쟁 우위를 만들었던 것이다.

　이는 경쟁 우위의 지속적 창조에 관한 좋은 예다. 이 제빵회사는 최초에 경쟁 우위를 제공했던 요소를 만들고 그것을 실천했다. 그 뒤 두 번째 경쟁 우위를 확보하기 위해 재빨리 조치를 취했다. 그 다음은 무엇인가? 아마도 아시아계 또는 스페인계가 좋아하는 맛을 내는 새로운 제품 분야일 것이다. 그뿐만 아니라 저지방에 저칼로리(단순히 저지방이 아니라)의 새로운 성분을 개발할 것이다. 회사는 경쟁 우위 유지를 위한 조치를 계속 되풀이할 것이다.

변형 가능성의 창조

일련의 단기적 경쟁 우위를 창조하는 전략은 회사가 그 전략을 실행할 수 있는 조직을 갖고 있을 때에만 효과적이다. 저지방 성분을 찾기 전까지 이 회사는 연구·개발, 생산, 마케팅, 판매와 배달, 재무, 인적 자원관리 등을 중심의 기능적으로 조직되었다. 그때까지 이 회사는 부서간의 관계를 합리적으로 유지하고 있었다. 최고경영자층 가운데 꽤 많은 사람들이 부문 상호간에 일어나는 업무에 대한 경험이 있었다. 뿐만 아니라 약 5년간 이 회사는 프로젝트 관리 경험을 쌓도록 직원들을 독려했다. 거의 모든 경영자들이 프로젝트 관리 교육을 받았다. 거의 모두가 교차 부문간 프로젝트팀에서 일한 경험이 있다. 이 회사는 이런 경험을 바탕으로 지속적인 전략이동을 실행할 수 있었다.

첫 번째 조직 변화는 부장급 관리자로부터 두 단계 아래 세 개의 교차기능팀을 만드는 것이었다. 각각의 팀은 마케팅 담당 부사장이 책임을 맡았다. 그 가운데 두 개의 팀은 기존의 제품 라인, 즉 단맛의 제품군과 짠맛의 제품군을 담당했다. 기능별 전문부서에서는 최소한 자신에게 주어진 시간의 반 이상을 팀에 소비하는 담당자를 한 명씩 보냈고, 그 담당자는 자신이 속해 있는 부서 업무를 수행하는 책임을 졌고, 문제 해결에 도움이 될 전문부서의 정보를 갖고 있었다. 세 번째 팀은 건강식품 분야에서 회사의 제품을 재구성하고 재출하는 업무에 집중했다. 신제품군에는 또 다른 하나의 교차기능부서도 참여했는데, 역시 마케팅 담당 부사장이 책임을 지고 있었다. 그러나 이 팀은 전담 팀으로서 신제품을 만드는 데 집중했다. 몇몇 판매원들이 이 부서에 전적으로 매달렸고, 신제품에 대한 새로운 판매 방법을 고안했다. 이 팀은 새로운 사업이 필요로 하는 것에 최고경영자의 관심을 집중시키기 위해 직접 보고사항을 전달했다.

새로운 판매채널을 위해 비슷한 팀이 하나 만들어졌다. 마케팅 담당 부사장이 그 팀을 담당했으나, 판매와 배달에 관한 사항은 상급 부사장에게 보고되었다. 연구·개발 부문을 제외한 모든 부서가 전적으로 협조했다. 연구·개발부가 관여하지 않은 이유는 신제품과는 관계가 없기 때문이었다. 판매채널팀에서는 회사의 제품을 구입해 그 제품을 포장하는 동업자들과의 관계를 관리했다. 이 변화에 뒤이어 두 명의 고객 겸 동업자들을 위해 교차기능부서를 두 개 더 만들었다. 이들 부서도 이 일에 전념했고, 여러 부서로부터 능력 있는 사람들을 끌어들였는데, 이번에도 연구·개발부는 제외했다. 이들 부서는 동업자를 담당하는 회계책임자가 맡았는데, 판매 및 배달 담당 상급 부사장에게 보고되었다.

그러는 동안 재무관리부서는 회계제도를 재디자인했다. 그들은 활동 기준의 원가 시스템을 실행했다. 동시에 새로운 시스템을 자동화하기 위해 전사적 자원관리 소프트웨어를 설치했다. 그 결과 손익 측정은 모든 전략적 단위에 적용될 수 있었다. 제품·부문·사업·판매채널·고객 모두 손익 기준으로 측정되었다. 인적자원관리부서는 보상 시스템을 팀 기준으로 재디자인했다. 각 팀은 사실상 소규모 사업 단위였다.

이런 과정을 거치며 회사는 브랜드 관리자별 기능 조직에서 기능·제품·부문·사업·판매채널·고객 등에 기초한 다핵구조 multistructure로 구성되고, 스스로 재구성되었다. 회사는 다음번의 전략적 우위를 유지하는 데 필요한 어떤 차원에도 맞도록 융통성 있게 변형될 수 있는 여러 개의 손익계산 단위구조와 같았다. 예상하건대, 비록 어떤 시점에는 형성될 수 있는 소규모 사업 단위들의 수가 한정되겠지만, 어쨌든 회사는 자신이 가고자 하는 어떤 방식으로도 조직할 수 있는 역량을 개발할 것이다. 따라서 이 회사는 상표의 경쟁 우위를 지속적으로 유지하기 위해 기능·제품·시장별로 조직하는 대신 기능·제품·시장·판매채널·고객을 포함해 조직해서 끊임없이 변하는 일련의 단계적 경쟁 우위를 만들고 있는 것이다. 이런 변형 가능 조직을 실행하기 위해 이 회사는 안팎의 역량을 네트워크로 연결하고 해체하고 다시 연결하는 것을 허용하는 정책적 정합성을 필요로 한다. 이때 두 개의 정책 분야는 특히 중요한 축을 형성한다. 정보 및 목표설정 정책과 인적 자원 정책이 바로 그것이다.

| **정보 및 목표설정 정책**

조직의 역량을 규정짓는 첫 번째 정책 분야의 힘, 즉 정보 및 목표설정 과정은 간혹 무시되거나 저평가되곤 한다. 변형 가능 조직은 소규모 사업 단위들의 집합체처럼 회사가 운영될 수 있도록 회계제도, 정보 구조, 계획 과정을 필요로 한다. 앞에서 언급한 것과 같이 비용과 수익을 확인하기 위해 제품별·부문별·판매채널별 등으로 배분된다. 이런 가격 정책은 소규모 사업 단위들과 외부 공급자들 사이에 자원 배분을 조정하기 위한 시장가격을 정확하게 반영할 필요가 있다. 동일한 자료와 시스템이 성과를 평가받는 모든 당사자에게 사용될 필요가 있다. 이런 소규모 사업 단위들을 조정하는 복잡한 과업은 가격과 시장기구를 이용하므로 훨씬 쉬워진다. 마지막으로 강력한 관리팀이 제자리를 잡고 있어야만 한다. 사실 중요한 것은 단 하나의 사업과 단 하나의 손익계산서, 즉 회사의 성과다. 그러나 전략의 이동과 조직의 변형은 회사를 수많은 소규모 사업 단위로 분해할 것을 요구한다. 이렇게 함으로써 각 사업 단위는 전체 조직을 혼란스럽게 하지 않으면서도 서로 상이한 목표를 추구할 수 있다. 이 모든 단위 부서

의 상호작용을 원활하게 하도록 하는 것이 관리팀의 과업이다. 관리팀은 우선순위를 정하고, 자원을 배분하고, 불가피한 갈등을 해결한다.

| **인적 자원 정책**

마찬가지로 중요한 것이 바로 두 번째 정책 분야인 인적 자원관리다. 인적 자원 정책은 변형 가능성을 지원하는 행동과 의식구조를 만드는 방향으로 정립되어야 한다. 우선순위와 이전 가격에 관한 단위 부서 내의 갈등, 그리고 단위 부서간의 갈등은 소규모 단위 부서로 구성된 기업의 에너지를 소멸시킬 수도 있다. 참가자들은 여러 기능에 필요한 기술을 갖고 있어야만 하고, 교차 부문 간에 인적 네트워크를 유지하고 있어야 하고, 회사를 하나의 전체로 이해해야 하며, 변형 가능 조직 문화 속에서 하나의 구성분자가 되어야만 한다. 인적 자원 정책은 이런 기술과 네트워크, 그리고 문화를 창조하는 데 필수적이다.

인적 자원 정책은 단지 직무에 적합한 자가 아니라 조직에 적합한 사람들을 모집하고 선발하는 고용규칙을 설정하는 것에서부터 출발한다. 직무는 변할 것이고, 새로운 기술은 배울 수 있지만, 개인의 성격과 회사의 가치와 문화는 쉽게 변하지 않는다. 그러므로 개인과 조직의 적합성이 변형 가능 조직의 핵심이다. 성격검사, 작업 시뮬레이션, 심도 깊은 인터뷰 등이 조직에 적합한 개인을 모집하는 데 필요한 수단이다. 변형 가능 조직은 팀에서 일하기 좋아하는 사람을 물색하는 한편, 문제를 해결할 수 있고 갈등을 관리할 수 있고 새로운 기술을 배울 의욕과 잠재력을 가진 사람을 확보해야 한다. 예를 들면 지금까지 예로 든 회사는 교차기능 인터뷰 과정을 활용하고 있다. 예비 브랜드 관리자는 기존의 브랜드 관리자로부터 인터뷰를 받을 뿐만 아니라 교차기능 경험이 있는 연구원, 제조 부문 책임자, 판매관리자와도 인터뷰를 해야 한다. 회사는 관심이라고는 단지 브랜드 관리를 통해 빨리 성과를 내는 것밖에 없는 성미 급한 관리자를 원하지 않는다. 후보자는 또한 연구·개발과 생산업무에도 적합해야만 한다.

종합적 인터뷰 과정은 교차기능 작업에 적합한 사람을 선출할 수 있도록 해준다. 이 인터뷰 과정은 '교차기능은 우리가 일하는 방식'이라는 메시지를 전할 뿐만 아니라 변형 가능 조직 문화 형성에 도움을 준다.

많은 관리자들에게 과업과 경력은 또한 교차기능적이다. 예를 들면 연구·개발 부문 직원은 종종 그들이 개발한 신제품을 만들기 위해 제조 부문으로 가기도 하고, 그 뒤에는 판매 및 유통 부문으로 가기도 한다. 각 단계마다 그들은 새로운 부서의 기능이 필요로 하는 기술을 배운다. 그들은 또 여러 경로를 따라 옮겨가면서 신제품 개발 프로세스를 배운다. 그러나 마찬가지로 중요한 점은 그 과정에서 그들이 형성하는 인간관계와 그들의 개인간 네트워크 폭을 넓힌다는 것이다. 과업할당 과정은 개개인을 발전시킬 뿐만 아니라 동시에 조직 네트워크를 개발하고, 변형 가능 조직의 기초가 되는 사회적 자본을 형성한다.

훈련은 교차기능부서의 참가자들에게 지속적으로, 그리고 초점을 맞추어 이루어져야 한다. 예를 들면 프로젝트 관리 훈련은 새로운 프로젝트를 실시하기 이전에 교차기능팀에게 실시되어야 한다. 핵심적 연결 부문 역할을 하는 사람들로 구성된 교차 단위 부서에는 여러 가지 과업이 할당된다. 그 이유는 언제나 '노하우 know-how'와 '노후 know-who'를 동시에 축적하기 위해서다. 변형 가능 조직은 모든 훈련과 특히 사회적 활동을 '노후'의 형성 기회로 삼는다. 훈련과 사회 활동은 회사가 사회자본을 형성하기 위한 투자인 셈이다.

마지막으로, 보상 시스템 역시 유연하고 변형 가능해야 한다. 사실 보상 시스템의 변화를 위한 제안을 의뢰받을 때만큼 관리자가 더 빨리 보수적으로 변하는 경우도 없지만 말이다. 이런 보수성 때문에 보상 시스템은 변화와 유연성을 가로막는 최대의 장애물이다. 급료체계가 포괄적이고, 유연하고, 단순하고, 근거가 타당해야 할 시점에 그것은 오히려 구체적이고, 복잡하고, 양적이고, 성과와 관련이 없고, 시대에 뒤떨어지고, 경직화되어가고 있다. 보상 시스템을 연구하고, 직무를 재평가하고, 새로운 급료체계 계획을 예비로 실시해보고, 부서별로 적용하는 데는 몇 년의 시간이 걸린다. 그러므로 한층 빨리 실시해야 하며 융통성이 요구되는 것이다.

새로운 간단한 보상체계는 3등급 또는 세 가지로 분류되는데, 이것은 과거 30개의 등급보다 월등히 적다. 급료는 직무 기준이 아니라 개인능력 기준이다. 오늘날은 직무가 너무 빨리 변하기 때문에 직무가 아니라 사람에게 급료를 지급한다. 직원들도 매우 빨리 변한다. 그러나 그들은 더 많이 배울수록 더 많이 받는다. 기술 또한 사라지고 새로운 것이 나오므로, 간혹 기술 중심 급료체계는 배움에 대한 일회적 상여금처럼 주어진다. 연금과 같은 가산 급료체계는 점점 더 줄어들고, 일회성 보너스와 같은 식의 급료체계를 더욱더 자주 채택하게 된다.

인사고과 또한 상사에 의한 고과에서 팀 중심 고과 또는 360도 피드백 모델로 옮겨가는 추세다. 동일한 업무를 하는 여러 엔지니어들을 등급 매기는 일은 차츰 줄어들 것이고, 고과 척도도 덜 복잡해지고 있다. 어떤 조직은 특정한 날을 잡아 인사고과를 하는데, 전반적인 고과 과정은 쉽고 빨리 진행된다. 인사고과는 급변하는 환경에 대응해 반복되기도 한다. 그러므로 급료체계는 보너스 시스템을 많이 이용하고, 연공주의를 줄이고, 척도와 등급도 단순하게 하고, 직무가 아니라 기술을 기준으로 하며, 급료체계의 변화와 잦은 실험을 장려해 한층 더 유연해지고 있다.

요약하면 이런 인적 자원관리 관행은 교차 부문 기술, 교차 부문 개인간 네트워크, 그리고 궁극적으로 변형 가능한 조직 문화를 형성한다. 또한 회사 내부와 외부에 걸쳐 전문적 기능을 소규모 사업 단위와 연결하는 기술, 그리고 그렇게 하고자 하는 의식구조를 확립한다. 이렇게 하여 조직은 기회를 활용하고 새로운 역량을 축적하는 방향으로 점점 더 자리를 잡아가게 된다. 새로운 역량은 다음 단계의 경쟁 우위를 창조하는 방향으로 결합될 수 있고, 또다시 결합될 수 있다. 그러나 지속적 역량과 한층 더 지속적인 경쟁 우위의 원천은 어쩌면 조직이 그 자신을 변형시키는 역량일 것이다.

| 기능식 조직에는 어떤 변화가 일어나는가

기능식 조직은 변형 가능 조직이 활동하는 주변에 안정적 구조로 그대로 있다. 전문적 기능은 프로젝트와 소규모 사업 단위에 참여하는 사람들을 위한 본거지로서 역할을 한다. 기능별 조직에서는 전문가들과 팀에 참여하지 않는 직원들이 근무한다. 앞서 말한 제빵회사의 경우 식품과학 전문가, 지방과 기름 성분을 전공하는 화학자, 제조 기술자, 물류 시스템 전문가 등은 기능 간에 교차근무를 하지 않는다. 그들은 각자의 전문 분야에서 결합되고, 또한 재결합 가능한 새로운 역량이 될 수 있는 지식을 깊이 연구한다.

　기능별 조직은 장기적인 관점을 갖는다. 이 조직은 새로운 역량·기술 등을 결정하고 형성하는 데 책임을 진다. 그리고 대학과 협력해 새로운 기술과 새로운 제품을 개발한다. 기능별 조직은 또한 경쟁자의 역량을 벤치마킹하고 잠재적 동업자의 역량을 평가한다. 그러므로 기업의 의사결정이 점점 더 프로젝트팀과 소규모 사업 단위로 이동하는 가운데, 전문적인 기능은 장기적 역량을 형성하는 역할을 맡고 있다.

| 변형 가능성의 비용

품질과 달리 변형 가능성은 공짜가 아니다. 정보 시스템과 인적 자원관리 관행을 축적하는 데는 시간과 자원이 투입되

어야 한다. 소규모 사업 단위 내에, 그리고 상호간에 조정하는 과업에 경영계층이 관여해야 할 뿐만 아니라 유능한 사람을 모집하고 훈련하는 데에도 많은 투자가 필요하다. 변형 가능 조직은 다시 말해 의사소통 집약적 조직 형태다.

문제의 발생 여지는 많다. 회사에서는 갈등을 잘 관리하는 사람을, 그리고 성장·발전하려는 의욕이 있는 사람을 찾는 것이 늘 가능하지는 않을 것이다. 모든 회사는 팀 중심 근로자를 찾고 있다. 게다가 해결되지 않은 갈등이 잠재해 있을 가능성도 있다. 이전가격transfer price 문제는 엄청난 시간을 소비할 것이다. 매트릭스 조직에서 보는 것처럼 변형 가능 조직에서 분쟁이 일어나면 지루하고도 쉽게 해결되지 않는 내부 협상에 빠지게 되어 고객에게 할애해야 할 시간을 다 잡아먹는다. 만약 모든 정책이 정합성을 이루고 있지 않으면, 내부 갈등은 회사의 에너지를 소진해버릴 수도 있다. 그러나 이런 비용과 위험은 변형 가능 조직을 갖춘 경쟁자에게 뒤지지 않도록 잘 관리되어야만 한다.

| **결론**

변형 가능 조직은 끊임없이 변하는 전략의 동반자다. 경쟁 우위가 장기간 지속되지 않으면 조직 구조 그 자체도 장기간 유지될 수 없다. 반면에 경쟁 우위는 변형 가능 조직을 통해 얻을 수 있는 일련의 단기적 경쟁 우위로부터 나온다. 변형 가능 조직은 기능별 조직 구조로 구성되는데, 기능별 조직 구조를 중심으로 프로젝트와 소규모 사업 단위들이 끊임없이

형성되고, 결합되고, 그리고 해체된다. 이런 단위 부서들은 제품별·판매채널별·사업부문별·고객별·지역별·공급자별·기술별 등으로 초점을 맞출 수 있다. 회사는 자신이 원하는 방식을 문자 그대로 당장에 조직할 수 있다. 조직의 변형 가능성은 다음 세 가지 역량에 크게 의존한다.

1. 종합적 내부 교차 단위 네트워킹 역량

이 역량은 정합성 높은 인적 자원 정책을 통해 형성된다. 유연한 조직을 창조할 수 있는 유연한 근로자를 끌어들여 유지·개발한다.

2. 복수의 사업 단위를 조정하기 위한 가격·시장·시장기구 등의 사용 역량

어떤 차원에서도 손익을 정확하고 유연하게 결정할 수 있도록 해주는 회계 및 정보 시스템은 이 역량을 뒷받침해주는 중심 수단이다.

3. 새로운 경쟁 우위를 창조하기 위한 동업자들과의 외부 네트워킹

내부 네트워킹 형성에 사용되는 것과 같은 협조·갈등관리·권위에 의존하지 않는 영향력 행사 등의 행동과학적 기술이 외부 네트워크 관리에 필수적이다.

마지막 요소는 조직의 변형 가능성을 디자인하고 지원해 기업 가치를 이끌어내는 최고경영자층의 역량이다.

10

Ron Ashkenas

조직의
새로운 옷

* 이 장은 《경계 없는 조직 : 조직 구조의 사슬을 파괴하라》(애슈케나스, 데이브 울리히(Dave Ulrich), 토드 직 (Todd Jick), 스티브 커(Steve Kerr), 샌프란시스코 : 조시 배스 1995)에서 인용했다.

동화에 나오는 이야기, 즉 임금님은 실제로 벌거벗고 있다는 사실을 모르는 마을 사람들처럼 오늘날 많은 지도자들은 그들이 운영하고 있는 조직체계가 더 이상 기능을 발휘하지 못하고 있다는 사실을 무시하고 있다. 변화의 속도는 대부분의 조직들이 대응할 수 있는 능력을 넘어 달리고 있으며, 직원과 고용주 사이의 심리적 계

론 애슈케나스 Ron Ashkenas | 코네티컷주 스탬퍼드시에 있는 경영컨설팅회사 로버트 H. 섀퍼 앤 어소시에이츠(Robert H. Schaffer&Associates)의 공동 경영자다. 애슈케나스와 동료들은 몇 년간 조직변혁 문제를 결과 중심 접근방식(results-driven approach)으로 해결해왔다. 그는 많은 논문을 발표했고, 많은 저서에 관련된 장과 절을 맡아 집필했으며, 《경계 없는 조직 : 조직 구조의 사슬을 파괴하라(The Boundaryless Organization : Breaking the Chains of Organizational Structure)》의 공저자다. 모토롤라, 스미스클라인 비첨 제약회사(SmithKline Beecham Pharmaceuticals), GE, 세계은행, 그리고 많은 공공기관과 사기업 등이 그의 고객이다.

약은 부서져버렸고, 우리가 가장 존경했던 사적·공적 기관 가운데 다수가 재난에 직면하고 있다.

변화가 이미 잘 알려져 있고 이에 대한 많은 출판물이 있지만, 오늘날 대부분의 조직은 20년, 30년, 또는 40년 전보다 크게 달라 보이지 않고 또한 그다지 다르게 운영되고 있지 않다. 많은 계층, 기능적 부문, 상이한 역할과 보상, 파편적인 정보 등 통제 중심의 계층 구조는 여전히 유행하는 조직 모형이다. 종합적 품질관리나 리엔지니어링 외에도 변화에 대한 처방이 수없이 많지만 근본적인 변화는 여전히 보이지 않고 있다.

조직의 기본구조는 여전히 옛날 옷을 입고 있는데도 불구하고, 왜 많은 조직들은 최신 유행의 옷을 입고 있는 척하는 것일까? 21세기 조직의 새로운 옷은 어떤 형태일까? 그리고 오늘날 조직은 새로운 옷을 입기 위해 어떤 리더십을 발휘해야 할까?

서막 : 과거

만약 과거가 미래의 지침이 될 수 있다면, 우리는 다음과 같이 말할 수 있을 것이다. 1990년대의 후반 5년과 21세기의 초반은 혼란스럽고 예측 불가능할 것이다. 10년 전만 해도 지금은 누구나 현실로 받아들이고 있는 망연자실할 지정학적 변화, 즉 소련의 해체, 동구의 몰락, 중동평화, 아프리카공화국 인종분리주의자의 패배, 아시아권 경제의 부상 등을 감히 상상이나 했겠는가? 그리고 소수의 미래학자와 기술자를 제외하고 누가 팩스, 휴대폰, 무선통신, 노트북 컴퓨터, CD롬, 지구 위치 측정장치, 디지털카메라, 멀티미디어, 쌍방통신, 인터넷 등과 같은 신기술이 이토록 믿을 수 없을 정도로 빨리 상업화될 것으로 예측했겠는가?

조직 또한 상상할 수 없는 변화의 물결에 휩쓸리고 있다. 한때는 무적처럼 보였던 IBM, GM, 소니, 이스트먼 코닥Eastman Kodak, 애트나 보험Aetna Life&Casualty Company, 애플Apple 컴퓨터—과거에는 의심의 여지없이 최우수 조직의 모범이었다—등이 경영 성과의 부진으로 고통을 겪고 있고, 대부분 최고경영자가 갑작스럽게 교체되기도 했다. 뿐만 아니라 제약산업 · 오락산업 · 금융산업 등 모든 산업이 광란의 인수 · 합병 물결에 휩싸이고 있다. 많은 회사들이 통합되고 있는가 하면 AT&T, ITT, 던 앤 브래드스트리트Dun&Bradstreet Corporation, 3M, W. R. 그레이스 앤 컴퍼니W. R. Grace&Company 등은 기업을 분할하고 있다. 한때는 존경받던 세계은행World Bank과 유엔 등과 같은 공적 기관마저도 그 존재가치를 의심받고 있으며, 미국 · 영국에서 필리핀에 이르기까지 세계 여러 국가의 정부가 재편되고, 재발명되고, 기구가 축소되고 있으며, 업무와 서비스를 민영화하고 있다.

만화경 같은 변화의 속도가 지속될 것이고, 심지어 더욱 가속화될 것이라는 점은 의심의 여지가 없다. 사실 '조직의 벽 허물기'에 관한 이야기는 기업 관련 매스컴에서는 거의 단골 메뉴가 되었다. 오늘날 조직에 대한 문제는 어떻게 해야 조직이 암초에 부딪쳐 파산하지 않고, 변화의 물결을 무사히 타고 넘어가는가 하는 것이다.

기적의 치료 방법 찾기 : 기저귀의 따뜻함

변화의 속도가 가속화되면서 조직의 변화 노력 또한 증가하고 있다. 지난 10여 년 동안 종합적 품질관리, 프로세스 재디자인, 고객 만족, 리엔지니어링, 조직 규모 조정, 계층 단축 등과 같은 주요한 변화 계획을 회피한 기업은 거의 없다. 그리고 비록 성공사례가 그처럼 강력한 개념과 도구로부터 나왔다 하더라도 거의 모든 사례는 투자만큼 실적이 없었다. 한층 더 실망스러운 점은 어느 정도 측정 가능한 성과가 있었다 해도 많은 조직의 경우 가속화하는 변화를 감당하는 데 필요한 근본적인 역량이 강화되지 않았다는 것이다. 그 결과 많은 회사들이 '끊임없는 프로그램'의 함정에 빠지는 것을 우리는 보았다. 즉 어떤 변화에 이은 또 다른 변화, 그 전의 변화 계획이 이루지 못했던 것을 달성하기 위해 도입되는 또 하나의 희망적인 프로그램 말이다.

이런 변화 노력은 두 가지 이유 때문에 성과를 거두지 못했는데, 두 가지 이유 모두 상급 경영자들의 불안감과 연관이 있다. 하나는 조직의 옛날 옷을 벗기 싫어하는 성향, 그리고 다른 하나는 진정한 새 옷을 입기 싫어하는 것이다.

조직도표 바꾸기 : 변화의 환상

첫째, 비록 최상의 변화 노력이 추구하는 목적이 조직의 근본적인 변혁이었다 해도 그 결과는 대체로 단순한 기존 조직의 재편에 지나지 않는다. 조직 도표는 바뀌었고, 교차기능팀이 축복받으며 출범했고, 계층이 제거되고 지원 기능이 통합되거나 분권화되었지만, 기업의 근본적인 역동성은 변하지 않고 있다. 많은 관리자들에게 기업 이론에 관한 그들의 근본적인 가정을 버리라는 요구, 즉 오늘날 성공하고 있는 것에 대해 등을 돌리고 미래를 위해 나아가라고 요구하는 것은 그들을 너무나 위협하는 것이다. 게리 하멜과 C. K. 프라할라드C. K. Prahalad가 《미래를 위한 경쟁Competing for the Future》에서 지적했듯이 거의 모든 리엔지니어링 노력과 그 밖의 변화 노력은 회사로 하여금 자신들이 지금 하고 있는 것을 더욱더 잘하게 하는 데 초점을 맞추고 있었지, 다른 데는 신경을 쓰지 않았다. 그러나 장기적으로는 (점점 더 단기적으로도) 근본적으로 변하는 산업, 그리고 경제에서는 '과거보다 잘한다는 것' 만으로는 충분하지가 않다.

예를 들면 어느 대규모 보험회사의 단체건강보험 부문은 매출 및 고객 서비스 과정을 리엔지니어링하기 위해 몇 년간 노력했다. 고객 면담과 재무자료에 근거해 많은 현장 사무소들은 팀에 기초한 운영을 위해 지역 서비스센터로 통합됐고, 판매원들을 정리하여 재배치했으며, 판촉물을 다시 디자인하는 등 여러 가지 조치를 취했다. 그 결과 조직은 한층 절감된 예산으로 고객의 요구를 해결하는 데 드는 시간을 단축할 수 있었다. 그러나 회사 자체에 대해서는 어떤 신선한 느낌도 가질 수 없었다. 회사가 제공하는 기본적인 제품과 서비스는 변하지 않았고, 고객이 누구인지에 대해서도 아무런 의문을 가지지 않았다. 그리고 이 사업 부문이 리엔지니어링에 사로잡혀 있는 동안 몇몇 경쟁자들은 맞춤 의료 서비스, 고객의 선택 폭 확대 등 새로운 현실에 더 적합한 서비스를 제공하기 위해 조직을 다시 바꾸었다.

과거 프로세스의 이용 : 변화의 피해망상

변화 노력을 약화시키는 요인은 변화를 촉진하기 위해 사용된 프로세스가 무의식적으로 조롱의 대상이 되어 변혁되어야 할 조직의 과거 관행을 오히려 강화시키는 것이다. 경영자들이 낮은 경영계층의 사람들의 행동을 바꾸지 않으면 안 된다고 가정하면서 변화는 촉진된다. 스태프와 컨설턴트들이 강력한 역할을 하지만, 그들은 그들의 노하우를 라인 조직에 전수하지 않는다. 소규모 엘리트 집단이 직원들에게 무슨 일이 일어날지 상세히 말해주기 전까지 직원들은 어둠 속에 갇혀 있는 것과 같다. 고객과 관계자들은 자신들의 의견을 제시하도록 요청받지만, 대안을 만들기 위해 심각하게 의견을 교환하는 일은 없다. 심지어 직원의 참여를 촉진하는 리엔지니어링 프로그램마저도 종종 조직의 다른 곳에서 독자적으로 자료를 수집하고 분석한 소규모 독자적인 팀의 주도로 진행된다. 그렇게 되면 계층적 · 통계지향적 조직이 변혁되는 것이 아니라 오히려 증폭된다.

단체건강보험 사업 부문에서는 사업 부문 담당 책임 사장의 지원으로 리엔지니어링이 진행되었는데, 그는 상급 스태프 직원을 변화 노력의 책임자로 지명했다. 그 상급 스태프 직원은 구조화된 방법론을 사용하는 컨설팅회사에 또 의뢰했다. 부문 내의 몇몇 직원들이 컨설턴트들과 전적으로 매달려 몇 년간 자료를 수집하고, 분석하고, 리엔지니어링 계획을 검토했다. 사업 부문 담당 사장은 그 제안서의 '타당성'을 확신한 후 경영팀을 만들고 그 안을 집행하도록 했다. 1년 내내 부문 내에서 논쟁이 일어났고, 잘못 집행되었고, 드디어 근심이 스며들었다. 결국 거의 모든 직원들은 변화 노력을, 자신들을 직무에서 쫓아내려고 기구축소를 하는 트로이의 목마로 보게 되었다. 사기는 땅에 떨어지고 직원들 간에 우려의 목소리가 커지며 고객 서비스의 질은 낮아졌다. 그 결과 다수의 유능한 직원들은 변화 노력의 목적인 고객 서비스 향상이나 혁신 또는 변화에 관심을 쏟기보다는 자신의 생존에만 신경을 썼다.

최고경영자와 사업 부문의 사장들은 분명히 그들의 변화 노력이 이런 식의 결과를 얻을 것으로 생각하지 않았다. 그러나 그들은 과거 그들에게 성공을 안겨다준 관행을 변화시키는 데 대해 매우 불안하게 생각했다. 그리하여 그들 사업이 침체의 기미를 보이지 않는 한 그것을 근본적으로 변혁하는 데 주저하게 되었고, 다만 소수의 사람들만이 계층적 명령과 통제에 기초한 방식을 바꾸는 데 관심을 가졌다.

이 문제를 해결하는 데는 두 가지가 필요하다. 변화의 촉진자로서 단 한 명의 뛰어난 최고경영자에 전적으로 의존하지 않는 조직을 만들기 위해 새로운 종류의 조직 모델을 제시하고, 그것을 가능하게 할 실질적인 과정이 필요하다.

| **새로운 옷 : 경계 없는 조직**

비록 내일의 조직이 오늘날의 그 것과는 매우 달라 보이지 않을지 모르지만, 그것은 분명 우리가 말하는 '경계 없는' 조직처럼 다르게 행동할 것이다. 구체적으로 말하면 오늘날 조직의 행동 양식은 조직 계층과 기능 사이에서, 공급업자와 고객 사이에서, 그리고 지리적 위치 사이에서 길게 가로 놓인 경계에 따라 제한받고 봉쇄당하고 있는데, 미래의 조직은 그런 경계를 넘어 자유스럽게 행동하게 될 것이다. 조직은 더 이상 사람·과업·프로세스·업무 장소를 구분하기 위한 경계를 사용하지 않을 것이다. 그 대신 아이디어·정보·의사결정·기술·보상·행동 등을 재빨리 확산시키고, 이러한 것을 필요한 곳으로 전달될 수 있도록 경계의 침투성을 높이는 데 관심을 집중할 것이다. 미래의 조직을 창조하고 또다시 창조하는 것은 이와 같이 넘치는 활력이다.

여기에서 말하는 조직이 경계를 갖고 있지 않다는 의미가 아니다. 오히려 경계는 사람·프로세스·생산 과정을 분리하기 위해 필요하다. 활동을 집중하고 명확히 하기 위해 필요하며, 조직이 형태를 갖추는 데에도 필요하다. 경계가 없으면 조직은 해체될 것이다. 사람들은 무엇을 해야 좋을지 모르게 될 것이다. 그렇게 되면 과업의 구분도, 자원과 기술의 조정도, 분명한 방향 감각도 없어질 것이다. 그러나 미래의 조직은 오늘날 대부분의 조직에 존재하는 비교적 경직된 경계 대신 살아 있고 진화하는 생물체의 얇은 점막과 같이 침투성 높은 유연한 경계를 갖게 될 것이다. 대부분 조직의 경직된 조직 경계는 조직의 안정과 질서를 유지하기 위한 수단으로서 진화된 결과다. 안정성을 제고하기 위해 많은 수단과 개념이 개발되었고, 결국 현대 조직 행동의 본질을 형성했다. 수단과 개념 속에는 사명선언서, 직무기술서, 직무등급표, 고정처리 절차, 감동 한계폭, 비용 한도, 조직 디자인 기준, 경력 경로, 정보 접근 기준, 인사고과 시스템 등이 포함된다. 본질적으로 조직은 대체로 상급 경영자와 여러 참모조직(인사·재무·법률·품질 등)이 관리하는 복잡하고도 상호연관된 일련의 통제 과정에 의거해 안정성을 축적한다. 조직의 성과나 행동이 정상적인 범위를 벗어나려 할 때마다 그런 통제 시스템이 벗어나는 흐름을 다스리고 조직을 본래의 상태로 되돌려놓는다.

비교적 안정된 세계에서는 이런 조직 시스템이 효과를 낼 수 있다. 또한 이 시스템은 지난 몇십 년간 전례 없는 풍요와 사회적 진보를 가져다주었다. 그러나 오늘날 진동振動은 더 이상 통제 불가능하고, 또한 통제가 가능하길 원하지도 않는다. 차라리 조직은 변화의 물결을 타고 새로운 방향으로 가도록 느슨하게 내버려둘 필요가 있다. 방향을 급히 틀고 민첩하게 변하고 혁신하기 위해 조직은 재빨라져야 하고 유연해져야 한다. 그렇게 하기 위해서는 네 가지 타입의 경계가 한층 더 투과하기 쉽고 유연해져야 한다.

1. 수직적 경계 – 계층과 지위 사이의 경계

수직적 경계가 한층 더 투과하기 쉬워지면 지위는 능력보다 덜 중요해진다. 그러면 대체로 행동으로 옮기기가 더 쉽고 빠르며 현명한 의사결정을 내리게 해주고, 조직의 어느 곳에 있는 사람과도 의견을 나눌 수 있도록 접근이 쉬워진다.

예를 들면 스미스클라인 비첨 제약회사는 임상실험 자료관리 프로세스를 개선하려고 했는데, 관련된 조직의 모든 계층의 사람들이 새로운 방법을 찾아내기 위해 두 달 동안 회의와 대화에 참여했다. 회의를 하고, 태스크 포스팀을 만들고, 전자포럼을 이용해서 12개의 새로운 아이디어가 제출되었고, 그 결과 신약 개발 기간이 매우 단축되었다.

2. 수평적 경계 - 기능과 규칙 사이의 경계

수평적 경계에 대한 투과성을 높임으로써 영역과 구획을 허물기 위한 노력은 고객의 요구를 해결하기 위해 집중하는 방향으로 전환된다. 피델리티 인베스트먼트Fidelity Investment사의 소매사업 분야를 예로 들면 영업·마케팅·정보 시스템·전화교환·지점간의 협조는 회사가 교육보험·연금보험 등과 같이 고객의 세분화된 요구에 한층 더 잘 대응할 수 있는 방향으로 재정립하도록 해주었다. 부서간의 협조는 또한 고객을 위한 업무처리와 서비스 방식을 개선함으로써 서류작업을 통합하고, 신청서류를 단순화했으며, 전화 응대를 한층 더 효과적으로 만들었다. 그리고 이 모든 것은 기본적인 조직 구조를 바꾸지 않고도 이루어졌다.

3. 외부적 경계 - 회사와 공급자, 그리고 고객과 정부 사이의 경계

전통적으로 외부 관계자와 '우리와 그들'이라는 관계에 기초

해 만든 조직은 협상과 입씨름과 압박전술 등을 사용하면서 정보를 차단하거나, 고객 또는 공급자를 상호경쟁시켜 어부지리를 얻는 방식으로 사업을 해왔다. 이런 먹이사슬 의식구조가 '가치 사슬'에 대한 관심으로 대체되면, 제품 또는 서비스의 전체 공급체계에 엄청난 효율과 혁신이 일어날 것이다.

예를 들면 GE의 전구사업 부문은 소매점들과 동반자관계 계약을 맺었다. 이 계약 아래에서 회사들은 거의 하나의 조직처럼 경영된다. 구매 시점 판매관리는 GE에 의해 해결되고, 판매된 물건은 가게로 직송되고, 재무상의 모든 거래는 전산으로 처리된다. 그 결과 발생한 차익은 회사들 간에 공분되고 고객에게도 돌아간다. 모든 관계자에게 윈윈 상황이 전개되는 것이다.

4. 지리적 경계 - 지역간, 문화간, 그리고 시장간의 경계

간혹 국가적 자부심, 문화적 차이, 시장의 특성, 또는 세계적 물류 때문에 이런 경계는 혁신적 아이디어를 고립시키거나 본사와 지사 사이에 경쟁을 유발시킨다.

지리적 경계에 대한 투과성을 높임으로써 회사들은 훨씬 더 빨리 세계적인 성공의 지름길로 달려갈 수 있다. 예를 들면 프라이스 워터하우스Price Waterhouse사는 지금 전 세계적으로 26개 사무소로부터 들어오는 충분한 자료를 바탕으로 고객제안서를 만들 수 있는 세계적 그룹웨어 시스템을 이용하고 있다.

실천을 위한 리더십 : 새로운 옷 만들기

회사의 규모나 구조, 전략이 어떻든 간에 수직적 · 수평적 · 외부적 · 지리적 경계가 낮아져서 건너기 쉽다면 회사는 급변하는 변화의 물결을 헤쳐나가기가 훨씬 쉬울 것이고, 조직의 구성원과 동반자들로 하여금 끊임없이 스스로 변신하도록 해준다. 앞의 네 가지 경계가 여전히 경직되어 있고 침투가 불가능하다면, 조직의 대응을 느리게 할 뿐더러 조직을 옛날식의 관행에, 그리고 끝내는 스스로 패배하게 될 관행에 묶어두는 유연성 결핍으로 몰아갈 것이다.

21세기를 지나고 있는 이때, 최고경영자뿐만 아니라 모든 조직의 지도자들은 경계를 인정하지 않는 변화 과정을 통해 무경계 역량을 창출하는 과제를 안고 있다. 그들은 무경계 역량을 확보하기 위해 몇 개의 조치를 취할 수 있다.

① 그들은 사업상 남다른 성과를 초래할 상당히 높은 목표와 기회를 확인해야 한다. 그리고 그것은 하나 또는 그 이상의 경계를 한층 더 효과적으로 가로질러 움직여야만 달성될 수 있다. 예를 들면 높은 목표란 신제품을 정상적인 개발 기간의 절반 정도로 단축해 시장에 출하한다거나, 고객과 협조해 서비스 비용을 30%가량 줄인다거나, 고객의 주문품을 배달하는 데 30% 또는 그 이상의 시간을 단축하거나, 시장 진출에 대한 새로운 방법을 찾는다거나 하는 것 등이다. 가능한 범위 내에

서 이런 목표는 기존의 사업을 더 잘할 수 있게 할 뿐만 아니라 조직이 사업을 다시 규정하고 재창조할 수 있는 역량을 갖추도록 한다.

② 경영자들은 교차경계팀이 확대된 목표를 달성할 수 있도록 협조해야 하고, 교차경계 역량을 창조할 수 있는 수단을 갖고 지원해야 한다. 그들은 고객과 공급자를 포함해 그 과정에 관련된 모든 계층의 사람들을 참여시키도록 팀을 격려해야 한다. 팀은 성공하는 데 필요한 모든 협조와 자원을 활용할 수 있어야 한다.

③ 그들은 경험을 통해 배우고 그것을 되풀이하고, 또다시 되풀이해야 한다.

조직에 새로운 옷을 입히는 것은 하루아침에 이루어지는 프로그램이 아니다. 그것은 고된 일이고, 실험·일관성·에너지를 필요로 하는 일이다. 그리고 그것은 통제 가능하거나 예측 가능한 프로세스가 아니므로 미래를 창조하고 다시 창조하기 위해 조직 안팎에서 다양한 사람들을 포용하는 신뢰감을 보여줄 필요가 있다. 그 과정은 "경영자의 진정한 직무는 구성원의 앞길을 가로막지 않는 것이다"라는 드러커의 유명한 말을 내면화하는 일이다. 그러나 그런 역량을 축적하려는 의지가 있고, 번창할 일터를 창조하려는 의지가 있는 지도자들에게 그것은 언젠가 그들이 경험하게 될 조직 쇄신으로 나아갈 가장 효과적이고도 유쾌한 길 가운데 하나가 될 것이다.

11

Joel A. Barker

몬드라곤 : 21세기를 향한 새로운 길

20세기의 마지막 남은 몇 년 동안 자본주의와 시장은 전 지구적으로 그 우수성을 재확인받았다. 사회주의와 공산주의 경제학은 결국 실패로 간주되었다. 그러나 뭔가 새로이 등장하고 있는 것은 직무와 작업에 대한 태도로서, 1929년 대공황 이후 우리가 한 번도 보지 못했던 것이다. 직업 안정성은 급속히 사라지고 있는 구 패러다임의 한 부분으로 간주되고 산업사회 전반에 걸쳐 발생하는 엄

조엘 A. 바커 Joel A. Barker | 1975년 패러다임의 이동과 비전이라는 개념을 유행시킨 미래학자다. 《미래발견사업(The Business of Discovering the Future and Future Edge)》은 1992년 《라이브러리 저널(Library Journal)》지가 선정한 가장 영향력 있는 저서 목록에 올랐다. 그는 변화와 변화에 대한 대응에 관한 주제로 세계에서 가장 잘 알려진 강연자다. 그의 베스트셀러 비디오테이프는 여러 가지 언어로 번역되었으며, 《인더스트리 위크(Industry Week)》지가 선정한 기업 사회에서 가장 영향력 있는 교육자료로 평가받았다.

청난 일자리의 감소는 조직의 '축소'를 요구하는 시장세력 때문이라는 비난의 목소리가 높다. 21세기 조직의 우두머리인 빌 게이츠Bill Gates는 다음과 같이 말했다.

"나의 직원이 가진 단 하나의 직업 안전장치는 그들의 기술이고, 나는 그들이 기술을 유지하고 개선하도록 교육을 지원한다."

빌 클린턴Bill Clinton 대통령 역시 유사한 주제를 반복하여 주장해왔다.

"우리는 국민들을 교육시키지 않으면 안 된다. 그래야만 그들이 높은 급료를 받는 일자리에 취직할 수 있을 것이다."

그러나 미국에서 교육받는 사람들 가운데 엄청나게 많은 사람들이 잠재적 실업자라는 사실, 그리고 전혀 고용되고 있지 않다는 사실을 보면, 교육은 유일한 해결책이 아니며 또한 유일한 해결책이 될 수도 없다는 것을 알 수 있다. 이런 모순은 전 세계적으로 되풀이되고 있다.

어쨌든 이익추구 기업의 부富로부터 다른 모든 직업이 창출되는 조직은 직업 안전성 부족이라는 (지금은 우세한) 패러다임을 수락해서는 안 된다. 21세기에는 직업 안전성 보장이 불가능하다고 가정하는 것은 사람을 속이려고 장막을 쳐놓는 것이나 진배없다. 최소한 의미심장한 실험이 이미 이루어지고 있다. 나는 그 실험을 하나의 모델로 제시하고자 한다. 나는 그 모델을 15년간 연구해왔고 그 실험이 이끌어낸 성공은 적어도 부분적으로나마 자본주의의 가장 중요한 주제 가운데 하나를 뒤집는 결과를 보여주었다. 기업의 오래된 규칙은 다음과 같다.

만약 당신이 직원의 일자리를 보호하기 위해 당신의 자본을 포기해야 하거나 당신의 자본을 보호하기 위해 직원의 일자리를 포기해야 하는 갈림길에 놓인다면, 당신은 언제나 당신의 자본을 선택한다.

그 반대는 다음과 같다.

만약 당신이 직원의 일자리를 보호하기 위해 당신의 자본을 포기해야 하거나 당신의 자본을 보호하기 위해 직원의 일자리를 포기해야 하는 갈림길에 놓인다면, 당신은 언제나 직원의 일자리를 선택한다.

과거의 규칙을 바꾸어놓은 조직은 스페인 북부 바스크Basque 지역에 있는 몬드라곤협동조합이다. 몬드라곤은 조직 구조와 조직 사고에 대한 패러다임의 변화를 대변한다. 몬드라곤의 역사와 문화와 성공사례에 대한 이해는 지금 상승세를 타고 있는 미래 기업에 관한 유일한 비전을 대체할 수 있는 중요한 대안을 제공한다고 나는 믿는다.

몬드라곤의 역사

몬드라곤협동조합The Mondragon Cooperative은 1954년 예수회 신부 돈 호세 마리아 아리즈멘디아레타Don Jose Maria Arizmendiarreta

: 지금부터는 돈 호세라고 명명한다와 다섯 명의 젊은이가 세운 것이다. 돈 호세는 매력적인 인물로서, 그의 성장배경은 자신의 신념을 위해 행동할 수 있는 용기와 의지를 보여준다. 신부로 서품받고 난 후, 그는 몬드라곤 지역의 사목 활동을 맡아 파견되었다. 1941년 임지에 도착한 돈 호세 신부는 그 지역의 높은 실업률, 낮은 교육 수준, 미래에 대한 절망감 등을 보고 충격을 받았다. 그 지역에는 자산이 거의 없었으나 매우 중요한 것이 있었다. 예를 들면 일을 열심히 하는 방법을 아는 근면한 사람들, 수백 년간 스페인으로부터 받은 차별대우를 극복하고자 하는 연대감, 그리고 강한 사회적 구조를 갖추고 있었다.

돈 호세는 1940년대 말 공업훈련학교를 출범시켜 그의 새로운 사고방식을 확립하기 시작했다. 그는 또한 언젠가는 사업을 하고자 하는 젊은 청년들에게 윤리교육을 실시했다. 학교가 커지면서 그 지역의 실업률도 따라 늘어갔는데, 1950년대 초 실업률은 20%에 이르렀다. 돈 호세는 교황의 칙령을 읽었다. 그 칙령에 따르면 노동은 영적 성숙의 한 부분으로 취급되어야 한다는 것이었다. 그는 직업이 없기 때문에 영적 성숙을 위한 활동에 참여할 수 없는 신자들의 수가 너무 많은 사실에 심각한 혼란을 겪고 있었다.

1955년 그는 몬드라곤의 미래를 바꾸기 위해 행동을 취하기 시작했다. 그는 자신의 윤리 강의를 듣고 있는 다섯 명의 청년들을 초청하고는 사업을 일으켜 그것을 몬드라곤에 유치하기 위해 자금을 마련하는 일에 동참해달라고 호소했다. 젊은이들은 사업계획이 없었고, 그들은 무엇을 살지 또는 무엇을 생산할지 아무것도 몰랐다. 그러나 그들의 개인적 신용을 바탕으로 돈을 빌리고, 그들의 개인적 투자를 합해 무려 36만 1,604달러를 모금했다. 이 많은 돈을, 그것도 실업률이 매우 높은 지역에서 모금했던 것이다. 1990년 기준으로 계산한다면, 그 돈은 약 200만 달러는 될 것이다.

그 돈을 쥔 이 젊은이들은 알라딘Aladdin 석유히터를 만드는 조그만 제조회사를 사들였다. 1년 후 그들은 회사를 몬드라곤으로 이전했는데, 이것이 협동조합의 시초가 되었다. 그들은 회사 이름을 자신들의 성을 따서 ULGOR라고 지었다. 그들이 돈 호세 신부에게 그 다음에는 무엇을 해야 하는지 묻자 신부는 "우리가 여행할 길을 만들어야지"라고 대답했다.

1956년에는 종업원이 24명으로 늘었고, 1958년에는 149명이 되었다. 1990년 몬드라곤 협동조합단지Mondragon Cooperative Complex—물론 ULGOR는 많은 연계 조합 가운데 최초의 것이다—의 종업원 수는 2만 1,241명이나 되었다. 몬드라곤 단지는 100여 개의 기업들로 구성된 복합단지로서 자산규모만 26억 달러가 넘는다. 20세기 후반 몬드라곤은 독특한 '근로자 민주주의'를 개발해 성장시켰다. 직원들이 회사를 소유함으로써 자본과 노동의 관계가 반전되었고, 창업가정신은 이 세상 어디와도 비길 수 없을 정도로 성공률이 높았다.

| **몬드라곤의 원칙**

믿을 수 없을 정도로 높은 몬드라곤의 일자리 창출 능력과 공동체 유지 능력은 다섯 가지의 지도원칙을 형성하도록 해주었다. 비록 몬드라곤이 번성하도록 바스크주에서 특별한 지원을 했지만, 이 50여 년간의 실험으로부터 전 세계의 모든 조직은 교훈을 배울 수 있으리라.

권력 구조

몬드라곤의 첫 번째 원칙은 민주주의 원칙이다. 그것은 협동조합이다. 그러므로 모든 근로자는 하나의 투표권을 갖는다. 근로자들은 이사회를 선출하고, 이사회는 경영자들을 채용한다. 이것이 근로자들에게 긍정적인 효과를 제공했는데, 그들이 뽑은 사람들이 곧 그들의 감독자를 고르는 사람이기 때문이다. 만약 그들이 생각하기에 경영자가 하는 일이 마땅치 않다면, 그들은 언제나 그 사실을 이사회에 제출할 수 있다. 민주주의적 조직 구조의 한 부분은 근로자 총회인데, 여기에서는 모든 근로자가 투표할 수 있다. 거기에는 또한 상급 경영자를 감시하는 '감시위원회watchdog council'와 20~50명의 팀 대표자들로 구성된 '사회위원회social council'가 있다. 간단히 말해, 모두가 목소리를 낼 수 있고 그 목소리를 대변하는 대표를 갖고 있는 셈이다. 비록 노동조합이 협동조합 내에 존재하지만, 경영자와 근로자 사이의 수준 높은 의사소통, 그리고 이미 자리를 잡은 권력균형에 힘입어 그들은 대부분의 여느 조합들과 매우 다른 역할을 수행한다.

다시 말해 민주주의 원칙은 근로자들로 하여금 그들이 원하면 몬드라곤 협동조합단지의 모든 조합을 근본적으로 재조직할 수 있도록 해준다. 그들은 최종 의사결정자다.

재무 구조

근로자 민주주의는 일반적이지는 않지만, 그렇다고 해서 독특한 것도 아니다. 그러나 몬드라곤 협업단지의 재무 구조는 이 세상 어디에도 없는 것이다. 그 핵심을 들여다보자.

첫째, 모든 근로자들은 그들이 분담해야 할 몫만큼 그들의 돈을 협동조합에 출연해야 한다. 돈은 이자를 늘리지만 퇴직할 때에만 찾아갈 수 있다. 조합은 만약 기업이 실패하면 모든 사람이 자신의 몫에 비례해 손실을 입을 수 있다는 사실을 알려준다. 물론 회사가 성공하면 퇴직할 때 추가 보상을 제공한다. 둘째, 조합조직 내에 은행을 만들어 협동조합을 위해 봉사할 뿐만 아니라 은행 자체도 하나의 조합이다. 은행은 매우 분명한 사명을 갖고 있다. 즉 새로운 일자리 창출을 위해 자금을 대출해 몬드라곤에서 일하고자 하는 모든 사람에게 일하도록 해주는 것이다. 이 사명은 최고의 투자수익을 올리는 것보다 더욱 중요하다. 따라서 이는 지금까지의 은행이 갖고 있는 패러다임을 거부하는 것이다. 간단히 말해, 몬드라곤의 은행조합은 공동체 사회의 직업 기반을 보호하기 위해 그 자본을 위험 상황으로 내모는 것이다.

모든 근로자와 몬드라곤의 협동조합들은 이 은행을 이용해야만 한다. 이 은행은 근로자의 저축과 연금기금을 수탁하고, 그 자금을 몬드라곤의 모든 기업들에게 대출한다. 이처럼 독점적 자금 운영을 하는 대신에 조합은행은 이 세상 어느 은행도 하지 않는 서비스를 조합원들에게 제공한다.

- 신규 사업에 대한 전략적 정보 및 지침을 제공한다.
- 그 지역과 유럽 전역에서 필요로 하는 제품과 서비스에 대한 최신 마케팅 정보를 제공한다.
- 나이 많은 간부들이 새로운 협동조합의 운영을 지도한다.
- 지역 내에 새로운 일자리를 창출하기 위해 창업자금을 제공한다.

몬드라곤 은행은 자신의 역할을 자신이 이용하고 있는 자금의 파수꾼으로 생각하는 것이 아니라 몬드라곤 조합단지 내에 새로운 사업을 창출하는 촉매자로 간주한다. 몬드라곤 은행은 더 많은 일자리를 만들고자 하는 사람이라면 누구라도 환영한다. 창업을 촉진하는 몬드라곤의 태도와 훌륭한 기술 때문에 이 지역의 창업 성공률은 무려 80%에 이른다. 이 비율은 다른 지역의 실패 비율과 같다.

1980년대까지 몬드라곤 은행은 100개 이상의 신규 조합에 대출을 해주었지만 실패한 조합은 겨우 세 곳뿐이었다. 몬드라곤을 연구한 어느 영국의 경제학자는 성공률이 너무 높아 '기적'이라고 평가했다. 또 다른 연구자 로버트 오크쇼트Robert Oakeshott는 이 은행을 의미 있는 일자리의 창출 또는 예금의 활용도라는 기준으로 평가할 경우 '특출하다'고 썼다. 이 은행은 너무나 성공적이었기 때문에 1980년대 자신의 자금을 몬드라곤 지역 이외에도 대출할 수 있도록 해달라고 스페인 정부에다 청원했다. 왜냐하면 은행은 지역의 모든 조합들이 효과적으로 활용할 수 있는 것보다 더 많은 자금을 갖고 있었기 때문이다. 은행은 여러 모로 순수 지주회사의 본부 노릇을 했다. 단 하나의 차이라고는 고객들이 소유하고 있는 지주회사라는 점이다.

교육 활동

세 번째 원칙은 교육과 연결되어 있다. 1940년대 몬드라곤 지역에서 젊은이들을 가르치기 위해 돈 호세 신부가 기술학교를 설립했다는 것을 기억하라. 학교는 조합들이 성장하면서 같이 성장했다. 이들 조합이 성장하면서 필요로 하는 것은 언제나 학교의 교과목으로 채택되었다. 또한 많은 학생들이 협동조합에서 일을 하기 때문에 그들은 자신의 창업 계획과 실제 업무 사이에 직접적인 연관성이 있음을 알게 된다. 학교는 학생 수뿐만 아니라 교과과목 수도 늘렸다. 나중에는 경영학부와 마케팅학부를 추가했는데, 이들 학부는 지금 유럽 전역에서 최고라고 평가받고 있다. 1990년 기준으로 6,500여 명의 학생들이 학위 과정을 등록했고 3,500여 명의 학생들이 여러 가지 훈련 과정을 이수하고 있다. 구체적인 사업, 그리고 직무와 직접적으로 연결된 프로그램은 미국에서도 일리노이주 샤움버그에 있는 모토롤라대학교Motorola University가 실시 중인 몇몇 프로그램을 제외하고는 비교가 되지 않는다. 그러나 여기에서 우리는 완전한 공동체를 발견할 수 있다. 그 지역 내에 일자리를 유지하는 능력을 강화하기 위한 교육 시스템을 갖고 있는 공동체 말이다.

그러면 마케팅 과목은 은행이 예비조합 창업자들을 위해 개설한 것인가? 그렇다. 이들 과목의 대부분은 경영대학의 정규 과정으로 개설되었다. 학생들에게 자신들이 하는 공부가 곧 사회에서 새로운 기업을 창업할 수 있는 밑거름이 된다는 사실을 알려주는 것 이상으로 더 큰 유인책이 있겠는가?

보상 계획과 지분 참여

네 번째 원칙은 공정한 보상이라는 개념에 초점을 맞추고 있다. 이 문제는 사회에서 누가 중요하고 누가 그렇지 않은지를 나타내는 것으로, 지금 미국에서는 최고경영자들이 점점 더 많은 보상을 받는 것에 대해 의문을 제기하고 있다. 몬드라곤의 조합단지는 세 가지를 추구하고 있다. 즉 몬드라곤 문화로서 공정성, 기독교적 성향의 기업윤리, 바스크족의 검약정신이 곧 그것이다. 그 결과 조합은 매우 독특한 급료 시스템을 갖고 있으며 효과를 보고 있다.

구체적인 급료 비율은 1955년에 책정되었는데, 이는 1980년대까지 유지되었다. 최고 직위에 있는 사람의 월급은 조합의 최하위 직급에 있는 사람이 받는 월급의 여섯 배를 넘지 못하게 했다. 만약 사장이 자신의 월급을 올리려면, 나머지도 모두 올려주어야만 했다. 1996년 미국의 경우 주요 기업들의 급료 차이 비율은 115 대 1이나 되었다. 최근 몬드라곤의 비율은 15 대 1로 높아졌는데,

그 이유는 스페인의 타 지역에서 몬드라곤 경영자들의 능력을 알고는 더 높은 급료를 제공하는 조건으로 그들을 빼가기 때문이다.

각 조합의 여러 부문에 근무하는 사람들에 대한 승급은 생산성, 출근 기록 등 여러 가지 기준에 따라 결정되는데 '인간관계 기술' 즉 다른 사람과의 인화 등 독특한 평가 방법도 채용된다. 특히 인간관계 기술은 급료 인상 평가에서 20%를 차지한다. 급료는 엔티시포스anticipos라고 불리는데, 이는 스페인 말로 이익을 앞서 지급한다는 뜻이다. 퇴직하려는 사람은 그들의 연금기금에 축적된 누적 이익에서 30%까지 벌과금으로 공제처분을 받는다. 만약 어떤 심각한 잘못으로 해고당하게 되면, 엄청난 벌과금이 부과될 수도 있다. 직업을 잃을 경우 근로자들은 매월 급료의 80%를 받고, 그 밖에 12개월 동안 사회 및 건강보험으로 100%를 지급받는다. 몬드라곤 조합단지는 실업에 대해 자가보험을 들고 있으므로, 실업은 거의 일어나지 않는다. 사실 근로자가 직업을 잃기 전에 여러 가지 조치가 미리 취해진다.

예를 들면 어느 근로자가 정리해고되기 전에 해당 조합에서 그동안 축적된 이익이 있다면 그것을 급료로 지급한다. 만약 그 금액이 충분하지 않다면, 그 조합의 모든 급료 수준을 평균 85%수준으로 삭감할 수 있다. 만약 그러고도 일자리를 유지하기 어렵다면, 그 근로자는 몬드라곤 내의 다른 조합으로 전출된다. 옮겨간 조합의 급료가 그 전보다 낮은 경우 실업기금이 그 차이를 보충한다. 마지막으로, 이렇게 하고도 해결되지 않으면 그 근로자는 실직을 하게 되는데, 가능한 한 빨리 새로운 기술을 배우기 위한 교육을 받기 시작한다.

이 제도는 어느 정도 효과가 있는가? 1980년대 초 세계적인 불황에 바스크 지역에서는 15만 명이 직업을 잃었다. 그때 몬드라곤 조합단지는 오히려 4,300개의 일자리를 추가로 늘렸다. 최종 결과는 104명, 즉 60분의 1%만이 일자리를 잃었을 뿐이다.

은퇴

다섯 번째이자 마지막 원칙은 공정한 은퇴 계획에 관한 것이다. 몬드라곤 조합단지는 자체의 퇴직연금을 스스로 마련하고 완전히 지급한다. 근로자들은 수익의 32%를 적립하고, 최종 급료의 60%를 연금으로 받는다. 조합은 또한 1980년대 말까지 모든 종업원에게 건강보험을 지급했다. 그 이후는 바스크 정부가 그 재원을 조달했다. 은퇴 계획에 대한 훌륭한 조치 중 하나는 퇴직자가 원한다면 채소를 가꿀 수 있는 정원을 한 구역 배당받는 것이다.

결론

몬드라곤의 성공사례는 많은 논쟁을 불러일으킨다. 그러나 21세기 패러다임에 대한 대안을 찾는 조직을 위해 다음과 같은 관찰을 제시하는 것으로 결론을 맺고자 한다.

· 근로자 민주주의와 근로자 소유권은 주주 소유권 패러다임의 진정한 대안이자 그것을 능가할 수 있는 대안이다.

· 교육과 공동체의 비전, 그리고 자본 형성이 목적이 아니라 직업 창출이 목적인 은행은 공동체의 일자리를 장기적으로 창출할 수 있다.

· 그것은 창업가적 부를 창출할 수 있는 또 다른 방법이기도 하다.

· 만약 적절한 지원을 받을 수 있다면, 근로자들은 스스로 자신들의 업무를 재디자인할 수 있다.

· 은행은 공동체가 적절한 사유를 갖추기만 하면, 매우 긍정적이고 적극적인 지원 역할을 한다.

· 사내 자기자본 조달은 강력한 수단이 될 수 있다.

· 공유된 비전의 가치는 아무리 높게 평가해도 지나치지 않다.

몬드라곤 모델은 완전하지 않다. 이곳은 지나친 성장보다는 장기적인 적정 성장을 추구한다. 산업화 세계에서는 대부분 고도 성장을 성공으로 간주한다. 또한 몬드라곤 모델은 공동체에 대한 몰입을 요구하고 단기적 이익 성장을 추구하는 대신 공동체에서 일할 수 있도록 한다. 그리고 새로운 종류의 은행을 운영할 것을 요구한다. 그리고 몬드라곤은 다음과 같이 매우 중요한 시사점을 제시하고 있다.

· 경쟁이 이루어지는 시장에서도 협동하여 이룰 수 있는 것이 많이 있다는 것을 보여주는 40년간의 고상한 실험이다.

· 종교적 가치, 공정성 윤리, 민주주의가 자본 형성과 이익 창

출에 크게 기여하는 작업 공동체다.
· 여러 측면에서 작업장의 공포가 진정으로 사라진 장소다.
· 인간만이 자본으로부터 가치를 창출할 수 있다는 것을 분명하게 보여주는 사례다. 그 반대는 있을 수 없다.

몬드라곤은 미래로 가는 길이 하나밖에 없는 것은 아니라는 교훈을 우리 모두에게 상기시켜준다. 우리는 높은 이념을 갖고 있는 어떤 것을 찾아내는 데 소홀해서는 안 된다.

12

Doug Miller

미래 조직 :
영광의 카멜레온

미래의 조직을 묘사하기 위해 우리는 카멜레온chameleon을 생각해 볼 필요가 있다. 카멜레온은 자연과학자나 어린아이들 외에는 아름답다고 여기지 않는 동물이다. 머리에 돋아 있는 벼슬, 뿔, 등뼈, 부풀어오르는 몸집, 각각 움직이는 눈 등은 마치 자연의 잔인한 속임수 같아 보인다. 그러나 그 속임수는 카멜레온의 먹잇감이나 카

도그 밀러 Doug Miller | 노렐사(Norrell Corporation)의 사장이자 최고경영자다. 그는 1979년부터 노렐에 근무했는데, 1984년 프랜차이즈 부문의 사장이 되었고, 1990년 사장으로 지명되었으나 1993년부터 업무를 맡았다. 그는 노렐에 오기 전 맥도널 더글러스사(McDonnell Douglas Corporation)와 IBM에서도 근무했다. 그는 지금 조지아 비즈니스 포럼(Georgia Business Forum)의 자문위원회, 시스틱 피브로시스 재단(Cystic Fibrosis Foundation)과 아메리칸 비즈니스 프로덕트(American Business Products)사의 이사로 있다. 그리고 에모리 경영대학(Emory University Business School) 학장의 자문위원이다.

멜레온을 해치려는 동물에게나 해당되는 것이지, 카멜레온으로서는 생존을 보장해주는 모든 장치를 갖고 있는 셈이다. 카멜레온은 평평한 몸집을 갖고 있으며, 빛·온도·감정 등의 자극에 따라 피부 색깔을 바꾼다. 다른 말로 표현하면, 카멜레온은 끊임없이 환경에 맞춰 자신을 변신시킨다.

마찬가지로 미래의 조직은 궁극적으로 적응적 유기체가 되어야 할 것이다. 조직 변화에 따라 환경과 각종 요구가 변하게 되고, 그 결과 형태와 외모가 변할 것이다. 노렐에서 우리는 일상적으로 발생하는 새로운 현실에 적응하는 조직의 결과를 보고 있다. 우리는 우리가 사업을 하는 환경의 변화를 예견하고자 노력한다. 우리의 고객들은 우리가 제공한 성과에 대해 훨씬 더 많은 책임을 지라고 요청한다. 한때 그들은 우리에게 여러 가지 해결책을 요청했으나, 지금 그들은 우리가 통합자가 되어주기를 바란다. 사실 우리는 우리의 고객, 직원, 주주들에게 기존 규칙을 끊임없이 재검토하고 바꿀 것이라고 약속했다. 미래에 대한 우리의 견해는 수천 개의 회사에 대한 우리의 경험에 기초한다.

카멜레온 조직은 본질적으로 다섯 개의 중요한 특성을 갖고 있다. 큰 융통성, 개인에 대한 관심, 팀의 충실한 활용, 강한 핵심역량, 그리고 다양성의 추구 등이다. 비록 완전한 모습의 카멜레온 조직은 아직 나타나지 않았지만, 몇몇 조직은 지금 이런 특성을 어느 정도 또는 대부분 갖추고 있다.

| 큰 융통성

미래의 조직은 큰 융통성의 전제 위에 스스로 형성된다. 그것은 환경 변화가 요구하는 바에 따라 움직이고, 적응하고, 그리고 변한다. 그것은 또한 고객의 변화를 의미하기도 한다. 카멜레온 조직은 변화에 대해 두려움을 느끼지 않으며 오히려 적극 추구한다.

찰스 핸디Charles Handy의 저서 《비이성의 시대Age of Unreason》에 묘사된 사고방식은 내가 존경해 마지않는 것이다. 그는 토끼풀 조직을 묘사하고 있다. 첫 번째 잎은 기본적인 핵심 역량이고, 두 번째 잎은 외주 업무이고, 세 번째 잎은 유연한 노동력이다. 현실 세계의 경험은 이 이론과 다소 거리가 있다는 점에 주의해야 하는데, 심지어 핵심 역량이라 하더라도 시간이 지남에 따라 변하고, 기업의 환경 변화가 가속화되면서 더더욱 빨리 변한다. 부분적으로 이는 과거에 아무리 효과를 낸 프로세스·조직·구조 등이라 하더라도 지금 또는 미래에는 작동하지 않는다는 뜻이다. 사실 그것은 성공에 오히려 장애가 될 수도 있다. 성공한 기업마저도 그들의 오래된 패러다임으로 인해 발목을 잡힐 수 있다.

지난 몇 년간 IBM의 변화는 좋은 사례가 된다. IBM은 기업 환경 변화에 적응하는 데 실패했다. 왜냐하면 과거 IBM의 성공은 전대미문의 기업 문화를 형성하는 데 기여했기 때문이다. 고객들로부터 경보음이 울려왔다. 그리고 그 다음에 월 스트리트로부터 울린 경보음은 날카롭고 신속하고 고통스러웠다. 이에 따라 IBM은 조직을 재구축하고, 직원을 해고했을 뿐만 아니라 그 핵심도 바꾸었다. 수십만 명을 해고한 뒤 IBM은 지금 수만 개의 일자리에서 일할 사람들을 모집하고 있다. 이들 일자리는 매우 새로운 기술과 정신자세를 갖춘 직원을 필요로 한다. 모든 것은 핵심의 변화를 가속화하고 확대하도록 하고 있다.

핵심 역량은 외부 기업 환경을 반영하지 않으면 안 된다. 즉 아웃소싱에 대한 추세는 강화될 것이고, 특히 회사들이 핵심 역량을 중심으로 재조직하게 되면서 더욱 그렇게 될 것이라는 의미다. 훌륭한 유연성은 조직 문화의 한 부분이 되어야만 한다. 조직은 이에 잘 적응해야만 한다. 노렐 조직 내부에서의 자율성과 주인의식은 지금 우리가 '구' 조직에서 보는 것과 같은 규칙이 되었다. 우리는 매트릭스 조직과 팀 조직으로 이동해갔으며, 그 결과 우리의 변화는 기업 환경이 요구하는 정도의 유연성을 유지하고 있다.

우리의 고객들은 다양한 서비스를 제공해달라고 요구하고 있다. 때로는 우리 조직 안에서, 때로는 고객의 입장에 맞게, 때로는 전혀 다른 것을 요구한다. 우리는 고객의 어떤 요구에도 즉시 대응하기 위해 이동할 준비를 해야만 한다. 이는 분명히 구성원들이 유연성을 조직의 가치로서 적극적으로 유지하려고 할 때에만 가능하다. 개개인들이 역사적으로 그들의 조직과 맺었던 사회계약에 어떤 획기적인 변화가 일어났음을 우리는 이미 알고 있다.

| **개인에 대한 헌신**

대략 정의하면 전통적 사회계약으로는 충성스럽게 열심히 한 우물만 파면 계속적인 승급 · 책임, 그리고 직업 안전성으로 보상

을 받는다는 개념이 그 중심에 있었다. 비록 보편적으로 적용되는 것은 아니었지만, 미국에서의 사회계약은 일상생활이라는 천을 짜는 데 매우 중요한 실과 같은 역할을 했다. 그런데 지금 그 계약은 회복 불가능한 상태로 파기되었다. 지난 몇 년간 기업들은 수십만 개의 일자리를 없애버렸다. 어떤 기업들은 필요에, 또 어떤 기업들은 유행하는 경영 방식에 따랐기 때문이다. 규모 축소와 조직 재구축에 따른 해고는 엄청났다. 그러나 잿더미에서 살아난 불사조처럼 새로운 계약이 등장했다.

　이상하게 들리겠지만, 새로운 계약은 개인에게 유리하게 전개되고 있다. 다른 어떤 좋은 계약과 마찬가지로 조직과 개인을 모두 계약조항에 포함시키고 있다. 조직에 현재 진행되고 있는 사회적 변화가 스며들면서 양쪽 모두 서로를 필요로 하는 조건을 형성했다. 조직은 작업 그 자체가 아니라 성과에 내기를 걸었다. 그리고 다른 한편으로 개인은 어느 특정한 조직 내에서 하든 전직을 해서 하든 의미 있는 작업과 성장이 중요하다고 말했다. 카멜레온 조직은 이와 같은 이해의 강력한 일치점을 찾을 수 있을 것이다.

　선행 연구에 따르면, 젊은이들은 전통적인 계층 조직에서 보장하는 '요람에서 무덤까지 cradle-to-grave' 식의 직업 안전성을 기대하지도 원하지도 않았다. 젊은이들이 바라는 것은 그들이 성장할 수 있고, 기술을 획득할 수 있고, 그들의 가치를 높일 수 있는 환경이다. 다른 측면에서 보면, 그들은 그들의 조직에서 문제해결 과업을 수행하고 싶은 것이다. 그렇다면 조직은 구성원들이 문제해결 과업을 할 수 있도록 해주어야 한다. 이것은 카멜레온 조직이 구성원들을 훈련시키고 개발하는 데 많은 투자를 할 것임을 의미하는데, 특히 핵심 역량과 관련해서는 더더욱 그렇다. 우리는 이미 그것을 앞으로 나아갈 방향을 제시하는 지표로 인식하고 있다. 미국 경영협회American Management Association에 따르면, 대부분의 경우 인원 삭감은 이익 증가나 생산성 향상으로 귀결되지 않았다고 한다. 또한 정리해고 후 남은 직원을 훈련시키는 데 투자를 늘린 회사들은 직원과 훈련예산을 모두 줄인 회사들보다 이익과 생산성이 두 배나 높았다고 한다.

단순히 훈련 프로그램을 제공하는 것만으로는 충분하지 않다. 훈련과 개발은 적극적으로 관리되어야 한다. 이 경우 훈련을 통해 개인들에게 전달되는 기술 가운데 많은 것은 휴대 가능한 기술임을 알아야 한다. 조직은 구성원들이 스스로 문제를 해결할 수 있도록 훈련시킨다. 우리가 이미 본 것처럼 과업이 변하면 조직도 따라서 변한다. 훈련받은 사람들 가운데는 조직에 머무르는 사람뿐 아니라 조직을 떠나는 사람도 있다. 조직은 잘 훈련된 사람을 보유함으로써 이익을 내는 것이다. 개인들은 자신의 도구상자에 새로운 도구(기술)를 추가함으로써 덕을 본다. 잘 훈련받은 직원들을 보유한 덕분에 고객은 당연히 이익을 얻는다.

| **팀의 적극적 활용**

카멜레온 조직이 그 구성원들에게 전수해야 할 기술 가운데는 팀을 운영하는 데 필요한 것도 있다. 이런 기술은 팀이 조직의

과업을 수행하는 데 점점 더 중요한 역할을 하기 때문에 필수적이다. 확실히 팀 개념은 대부분의 조직에서 잘 활용되지 않았기 때문에 시큰둥한 반응을 받고 있다. 우리 모두는 스스로 존속해나가는 팀을 알고 있고 최소한의 공통분모를 갖고 있는 팀을 알고 있으나, 결과를 산출할 수 없고 산출할 의향마저 없는 팀도 있다는 것을 알고 있다. 그럼에도 불구하고 팀은 카멜레온 조직에서는 번창할 것이다. 자발적·자율관리적 팀은 유연한 조직 내부에서 근육을 제공한다. 기업 환경이 변하면 조직은 그것에 적응하고, 조직의 구조는 모든 변화에 적응하기 위해 내부적으로 유연해진다. 팀들은 문제를 중심으로 형성된다. 문제가 해결되거나 재정의되고 나면, 어떤 팀들은 해체되고 새로운 팀들이 또 형성된다. 팀의 개개인들은 어떤 단일팀의 구성원으로, 다음에는 또 다른 팀의 구성원으로, 그리고 어떤 때는 동시에 여러 개의 팀에 소속되어 있을 것이다.

 팀 접근방식과 관련된 기술은 팀의 성공적 활동의 기본이다. 즉 조직은 구성원들이 필요한 모든 기술을 갖추도록 할 필요가 있다는 의미다. 상황에 따라 사람들은 자신이 속해 있는 팀의 리더로서, 다른 팀에서는 동료로서, 또 다른 곳에서는 부하로서 역할을 해야 하는데, 이 역할은 과업의 성격에 따라 규정된다. 뛰어난 개인의 노력은 여전히 필요하고 바람직하지만, 이는 조직의 성과에 기여할 수 있어야만 한다. 이처럼 다양한 역할상의 기능은 전통적인 조직에서 필요한 것과 전혀 다른 일련의 새로운 기술을 필요로 한다. 이런 식의 훈련은 학교에서는 잘 이루어지지 않으므로 조직이 그것을 떠맡아야 한다.

나는 자발적·자율관리적 팀의 가치를 잘 보여주는 노스이스트North-east사의 어느 조직을 방문할 기회가 있었다. 그 조직의 구성원들은 사무실도, 칸막이도, 계층 구조도 없는 유연한 조직에서 작업을 했다. 그곳에는 각종 책상과 회의탁자가 무질서하게 자리 잡고 있었고, 그 위에는 수많은 랩톱 컴퓨터가 있었다. 라운지가 있었지만, 거기에서 어슬렁거리는 사람은 없었다. 약 25명의 직원들이 '조직된 혼란'이라는 말이 어울릴 정도의 방식으로 일하고 있었다. 그들은 어느 주요 기업의 신제품 도입 과제를 책임지고 있었다. 그 팀은 상품설명서 개발, 50대 주요 시장의 파악, 50대 고객의 확인, 각 시장에 대한 예측, 지역시장 진출에 대한 훈련, 판촉행사, 그리고 15주 동안의 판매 활동에 필요한 연동계획을 짜고 있었다. 그것만으로도 충분하지 않은 듯 세 개의 신제품 출하 계획이 동시에 진행되고 있었다. 그들은 유연했고, 초점을 맞추고 있었고, 열심히 일했으며, 팀에 전적으로 헌신하고 있었다.

강력한 핵심 역량

카멜레온 조직의 장점은 조직이 가진 핵심 역량—조직이 과업을 최고로 잘 수행하기 위해 필요로 하는 지식—이다. 핵심 역량은 핵심 사업과는 다르다. 핵심 사업은 과업을 중심으로 형성되는 반면 핵심 역량은 지식과 직무 능력에 기초한다. 그 차이는 매우 크다. 제임스 콜린스James Collins와 제리 포라스Jerry Porras는 그들의 저서 《성공하는 기업들의 8가지 습관Built to last》에서 살아남은 기업은 '그리고 and'를 완벽히 터득해야 한다고 주장했다. 그들은 그들에게 맞는 강력한 조직 형태를 갖추고, 핵심 역량을 정의하고, 이를 중심으로 조직 구조를 만들어 새로운 기회를 탐색한다. 사실 여느 조직과 마찬가지로 카멜레온 조직은 여러 가지 역량을 하나의 쇼핑 바구니에 담아서 그것을 조직하고는 시장에서 고객이 필요로 하는 결과를 제공한다. 비핵심 기능은 외주, 즉 하청을 주어야만 할 것이다. 조직은 비핵심 기능에 투자할 시간도 자원도 없다는 사실을 잘 알고 있다. 이는 계층 구조를 유지하면서는 할 수 없다. 너무나 험난하다.

　　노렐에서 우리는 우리의 핵심 역량 가운데 하나가 관계기술이라는 것을 확인했다. 즉 우리의 고객 취향에 적응해 스스로 혁신하고, 그들의 요구에 맞는 해결책—그것이 조직적이든 기술적이든 구조적이든—을 제공하는 능력 말이다. 우리는 여러 가지 해결책을 인적 자원관리, 즉 과업의 관리와 근로자의 관리와 관련시켜 고려한다. 또한 관계기술이 미래 조직에 절대적으로 필요하다는 것을 확신한다. 기업들은 이런 종류의 관계기술 훈련을 주요 업무과제에 포함시켜야만 하고, 그렇지 않은 경우 다른 곳에 외주를 주어야 한다. 이것은 참으로 중요하다. 점차 노렐은 총체적 결과에 대해 책임을 지고, 고객들이 스스로의 문제를 규정하는 것을 도와주고, 이 문제에 대해 종합적 해결책을 참모 조직 또는 유연성 있는 조직을 통해 제공한다. 우리의 고객이 문제해결책의 일부분만 요구하다가 지금은 전반적인 해결책을 요구하는 것을 보면, 우리의 핵심 역량이 효과를 발휘하고 있는 것으로 판단된다.

| **다양성의 선호**

카멜레온 조직은 조직이 추구하는 대로 개인의 가치를 중시한다. 따라서 조직의 구성원과 공급자의 구성원 사이에는 다양한 성향의 사람들로 가득 차 있다. 다양성은 인종·성별·종교 또는 윤리적 차이에 바탕을 두고 있음을 강조하는 것이 아니라 고객의 문제해결에 기여할 수 있는 다양한 핵심 역량과 능력이다. 미래의 조직은 다양성을 추구하는데, 그 속에는 근무일수의 길이를 조정하는 것도 포함된다. 작업량의 요구에 따라 근무하는 기간을 몇 주로 할지 정하고, 그에 따라 시간수를 나눈다.

마지막으로 주의할 점은 변화에 대한 가장 큰 장애물과 조직의 성공에 대한 가장 큰 훼방꾼이 조직 내부에 있다는 사실이다. 상급 경영층이 해야 할 일은 어떻게 장애물과 훼방꾼을 제거하는가이다. 모든 사람에게 변화를 추구하도록 기회를 주라. 변화가 실제로 나타나도록 적당한 시간을 허용하고 훈련을 제공하라. 그러면서도 약간의 고통이 따를 것을 예상하라. 예를 들면 자신의 행동을 바꾸지 않으려는 독불장군을 조직에서 제거하라.

다른 말로 하면 조직을 변화시키기 위해서는 행동 변화부터 시작하되 특히 상급 경영층이 본보기를 보여야 한다는 뜻이다. 또한 행동 이면에 잠재해 있는 태도의 변화는 더욱더 오래 걸린다는 것을 이해하라. 미래는 카멜레온 조직에 달려 있다. 환경 변화에 재빨리 적응해 변신할 수 있도록 준비된 생물체 같은 조직 말이다. 사실 카멜레온 조직이 큰 노력을 기울이지 않고도 거의 그렇게 변할 수 있다는 사실은 한층 더 놀라운 일이다.

13

Glenn R. Jones

학습 사명을 가진
리더십 조직의 창조

리더십 조직leadership organization은 태어나는 것이 아니라 만들어진다. 진부하게 들릴지도 모르겠는데, '태어나는 것이 아니라 만들어진다'라는 표현은 요즈음 지도자들을 묘사할 때마다 늘 사용된다. 어느 정도 리더십 자질을 지닌 고성과 달성자가 있는 경우, 그것과 리더십 조직을 혼동하기도 쉽다. 특히 이렇듯 능력 있는 개인

글렌 R. 존스 Glenn R. Jones | 존스 에듀케이션 네트워크사(Jones Education Networks, Inc.)의 회장이자 존스 인터케이블(Jones Intercable) 및 존스 인터내셔널사(Jones International Ltd.)의 회장 겸 최고경영자다. 그의 회사는 미국의 10대 케이블 방송 가운데 하나이고, 이것을 발판으로 서너 개의 혁신적인 기업을 창업했다. 그 가운데 하나가 교육 네트워크인 마인드 익스텐션 유니버시티(Mind Extension University : 마인드 익스텐션 유니버시티와 에듀케이션 네트워크는 존스 인터내셔널의 등록상표다)다. 그는 전국 CATV 이사회의 이사이자 집행위원이다. 미국훈련개발협회(American Society for Training and Development)의 이사이고, 전국사업자연합회 교육분과위원회(Education Council of the National Alliance of Business)의 이사로 있다.

들이 단기적으로 성과를 내고, 간혹 소규모 전투에서 이기고, 때때로 큰 규모의 전쟁에서 이기는 경우에는 더더욱 그렇다. 그러나 이보다 훨씬 힘든 도전은 그들의 집합적인 혁신과 재능을 진정 미래의 리더십 조직으로 만들 수 있도록 응집된 형태로 통합하는 일이다. 오늘날에는 리더십이니 창업가정신이니 하는 말들을 쉽게 하고 있으며, 그런 말들이 대부분 그들 계층 사이에서 자유롭게 오가고 있다.

'현장에서 이야기하기'는 또 다른 문제다. '현장의 소리' 결과를 확산시키기 위해서는 불가피하게 조직 구조 전반에 여러 가지로 혼란을 야기할 수 있다.

21세기 리더십 조직의 진정한 모델은 아직 존재하지 않는다. 그 징후는 수평선 위에 나타나고 있지만, 기업사회의 빠른 변화를 감안하면, 경영대학에서의 세미나 등을 통해 사례가 분해되고 비판받은 뒤에 그 모델이 나타날 것이다. 영리조직이든 비영리조직이든 간에 다양한 조직이 새로운 형태를 갖추기 위해 지금 다투고 있는 사실을 제쳐두고 생각하면, 내가 생각하는 가설적 모델은 경솔하게 보일는지도 모른다. 단언하건대, 21세기의 리더십 조직은 부분적으로는 기술에 기초하고, 부분적으로는 고객 서비스에 바탕을 두고, 또 부분적으로는 성인 교육에 근거를 둘 것이다. 진정 그것의 가장 두드러진 속성은 '구성원들' 모두를 위해 지속적 학습 문화를 갖는 것이리라. '구성원들'이라는 용어는 내가 '피고용자'라는 말보다 선호하는 것으로, 나는 그것을 우체국 직원이나 최고 경영자에게도 다같이 사용한다.

학습 중심 리더십 조직의 산출은 정보가 가득 찬 제품과 서비스로서, 시장에서 가혹한 경쟁을 뚫고 확산될 것이다. 시장점유율을 높이기 위한 뜨거운 전쟁이 이미 진행 중이고, 또한 더욱 가열될 것으로 예측한다. 나는 이들 전쟁을 엘리트 전략가들이 그들의 지휘소에서 그것을 연구하는 또 다른 연구서적들이 담당하도록 맡겨둔다. 여기에서 내가 하고자 하는 일은 학습 중심 리더십 조직의 일부 측면을 제시하고, 그들의 리더들이 다음 세기의 도전에 준비하면서 그들이 반드시 반영해야만 하는 리더십 원칙을 조망하려는 것이다. 이는 이미 변혁되었거나 변혁 중인 리더십 조직에 대한 나의 개인적인 해석에 기초한 청사진으로서, 내가 지난 30여 년 동안 관찰한 나 자신의 회사를 비롯해 여러 회사에서 경험한 것에 경도되어 있다.

길잡이 : 지도자들과 이단자들

엄청난 크기의 기술과 미디어 기업의 시대를 살아가고 있는 우리는 간혹 인텔Intel사의 창업자 고든 무어Gordon Moore, 터너 브로드캐스팅 시스템Turner Broadcasting System사의 테드 터너Ted Turner, 휴렛패커드의 빌 휴렛Bill Hewlett과 데이비드 패커드David Packard, 텔레 커뮤니케이션스사 Tele Communications, Inc : TCI의 봅 맥네스Bob Magness 등과 같은 길잡이들이 차고나 조그만 창고에서 시작했고, 경쟁자들 및 투자가들과 격렬하게 다투었고, 한 번 이상씩은 회사의 경영권을 잃어버릴 뻔했으며, 때로는 개인파산에 직면하기도 했다는 사실을 잊고 있다. 그런 예는 공적 기관에도 마찬가지로 존재한다.

1907년 마리아 몬테소리Maria Montessori는 로마에서 '교육받을 수 없는' 가난한 아이들을 위해 학교를 개교함으로써 전통적인 교육자들을 분노케 했지만, 20세기 조기 유아교육을 혁신했다. 이런 지도자들은 모두 이단자로 낙인찍혔는데, 이들은 전통적인 지혜의 규범을 뛰어넘어 행동해야만 달성할 수 있는 과업을 성취하고 싶어했던 것이다. 나는 이런 지도자들과 몇 년간 친하게 지냈으므로 그들 모두가 검증되지 않은 아이디어를 추구하는 이단자들로 취급받는 데 대해 충격을 받았고, 그들이 회사를 키워나가는 초기에는 많은 동료들로부터 조롱의 대상이 되는 것을 보고 놀랐다. 그러나 그들은 굽히지 않고 끈질기게 밀고 나가기 위해 세 가지 핵심적인 힘을 발휘했다.

① 그들의 꿈과 그들의 육감을 있는 그대로 받아들였다.
② 많은 위험 추구자들을 자신의 편으로 끌어들이는 강력한 재능을 갖고 있었다.
③ 그들 모두는 스승인 동시에 학생도 되었고, 그들의 부하들이나 자신의 실수, 그리고 그들의 적들로부터도 배웠다.

| 개인적인 경험

1954년 한국으로 가는 수송선에 탄 젊은 해군장교로서 나는 처음으로 주변 사람들과 어울리면서 교육의 필요성과 학습의 필요성을 느꼈다. 길고도 지루한 여행 도중에 나는 갑판 위의 젊은 해병들과 병사들에게 왜 다른 나라를 위해 참전하는지, 문화도 언어도 다른 사람들을 위해 어쩌면 목숨마저 버려야 할지도 모르는 곳에 뛰어드는지 물었다. 대부분은 단순히 자유를 수호한다고 했지만, 누구도 정확히 자유가 무엇인지 또는 그 자유가 그들에게 무엇을 의미하는지 설명할 수 있는 실력을 갖추고 있지 않았다. 나는 그 사실에 매우 충격을 받았다. 내 주변에 있던 병사들은 세계에서 가장 발달한 교육체계에서 교육받은 사람들이었다. 그러나 나는 그들이 말로 표현할 수 없는 용어와 개념을 나 자신도 그들에게 전할 방법을 몰라 당황했다.

그로부터 몇 년 후 워싱턴에 있는 베트남 참전 기념병원을 방문했다. 나는 그곳에서 퇴역군인들과 미망인들이 검정색 화강암에 음각된 이름들을 부드럽게 매만지는 광경을 보면서 몇 년 전의 그 난처했던 상황이 다시 생생하게 떠올랐다. 이번에는 내가, 비록 완전한 해결책은 아니지만 교육을 통해 해결할 수 있는 명백한 딜레마 상황에 처했다. 사람들이 만약 그들의 개인적인 희생과 노력의 가치를 이해한다면, 그들은 분명 극복할 수 없을 듯싶은 장애물과 도전이라도 맞서서 일어날 것이다. 그 이해를 돕는 것이 바로 리더십을 제공하는 스승의 업무다. 그런 요소가 없다면 단순한 이유는 성과를 낼 수 없고 사명은 실패하기 쉽다.

마인드 익스텐션대학에서 배우는 것

우리가 마인드 익스텐션대학을 설립하기 시작했을 때, 우리의 내부적인 조사 결과 교육 및 기술 전문가들 모두 성공 가능성이 거의 없다고 결론을 내렸다. 우리의 첫 번째 과업은 우리의 동료에게 이것이 달성할 만한 가치 있는 목표일 뿐만 아니라 외부의 비방자들, 즉 교육계와 텔레비전 프로그램 관련 종사자들에게도 의의 있는 일이라는 점을 확신시키는 것이었다. 이는 통신교육(교육장소와 지리적으로 떨어진 곳에 위치하는 학생들에게 교육자료를 제공하는 것)이 전통적인 교육의 부수적인 것이 아니라 그 자체로 의미 있는 분야이고, 마인드 익스텐션대학의 모조직인 존스 인터내셔널로부터 전적으로 지원받을 가치가 있다는 아이디어를 전파하고, 또한 열정을 갖고 알리는 것을 의미한다.

오늘날 30개의 대학에서 실시하는 대학 수준의 강의와 존스가 제공하는 교과과정이 매년 미국에서 1만 명 이상의 학생들에게 제공되고 있으며, 유럽과 아시아에서도 해마다 등록생이 증가하고 있다. 10년 전에는 재학생 6명 중 1명이 성인이었으나, 오늘날에는 대학 수준의 수강생들 중 6명 가운데 4명이 정규 4년제 학위 과정을 마치고 다시 등록하고 있으며, 풀 타임 직업을 갖고 있으면서 수강하는 사람들도 많다. 이는 우리가 고려해야 할 새로운 추세였지만 기술, 정치적 해방, 글로벌 경제 등이 교육시장에 초래할 변화는 아무도 예측할 수 없었다.

우리는 세계를 가르치는 것부터 시작했다. 그리고 그 후 우리

스스로가 학생이 되고 말았다. 지금까지 존스 인터내셔널의 직원 4,000명 가운데 1,124명이 자기의 직무를 수행하면서 마인드 익스텐션대학 또는 기타의 대학 과정을 수료했다. 약 200명이 이곳에 근무하면서 관리자 코스를 마쳤고, 학사학위·석사학위를 마쳤는데, 그들은 교육 및 건강 분야뿐만 아니라 커뮤니케이션과 역사학까지도 선택했다. 직원들은 회계원칙·고급언어학·컴퓨터과학·서구문명 등의 과목도 듣고 있다.

우리가 성인 통신교육 분야에서 이처럼 성공하게 된 이유 가운데 하나는 "직접 경험하지 않은 것을 다른 사람에게 가르치거나 제공할 수 없다"는 사실을 스스로 깨달았기 때문이다. 1980년대 말 교과과정을 디자인하면서 우리는 이 문제를 해결할 수 있는 올바른 방법을 찾기 위해 실험을 했다. 그리고 이것이 호소력 있도록, 그리고 효과를 발휘할 수 있도록 하는 실험을 했다.

우리가 큰 비전과 종합적 계획을 갖고 추진함에 따라 많은 것이 분명하게 드러났다. 그러나 많은 성공적인 학습 및 리더십 경험이 행운과 발견의 항해였으며, 진정한 리더십 조직에서 매우 가치 있는 것으로 인식되어야 할 프로세스였다.

다시 말해 이런 개념에 대해 말로 설명하는 것은 쉽다. 그러나 이것을 5년간의 전략적 계획을 수립하기 위한 조직들의 현실과 통합시키는 일은 훨씬 복잡하고 어려운 과업이다.

| **역사의 교훈**

대부분의 조직은 통합문제에 부딪치면 실패하게 마련이다. 그리고 이들 조직은 급변하는 세계에서 정신분열적 미래를 준비하려고 노력할수록 더 큰 어려움에 처하게 될 것이다. 나는 미래 예측적 관점 또는 기술에 따라 크게 달라지고 있는 세계 추세를 거부하며 보수회귀적 관점에서 나의 생각을 제시하고 있는 것이 아니다. 오히려 나의 확신은 단순한 개인적 경험을 반영하는 것이고, 1400년대 중반 유럽의 활판인쇄술의 개발과 확산을 바탕으로 500여 년간의 자본주의와 창업가정신의 발달 과정을 반영하는 것이다. 이 역사의 교훈은 오늘날 기술과 교육의 세계에서 무엇이 일어나고 있는지를 이해하기 위한 배경으로서 고려할 만한 가치가 있다.

15세기는 다니엘 J. 부어스틴Daniel J. Boorstin의 권위 있는 저서 《발견자들 : 세계와 인간을 알기 위한 인간 탐색의 역사The Discovers : A History of Man's Search to Know His World and Himself》에서 서술한 것처럼 발명의 시대를 여는 여명기였다. 그 혼란스런 방식 그대로 대학의 유일한 언어인 라틴어를 고수했던 엘리트들만이 교육을 받던 시대가 끝나는 시기였다.

이는 대개 인쇄기술 덕분이지만, 읽고 쓰는 능력이 모든 사회계층에 확산되는 계기가 되었다. 아마도 중국과 일본의 기술을 응용했겠지만 요하네스 구텐베르그Johannes Gutenberg의 경이로운 도구 덕분에 일어났던 것과 20세기 말 정보의 원거리 통신기술을 응용한 우리의 접근이 비교된다는 것은 어쩔 수 없는 일이기도 하다. 인쇄물은 엄청난 상업상의 기회를 제공했다. 그런 기술이 손

안에 있었기 때문에 수천 권의 성경, 여러 종류의 책, 그림책, 그리고 지도 등이 재출판되었다. 비라틴어의 출판도 즉각 가능해졌고, 라틴어로 된 책들이 번역되었다. 기술 그 자체는 곧 그 응용물과 내용물에 의해 진가가 가려져버렸다.

비록 국제무역은 유럽의 민족국가들이 해군과 군함을 통해 통제했지만, 인쇄물은 민족국가의 독점을 와해시키는 데 도움을 주었다. 인쇄물 가운데 가장 큰 공헌을 한 것은 지도였다. 원근법과 정확성에서는 지도마다 엄청나게 차이가 있었지만, 16세기 초 이미 라틴어·네덜란드어·프랑스어·포르투갈어·스페인어로 된 지도가 출판되었다. 이것을 읽고 이용할 줄 아는 사람들에게 지도는 부를 제공하는 것처럼 보였다. 아마도 최초로 대량 제작한 기업 전략 계획은 항해지도라고 할 수 있겠는데, 바스코 발보아Vasco Balboa와 페르디난드 마젤란Ferdinand Magellan보다 앞서서 그 지도를 산 모험 항해자들은 죽음의 바다로 나아갔다.

기술은 어떻게 교육을 촉진하는가

인쇄기술은 지식 수준이 높은 인간의 산물이겠지만, 오히려 인쇄기술은 인간의 읽고 쓰는 능력과 한층 더 높은 수준의 교육을 유인했다. 네덜란드의 동인도회사Dutch East India Company와 같은 무역회사들은 그들만의 지도·도표·선장의 항해일지 등을 자물쇠로 잠그어 보관했지만, 그 가운데 문자해독이 가능한 선원들은 그런 서류를 비공식적으로 만들어 쉽게 팔아먹을 수 있었고, 재빨리 대량 복사되었다. 500여 년 전과 마찬가지로 오늘날 기술은 촉매자임이 증명되고 있다. 학습조직에 대한 필요성과 역할은 손 가까이에 있는 도구에 힘입어 한층 촉진되고 있다.

존스 인터내셔널의 기반이 되는 기술을 제공한 사업 분야는 케이블 TV 사업이다. 케이블 TV의 역사는 50년도 채 안 된다. 우리 회사의 중견간부보다도 나이가 적다. 컴퓨터산업보다 어리고, 아폴로 7호의 우주항공사들보다 어리다. 내 생각에는 케이블 TV가 오늘날 급변하는 세계적 추세에서 비교적 젊다는 사실이 다른 상업보다 수명이 많이 남았음을 보증해주지는 않는다는 것을 보여주는 예가 될 것이다. 나는 케이블 TV가 50회 생일을 훨씬 넘어 초기의 창업자들이 알아볼 수 있는 형태로 살아남을 것을 기대하지 않는다.

오늘날 케이블 TV 사업을 이끌면서 엄청난 현금수입을 올리는 회사들 중에는 상당수가 수억 달러의 자본을 갖고 있으면서도 새로운 원거리 통신회사로 변신하거나 흡수당하고 있다. TCI 그룹, 타임워너 Time Warners, 벨 애틀랜틱 등은 원거리 통신사업 분야가 자유롭게 경쟁할 기회가 오면 전 지구를 상대로 최대한 능력을 발휘하기 위해 2000년대 초까지는 의심할 나위 없이 몇 번이든 변신을 거듭할 것이다.

케이블 TV 모델로부터의 탈출

내 개인적인 신념과 경험에 기초해 나는 존스 인터내셔널이 가야 할 길을 약간 다르게 선택했다. 내가 선택한 길은 나의 회사가 엄밀한 관찰의 대상이 되도록 했고, 지난 10여 년간 동종업계의 우수한 회사들을 추방하는 것 이상이었다. 왜냐하면 나는 처음으로 회사를 기술 중심의 조직으로서, 그리고 지식에 기초한 학습조직으로서 사명을 다하도록 방향을 전환했기 때문이다. 따라서 약간의 설명이 도움이 될 것이다.

조직은 그 주요 경영자들과 지도자들이 끊임없이 학습하는 만큼 강해진다는 것이 나의 경험이다. 이것은 회사의 경영 능력을 박사학위 소지자 수와 경영학 석사 출신 숫자를 기준으로 평가하는 관점과는 어느 정도 차이가 있다. 나는 그런 방식의 평가기준을 격하시킬 뜻은 없다. 그러나 그들은 학습조직 공식을 절반만 설명해 줄 뿐이다.

모든 경쟁력 있는 조직은 젊은 관리자들에게 평생교육과 학습의 기회를 제공하고 있지만, 종종 최고경영자들은 할 일이 너무 많기 때문에 앞서 이끌고 나가야 할 사람들이 받아야 할 만큼의 교육을 받는 데 필요한 시간을 충분히 제공하지 못한다는 것이다. 여기에서의 교육이란 인문과학·경영관리·기술 등 전반적인 교육에 대해 언급하고 있는 것이다.

리더십 조직에서 교육은 다리가 여럿인 의자와도 비유된다. 내 경험으로는 공학·경영학·법학 등과 같은 실용학문은 잘 교육되고 있고 효과도 크다. 그러나 이들 학문은 실무진에게 적어도 두 개의 허약한 다리만 갖도록 내버려둔다. 마찬가지로 인문과학이나 휴머니티에 관한 교육은 오늘날 학제적인 요구가 높은 세계에서 학생들로 하여금 공동체에서도 또는 작업장에서도 충분한 대응을 못하게 한다.

오늘날 사람들은 지식근로자에 대해 많은 이야기를 하고 있고, 또한 저서도 많다. 작업장은 지식근로자들로 구성되고 있는데, 그들은 여러 기업을 끊임없이 옮겨다니고 끊임없이 새로운 교육을 받고 있거나 스스로 그들의 기술 수준을 향상시키고 있다. 이것은 대부분 사실이지만, 지식근로자에 대한 인기 있는 관점은 새로운 노동력을 1차원의 실체로 취급하고, 작업이 요구하는 섬세함과 복잡성은 무시하는 것이다. 존스 인터내셔널은 1960년대와 1970년대 일종의 첨단기술을 갖춘 카우보이가 된 것처럼 고객의 집에 케이블 TV선을 설치하는 것부터 시작했다. 우리는 이 분야의 새로운 기술이 보급되고 가정에 설치될 필요가 있는 것과 때를 맞추어 이 기술을 실무에 응용하는 방법을 배웠다.

오늘날 케이블 기술자와 공학자를 위한 정상적인 수업 과정은 가능하다. 우리가 지금 실무적으로 실험하고 있는 것은 고속 케이블 모뎀에 집중되어 있다. 그리고 연구·개발 부문은 인터넷을 사용할 줄 아는 고객에게 제공할 기술 중심의 대학 과정에 관한 것이다. 시장기술 측면에서는 모든 계층의 경영자들이 국제적 파트너들뿐만 아니라 고객들과 직접 업무를 처리할 수 있어야만 하고, NBA 결승전을 보고 있다가 갑자기 TV 수신기가 꺼져버린 고객의 불평에 귀를 열어놓고 고장을 해결해줄 수 있어야만 한다.

리더십의 보이지 않는 손

조직을 진정으로 재구축하고 이끌고 나가고자 하는 조직의 지도자들은 사전에 정해진 대로 또는 회사가 정해놓은 길을 따라 길잡이처럼 행동하는 것과 달리 조직의 역사와 구조에 대해 깊이 파악하고 있지 않으면 안 된다. 오늘날과 같이 반기업적 발언이 많은데도 불구하고 성공적인 기업은 여러 방식으로 생존하고 있고, 역동적인 조직은 협력자들과 지도자들을 끌어들이고 있다. 발전을 거듭해 몰락의 길을 피하려면 조직과 기업은 성장해야 하고, 새로운 길을 터야 하며, 함께 일하는 사람들에게 내가 주장하는 이른바 '리더십의 보이지 않는 손'을 제공해야만 한다. 이 리더십은 고객·직원·여러 이해관계자들과의 관계에서 다양하게 증명될 수 있지만, 조직이 그 동반자들과 형성하는 관계 속에서 가장 잘 증명된다.

이 사회가 인정한 전략적 계획을 리더십이 따를 필요는 없다. 역동적 경영과 규율은 필요하다. 그러나 이것은 진정한 리더십이 아니다. 진정한 리더십은 경영 지평선 저 멀리 좌절, 경악, 직접적인 실패가 일어나는 발전적인 조직에서 생겨난다. 진정한 리더십은 직원들을 훈련시키고, 그들에게 희망을 주어야 한다. 제품 개발부가 실패를 보고할 때도, 신제품의 시장조사 결과가 소비자의 최저 기준에도 못 미칠 때에도, 또는 계약 실적이 주요 경쟁자에게 3회 연속으로 뒤처질 때에도 말이다. 이런 상황에서도 리더십이 발휘된다면, 이는 조직 유전자DNA의 기본이 될 것이다.

다른 조직에도 청사진이 쉽게 적용될 수 있는가? 아니다. 리더십 조직의 실험과 책임은 오직 조직에 걸려 있다. 조직 스스로 디자인해야 하고, 스스로 길을 발견하고, '시행착오적' 처방을 피하고, 자기의 갈 길을 찾아야 하는 것이다. 비록 역동적인 내부 지도자가 조직의 계층을 통해 등장하는 경우도 있고, 다른 여러 가지 형태로 등장할 수 있지만, 하나의 핵심적인 특성은 가르치기 어렵다. 책임감 강하고 위험 추구적인 리더를 찾는 것은 기업의 지도자들에게 가장 어려운 도전 가운데 하나다. 청사진의 설계자가 누구든, 이 청사진을 적용하는 리더의 의무가 무엇이든 디자인에 참여하고 적극적으로 책임을 느끼고 있는 모든 계층의 리더들에게 위험 추구 성향이 없다면, 리더십 조직은 성공하기가 어려울 것이다.

21세기 리더십 조직의 미래 방향을 미리 정의한 후에 해야 할 가장 가치 있는 활동은 평생학습자가 될 의향이 있는 동반자를 확인하는 과업일 것이다. 선택 대안과 내부의 지도자들이 파악되고 나면 사명의 실천으로 향하는 길은 스스로 정해질 것이다.

THE ORGAN OF THE FU

전략적 우위를 위한 조직 만들기

14

Rosabeth Moss Kanter

미래 조직의
중심은 사람이다

미래 조직의 특성은 오늘날 대부분 알려져 있다. 그러나 사람들은 미래 조직에서 일할 수 있도록 동기부여하는 '미래의 사회계약'에 대해서는 잘 모르고 있다.

많은 조직들이 고객을 위해 혼신의 노력을 기울이는 문제해결적·자주적 직원을 찾으려고 노력한다. 그러나 회사는 직원들과

로자베스 모스 캔터 Rosabeth Moss Kanter | 하버드 경영대학의 경영학 교수이자 1960년도 MBA 클래스 석좌교수다. 변화관리에 대해 전 세계적으로 활동하는 선두 조직들의 자문교수 겸 컨설턴트이고, 보스턴 소재 컨설팅회사 굿매저(Goodmeasure)의 공동창업자이며, 많은 공공기관과 정부조직의 이사회 구성원이다. 《월드 클래스(World Class : Thriving Locally in the Global Economy)》라는 저서가 있으며, 베스트셀러이자 각종 상을 받은 저서 가운데 《거인이 춤추는 법을 배울 때(When Giants Learn to Dance)》, 《변화 지휘자(The Change Masters)》, 《기업의 남과 여(Men and Women of Corporation)》 등이 있다.

그들의 미래를 위해 별도의 노력을 투자하려 하지 않는다. 가장 완만한 재구축이라 하더라도 그것이 어떻게 진전될지 예측할 수 없으므로 경영자들은 어떤 특정 직무—사실은 모든 직무—의 안전성을 보장하기가 어렵게 되었다. 심지어 그 일을 맡은 사람의 성과가 아무리 높다 하더라도 마찬가지다. 계층 구조에서 계층의 수를 줄이는 것은 경영자가 직원들에게 승진 가능성을 제공할 능력을 축소시킨다. 따라서 직원들의 경력에 영향을 미칠 경영자의 권한도 적어진다. 교차기능 및 회사간 교차팀cross-functional and cross-company team은 경영자가 직원을 리드할 권한을 빼앗아버리고, 심지어 부하직원이 하고 있는 일을 이해하기도 어렵게 만든다. 파트너십, 그리고 조인트 벤처는 계층 구조상 최하위 직원들마저 부서와 회사의 경계를 넘어 서로서로 접촉할 수 있도록 하고 있다.

간혹 그렇지 않은 경우도 있지만 무시되기 쉬운 육체노동에서 '지식노동'으로의 이동은 근로자의 직무 몰입을 한층 더 요구한다. 그러나 리엔지니어링 과정에 있는 조직은 직무 몰입을 증가시킬 수단을 제거하고 있다. 많은 관리자들은 심지어 분명한 직무 표준과 업무처리 규칙을 쉽게 제공할 수 없게 되었다. 그리고 새로운 조직에서 모든 분야로부터 관심을 이끌어내야 하는 프로젝트와 관계망과 같은 과업의 복잡성은 근로자들 측면에서 볼 때 업무과다감을 느끼지 않을 수 없게 한다. 다운사이징은 때때로 조직의 규모는 줄이지 않고 사람 수만 줄인다.

그러므로 조직 변화가 조직을 구성하는 사람들에게 주는 영향을 검토하는 것은 매우 중요하다. 여섯 가지 주요한 강조점의 변화가 미래의 조직을 형성하고 있는데, 각각은 인간에게 매우 큰 영향을 준다.

1. 두터운 조직에서 민첩한 조직으로(from fat to lean) : 새로운 충원 원칙

고용에 대한 가정은 "큰 것이 더 좋다"에서 "작을수록 아름답다"로 변했다. 그리고 더 유연할수록 아름답다. 여유를 갖고, 여분의 사람들을 확보하고, 그리고 비핵심 부문에 사람을 투입할 수 있는 '두터운fat' 조직에 대한 선호도는 집중된 노력을 하는 '민첩한lean' 조직 쪽으로 차츰 대체되고 있다. 민첩한 조직은 내부의 업무를 아웃소싱하여 외부 공급자에게 의존하고, 새로이 충원하기 전에 기존의 직원에게 초과근무를 시키며 업무 부담을 확대한다. 이는 조직을 한층 더 유연하게 만들고, 비용 효율을 높인다. 그러나 사람들의 인내심에 악영향을 주고, 그들의 경력 경로를 줄이며, 긴급한 업무의 양을 늘리므로 직업 안전감을 훼손시킨다.

2. 수직적 조직에서 수평적 조직으로(from vertical to horizontal) : 새로운 조직

미국의 전통적 기업에서 계층을 강조하는 것은 당연한 것이었다. 적어도 이론적으로는 그렇다. 정보는 수직적 명령계통을 따라 내려왔고, 명령계통은 지위·보상·권위·영향력에 따라 사람들의 순서를 매겼다. 오늘날에는 많은 과업을 교차기능적 팀 또는 교차 부문 프로젝트팀이 수행한다. 직원들은 그들의 상사를 올려다보기보다 조직을 가로질러 영향력을 행사하고 협력을 구하기 위해 수평적으로 보도록 권장되고 있다.

3. 동질성에서 다양성으로(from homogeneity to diversity) : 새로운 노동력

여자들과 소수민족 근로자들이 그 전에는 접근할 수 없었던 많은 일자리를 얻게 되면서, 그리고 전문직 노동시장이 점차 글로벌화하면서 성별에 따른 직업 구분은 줄어들기 시작했다. 근로 현장은 차츰 각기 다른 사회적·문화적 배경을 가진 사람들로 구성된 팀을 포함하고 있다. 어떤 사람을 모집할 때, 앞서가는 회사들(예를 들면 제록스, 휴렛패커드, 뱅크 오브 보스턴사Bank of Boston Corporation 등)은 소수민족을 일정 비율로 채용하라는 우대법을 따르는 대신에 다양한 인종집단들로 경영층을 구성하는 방향으로 이동하고 있다.

4. 지위와 명령에서 전문성과 관계로(from status and command rights to expertise and relationships) : 새로운 권력 원천

조직에서 권력은 언제나 직무의 특성과 관계의 본질로부터 나왔다. 그러나 지금은 계층이 소멸되고 있으므로, 계층 구조에서 발생되는 공식적 권한은 영향력 행사와 리더십 발휘에 필요한 존경심을 획득하는 데 있어 전문적 기술보다 덜 중요하다. 그리고 직무 관련 권한과 네트워크 관련 권한 사이의 균형은 단지 과업을 잘 수행할 수 있는 사람들의 능력이 아니라 사람들이 자신들의 관계에서 조직에 가져오는 가치 쪽으로 이동하고 있다.

5. 회사에서 프로젝트로(from company to project) : 새로운 충성심

전통적 회사에서 조직 몰입은 사람과 회사를 묶어주는 끈 역할을 했다. 직원은 그들의 고용주에게 충성을 다해야 했다. 그러나 새로운 조직은 직원과 기업 사이의 밀접한 관계가 약해지고, 자신의 전문기술 또는 프로젝트팀에 대한 몰입이 더 강조된다. 전문가들은 맡은 프로젝트마다 열심히 일하고, 높은 성과 표준을 유지한다. 그들은 또한 자신들이 하는 분야가 의미 있는 것이라는 자부심을 갖지만, 특정 회사와의 관계에 큰 의미를 부여하지는 않는다.

6. 조직적 자본에서 평판적 자본으로(from organizational capital to reputational capital) : 경력자산

전통적 회사에서 경력은 제도적으로 결정된다. 경력은 회사의 업무 사다리를 타고 계속 위로 올라가는 것이었다. 그렇게 올라가면서 사람들은 '조직적 자본', 즉 특정 회사에서 그들이 상위계층으로 올라가도록 도와주는 경험과 인간관계 등을 축적했다. 오늘날 사람들은 근본적으로 자신의 인적 자본에 의존한다. 그들은 '휴대용 경력자산,' 즉 어디에서나 적용할 수 있는 기술과 명성을 필요로 한다.

노동력이라는 전체적 관점으로 볼 때, 이런 변화는 경력의 불확실성을 증가시키고, 권력 추구의 장을 확대시킨다. 어떤 집단은

계층 구조와 관료제가 약화되기 때문에 덕을 보기도 한다.

여자들의 경우 새로운 조직은 새로운 기회를 열어준다. 이 조직은 단 한 명의 상사에게 덜 의존하도록 해주고, 다양한 팀들의 관계망을 제공한다. 그리고 여자들이 확실한 전문적 능력을 보여주고 자주적으로 일하면, 더 이상 계층 사다리를 타고 위로 올라가는 데 한정하지 않고 다양한 경력 경로를 제공한다. 여자들은 창업가정신을 발휘하면서 전문직에서 이미 최대의 기회를 발견하고 있다. 사무직 여군, 간호사, 항공기 승무원, 호텔 관리직 분야 등에서 여성들의 과업이 점점 더 큰 전문성을 인정받고 있으며, 회사는 고객의 충성심을 효과적으로 획득하기 위해 일선 서비스 담당자에게 권한을 위양할 필요가 있다.

그러나 이것은 밝은 측면일 뿐이다. 새로운 조직과 새로운 경력의 등장은 물론 어두운 측면도 지니고 있다. 전통적 조직 경력의 쇠퇴는 새로운 불안을 야기한다. 자신에 대한 의지란 훌륭한 직업을 찾을 수 있을 때만 좋은 것이다. 새로운 상황은 경력의 불안전을 의미하며, 비자발적 해고와 운에 좌우될 가능성을 증가시킨다. 많은 작업 현장에서 긴장이 야기될 것이고, 사기는 흔들리고, 성희롱 등은 더욱 늘어날 것이다.

큰 작업 기회의 다양성은 긴장을 증가시킨다. 남자와 여자, 다양한 민족 또는 인종집단은 동료로서 함께 일하는 방법을 아직도 더 배워야만 한다. 직업 안전성에 익숙해 있는 남자들은 더 적은 일자리와 더 낮은 직업 안전성 상태에서 새로이 등장한 많은 경쟁자들을 환영할 수 없다. 불확실한 경력 인정과 작업장의 많은 요구

사항은 새로운 노동력이 직무상의 책임을 지지 않으려고 노력하게 만들고, 가정의 문제를 공공의 문제로 돌리는 등 한꺼번에 여러 가지 문제점이 함께 노출된다.

다시 강조되는 사람에 대한 재투자

미래의 조직은 새로운 인적 자원 정책에 초점을 맞출 것을 요구한다. 조직은 새로운 환경에 적응하기 위한 기술과 자신감을 얻도록 사람들을 도와주지 않으면 안 된다. 대규모 조직이 더 이상 직업 안전성을 보장해주지 못하고 각종 지원을 해줄 것이라고 기대할 수 없는 시대에 사람들이 직업을 찾고 지원을 받을 수 있도록 도와주어야 한다. 새로운 일자리를 만들고 글로벌 경제의 도전에 대응할 수 있는 노동력을 창출하는 최선의 방법은 인적 자본을 재평가하고 팀 협력을 강조하는 것이라는 점을 인식하지 않으면 안 된다.

효과적으로 경쟁하려면 회사는 회사가 찾을 수 있는 최상의 능력을 가진 사람을 유인하여 머무르게 하고, 또한 효과적으로 활용하지 않으면 안 된다. 많은 사람들은 인적 자본의 중요성에 대해 인식하면서도 건성으로 언급하고 있다. 어떤 임원들은 "우리의 가장 중요한 자산이 매일 문밖으로 걸어나가고 있다"고 말한다. 그들은 대부분 다운사이징, 작업장의 갈등, 몰입감 부족 등으로 인해 다시 돌아오지 않는다. 사람들은 반대급부를 충분히 받을 수 있다는 느낌이 들지 않으면, 자신들의 능력을 투자하기를 꺼린다.

새로운 접근 방법이 필요하다. 20세기의 직원 모델에서 이끌어낸 가정과 정책은 21세기 사회계약의 기초로서 부적합하다. 20세기 후반 많은 사람들에게 경력은 대규모 조직에 의해 제공되었다. 대규모 공공기관과 사적 부문의 대기업들이 직업과 복리후생, 그리고 승진을 제공 또는 보장해줄 것으로 기대되었다. 장기적 고용은 높은 직무 몰입과 생산성 높은 작업 시스템의 핵심 부분으로 간주되었다.

그리고 건강보험에서 연금에 이르기까지 대기업이 제공하는 혜택, 특히 미국에서는 다른 나라의 정부가 제공하는 것과 같은 수준으로 기업주가 제공하는 혜택은 사람의 수명이 길어졌다는 가정에 기초하고 있다. 그러나 지금 휘몰아치고 있는 산업사회의 변화는 대기업으로 하여금 규모를 줄이는 다운사이징—이것은 소용돌이에 말려든 사람들의 처지를 감추기 위한 완화어법이다—을 강요하고 있다. 일본에서조차 대기업은 종신고용의 보루였다. 과거에는 일본 전체 6,000만 명의 직원들 가운데 거의 4분의 3이 평생 동안 단 한 명의 고용주 아래에서 근무했다. 그러나 1992년을 기점으로 시작된 인원감축과 정리해고는 사회계약 자체를 파기하고 있다.

미국은 대규모 기업에만 의지하지 않았다는 점에서 다행인 편이다. 미국은 역동적인 창업가정신이 가득 찬 경제 시스템을 갖추고 있고, 중소기업들이 유럽 국가들보다 더 높은 비율로 많은 일자리를 창출하고 있다. 그러나 중소 규모 기업의 고용은 본질적으로 안전성이 낮은데, 특히 신규 창업 중소기업의 높은 실패율을 감안하면 어쩔 수 없는 일이다. 그리고 이런 일자리는 종업원 50명 이상의 회사가 의무적으로 제공하는 복리후생이나 안전성을 종종 결여하고 있다. 미국인들은 대규모 기업들이 혼란에 빠지고 규모를 줄이고 있으므로 미국이 경제적 난국을 헤쳐나오는 데는 창업가정신이 중요하다고 강조한다. 그러나 창업가적 경제는 변화가 심하고, 해고가 다반사로 일어나고, 중소기업의 운명은 종종 그들이 납품하고 서비스를 제공하는 대기업의 운명과 연결되어 있다.

그러므로 장기고용의 안전성, 그리고 종업원에 대한 고용주의 관심과 고용주에 대한 종업원의 충성심 등과 같은 전통적인 가치는 사라지고 있다. 어떤 사람은 이런 상황에서 우리가 어떻게 생산성·품질·혁신 등을 추구할 수 있을지 의문을 갖는다. 이런 것은 모두 고용주와 종업원 사이의 상호몰입 때문에 가능한 것이 아닌가? 또 다른 사람들은 불가피한 해고가 인간에게 미치는 영향, 그리고 불확실한 조직의 미래를 판단할 수 없어 사람들이 떠날 때 발생하는 사회적 비용 등에 대해 걱정하고 있다.

새로운 정책은 유연성·이동성·변화 등과 같은 새로운 현실을 고려하면서 새로운 형태의 안전장치를 반영해야만 한다. 만약 고용이 되어도 직업 안전성이 보장되지 않는다면, 이것은 고용 가능성으로 보장되어야만 한다. 고용 가능성 보장, 즉 오늘의 작업이 미래의 기회라는 관점에서 개인의 가치를 향상시킬 것이라는 인식은 가능할 뿐만 아니라 유지될 수 있는 약속이다. 고용 가능성 보장은 인적 자본이 기술과 개인적 명성을 축적할 수 있는 기회로부터 나오는데, 기술과 개인적 명성은 새로운 기회가 도래하면 즉시 그곳에 투입될 수 있다. 어떤 변화가 일어나더라도 지적 자본 또는 전문성이 많은 사람은 높은 보수를 받으면서 고용될 가능성이 크다. 지금 다니는 회사에서, 또는 다른 회사에서, 그렇지 않으면 스스로 창업하여 일자리를 얻을 수 있을 것이다. 예를 들면 어떤 재료를 공급하는 회사를 새롭게 창업하려는 연로한 중역은 자신이 채용하는 직원들에게 계속적인 고용보장을 할 수 없었다. 그러나 그 대신 그는 "당신이 이 새로운 사업에 크게 기여한다면, 당신의 형편은 더 나아질 것이고, 또한 이 분야에서 훨씬 더 잘 나가는 사람이 될 것이다"라는 제안을 했다. 그는 그 제안을 지켰을까? 그 직원은 3년 뒤 급성장하는 벤처회사로 옮겨갔다.

많은 첨단기술 회사의 사람들은 이미 현실을 인식하고 있다. 그들은 계속되는 힘든 일과 산업 변화에 발맞추어 일어난 기술적 성장에 자신의 미래를 걸고 있다. 마치 자신들이 창업가인 양 높은 보수를 받는 자신의 능력에서 직업 안전성을 확보하고 있다. 회사는 창업되고 도태된다. 그러나 기술적 노하우와 학습 기회, 즉 사람들이 기술적으로 성장할 기회와 스스로의 능력을 증명하고 개선할 기회는 그들로 하여금 계속 고용될 수 있는 능력을 높여준다. 이런 점에서 추진할 만한 가치가 있는 프로젝트와 도전적인 일거리는 미래에 대한 약속과 장기고용에 따른 복지 혜택보다 한층 더 중요하다.

예를 들어, 소프트웨어 분야에서 많은 사람들은 지금 자신을 고용하고 있는 사람을 위해서라기보다는 소프트웨어산업 그 자체를 위해 일한다고 믿고 있다. 그들은 기술적 성취와 도전적 학습에 자극받고 있으며, 언젠가 자신의 회사를 창업할 꿈을 꾸고 있다(물론 소프트웨어는 젊은 사람들로 가득 찬 성장산업이다).

고용안정이 보장된 경우라 하더라도 그 보장은 다만 고용 가능성을 지향하는 프로그램 때문에 가능한 것이다. 회사는 직원들의 능력을 끊임없이 향상시키기 위해 재훈련과 경력에 대한 투자를 제공할 수 있을 뿐이다. 그렇게 함으로써 직원들은 언제나 재고용될 수 있다. 비록 어떤 회사의 구체적인 직무가 사라지더라도 직원은 스스로의 경력을 쌓아가면서 계속적으로 다른 회사에 기여할 수 있는 자신의 능력을 증명할 수 있을 것이다. 기술을 지속적으로 향상시키고 새로운 기회를 찾는 것은 비록 한 회사에 계속 근무한다 하더라도 평생 해야 할 일이고, 글로벌 경쟁체제에서 살아남으려면 기업이 해야 할 핵심적 활동의 한 부분이다.

그리고 리스트럭처링과 다운사이징을 맞아 대규모 고용주들이 수십만 개의 일자리를 없애는 시대에 개별회사의 차원을 넘어 똑같은 가정이 확대될 필요가 있다. 사회적 안전망은 사람들의 기술 향상을 돕고, 새로운 일자리를 찾거나 새로운 회사를 시작하면서 발생하는 이직비용의 해결을 돕지 않으면 안 된다. 이동성 높은 전문가로서 남자와 여자들의 성공을 돕는 것은 사회가 자신의 의무를 다하는 것과 같다.

평생교육과 훈련, 그리고 창업 지원을 통해 인적 자본의 투자를 독려하는 사회는 사람들이 회사를 옮겨다니거나 스스로 창업을 하려는 때에도 사람들로 하여금 안전함을 느끼도록 해준다.

| **새로운 동기부여 도구**

과거의 동기부여 수단이 무용지물로 변했기 때문에 경영자들은 고성과를 촉진하고 몰입을 유도하기 위해 새로운 방법을 도입해야 한다. 인적 자원 정책은 사람들이 가치 있게 생각하는 것을 중심으로 전개되어야 한다. 자신들의 미래를 스스로 만드는 데 도움을 주고, 현재의 기여에 대해 보상을 얻을 수 있는 것을 중심으로 말이다.

1. 사명

사람들로 하여금 자신들이 하는 과업의 중요성을 믿도록 도와주는 것은 필수적이다. 다른 형태의 확실성과 안전성이 사라진 경우에는 특히 그렇다. 훌륭한 지도자들은 비전의 힘과 열정으로써 다른 사람들에게 영감을 제공하고, 목적의식을 제공하고, 그들의 업무에 자긍심을 심어줄 수 있다. 이는 때때로 전통적인 기업의 계층 사다리보다 더 큰 동기부여의 원천이 된다. 예를 들어, 기술적 전문가는 종종 자신들이 우수한 최종 제품을 만들어내는 데 기여하는 것을 보고자 하는 열정에 힘입어 가장 효과적으로 일한다.

2. 계획의 조정

경력 경로가 확실성을 잃어버리면서, 그리고 회사의 미래가 점점 더 예측하기 어려운 방향으로 성장하면서 사람들은 최소한 자기 자신의 전문적인 인생 경력에 책임을 질 수 있게 되었다. 많은 전문가들이 월급 많고 높은 지위의 일자리를 피하고, 스스로 활동과 방향을 결정할 수 있는 일자리를 선호하고 있다. 지도자들이 부하직원들로 하여금 신나는 프로젝트를 할 수 있도록 시간을 할애하고, 절차보다는 결과를 강조하고, 일을 할 때 작업과 의사결정을 위양하는 경우, 지도자들은 부하직원들에게 이런 기회를 제공하고 있는 셈이다. 그들 스스로 다음에 할 프로젝트를 선택할 수 있다는 것은 업무를 잘 수행하는 사람에게는 잠재적 보상이 된다.

3. 학습

새로운 기술을 배울 기회, 그리고 그 기술을 새로운 분야에 적용할 기회는 불확실한 환경 아래에서는 중요한 동기부여 수단이 된다. 왜냐하면 그러한 기회는 미래를 보장하기 때문이다. 왜냐하면 기업은 경험으로부터 한층 더 체계적으로 배울 수 있는 방법을 찾고, 직원들에게 계속 학습을 고무하고 있기 때문이다.

첨단기술의 세계에서는 사람들이 불확실성을 이해하고 있기 때문에 종종 어떤 기업의 매력도가 학습과 경험을 제공할 수 있는 능력에 달려 있기도 한다. 이 점을 감안하면 훈련과 지도, 그리고 도전적인 프로젝트에 대한 접근 가능성은 급료나 기타 복리후생보다 더 중요하다. GE와 같이 몇몇 뛰어난 회사는 승진을 약속하지 않고도 최고 능력의 소유자를 끌어들일 수 있었는데, 그 이유는 사람들이 그런 회사를 훈련장소로, 배우기 좋은 곳으로, 그리고 이력서에 추가하기 좋은 곳으로 생각하기 때문이다.

4. 평판

평판 또는 개인적 명성은 전문적인 경력 쌓기의 주요 원천이고, 평판을 높일 수 있는 기회는 뛰어난 동기부여 요인이다. 전문직 직원들이 평판에 대해 중시하는 것은 관료주의적 몰개인성과는 뚜렷하게 대조된다. 전문직은 직원 스스로 명성을 쌓아야 하는 반면, 전통적 기업 경영자들과 직원들은 무대 뒤에 머물러 있어야만 한다. 진정 평판이라는 자본의 축적은 즉각적으로 자부심을 높여주는 것은 물론이고, 또 다른 보상이나 심지어 다른 회사로부터 일자리를 제의받을 수 있는 일종의 홍보 효과도 제공한다. 경영자들은 스타를 만들고, 대외적으로 홍보를 하고, 큰 보상을 주고, 혁신의 주체로서 인정하고, 해당 부서 이외에도 알리고, 그리고 조직의 네트워크와 전문적 네트워크에 해당 인재를 연결시킴으로써 그들의 평판과 동기부여를 제고할 수 있다.

5. 가치창조 활동에의 참여

팀에게 공동활동을 촉구하는 창업가적 유인은 협조적인 회사에서는 매우 적합하다. 정상적인 보상 이외에 부수적인 보상은 오직 측정 가능한 결과에 대해서만 제공되기 때문에 공동활동은 또한 자원을 절약한다. 혁신적 회사에서는 새로운 창업 기회의 개발, 전략적으로 중요한 성과에 대한 무상 주식 공여, 프로젝트의 성과에 따른 지분 참여 허용, 핵심적 성과 달성을 조건으로 제공하는 상여금 등과 같은 유인책을 실험하고 있다. 오늘날 많은 프로젝트가 교차기능적 성격을 갖고 있으므로, 이와 같은 유인책은 시스템 전반에 걸쳐 시행되어야 하지만, 개별 경영자들은 직원의 개별적인 영역은 물론이고 성과 목표를 공동으로 달성한 경우를 위해 집단 보너스제도를 채택할 수도 있다. 그리고 모든 사람이 넉넉하지만 돈이 안 드는 상이나 표창 등과 같은 보상을 받을 수도 있다.

최고의 조직은 고정된 직무상의 책임이 아니라 유동적인 과업 할당을 바탕으로 한 직무와 경력에 기반을 둘 것이다. 오늘날 경쟁 우위를 차지하기 위한 핵심 경영용어인 혁신과 적응능력을 촉진하기 위해 경영자들은 새로운 조직을 경직된 조직 구조로 볼 것이 아니라 일련의 행동 집합으로 취급할 필요가 있다. 이렇듯 새로운 기업에서의 리더십 활동은 다양한 깊이와 폭을 갖고 있는 프로젝트들을 순차적으로, 그리고 동시에 조직하는 일일 것이다. 이렇게 함으로써 어느 일정 시점에 다양한 사람들이 업무상 파트너가 해결해야 할 과업과 도전과 기회에 발맞추어 함께 행동할 것이다.

지도자들은 구체적인 성취 목표·기준점·완료일자를 지정하면서 프로젝트를 수립해야 하고, 그런 후에는 이 프로젝트를 실행할 수 있는 사람에게 프로젝트를 실행할 권한과 책임을 위양할 필요가 있다. 장기적 사명이 어떻게 변할지 모를 경우에 분명한 한계를 정한 프로젝트는 노력을 집중하게 함으로써 부담을 줄여주고 단기적인 동기를 제공할 수 있다. 프로젝트에 대한 책임은 결과에 대한 책임감을 높여주고, 때로는 여러 가지 형태의 보상을 대신하기도 한다. 스스로 프로젝트를 규정하고 그것을 몸소 실천하는 회사의 제품 개발팀 직원들이 받는 최대의 보상은 자신들의 제품에 대한 광고를 보는 것이라고 말한다. 어느 기술자는 자신이 속해 있는 팀이 만든 제품 광고를 처음 본 순간 "저 제품은 내 거야! 내가 만들었단 말이야"라고 가족에게 외쳤다고 말했다.

어떤 구체적인 기간 동안 이런 주인의식은 노력의 수준을 한층 더 높여줄 수 있다. 정해진 기간 내에 구체적인 결과를 볼 수 있는 창조적·문제해결적 프로젝트에 사람들이 참여할 때면 사람들은 근무시간에 구애받지 않고 언제든지 일하고, 여가시간에도 프로젝트에 대해 생각하고, 필요한 경우 육체적·정신적 에너지를 엄청나게 쏟아붓는다. 프로젝트는 끝날 것이다. 그것을 완료하면 보상을 받고, 인정을 받을 수도 있다는 사실을 안다면 사람들로 하여금 더 열심히 일하도록 할 가능성을 높여준다.

| **인적 자본의 재평가**

시간이 지날수록 인적 자본 가치의 중요성에 대한 말들을 점점 더 많이 듣게 될 것이다. 지도자들은 '핵심 역량', '역량에 기초한 경쟁', '학습 조직'이 되고자 하는 희망 등에 대해 말하고 있다. 그러나 회계제도는 재무적 자본 사용량의 측정뿐만 아니라 인적 자본의 형성을 측정하는 것도 필요하다는 사실에 대해 아무런 조치를 취하지 않고 있다. 재무적 측정은 다른 여러 성과, 그리고 시기와 관심의 차이에 따른 다양한 가치와 요구를 함몰시켜 버릴 수도 있다. 심지어 회계가 기업의 건강 상태를 표시할 수 없는 지표인 경우에는 더더욱 그렇다. 왜냐하면 이러한 측정은 장기

적인 기업 역량의 형성보다는 단기적 이익에 초점을 맞추고 있기 때문이다.

1980년대 기업은 부채를 사용하는 데 따르는 전통적인 주의를 잊었고, 자금은 본래 목적과는 너무나 쉽게 다른 방향으로 이용되었다. 사람들이 제품을 만드는 것이 아니라 돈을 만드는 것으로, 또는 노동이 아니라 투기로 부자가 된다고 생각함에 따라 기업도 사회도 위험에 처하게 되었다. 일본 사람들은 동료들 가운데 너무나 많은 사람들이 진짜 기술이 아니라 돈 만드는 기술, 즉 재테크에 골몰해 있는 것을 보고 걱정했다. 재무적 자본의 소유자들은 존경을 받았고, 이들은 대개 세계 최고의 부유한 기업과 세계 최고 부자들의 목록에 올라 있었다. 인적 자본의 형성자들은 그렇지 않았다. 일자리를 창출해주고, 미래의 능력을 높이기 위해 많은 사람들을 훈련시킨 회사들의 목록을 본 적이 있는가? 최근 등장하고 있는 가장 존경받는 기업의 목록 등과 같이 몇 안 되는 사회적 가치 지표마저도 겨우 1년 전부터 공표되고 있다. 주식 가격은 매분마다 확인할 수 있다. 경영자들이 주가 움직임을 눈여겨보고자 하는 유혹 때문에 그들의 기업을 올바른 방향으로 운영하지 못하는 경우가 너무나 많다.

기술·능력·노하우 등과 같은 인적 자본을 평가하고 측정하는 방법을 찾는 것은 경영자들이 기업의 성공을 위해 사람에게 가장 큰 관심을 기울이게 하는 중요한 과정이다. 스웨덴의 보험회사인 스칸디아Skandia사는 세계시장에서 급속도로 성장하고 있는데, 매년 영업보고서에 '지적 자본'을 재무제표와 나란히 보고하고 있다.

| **새로운 사회계약의 작성**

새로운 현실에 기초해 새로운 사회계약을 맺을 때가 왔다. 이 사회계약은 직원들이 자신들의 미래를 스스로 만들어가도록 도와주기 위해 회사가 무엇을 할 용의가 있는지를 사람들에게 제시해야만 한다. 이는 사람들이 얼마나 중요한가 하는 것을 천명한 하나의 공개적 명세서가 되어야 한다. 그리고 이 사회계약은 구체적인 행동에 대한 약속이어야 하고, 사람에 대한 구체적인 투자를 표시해야만 한다.

모든 경영자들이 서명하고 회사의 모든 사람들에게 배포한 계약서를 상상해보라. 그 계약서는 아마도 다음과 같이 되어 있을 것이다.

우리 회사는 경쟁이 심화되는 세계시장과 급변하는 기술에 대응하고 있습니다. 우리는 신제품을 추가 또는 폐기하거나, 시설을 추가 또는 폐쇄하거나, 근로자들을 재배치하는 등 융통성을 필요로 합니다. 어떤 구체적인 직무도 평생고용을 보장할 수 없고, 심지어 미래의 고용도 보장하지 못합니다. 우리는 우리의 모든 직원들이 이곳 또는 다른 곳에서 새로운 일자리를 찾을 수 있는 가능성이 있다는 것을 보장하려고 노력할 것입니다. 우리는 우리의 다양한 직원들을 위해 다음과 같이 기회와 능력을 제고할 것을 약속합니다.

· 오늘날의 직무만 수행할 수 있는 얕은 기술뿐 아니라 역량

을 증가시킬 잠재력을 평가한 후에 채용한다.
· 정규적인 훈련에서부터 점심시간을 이용한 세미나까지 포함해 연간 3주일에 해당하는 학습 기회를 제공한다.
· 더 높은 자리로의 승진을 보장하지는 못하지만, 기술적 성장을 보장하는 도전적 직무와 순환근무를 제공한다.
· 성과를 회계수치에만 의존하지 않고, 자료를 공유함으로써 현장체험과 끊임없는 개선을 통한 학습을 가능하게 하고, 모든 사람을 스스로 선택한 전문인으로 키운다.
· 어떤 직무가 진부해지면 가능한 한 빨리 직원을 재훈련시킨다.
· 다양한 능력을 가진 직원들이 서로 기술을 평가하고 충분히 활용할 수 있도록 팀 구축을 고무한다.
· 개인과 팀의 성과를 인정하고 보상을 제공한다. 그럼으로써 외부적 평판을 높여주고 구체적인 가치지표를 제공한다.
· 교육 연구년제를 제공하고, 외부로 인턴십을 보내주고, 개인적인 휴가를 제공한다.
· 공급자 · 고객 · 모험을 추구하는 동업자들과의 네트워크를 이용하도록 하고, 성장 기회를 찾을 수 있게 해준다.
· 연금과 각종 혜택은 직장을 다른 곳으로 옮기더라도 계속 지급이 보장되므로 직원들은 이직하더라도 미래에 대한 사회적 안전망을 갖게 된다.
· 변형근로시간제와 가족 질병에 대한 간병 · 휴가 등을 제공함으로써 가족에 대한 의무를 다하게 하고, 직무교대에 따른

적응훈련 휴가를 제공하는 등 직원들이 생산적으로 활동할 수 있도록 도와준다.

· 우리는 재무적 자본의 형성과 사용을 측정하는 것만큼이나 완전히, 그리고 자주 인적 자본의 형성과 능력을 측정한다.

· 창업가정신을 촉진한다. 사내외에서 새로운 모험을 할 수 있도록 함으로써 직원들이 창업을 하도록 하고 새로운 일자리를 창출하도록 한다.

· 회사를 통해 지역사회에 봉사할 기회를 제공한다. 리더십 훈련과 팀 개발 같은 것을 제공함으로써 지역사회에 기여한다.

· 직원들을 독려해 원가를 낮추거나 고객에게 서비스를 제공하거나 새로운 시장을 개척하기 위한 혁신적 아이디어를 개발하도록 지원한다. 이는 지속적 학습을 통해 재투자가 가능한 자원을 확보하는 것이고, 또한 기업의 성장과 고용 유지를 위한 최고의 토대다.

이와 같은 정책은 조직의 규모가 크든 작든 간에, 모든 남녀 직원들이 경쟁 속에서도 일자리를 창출하고, 부를 창출하고, 성장을 위해 노력하게 함으로써 그들의 충성심·몰입·생산성을 한 번 더 높일 수 있도록 한다.

15

Philip Kotler

경쟁력과 시민정신

세계가 기아, 집 없는 사람들, 범죄, AIDS, 환경의 악화 등 수많은 문제에 둘러싸여 있다고 가정했을 때 다음과 같은 질문을 할 수 있다.

"기업이 앞에서 열거한 문제 중 하나 또는 그 이상을 가시적인 관심사항으로 채택하는 것에 타당성이 있을까요? 우리는 문제를

필립 코틀러 Philip Kotler | 노스웨스턴대학 켈로그 경영대학원의 S. C. 존슨 앤 선(S. C. Johnson&Son) 국제마케팅 석좌교수다. 그는 마케팅 전략 및 계획, 마케팅의 조직화, 국제마케팅 등의 분야에서 IBM, 애플 컴퓨터, GE, 포드, AT&T, 모토롤라, 머크(Merck), 시바게이지(Ciba-Geigy), J. P. 모건(J. P. Morgan), 메릴 린치(Merrill Lynch) 등 수많은 회사를 상대로 컨설팅을 해왔다. 그는 경영대학원에서 가장 많이 사용하고 있는 《마케팅 관리론 : 분석, 계획, 실행 및 통제 (Marketing Management : Analysis, Planning, Implementation and Control)》, 《마케팅원론(Principles of Marketing)》, 《비영리조직의 전략적 마케팅(Strategic Marketing for Nonprofit Organizations)》, 《장소마케팅 : 시, 주, 국가에 대한 투자, 산업 및 관광의 유치(Marketing Places : Attracting Investment, Industry and Tourism to Cities, States and Nations)》 등의 저자다.

사업의 기회로 전환시키는 것을 말하는 것이 아닙니다."

　기업은 환경오염과 투쟁하고, 가난한 사람에게 집을 지어주고, 경이로운 약을 발명하는 등등의 일을 하면서 돈을 벌 수 있다. 다른 말로 바꾸어 질문해보자.

　"기업은 사회문제를 개선하기 위해 돈과 직원의 시간을 적극적으로 기부해야만 합니까? 주주들에게 돌아갔어야 할 돈의 일부를 미리 확보해 사회봉사 활동에 사용하는 것이 옳은 일일까요? 그리고 두 번째 질문이 있습니다. 회사가 '좋은 시민'으로서의 명성을 얻었을 때 소비자들이 그 회사를 좋아하게 될까요?"

　다음의 극단적인 예를 생각해보자.

　1976년 애니타 로딕Anita Roddick은 잉글랜드 브라이턴에 더 보디 숍The Body Shop이라는 그녀의 첫 번째 가게를 열었다. 오늘날 더 보디 숍은 세계 46개 나라에서 1,366개의 상점을 운영하고 있는 국제적인 회사다. 1996년의 이익은 13% 증가된 5,300만 달러였으며 매출은 3억 4,900만 달러였다. 더 보디 숍은 천연원료 사용에 기초를 두고 있으며, 재활용이 가능한 단순하고 매혹적인 포장지에 담긴 화장품을 생산해 판매한다. 원료는 주로 식물에서 추출하며 경제발전을 돕기 위해 종종 후진국에서 사들인다. 모든 제품은 동물실험을 거치지 않고 만들어졌다. 로딕의 회사는 매년 이익의 일정 부분을 동물보호협회, 부랑자수용소, 국제사면위원회Amnesty International, 열대우림보호협회Save the Rainforest 및 다른 사회운동단체 등에 기증한다. 많은 소비자들은 이 회사와 사회적인 관심사를 공유하기 때문에 더 보디 숍을 후원한다. 또한 직원들과 프랜차이즈 소유주들도 사회운동에 매우 큰 공헌을 하고 있다. 로딕은 이렇게 말한다.

"저는 우리 회사가 머리카락과 피부뿐만 아니라 지역사회, 환경, 그리고 화장품 이외에 크고 넓은 세계에 관심을 갖는 것이 매우 중요하다고 생각했습니다."

로딕과 더 보디 숍은 사회적인 문제를 개선하기 위해 기업이 어느 정도 열정을 보여야만 하는가에 대한 논쟁에서 한쪽 극단의 위치를 차지하고 있다. 실제로 로딕은 운동단체들을 대신해 강력한 정치적인 선언문을 발표함으로써 자신의 주장을 과시하기도 하며, 때로는 특정 운동단체를 대신해 보이콧을 결정하거나 행진을 주도한다. 그녀는 브라질이 열대우림 숲을 태우는 것에 항의하기 위해 250여 명의 직원을 조직해 런던에 있는 브라질대사관에서 시위하도록 했다. 또 셸Shell 정거장에 도로를 가로지르는 거대한 전자 광고판을 세워 "셸SHELL사 제품을 사지 맙시다. 불매운동에 참여합시다"라고 요란하게 떠들었다.

프랜차이즈 계약을 위한 의사결정을 할 때도 그녀는 사업주들이 사회적인 문제에 관심을 갖는지를 확실히 하기 위해 면접에 많은 시간을 소모했다. 그녀는 자신이 하고 있는 사업의 상업적인 면을 공공연히 과시했다. 그녀는 화장품산업의 경쟁자들이 미모의 여자들을 이용해 대중을 조종하고 있으며, 그들의 제품이 소비자의 욕망을 증대시키는 과장선전을 하고 있다고 주장했다.

로딕을 비판하는 사람들은 대중을 조종하는 것은 그녀이며, 그녀는 고객의 순진함과 이상주의 사상을 이용해 사업을 일으켰다고 한다. 이러한 주장은 놀랄 일이 아니다. 그들은 로딕이 뻔뻔스러운 대중주의자이며, 사회에 대한 그녀 자신의 공헌을 과장하고 있다고 주장하고 있다. 《기업윤리Business Ethics》지 1994년 9월호에 존 엔틴Jon Entine은 더 보디 숍이 동물실험을 하지 않고, 많은 기부금을 내고 있으며, 그리고 제3세계에서 원자재를 수입하고 있다는 주장이 위선이라는 비난의 글을 썼다. 아직도 대부분의 사람들은 로딕의 운동이 순수하게 정열적이며, 다른 어떤 사람들보다도 이러한 운동에 대한 대중의 의식 수준을 높여놓았다고 믿고 있다. 그녀의 제품과 행동이 회사의 주장과 완전히 일치하는가의 여부는 소비자가 결정할 문제다.

더 보디 숍의 사회적 행동주의보다 한 단계 낮은 등급이 벤 앤 제리Ben & Jerry다.

1970년대 후반 버몬트 출신의 벤 코헨Ben Cohen과 제리 그린필드Jerry Greenfield는 고부가가치 아이스크림 회사 벤 앤 제리 홈메이드Ben & Jerry Homemade를 설립했다. 1985년 980만 달러였던 이 회사의 매출은 1991년 9,700만 달러로 증가했다. 그들의 초부가가치 아이스크림의 시장점유율은 현재 36%에 이르고 있으며, 더욱 상승하는 추세를 보이고 있다.

왜 잘 팔렸을까? 첫째, 그들은 창의적으로 레인포리스트 크런치Rainforest Crunch, 블루베리 치즈케이크Blueberry Cheesecake, 그리고 초콜릿 칩 쿠키 도Chocolate Chip Cookie Dough와 같이 '여러 가지 맛을 내는' 아이스크림을 만드는 데 성공했다. 둘째, 그들은 '공정한 임금'이라는 개념을 지지했으며, 최고경영자의 임금을 종업원 평균임금의 일곱 배로 내렸다(최근에 그들은 '시장가격'이 훨씬 높은, 매우 재능 있는 최고경영자를 새로 고용하기 위해 예외조항을 만들었다). 셋째, 그들은 이익의 일정 부분을 사회문제와 환경문제를 개선하는 데 기부한다는 것을 믿고 있었다. 회사의 이념은 제품·사회·경제에 대한 사명에 균등한 초점을 맞추는 '자본주의 사랑하기'였다. 매우 기름진 아이스크림과 그들이 부르짖는 사회운동의 옹호로부터 어느 정도의 고객 충성도가 생겨날지 예견하기는 매우 힘들지라도 벤 앤 제리의 고객들이 비정상적으로 충성스럽다는 데는 의심의 여지가 없다.

사회적 책임이라는 척도에서 벤 앤 제리를 한 등급 낮게 책정한 이유는 그들이 재단을 설립하고 이익의 7%를 뜻있는 사회운동에 기부한다 할지라도 이러한 운동에 관한 한 더 보디 숍보다 덜 거슬리기 때문이다. 그들은 행려자를 위한 헌금, 고래 살리기, 또는 특정 회사에 대한 불매운동을 주장하는 팸플릿을 아이스크림 가게에 놓아두지 않는다. 또한 슈퍼마켓 냉장고에 있는 아이스크림 겉포장에 그들이 하고 있는 선행을 선전하지도 않는다. 그들은 단순히 그들의 부에 대한 대가로 사회에 무엇인가 돌려주고 싶어 하는 '좋은 사람'이다(어떤 사람들은 그들을 '고마운 마음의 소유자'라고 부를 것이다).

벤 앤 제리, 더 보디 숍과 함께 비슷한 성향을 지니고 있는 400개의 회사가 바로 사회적 탐험 네트워크The Social Venture Network라 불리는 연합회의 회원들이다. 이 연합회의 모든 구성원들은 적극적으로 사회운동을 보조하며, 주목받을 만큼 기부금을 많이 낸다. 사회적인 도덕심을 가진 두 개의 또 다른 협회가 있다. 하나는 회사들로 구성된 '사회적 책임을 위한 기업모임Business for Social Responsibility'이고, 다른 하나는 '상호협조적인 미국의 기업 네트워크Co-op America Business Network'다. 또한 회사의 평판에 대한 많은 글이 《기업윤리 : 사회적 책임 있는 기업에 관한 잡지》라는 책자에 실리고 있다.

이제 우리는 사회적 책임이라는 척도의 또 하나의 단계를 조금 낮출 수 있으며, 좋은 사회운동을 지지하는 데 관대한 회사들을 열거할 수 있을 것이다. 그들은 좋은 운동을 지지하는 것을 자랑하지 않으며, 또한 그들 이익의 일부분이 아니라 많은 부분을 기부하고 있다. 맥도널드McDonald가 그 좋은 예다.

거의 모든 사람들은 맥도널드의 음식을 먹는 것과 상관없이 맥도널드를 좋아한다. 맥도널드는 돈의 가치를 충분히 만족시키는 깨끗한 패스트푸드점을 운영하며, 종업원들은 일반적으로 상냥하며 친절하다. 어린이들은 맥도널드를 사랑하며 맥도널드는 일부 매장 옆에 놀이기구를 설치했다. 이 밖에도 맥도널드는 뜻깊은 사회적인 선도운동을 많이 실천했다. 전문적으로 어린이를 돌보는 몇몇 병원에 많은 돈을 기부했으며, 초등학교와 고등학교의 표준화된 과정의 발전을 위해 교육재료를 개발했으며, 고등학교의 밴드와 음악 프로그램을 위해 돈을 기증했으며, 프랜차이즈 가맹 점포들에게 지역사회에 참가해 지역사회운동에 돈을 기증하도록 강조했다.

물론 맥도널드를 비판하는 사람들은 어디에든 있다. 냉소적인 사람은 맥도널드 제품이 건강에 좋지 않다고 말한다. 즉, 기름이 많고 높은 콜레스테롤을 포함하고 있는 햄버거·감자·파이 등은 많은 사람들을 병원에 가게 할 것이라고 주장한다. 이런 주장을 무마시키고 '대중적 신용도'를 쌓기 위해 기증 등의 절차를 밟는다고 말한다. 매일 2,700만 명이 맥도널드를 이용하며, 많은 사람들은 한 주에 여러 번 맥도널드 햄버거를 먹는다. 이러한 현실은 맥도널드 햄버거를 먹는 습관을 버리기 위한 귀찮은 주장이 많이 생겨날 수 있게 한다.

다른 너그러운 회사를 보기로 하자.

IBM은 보통의 자선단체를 보조할 때 '부드러운 손길'의 역할을 한다. IBM은 예술, 특히 순회 예술공연, 콘서트, 무용단 등의 보조에 매우 적극적이다.

이 경우 냉소자들은 IBM이 매우 부자회사(최근 몇 년 동안의 문제에도 불구하고)이고 교육을 받았으며 좀 더 풍요로운 일반고객에 호소할 수 있는 부분에 중점을 두고 참여할 운동을 주의 깊게 선택한다는 점을 지적할 것이다. 따라서 예술에 대한 IBM의 보조는 단순히 자연적인 고객들의 선호도 창출을 목표로 하는 마케팅 비용의 일부라고 주장할 것이다.

너그러운 회사는 이상적인 사고를 갖고 있는 경영층에 의해 운영되고 있을 것이다. 훌륭한 시민 지향적 회사들은 직원들에게 동기를 부여하며, 법적 소송을 피하고, 대중의 사랑을 받으며, 가치를 추구하는 고객들을 유인하는 경향이 강하다는 면에서 실리적인 모습 또한 지닐 수 있을 것이다.

다음으로, 눈에 띄는 '자선적 성격'을 강조하지는 않지만 그들의 제품과 사업에 대해 추천할 수 있는 일련의 회사가 있다. 그들은 많은 임금을 지불하고, 직원들을 위해 좋은 근무 환경과 건강계획을 만들어놓고 있으며, 양질의 제품을 생산하며, 고객들에게 친절하게 대한다. 기부나 원조를 요구해오면 지방자선단체에 많은 사회적인 공헌을 한다. 그러나 사회적인 공헌에 대한 요구가 없는 한 그들은 자신들을 사회단체가 아닌 상업적인 기업으로 간주한다. 그렇다 할지라도 때로 그들 제품의 영향력은 앞에서 언급한 회사들이 사회단체에 내는 기부금보다 사람들의 생활에 더 많은 사회적인 기여를 할 수 있다. 메리 케이 코스메틱스Mary Kay Cosmetics 사의 예를 들어보기로 하자.

1992년 메리 케이 애시Mary Kay Ash의 총 소매매출액은 10억 달러에 달하며, 순 매출액이 6억 2,400만 달러에 달하는 다단계 판매회사를 경영하고 있다. 이 회사는 미용 컨설턴트로 알려져 있는 약 27만 5,000명의 독립적인 직원들을 통해 피부미용 관련 제품, 건강 관련된 제품, 화장품 등 다양한 제품을 판매하고 있다. 그들은 제품을 구매한 후 몇몇 초청받은 여자들을 대상으로 각 가정에서 여는 피부미용 강좌 또는 안면마사지 강좌 등을 통해 되팔고 있다. 미용 컨설턴트들은 또한 그들이 모집한 새로운 미용 컨설턴트의 판매에 대해서도 커미션을 받는다. 메리 케이 코스메틱스사는 여성들의 사업 기회를 확대시킴으로써 독립적인 수입을 올리고 자신감을 갖게 하는 것을 회사의 사명으로 정의하고 있다.

우습게도 메리 케이 조직은 로딕의 더 보디 숍이 단순히 화장품을 팔면서 해왔던 것보다도 훨씬 더 여성의 자존심과 수입의 독립성을 상승시켰다고 주장할 수 있으리라. 오븐·식기세척기·세탁기 등 여성을 집안일로부터 해방시켜서 자신들의 경력을 개발할 수 있는 시간을 부여한 시간절약용 주방용기를 발명한 모든 회사들의 이름이 메리 케이 코스메틱스사와 같은 대열에 추가될 수 있을 것이다.

또 다른 회사들은 자의가 아니라 우연히 위기 기간에 탄생되어 사회적인 책임을 수행한 것으로 추천받을 자격을 갖추고 있다. 어떤 회사라도 갑자기 자신들의 제품이 위기에 직면해 있음을 발견할 수 있을 것이다. 예컨대 그 회사 자동차가 안전하지 못하다, 그 회사 음식을 먹은 사람들이 질병에 걸렸다, 그 회사 약은 생각지 못했던 부작용이 있다 등등. 회사들은 이러한 위기에 매우 다양하게 반응한다.

비록 많은 비용이 들더라도 어떤 회사는 즉각적으로 반응한다. 어떤 범법자가 타이레놀Tylenol 캡슐에 청산가리를 첨가하는 범법 행위를 저질렀을 때 존슨 앤 존슨Johnson & Johnson사가 그러했듯이 즉각 모든 타이레놀을 회수했다. 이와는 달리 크라이슬러사는 미니밴의 뒷문 잠금장치에 이상이 밝혀졌을 때 위기에 대한 반응을 지연시켰다. 또 흡연이 아직도 무해하다고 주장하고 있는 담배회사와 같이 어떤 회사는 고집스럽게 문제를 부정한다. 우리는 회사들에게 그들의 제품 또는 행동이 대중에게 위험을 줄 수 있는 것이라면, 상황을 개선하기 위해 신속히 행동을 취하라고 요구할 필요가 있다.

사회적 책임 척도의 다음 단계로 내려가보면 매우 과장된 사회적 관심사항을 광고하는 회사가 있다. 몇 년 전 어느 정유회사는 자연보호운동에 200만 달러를 사용하고, 그것을 광고하기 위해 400만 달러를 소비한 것으로 밝혀졌다. 얄팍한 선행을 선전하느라 그렇게 많은 돈을 소비하는 것은 매우 위선적이며 조작적인 행위다.

다음 단계로는 아무런 시민행동을 하지 않는 수많은 회사가 있다. 그런 회사는 그들의 회사를 사회적 목적과 연결시켜야 하는 어떠한 이유도 모른다. 노벨상을 받은 경제학자 밀턴 프리드먼 Milton Friedman은 이러한 회사에 대해 가장 설득력 있는 방어적인 설명을 하고 있다. 즉 회사가 자신의 부를 극대화하는 것에 초점을 맞춘다면, 시장경제가 좀 더 효율적일 것이고 부가 좀 더 성장할 수 있다는 것이다. 성공한 회사는 최고의 직원들을 유인하기 위해 높은 임금을 지불할 수 있을 것이며, 주주들은 자격이 있다고 판단되는 모든 자선운동에 자유롭게 그들의 재산을 분배할 것이다. 프리드먼은 차라리 회사가 자선운동에 투입하는 돈을 소유해 좀 더 많은 부를 생산하기 위한 사업에 재투자해야 한다고 보는 것이다.

마지막으로 사회적 책임 척도의 부정적인 극단에 위치한 회사가 있다. 그들의 행동은 실제로 사회적인 이익을 해치고 있다. 범죄 행위를 저지르는 회사들뿐만 아니라 낮은 임금, 미성년자 취업, 환경오염, 저질제품 생산 등의 행태를 보이는 회사들을 포함해서 말이다.

사회적인 책임과 무책임의 양 극단 사이에 있는 몇 단계를 정의했으므로 우리는 처음에 제기한 질문에 답할 수 있게 되었다. 어떤 기업이 '좋은 시민'으로서의 명성을 쌓으면 소비자의 사랑을 얻을 수 있는가? 다시 표현하면, 기업의 좋은 특성이 판매를 증가시키는가? 우리는 대중들이 시민행동을 하는 회사를 어느 정도 알고 있다고 믿는다. 만일 사람들에게 잘 알려진 회사의 이름을 나열하고 회사의 시민적 특성에 따른 서열을 요구한다면, 아마도 그들은 GM보다는 존슨 앤 존슨에, 엑슨Exxon사보다는 맥도널드에 더 높은 순위를 부여할 것이다. 그러나 이러한 소비자들의 인지가 물건 선택에까지 영향을 미치는가?

이것은 단순히 "예" 또는 "아니오"로 답할 문제가 아니다. 어떤 사람들은 분명히 영향을 받을 것이다.

비록 많은 사람들이 자신들의 지각된 가치 때문에 더 보디 숍의 제품을 구매할지라도 더 보디 숍의 사회적 운동에 이끌리고 있다. 그리고 대부분의 사람들이 아이스크림의 본질적인 맛 때문에 벤 앤 제리의 제품을 구매하기는 하지만 많은 사람들이 경쟁사인 하겐다즈HgenDazs보다도 벤 앤 제리에 더 강한 감정을 느끼고 있다고 고백한다. 거의 모든 국가에서 사회적인 문제에 깊은 관심을 보이는 사람들을 발견할 수 있다. 그들은 환경보호단체에 가입하고, 행려자에게 돈을 주는 등의 행동을 한다. 한 나라에서 이런 사람들은 인구의 5% 정도를 차지하고 있다. 다른 나라에서는 20% 정도를 차지하고 있다. 바로 이런 사람들이 제품 구매를 결정할 때 기업의 시민적 이미지를 고려하는 부류다.

기업의 시민적 명성을 위해 투자해야 한다는 주장은 다른 현상으로 인해 또한 강화될 수 있다. 오늘날 많은 경쟁사들은 유사

모델을 내놓고 있다. 소비자들은 코카콜라Coca-Cola와 펩시Pepsi콜라, 하얏트 호텔Hyatt Hotel과 웨스틴 호텔Westin Hotel, GE 냉장고와 월풀Whirlpool 냉장고 사이의 차이점을 알지 못한다. 자사의 물건을 차별화하는 것이 더욱더 힘들어지고 있다. 왜냐하면 어떤 차별화 요소에 대해서도 모방자가 나타나기 때문이다. 만일 더욱 많은 소비자들이 안전한 자동차 구매를 강조하기 시작한다면, 더욱더 많은 자동차회사가 자동차에 안전장치를 첨가하기 시작할 것이며 볼보Volvo와 좀 더 직접적으로 경쟁하게 될 것이다.

따라서 어떻게 해야 대중의 마음에 지속적으로 차별화를 이룰 수 있을까? 나는 차별화의 어느 정도 지속적인 기초가 회사의 시민적 특성이라고 주장하고 싶다. 이것은 경쟁자들이 쉽게 따라하지 못할 것이다. 회사의 이미지는 오랫동안 지속되는 경향이 있다. 이러한 이미지는 종종 고객의 결속력을 만들 수도 있는, 그러나 그 반대의 경우에는 소비자들을 쫓아버리는 강한 감정적 호소력을 지니고 있다. 할리데이비슨Harley-Davidson사는 강한 회사의 이미지가 소비자들의 제품 선택에 어떻게 영향을 미치는가에 대한 좋은 예다.

이 회사의 오토바이는 최고 품질의 제품이 아닐 수도 있다. 그러나 많은 사람들은 할리데이비슨의 상표가 부착된 오토바이 · 가죽점퍼 · 맥주 · 담배 · 레스토랑을 이용할 것이다. 왜냐하면 많은 사람들이 이 회사와 유대감을 갖고 있기 때문이다. 유대를 맺어주는 이미지가 남성다움을 자랑하는 오토바이가 아니고, 회사의 사회적인 관심사 중 하나일 때 같은 일이 일어날 수밖에 없지 않을까? 우리는 한 회사가 소유할 수 있는 많은 이미지 중 하나가 시민적 이미지라고 이야기하고 있는 것이다. 그리고 미래에는 더욱더 회사들 간의 제품이 유사해짐에 따라 한 회사의 시민적 이미지는 고객의 호감을 얻는 가장 강력한 이유 중 하나가 될 것이다.

16

C.K. Prahalad

새로운 경쟁 환경과 관리자의 과업

지난 10년은 경영에 관한 이론·개념·도구 등이 소동을 벌인 기간이었다. 전사적 품질관리에서부터 리엔지니어링, 순환 시간, 권한 부여, 변혁적 리더십, 경계 없는 행동과 가치, 팀제도, 네트워크, 그리고 기업 간의 연대에 이르기까지……. 이러한 동요는 중

C. K. 프라할라드 C.K.Prahalad | 프라할라드는 앤아버에 있는 미시간대학교 경영학과의 하비 C. 프루하우프(Harvey C. Fruehauf) 교수다. 그는 크고 다변화된 다국적 기업의 경영 전략 및 최고경영자의 역할을 전공했다. 그는 하버드대학교의 객원연구교수와 인도 경영대학의 교수였으며, 유럽 경영대학의 초청교수를 역임했다. 《다국적 기업의 사명 : 지역의 요구와 세계 전체사회의 전망 사이의 균형(The Multinational Mission : Balancing Local Demands and Global Vision)》과 《미래를 위한 경쟁》의 공저자다. 그가 발표한 많은 논문들은 여러 차례 상을 받았으며, 《비즈니스 위크》는 그를 "천재적인 선생"이며, "오늘날 경영 전략에 대해 가장 많은 영향을 미치는 사색가"라고 일컬었다. 1995년 그는 경쟁력에 대한 탁월한 학문적인 공헌으로 미국경쟁력협회로부터 상(American Society for Competitiveness Award)을 받았다.

요한 경쟁적 불연속성에 대처할 수 있는 새로운 방법을 찾기 위한 지속적인 탐색을 나타내고 있는 것이다. 비록 각각의 시도가 중요한 직관을 포함하고 있을지라도 아직 관리직의 성격을 바꾸는 데 대한 의견일치는 이루어지지 않고 있다. 논쟁의 대상이 되지 않는 유일한 결론은 관리직이 달라질 것이라는 점인데, 나는 이 장에서 중요한 경쟁적 불연속성에 대해 언급하고, 새로운 시대를 맞는 관리자들의 직무에 대한 임시 명세서를 제시하고자 한다.

경쟁적 전망의 성격

모든 사업이 다음과 같이 설명될 수 있는 불연속성의 하부 구성 요소들의 영향을 받아 끊임없이 변화하는 상태에 있다.

1. 안락함에서 경쟁으로

사기업화와 규제철회에 대한 세계 전역의 압력은 공익사업, 통신산업, 항공산업, 건강 관련 산업, 금융산업, 교육산업 등에서 중대한 불연속성이 있음을 보여준다. 관리자들은 기술, 태도, 관리절차, 경제적 모델 등에서 일어나고 있는 전대미문의 변혁에 대처하도록 강요당하고 있다. 공급 수준, 가격, 이익, 투자, 그리고 관리자와 관료 사이의 은밀한 거래에 기초하여 기술적 혁명의 형태 등을 관리했던 시대는 고객과 시장경제에 대한 건전한 존경을 표시하고 있다. 이러한 변혁은 기존의 시합에서 능력을 찾는 것이 아니다. 이 변혁은 새로운 시합을 고안해내고, 그 시합 안에서 효율을 찾으려는 것이다. 이 변혁은 달라지는 것에 관한 것이다. 오랜 전통을 지니고 있는 사업을 5~10년이라는 단기간에 재발명(구축) 하려 한다는 것은 많은 문제를 내포하고 있다. 빠르게 (그리고 선택적으로) 과거를 망각하고 새로운 것을 학습하는 것은 도전이다.

2. 지역에서 세계로

지구 전역에서 고객·경쟁자·기회가 생겨나고 있다. 세계 전역의 기회는 이미 반석 위에 올라선 기업들에게 불균형을 야기시켰다. 서유럽의 낮은 성장 또는 성장 정체와 함께 동양의 빠른 성장, 그리고 미국에서 갑작스레 폭증한 새로운 지식산업은 기회라는 측면에서 지정학적인 불균형을 탄생시켰다. 그 결과 다음 10년 동안 기업 자원의 지정학적 전개는 눈에 띄게 변화될 것이다. 예를 들어, 대부분의 서구 기업과 일본의 기업들은 아시아가 그들의 자산 및 수입의 50% 이상을 차지하고 있다는 사실을 알게 될 것이다. 이러한 척도로서의 자원 전개는 대부분의 전통적인 다국적 기업들multinational corporations : MNCs의 '중력의 중심'을 변화시킬 것이다.

심지어는 세탁업과 같이 최근까지 단순히 지역에 국한된 것으로 여겨졌던 산업도 세계적인 경쟁의 대상이 될 것이다. 덴마크의 인터내셔널 서비스 시스템International Service System : ISS과 서비스 마스터Service Master는 세탁업 분야의 세계적인 기업이다. 더욱이 세계화는 매우 크고 많은 투자를 하는 산업에게만 해당되는 관심사가 아니다. 예를 들어, 소규모 소프트웨어 회사들이 200~300만

〈표 16-1〉 세계적 경쟁의 출현 형태

새로운 다국적 기업	노키아 모토롤라 에이서	(c)	삼성 대우 LG	(b)
전통적인 다국적 기업	IBM NEC 에릭슨	(d)	필립스 톰슨 마쓰시타	(a)
	새로운 대량소비 전자산업		전통적인 소비자용 전자산업	

달러의 수입을 올리는 세계화를 이룩할 수 있음을 발견하게 될 것이다. 이들은 세계 전역을 상대로 물건을 판매할 수 있으며, 종종 코드를 개발하는 것과 같이 일의 일부를 세계 전역으로 아웃소싱할 수 있을 것이다. 대규모에서부터 소규모에 이르는 다양한 크기의 다국적 기업들이 탄생될 것이다. 세계화는 기업의 성격과 기업의 크기를 결정하게 될 것이다.

3. '나와 같이'에서 '누구같이?'로

대부분의 산업에서 경쟁적인 역동성은 급진적으로 변화될 것이다. 예를 들어, 20년이 넘도록 많은 산업들은 소수의 안정된 세계적인 경쟁자가 있다는 특징을 보여주었다. '세계적인 기업클럽'에서의 마지막 대변화는 1960년대 후반과 1970년대 사이에 일본의 경쟁자들이 출현했다는 것이다. 오늘날은 한국과 대만의 새로운 경쟁자들이 이 클럽에 가입하고 있다. 앞으로 더욱더 많은 기업들이 가입하게 될 것이다. 또한 경쟁은 단순히 '현직자'와 '도전자' 사이에만 존재하는 것이 아니다. 경쟁은 성숙한 산업과 새로이 출현하는 산업 사이에도 존재하고 있다. 오늘날의 사정을 생각해 보자. 〈표 16-1〉에서 관찰할 수 있듯이 대량소비용 전자산업에서 우리는 네 개의 경쟁자 집단을 찾아볼 수 있다.

1968~1988년 사이에 필립스 NV_{Philips NV}와 마쓰시타_{松下} 전자산업 등과 같은 전통적인 MNC들은 컬러 TV, 하이파이 전축, VCR과 같은 전통적인 소비용 전자제품_{consumer electronics : CE}산업에서 경쟁했다. 현재 이들은 삼성과 대우 같은 새로운 MNC의 도전을 받고 있다. 사실 삼성은 다양하고 전통적인 CE 산업의 1~3위를 노력으로 차지했다. 향후 10년 사이에는 인도와 중국의 회사들이 이러한 산업의 도전자가 될 것이다. 더욱이 PC, PC-TV, 이동전화, 프린터, 전자수첩 등 새롭게 출현하는 대량소비용 가전제품_{high-volume electronics : HVE}산업에서는 노키아_{Nokia}와 대만의 에이서_{Acer}그룹과 같은 새로운 MNC들이 필립스와 마쓰시타뿐만 아니라 에릭슨_{Ericsson} 또는 NEC 등과도 활발히 경쟁하고 있다.

IBM과 같은 전통적인 컴퓨터회사들도 고향에서 소비자의 독점권을 위해 경쟁하고 있다. PC를 TV 또는 가전제품으로 변형시키는 것과 같이 성장의 필요성과 그 자신의 전통적인 제품을 발전시키려는 욕망은 이러한 회사를 낯선 전장으로 내몰고 있다. 신·구 산업에서 기득권자와 도전자 사이의 이렇듯 복잡한 전쟁은 친숙한 적과 친숙하지 않은 적을 전장으로 나오게 했다. 에릭슨과 IBM에게 소비자용 산업은 필립스와 마쓰시타에게 PC 사업이 친숙하지 않은 것과 같다. 각각의 기업집단은 각기 다른 종류의 강점을 소유하고 있다. 모두들 이런 경쟁은 단순히 '나와 같은 사람들과의 경쟁'이 아니라는 것을 알고 있다. 이는 '다른 사람들 사이의' 경쟁인 것이다.

4. 분명한 산업의 경계에서 결정되지 않은 산업의 경계로

많은 산업에서 전통적인 경계선의 적합성이 없어지고 있다. 전문업과 소비자산업, 여가, 즐거움과 일, 가정과 일, 의사소통, 연애, 교육, 그리고 컴퓨터 조작 등과 같은 전통적인 경계선은 더 이상 유효한 것이 아니다. 디지털 기술의 출현은 이러한 전통적인 경계선을 비웃고 있다.

예를 들어, 어디에서나 볼 수 있는 PC를 생각해보자. 컴퓨터는 전문가를 위한 제품인가, 또는 일반 소비자를 위한 제품인가? 컴퓨터가 일, 놀이, 교육 또는 연애용으로 사용되고 있는가? 비록 전통적인 산업의 경계선이 빠른 속도로 붕괴되고 있을지라도 새로운 산업의 윤곽은 아직 결정되지 않은 상태다. 또한 전통적인 통신산업 기업들과 소프트웨어 생산업체들은 집 안의 컴퓨터, TV, 집 안의 통제장치, 그리고 의사소통 수단 등의 기능을 통합하는 산업을 만들어내기 위해 경쟁하고 (그리고 협조하고) 있다. 이러한 혼합기능이 만들어진다면, 회사들은 새로운 사업을 정의하기 위해 경쟁한 만큼 새로운 기회를 향한 이동통로를 확보하기 위해 경쟁하는 경향을 보일 것이다. 이러한 경쟁은 복잡하고 왕성하며, 최후의 소비재와 서비스를 위한 경쟁과는 다를 것이다.

5. 안정에서 변덕으로

산업간의 경계가 결정되어 있지 않으며 이동경로 및 고객의 기대와 관련된 불확실성이 있다는 것을 가정할 때, 기업은 새로운 제품과 서비스를 실험해야만 한다. 이러한 시장에 대한 실험은 불확실한 생명력을 경험하게 될 것이다. 어떤 상품은 대성공을 거두거나 반대로 완전히 실패할 수 있다. 엄청난 성공도 잠깐 사이에 신제품으로 대체될 수 있다. 프린터와 같은 제품의 변덕스런 결과 —즉 크기를 증가(또는 감소)시키는 문제와 새로운 제품을 소개하는 속도— 를 생각해보라. 성장하는 사업에서 관리자의 신속한 변신 능력은 톱이나 음료수와 같은 안정적인 사업과는 현저하게 다른 것이다.

6. 중간을 거치는 단계에서 직접적인 접근으로

체계적인 과정은 생산자와 마지막 소비자 사이의 많은 계층을 감소시키는 것으로 나타난다. 퀴켄Quicken은행, 증권회사 찰스 슈웝 코퍼레이션Charles Schwab Corporation, 유통과 서비스업의 델Dell 컴퓨터회사, 전자상업의 인터넷 등은 용역과 재화를 생산자로부터 최후의 소비자에게 전달하는 과정의 비효율과 비용을 제거하는 것에 초점을 맞추고 있다. 이러한 경향은 인터넷과 월드 와이드 웹 World Wide Web : WWW의 번성과 함께 가속화될 것이다. 생산자들이 소비자들에게 직접 다가가는 능력은 현 생산자들의 비용 구조와 사업의 모델을 급진적으로 변화시키며, 새로운 생산자들의 진입을 막는 장벽을 감소시킬 것이다. 필연적으로 사업의 속도와 리들은 변화될 것이고, 점차 병참의 기능이 경쟁적인 전략의 중심적인 위치를 차지하게 될 것이다.

7. 수직적인 통합에서 전문가로

포드, 조지 이스트먼George Eastman, 그리고 뒤퐁Du Ponts은 수직적으로 통합된 자신들의 제국에 많은 자부심을 가졌었다. 지난 10년 동안 기업들은 스스로의 과거를 깨고 나와 '심각하지 않은' 행동을 찾는 데 분주했었다. 이제 이들은 두 개의 흥미 있는 경향에 직면해 있다. 첫째, 부품의 공급자들은 종종 최종 소비자시장에서는 경쟁자들이다. 아메리칸 에어라인American Airlines은 고객을 유치하기 위해 함께 경쟁하고 있는 다른 항공사들이 사용하는 항공권 예약 시스템을 공급하고 있다. 도시바東芝는 노트북 컴퓨터 사업에서 경쟁자들에게 액정소자Liquid Crystal Display : LCD 패널을 공급하고 있다. 종종 경쟁자들은 핵심 부품과 하부 조직을 서로 교환한다. 이런 경향은 새로운 경쟁적 차원을 탄생시키고 있다. 즉 상호간에 무역을 하는 경쟁자들 사이의 기술적인 무역균형 말이다. 경쟁자들 사이의 무역균형은 국가 간의 무역균형만큼이나 중요한 경쟁의 차원이 될 수 있다.

또 하나의 다른 경향은 인텔과 같이 핵심 제품의 전문가가 생겨나고 있는 것이다. 핵심 부품 공급자에게 접근할 수 있다는 것은 살아남을 수 있는 최종 소비재 생산을 원하는 그 어떤 사람에게도 매우 중요하다. 전문가들, 예를 들어 마이크로 프로세서, LCD, 모니터 등의 공급자들과 전문부품 생산자들은 지정학적으로 널리 퍼져 있다. 미국·일본·대만·싱가포르·말레이시아는 지정학적인 연결 지역으로 떠오르고 있다. 더욱이 이러한 지정학적인 분산은 하나의 기업에 포함되어 있는 것이 아니다. 각 기업은 분리되어 있는 법인체다. 결과적으로 PC사업의 제품 개발, 물류, 생산량, 제품 출고시기, 그리고 가격에 관한 조정은 지정학적 위치를 뛰어넘어 법적으로는 독립적이지만 전략적으로는 의존적인 회사들이 실시해야 한다.

8. 하나에서 복합적인 지적 유산으로

다양한 기술의 복합은 기존 기업의 관리자들에게 새로운 것을 요구하고 있다. 화학기술과 전자기술 및 소프트웨어(예를 들면 이스트먼 코닥 회사), 기계기술과 전자기술(예를 들면 포드자동차 회사), 제약기술과 패션(예를 들면 레블론Revlon) 등의 통합은 관리자들에게 단순히 새로운 지적 유산의 수용뿐만 아니라 그 회사의 전통적이고 역사적인 전문기술을 새로운 지적 유산과 적극적으로 통합하도록 강요하고 있다. 같은 맥락에서 전통적이고 전문적인 (엔지니어링) 사업 성향을 가진 기업들이 소비재를 판매하는 기업으로 변신하고 있다(예를 들면 휴렛패커드). 예를 들어, 코닥사의 포토 CDPhoto CD와 같이 잡종의 재화와 용역을 통합하고 개발하는 일에 대한 필요성은 새로운 도전을 만들어내고 있다. 관리자들은 근본적으로 다른 추론 과정을 학습하고, 받아들이고, 그리고 이용해야만 한다.

동일한 수준에서 요구되고 있는 또 다른 급진적인 변화, 즉 대부분의 산업에서 산업표준화와 관련된 투쟁, 환경적 요구 사항, 그리고 자본에 대한 경쟁 등을 우리는 쉽게 첨가할 수 있다. 이 목적은 일어나고 있는 변화가 소모전이거나 점차적인 것이 아니라 불연속적이라는 점을 지적하기 위한 것이다.

새시대 관리자들의 직무

경쟁 출현에 대한 전망은 미래 관리자들에 대한 요구가 달라지리라는 것을 예고하고 있다. 그들은 최소한 조직에서 다음과 같은 능력을 만들어내야만 한다는 사실을 인식해야 할 것이다.

1. 복잡한 전략을 생각해내고 실행할 것

오늘날의 전략은 단순히 시장점유율과 이익에 초점을 맞출 뿐만 아니라 산업의 표준, 이동경로, 비전통적인 시장으로의 진입 등에 영향을 미치는 것에 초점을 맞추고 있다. 전략은 하나의 기업이 홀로 추진하기도 하고, 공급자·고객·협조자·경쟁자 등과 무리를 지어 추진하기도 한다. 전략적 사고는 모든 종류의 협조적인 조항을 포함하고 있어야만 한다. 결과적으로 어떤 관리집단이 자율적으로 사용할 수 있는 자유의 정도는 급격히 감소되었다. 그러나 만일 그들이 현명하게만 사용한다면 이러한 관계는 경쟁적인 전쟁에서 기업이 사용할 수 있는 자원과 영향력을 현격히 증진시킬 수 있을 것이다.

2. 지적재산권을 공유하고 보호할 것

전통적인 제조업과 달리 오늘날의 사업은 '보이지 않는 자산' 즉 실력·특허·제품·물류·평판에 기초하고 있다. 지적재산권을 보호하는 것은 물적 자산에 기초하고 있는 지식을 보호하는 일보다 훨씬 어렵다.

3. 정부와 사기업 사이의 관계를 관리할 것

비록 규제 완화와 사기업화가 빨리 일어나고 있을지라도 정부는 아직도 산업의 방향 설정에 많은 영향을 미치고 있다. 더욱이 고객·환경론자·인권운동가·투자가·직원들은 관리자들에게 더 많은 투명성과 책임감을 요구하고 있다. 인권 위반과 온두라스 및 중국에서 노동을 착취하는 섬유와 신발산업의 저주받은 공장들의 작업 조건과 관련된 현재의 논쟁은 고위관리자들의 책임감에 대한 확대된 견해를 나타낸다.

4. 지적이고 관리적인 리더십을 제공할 것

불연속성의 시대를 맞아 종업원·고객·투자가들은 지적 리더십의 원천을 갈망하고 있다. 미래에 대한 통찰력과 강력한 견해를 관리자들로부터 기대하고 있다. 이것이 조직과 산업에 동기를 부여하고 활성화시킬 수 있는 횃불이 될 수 있는 것이다. 동시에 관리자들은 기술·태도·행동·사업모델 등에서 획기적인 변화를 겪고 있는 조직을 신속히 인도할 수 있는 관리적인 수완을 보여주어야만 한다.

우리는 여러 장소 및 다양한 문화권에서 사업이 운영될 것이며, 다양한 기술과 시각이 요구되는 세계화가 도래하리라는 것을 쉽게 알 수 있다. 그때는 새로운 개념·도구·기술·시장에 대한 학습이 매우 중요해질 것이다. 그러나 이런 것의 성취는 여러 가지 다양한 협정을 포함하게 될 것이다. 따라서 다른 기업과의 공유 및 학습은 자신의 핵심 기술을 보호하는 것과 공존해야 한다. 제품 개발, 능력 개발, 그리고 새로운 기회의 이용 등에서 조직 성향의 기본적인 변화를 효과적으로 실행하기 위해서는 속도가 주요한 요인으로 작용할 것이다.

앞으로 10년 동안 경쟁적인 불연속성을 맞게 되는 조직과 관리자들의 중요한 직무는 다음과 같다.

1. 전체 조직을 위한 공유된 경쟁적 일정을 만들 것

이 일정은 종업원, 현재 고객과 잠재적인 고객, 공급자, 협력자, 그리고 투자가들과 공유될 것이다. 미래에 대한 견해는 칭찬하지 않을 수 없는 것이어야 하고, 직접적이며, 동기를 부여할 수 있는 것이어야 한다. 조직이 전체적인 경쟁적 일정을 공유하기 시작함에 따라 고위관리자들은 의사결정을 분권화시킬 수 있을 것이다. 산재해 있지만 네트워크화한 지식이 함께 직무를 수행하기 위해서는 아치형의 구조가 필요하다. 고위관리자들은 '모래상자'를 정의해야만 한다. 그러나 그 안에서 진행되는 모든 시합을 정의할 필요는 없다. 고객과 경쟁자들과 근접해 있는 하위직 관리자들은 적절한 제품시장 전략을 정의할 수 있을 것이다.

2. 산업 역동성의 변화와 회사 자원의 투자에 초점을 맞출 것

목표는 기존 산업의 형태를 변형시키는 것이다. 뿐만 아니라 새로운 산업을 창조하는 것이다. 이러한 목표를 달성하기 위해 조직은 자원 분배 그 자체보다는(관리자들이 현재 주로 하고 있는 일) 자원의 축적과 자원의 효율적 투자에 초점을 맞추어야만 한다. 관리자들은 자신의 회사에서 구할 수 있는 자원을 뛰어넘어 공급자·협력자·경쟁자·고객들로부터 획득할 수 있는 자원을 이용하기 위해 손을 뻗쳐야만 한다. 그러면 이들 자원은 조직 내에서 얻을 수 있는 자원의 승수가 될 것이다.

3. 자원을 재배치할 수 있는 유연한 체계를 만들 것

대부분의 기업들에게 조직은 시장에 대한 선행적인 행동과 빠른 대응을 하는 데 방해물이 되고 있다. 미래에는 자원을 보존하고 빠르게 재배치시키는 능력이 매우 중요하게 사용될 것이다. 이것은 빠르게 학습하고, 더욱 빠르게 망각하며, 경계선이 없어지고, 시장에서의 승리에 초점을 맞추는 것을 의미한다.

4. 세계적인 능력을 발전시킬 것

조직이 세계적으로 또는 지역적으로 생각하고 행동하면 세계 전역의 고객, 공급자, 그리고 재능에 접근할 수 있다는 의미다. 조직은 인종차별을 하지 않는 실력 우선 사회가 되어야만 한다.

| **새시대의 관리자**

이상과 같은 목표는 새로운 시대의 관리자가 표면에 나서지 않으면 달성될 수 없을 것 같다. 최소한 새로운 시대의 관리자는 다음과 같은 특성을 지니고 있어야 한다.

1. 체계적 사고

불연속성의 사회에서는 전체를 개념화하고 종합할 수 있는 능력, 부분 사이의 연결을 이해할 수 있는 능력, 그리고 미래를 상상할 수 있는 능력이 매우 중요하다. 새로운 시대의 관리자는 확실한 정보와 불확실한 정보 사이의 조화, 분석과 직관의 조합, 그리고 개인의 이익과 공공이익의 균형을 달성해야만 한다.

2. 문화를 초월한 능력 발휘

회사가 세계시장의 부분이 되고 다른 문화권의 시장·공급자·종업원·투자가에 대한 의존도가 높아짐에 따라 문화를 초월한 능력 발휘는 중요한 장점이 되고 있다. 관리자들은 개인의 역량에 의존하는 기존의 생각에서 대인간, 그리고 문화를 초월한 능력 발휘에 대한 생각으로 전환해야만 한다. 다른 문화권이 자신과 같은 가치관과 믿음을 공유하지 않고 있다는 것에 대한 인식은 매우 중요한 자산이다. 여러 언어 사용 능력과 역사·종교·예술에 대한 깊은 이해는 문화를 초월한 능력의 발전을 촉진시킬 것이다.

3. 강하고 지속적인 훈련

불연속성·세계화와 함께 지식의 폭발은 관리자들이 지속적으로 새로운 생각, 새로운 기술, 새로운 사업, 그리고 새로운 문화에 노출되어야 한다고 주장하고 있다. 우리가 알고 있는 '반쪽 인생'은 당혹스러울 정도로 짧다. 관리자들은 지속적인 교육의 기회를 찾아야만 한다.

4. 개인의 표준과 행위의 표준

변화에 대한 지속적인 압박을 받고 있는 세계적인 어떤 기업도 분명한 행위의 표준을 설정하지 않고서는 살아남을 수 없다. 관리자들은 세계화된 조직에서 요구하는 최소한의 가치관과 행동의 기준을 확립시키기 위한 체계를 만들어야만 한다. 그러나 더욱 중요하게는 그들 스스로가 더 높은 수준의 우수함을 보여줄 수 있어야만 한다는 것이다. 우수함이란 사업에 대한 지식, 성과와 책임에 대한 몰입, 적법한 절차에 대한 관심, 대인관계 및 문화에 대한 민감성, 그리고 다른 기업의 성장에 대한 지식과 관련이 있다.

새로운 시대의 관리자들은 단순한 행위자가 아니다. 그들은 사색가일 것이다. 어떤 중요한 의미에서 관리자들은 '반은 요가의 수행자이며, 반은 공산당의 정치국원'이 될 것이다.

| **결론**

새로운 시대의 관리자들이 수행해야 할 직무에 관한 통합적인 견해는 경쟁적인 불연속성의 특성에 대한 견해 없이는 발전시키기 어렵다. 불연속성은 회사와 관리자들이 부를 창조하기 위해 투쟁함에 따라 그들에게 부가될 새로운 요구 사항을 밝히는 기초를 제공하고 있다. 새로운 시대의 관리자들에 대한 요구 사항은 이러한 이해에서 도출되고 있다. 앞으로의 10년은 기꺼이 자신에게 도전하고, 학습하고, 공유하고, 변화할 수 있는 사람들에게 기회로 가득 찬 기간이 될 것이다. 변화에 저항하는 사람은 뒤처질 것이며, 미래를 창조하는 흥분을 완전히 잃게 될 것이다.

17

Martin E. Hanaka · Bill Hawkins

영원한 승리를 위한 조직

스테이플사는 설립 후 10년 내에 매출액 30억 달러를 달성한 역사상 총 아홉 개의 회사 가운데 하나로, 성공을 유지하는 것이 당연한 것처럼 보일지 모르겠다. 원래 초대형 사무용품 회사였던 스테이플사는 우편주문과 계약제 상업용 판매부를 포함시키며 확장했

마틴 E. 하나카 Martin E. Hanaka | 전국적인 사무용품 공급 체인인 스테이플(Staples) 주식회사의 사장이며 대표이사다. 그는 시어스 앤 로벅(Sears&Roebuck) 가정용품부의 부사장을 지냈으며, 홈 일렉트로닉스(Home Electronics), 시어스 브랜드 센트럴(Sears Brand Central)의 사무용품부 등에서 20년 넘는 세월을 보냈다. 또한 소비용 전자제품 체인인 레치미어(Lechmere) 주식회사의 사장 겸 대표이사를 지냈다.
빌 호킨스 Bill Hawkins | 캘리포니아주 샌디에이고에 있는 국제적 컨설팅회사인 케일티 골드스미스 앤 컴퍼니의 사장이다. 8년이 넘도록 정력적인 컨설팅을 해온 그는 리더십 개발 및 조직 개발을 전공했으며, 5개 대륙 20개 이상의 포춘 500대 기업을 대상으로 컨설팅 업무를 수행했다.

다. 그러나 비교적 가까운 20~30년의 미래를 생각해볼 때 승리하는 기업인 스테이플사도 오늘날과는 완전히 다른 세계에서 경쟁하기 위해서는 분명히 준비해야만 한다.

과거 단순히 싼 가격의 리더십으로 종종 표현되었던 경쟁적 우위는 앞으로 고객의 욕구를 이해하고 만족시켜주는 것에 초점을 맞추는 사람들 몫이 될 것이다.

승리하는 기업은 이렇게 변화하는 욕구에 효율적으로 대처하기 위해 조직에 유연성을 설계하는 방법을 찾을 필요가 있다. 또한 여러 언어, 여러 문화, 여러 통로, 그리고 여러 가지 통화 환경에서 효과적으로 의사소통하고, 의사결정하기 위해 네트워크를 이용할 필요가 있다. 미래는 예외 없이 합작회사의 형태가 경쟁적인 이익을 얻을 것이다. 단순히 제품의 재판매자 역할만을 지속하는 회사들은 망하고 말 것이다.

| **조직 내의 스트레스**

기업을 상대로 하는 사업은 경제적·인구학적·기술적 경향의 혼합으로 인해 시장의 복잡성이 증가될 것이다. 최근 우리는 한 가정에서 두 가장을 직장으로 몰아내는 경제현상을 목격해왔다. 좀 더 많은 사람들은 가정에 기초를 둔 채 자신의 사업을 하기를 원하거나 또는 해야 한다고 느끼고 있다. 그러면서 점차 좀 더 많은 사람들이 집에서 일하거나 또는 일감을 집으로 가져오고 있다. 그 결과 오늘날 점점 더 많은 가정이 팩스, 복사기, PC,

그리고 프린터와 스캐너 같은 주변기기를 구비한 사무실로 변모하고 있다. 몇 년 전만 해도 1,000달러였던 팩스도 오늘날에는 더 많은 기능이 장착된 것을 반 가격에 구입할 수 있다. 이러한 기계는 너무 쉽게 구입할 수 있어서 심지어 임시직을 고용하는 사업도 이러한 기계 없이는 제 기능을 할 수 없게 되었다.

또한 가정 내에서 많은 사람들이 정보의 고속도로에 접속함으로써 사업을 시작할 수 있다. 이 사람들이 자신의 사업적 욕구를 충족시키기 위해 쇼핑할 때, 우리는 그들을 소매자로 보고 준비를 해둬야 한다. 예를 들어 학용품, PC용 액세서리, 그리고 창고 보관용품과 같은 분야에서 그들은 새로운 사업 기회를 제공하고 있다.

이러한 사업 풍토의 전환은 경쟁적인 요구 사항을 소유한 새롭고 색다른 고객의 출현이라는 결과를 낳고 있다. 따라서 마케팅과 제품의 공급 등은 모두 과거에 성공적으로 사용했던 공식과 달라야만 한다. 스테이플사는 생산 라인을 40% 확장했으며, 이처럼 새롭고 넓게 기초를 형성하고 있는 소비자에게 호소하기 위해 독자적인 제품명의 상품을 개발했다. 비록 이러한 발전이 조직에 굉장한 스트레스를 부과한다 할지라도, 고객 만족에 초점을 맞추고 고객 위주의 기업 문화를 만듦으로써 이러한 스트레스의 많은 부분을 감소시키고 제거하거나 조직의 이익으로 전환시킬 수 있는 것이다.

고객을 위주로 건설할 것

미래에 승리하는 조직이 직면한 도전은 모든 고객 집단에게 필연적으로 일어나게 마련인 시장 변화의 속도와 폭을 정확히 예측하고 반응하는 것이다. 이것을 위해 새로운 조직은 낮은 비용, 제품의 집단화, 기득권자 또는 지리적 위치 등과 같은 전통적 요소에 기초한 구조가 되어서는 안 되고, 고객 중심 구조로 만들어져야 한다. 성공적인 기업에 대한 이러한 새로운 모델은 구체적인 고객들에 대한 이해와 요구 사항 및 기대에 기초하게 될 것이다.

스테이플사는 모든 최종 소비자에게 효율적이며 경제적으로 봉사하는 것에 몰입되어 있었다. 매장에 있는 고객이든, 전화를 통한 구매 고객이든, 또는 전자우편을 통해 주문하는 고객이든 우리는 승리를 위해 그들이 선택한 방법에 맞게 봉사해야 한다는 것을 알고 있었다. 왜? 우리는 시간 부족을 경험하고 있었기 때문이다. 주당 평균 근무시간은 1980년대 이후에 8~10시간이 길어졌으며, 길어진 만큼 비근무시간이 줄어들었다. 승리하는 조직은 낮은 비용의 달성뿐만 아니라 소비자의 시간과 돈을 절약시켜줄 수 있는 효율적인 운영을 해야만 한다.

지난 2년간 스테이플사는 기능적인 수준의 소비자 지향적인 사업에서 소기업을 목표로 하는 사업 및 통신판매 등 새로운 판매 통로를 개척했다. 최근에는 계약에 기초해 중규모 및 대규모 조직에 물건을 공급하는 상업용 계약사업에 전략적으로 진출했다. 이처럼 다양한 종류의 고객들이 비슷한 (어느 경우에는 똑같은) 제품을 원하고 있다 할지라도, 각 집단의 매우 소중하고 만족스런 재구매 고객은 포장·수량·선택에서 아주 다양한 요구 사항을 갖고 있다. 즉 같은 3M 테이프라도 우리는 다른 규격 및 다른 포장을 제공하고 있다는 의미다. 심지어 정부 또는 다른 큰 고객을 위한 대규모 경매의 기초로도 사용되고 있다는 의미다. 고객의 특수성을 이해하고 독특한 욕구를 만족시키기 위한 움직임에 초점을 맞추고 있는 조직은 어쩔 수 없는 변화를 가장 먼저 직면하게 될 것이다.

1980년대에 많이 사용된 이론에 따르면, 저비용 구조를 소유한 조직이 가장 경쟁력이 강했다. 그들은 경제적 기초 아래 경쟁해서 이길 수 있는 여지가 있어야 했다. 창고형 도매점은 이러한 기초 아래 조직된 사업의 예다. 사실 스테이플사의 초기 성공의 많은 부분은 최저가의 최적의 제품을 많이 보유한 데 기초하고 있었다. 회사가 경쟁에서 비용의 우위를 점유하고 있는 것은 단시간 동안만 지속될 수 있다. 주문과 재고를 효율적으로 관리하는 데 요구되는 정교한 정보통신 기술은 급속도로 모두에게 확산되고 있다. 그것도 매우 낮은 가격으로 말이다. 비용은 중요하다. 그러나 비용 하나만을 중심으로 조직화하는 것이 최선의 장기적이며 전략적인 해답은 아니다.

운영 면이나 저가격에서 고객에 대한 봉사로 초점을 변화시키는 것은 완전히 다른 구조를 요구하고 있다. 그것은 다양한 집단을 목표로 하는 판매와 마케팅 과정을 매우 효율적으로 달성할 수 있는 조직 구조라고 할 수 있다.

| 동반자

미래의 승리를 위해 조직은 공급자 및 고객들과 맺고 있는 관계의 종류를 평가해야만 한다. 스테이플사는 전략적이고 세계적인 것으로부터 단순히 기회주의적인 것에 이르는 4단계의 공급자 관계를 설정해놓고 있다. 세계적인 관계란 스테이플사가 무엇을 하든 간에 공급자들과 대부분의 다국적 고객들이 따라오게 될 관계를 의미하는 것이다. 이러한 관계는 최고경영자층에서 관리하고 있으며 진열대, 광고, 훈련, 그리고 최소한의 재고 수준 등에 대한 보장이 포함될 수 있다.

또 다른 전략적 동반자의 예는 활동기준 원가계산에 대한 연구를 지속적으로 함께 하고 있는 조지아 퍼시픽 코퍼레이션Georgia Pacific Corporation, ACCO 월드 코퍼레이션ACCO World Corporation, 글로벌 퍼니처 컴퍼니Global Furniture Company, 휴렛패커드 등을 들 수 있다. 이들은 고객으로서 우리에게 봉사하는 비용과 일반적인 유통비용을 자세히 분석하고 있다. 각자가 운영 방법의 변화, 상호 비용의 감소, 그리고 미래의 성장을 위한 재투자 등에 몰입하고 있다는 것을 동반자에게 보여주고 있다.

미래에는 소매 조직이 경쟁으로부터 차별화를 도모하는 방법의 하나로 더욱더 제품 개발의 동반자적 관계를 형성할 가능성이 높다. 계약생산은 소매 조직으로 하여금 비용절감을 통해 특정 고객을 위한 가치창조가 가능한, 진정으로 독특하고 차별화할 수 있는 제품을 생산할 수 있게 할 것이다. 또 이익이 되는 낮은 비용의 대가로 우리가 유통망을 기꺼이 보장해주는 것이 또 다른 차원이 될 수 있을 것이다. 제공하는 제품을 차별화하기 위한 제품의 계통화는 중요한 욕구다. 우리의 제품 개발부 사람들은 스테이플사가 AT&T의 디스켓과 전자계산기 같은 특정 제품의 유일한 공급자가 되기 위한 독점권을 얻어서 독특한 매장을 만들기 위해 잔업을 하고 있다. 이러한 개념은 캐나다의 소매 연쇄점망인 로블로Loblaw에서 사용하고 있는 대통령의 선택 상표와 같은 것이다. 더욱이 개별적인 상표를 생산하는 제조업자와 동반자관계를 형성할 때 스테이플사와 같은 소매 조직은 물류비용과 창고비용을 절약하기 위해 자신들의 상점 또는 물류센터를 이용할 수 있을 것이다.

종합해볼 때 계약제 생산, 제품 개발, 그리고 중앙집중식 물류는 시장에서 오래 지속될 수 있는 이익을 우리에게 가져다줄 것이다. 미래의 조직은 물건을 판매할 때 최적의 유연성을 추구할 필요가 있을 것이다. 그러나 그런 유연성은 제품을 위한 가장 효율적인 유통망 및 유통 방법과 결합되어 고객을 위한 가치를 창출해야만 한다. 만일 당신이 국산품만을 판매한다면, 당신이 창출하는 가치의 위치는 승리의 지위에서 끊임없이 멀어질 것이다.

| **문화창조**

조직의 사명과 가치체계는 변화에 직면한 조직을 위한 닻의 역할을 통해 조직의 스트레스를 억제하는 기능을 한다. 사명은 올바른 일을 하는 것에 초점을 맞추도록 해준다. 가치관은 올바른 사람을 유인하고 매일 매일의 직무수행을 인도하는 분명한 문화를 만들어준다. 미래의 조직은 직무수행을 위해 요구되는 기술 이상의 것을 준비해오는 사

람을 필요로 하고 있다. 또한 우리는 우리의 문화에서 성공할 수 있는 사람의 '종류'에 대한 분석표를 필요로 하고 있다.

전통적인 방식은 우리에게 특정한 사람의 기술·경험·전공·지식·교육·성과 등을 알 수 있게 해준다. 그러나 눈에 보이지 않는 자질은 어떻게 알 수 있을까? 예를 들어, 사우스웨스트 항공사는 직무에서 요구하는 기술을 뛰어넘어 공존을 위한 '인간성'의 문제를 언급하고 있는 신입사원에 대한 분석표를 만들었다. 사우스웨스트 항공사는 다음과 같은 것을 알고자 했다. 이 사람이 직무를 통해 즐거움을 찾고, 즐거움을 줄 수 있는 종류의 사람인가? 이 회사는 고객과의 면접을 포함해 일련의 면접에 응한 사람 가운데 겨우 3%만을 고용했다.

우리는 경계선과 유통망을 뛰어넘어 빠르게 확장하고 있는 복잡성을 처리할 수 있는, 위험을 선호하는 사람이 스테이플사가 처해 있는 환경에서 성공할 수 있는 부류라는 것을 알고 있다. 응시자들이 서로의 지식을 기꺼이 공유하는 것 또한 매우 중요하다. 이러한 사람들을 찾기 위해 우리는 TDR 인터내셔널TDR International 사의 톰 리드Tom Reed와 함께 행동과 관련된 능력을 개발했다. 이러한 능력은 응시자들이 익숙하지 않으며 위험이 동반되는 상황에 접근하는 방법을 분석표로 만들어서, 회사가 좀 더 좋은 정보에 기초하여 고용결정을 할 수 있도록 해주었다. 이러한 가이드를 이용해 우리는 응시자들을 실생활에서 수행하는 의사결정 상황에 처하게 할 수 있었다. 우리는 그들이 어떠한 틀을 사용해 의사결정을 하며, 어떤 교환을 하며, 어떻게 비난을 처리하며, 그리고 어떻게 위험에 반응하는가 등을 알고자 했다. 행위능력의 핵심은 응시자의 가치관에 관한 질문이다. 즉 그들이 문제를 어떻게 해결하며, 그들이 숙련된 학습자인지, 그리고 그들이 불화와 스트레스를 처리할 수 있는가에 대한 질문인 것이다.

스테이플사는 매우 빠른 속도로 성장하는 회사다. 우리는 공격적인 목표를 설정한다. 우리는 속도가 빠르고 복잡한 변화를 좋아하는 사람을 원한다. 전통적인 방법의 면접을 통해 이러한 평가를 하기는 매우 어렵다. 고용 후에 기술 수준은 괜찮지만 직무에 맞지 않는 사람이기 때문에 조직의 목표 달성에 기여할 수 없음을 발견하는 것을 미래의 조직은 용납할 수 없으리라. 그 대신 조직은 조직의 사명 및 가치관과 함께 문화를 만들 필요가 있으며, 조직의 욕구를 특별한 행동능력과 짝을 이루게 하는 것이 조직을 위해 더 바람직하다고 여길 것이다. 조직은 전통을 버리고 행위적인 도구와 압박감을 사용하는 시험 등을 이용할 필요가 있다. 가장 성공적인 조직은 사람을 단순히 일하는 장소에 배치하는 조직이 아니라 고용된 사람에게 많은 관심을 보이는 조직이 될 것이다.

| **권한 부여와 의사소통**

올바른 사람을 고용해 훈련시킬 수만 있다면 새로운 재능을 이용하는 것이 매우 중요하다. 전통적으로 스테이플사는 일부 사람들이 실질적으로 거의 모든 의사결정을 하는 상의하달적, 재무 중심적, 생산 중심적 회사였다. 그러나 우리가 고객

에게 초점을 맞춘다면, 고객이 시장을 정의하고 스테이플사가 따라야 한다는 것은 분명하다. 조직의 효과에 대한 도전은 재무와 생산 중심 문화에서 서비스 위주 문화로의 이동이 요구된다는 것을 이해하게 했다. 이를 위한 유일한 방법은 의사결정이 적절한 수준에서 이루어지는 권한이 부여된 직장을 만드는 것이다. 현실적으로 이는 조직의 피라미드를 거꾸로 뒤집어 고객을 가장 높은 자리에 올려놓는 것을 의미한다. 또한 고객과 가장 근접해 있는 수많은 스테이플사의 협력회사들이 회사를 운영하는 데 필요한 매일 매일의 의사결정을 위한 권한이 부여되어 있어야 한다는 뜻이다. 우리는 직원들이 고객과 고객서비스에 영향을 미치는 의사결정을 아무런 허락 없이도 내릴 수 있도록 해야만 한다.

이것을 위해 상급관리자들은 매일 매일의 의사결정을 기꺼이 위임할 뿐만 아니라, 적당한 수준의 적당한 사람이 현명한 의사결정을 내리는 데 필요한 모든 정보에 접근할 수 있도록 해주어야 한다. 미래에 대한 열쇠는 의사소통이다. 스테이플사는 협력회사들과 효과적으로 의사소통을 하지 못함으로써 미국 내의 많은 회사들이 보여주었던 실수를 저질렀다. 너무 많은 경우가 소수에게만 중요하고, 일부에게만 흥미 있으며, 대부분의 사람들에게는 필요 없는 내용과 자세한 분석에 파묻힌 정보의 과부하로 끝났었다. 효과적으로 이익을 줄 수 있는 미래의 의사소통은 시의적절하며 적당한 수준으로 세밀해야 한다.

앞에서 언급한 복잡함의 일부는 적당한 의사소통이 과거보다 좀 더 효과적으로 '일어나도록' 조직 내의 기술을 효과적으로 이용하는 것을 포함하고 있다. 권한을 부여받은 미래의 협력자들은 시간의 압박을 받게 될 것이다. 오직 중요한 정보만을 의사소통하게 될 것이다. 사람들은 움직이게 될 것이다. 그들은 몸에 지닐 수 있는 전자제품과 의사소통 수단을 필요로 하고 있다. 오늘날 우리가 보고 있는 전자우편과 노트북 컴퓨터는 이러한 경향이 가속화될 가능성을 보여주고 있다.

더욱이 미래의 조직은 좀 더 정교한 도구를 필요로 할 것이며, 현재 이러한 도구 가운데 많은 것이 인터넷과 인트라넷intranet : 내부적으로 지식을 공유하기 위해 사용됨 등과 같은 형태로 출현하고 있다. 스테이플사는 정보 및 통신기술에 두 가지의 흥미를 갖고 있다. 우리는 사업을 하기 위해 이러한 기술을 사용할 뿐만 아니라, 이것을 파는 것이 우리에게 새로운 판매 기회를 낳고 있다.

| **마지막 도전**

올바른 구조를 만들고, 올바른 재능을 소유한 사람을 고용하고, 올바른 의사소통 과정을 이용한다고 해서 충분한 것은 아니다. 빠르게 성장하고 복잡한 환경에서 적절한 수준의 의사결정을 위해 우리는 고용 과정을 통해 수집되고, 습득을 통해 전수되는 지식을 공유해야만 한다. 승리자는 대차대조표에는 나타나지 않는 지식을 습득할 것이며, 전체 조직과 이러한 지식을 공유하는 방법을 알것이다.

따라서 마지막으로, 우리는 사람들이 조직의 전체적인 목표를 지지하고 목표를 위해 노력하는 것을 확실히 하는 반면에, 반대 의견을 허락하는 승리하는 환경을 만들 필요가 있다. 우리는 스테이플사 설립의 기초가 되었던 가치관과 기원 원리가 어느 정도 회사를 번성시키며, 어느 정도 건전한 문화를 지속시키는가에 따라 평가될 것이다. 분명히 스테이플사는 재무적인 성과에 따라 평가될 것이다. 그러나 궁극적인 시험은 사람들이 가족과 친구들에게 스테이플사를 일할 만한 회사로 지속적으로 추천하느냐는 것이다. 이는 어느 회사든 간에 들을 수 있는 최대의 찬사다. 우리의 주주들은 그러한 경의를 받을 만한 가치가 있다.

18

Stephanie Pace Marshall

21세기를 위한 지속적 학습공동체의 창조

양자물리학, 카오스 수학, 진화론적 생물학, 신경과학, 인지과학, 체계이론 등의 발견을 기초로 하여 우주와 자연세계, 그리고 인간의 학습에 대한 혁명적인 통찰력은 어떻게 지속적으로 인간의 체계가 성장하고, 발전하고, 그리고 학습(또는 변화)하는가에 대한 하나의 새로운 이해에 집중되었다. 비록 이러한 전공이 21세기의 조

스테파니 페이스 마셜 Stephanie Pace Marshall | 일리노이주의 오로라에 있는 일리노이 수학 및 과학아카데미 (Illinois Mathematics and Science Academy)의 설립자이자 이사다. 그 전에 마셜은 일리노이주 바타비아시의 교육감이었으며, 로욜라대학의 대학원 교수로 재직했다. 1991년 그녀는 모든 학습자들의 성공을 위해 일하고 있는 국제적인 교육지도위원회인 ASCD(Association for Supervision and Curriculum Development)를 이끄는 구성원으로 선출되었고, 1992년 4월에는 이 기구의 회장으로 선출되었다. 1984년 2월과 1990년에 그녀는 《이규제큐티브 에듀케이터 (Executive Educator)》라는 잡지와 내셔널 스쿨 보드 어소시에이션(National School Board Association)에 의해 북아메리카 최고의 100대 학교 행정관으로 재선출되었다.

직을 설계하고 이끌어가는 데 동떨어지거나 부적절한 것처럼 보일지라도, 이들 전공이 제공하는 새로운 학습은 우리의 조직학습과 리더십이라는 언어와 전문 분야를 재개념화해주었으며, 과거에 그것들 속에 내포되어 있던 인과관계의 정신적 모델을 버리도록 했다. 행위적인 알고리즘이 유기체적인 생활체계의 역동성을 통제하지는 못하는 것이다.

20세기의 직장 병리현상과 조직 붕괴에 직면해 살아남기 위해서는 자연세계, 인간정신, 그리고 인간 두뇌 그 자체와 같이 희망적이고 지속적인 특성에 근거를 두는 새로운 형태의 조직, 지도자의 새로운 비전, 그리고 조직의 성장과 변화를 위한 새로운 상징이 요구되고 있다. 비록 이번 장이 현재의 학교와 교실이라고 불리는 구조 안에서 튼튼하고, 탄력적이며, 역동적이고 지속적으로 학습하는 공동체를 만들기 위한 원칙과 조건에 초점을 맞추고 있다 할지라도, 이런 것은 학습을 하려는 어떤 회사 조직에도 응용될 수 있을 것이다. 만일 인간 능력의 충만함과 다양성을 증진시키고 싶다면, 모든 조직은 생산적인 학습과 배움의 공동체가 되어야만 한다.

인간은 하나의 세계가 되기 위한 새로운 방법을 창조한다. 따라서 우리는 과거의 경쟁, 의존성, 그리고 고립주의가 우리의 다음 단계의 발전을 활성화시키고 인도하는 인간정신의 능력을 향상시킬 수 없다는 인식을 통해 추진되고 있는 문화적 전환의 한가운데에 위치해 있다. 인간의 독립성이 아니라 상호의존성이 새로운 정신적 모델과 학습을 위한 새로운 구조를 요구하는 새 세계문명의 기초가 될 것이다.

| 교육의 위기

10년이 훨씬 넘도록 우리는 공교육의 위기에 관한 보고서와 주장을 보아왔다. 그러나 제시된 공교육의 위기는 대부분 학습의 위기이며, 기본적으로 새로운 두 개의 영역에 대한 탐구를 역동적으로 통합하는 것에 기초하고 있다고 나는 믿고 있다.

① 패러다임은 기계에 기초를 둔 '시계장치'라는 세계에 대한 개념화에서 복잡한 적응체계로 변하고 있다.
② 머리는 프로그램될 컴퓨터이며, 학습은 선형적인 정보의 축적 과정으로 이해하는 패러다임에서 머리는 역동적이며 자기조직화하는 중립적인 네트워크로, 학습은 중립적이고 적극적이며 형태의 조합 및 만들어진 의미의 복잡한 과정이라 이해하는 것으로 변하고 있다.

우리가 학교와 학습을 바라보는 역사적인 견해를 문맥에 맞도록 설명해주었던 고유하고 오래된 세 가지 정신적 모델의 기계적인 은유법은 다음과 같다. 시계 같은 세계, 컴퓨터 같은 머리, 그리고 백지 같은 학습. 복잡한 적응체계이론과 학습이론이 제공하는 직관은 기본적으로 이러한 은유법을 변형시켰으며, 학습과 학교교육 내용을 급진적으로 변화시켰다. 현재의 학교 구조를 우리의 새로운 지식을 향해 역동적인 반대편으로 위치시킨 유동적·유기적·생물학적 은유법이 기계에 기초를 둔 은유법을 대신하고 있다.

시계장치 같은 조직과 학교의 창조

과학자들이 우주와 자연세계의 역동성, 자연세계의 형태, 그리고 자연의 관계를 보는 방식은 우리가 세계를 건설하는 방식의 심오함을 암시하고 있다. 결과적으로 우리는 우리 시대의 과학에 따라 우리의 제도를 형상화하고, 조직화하고, 운영해간다. 300년 동안 지배적인 과학적 세계관은 정적이며, 반복적이며, 예측 가능하며, 선형적이며, 시계장치 같은 세계에 대한 이미지를 형성했다. 이러한 뉴턴식 세계관은 인간을 선형적인 사고에 사로잡히게 만들었으며, 학교를 포함한 우리의 문화적 생활 및 조직 내 생활의 거의 모든 차원을 통제하고 정의했던 하나의 독점적인 이성적 궤도의 단계적 확대를 장려했다.

리더로서 우리는 예측 가능한 인간학습의 인과관계 모델에 초점을 맞추고 있다. 우리는 사물에 사로잡히게 되었으며, 우리의 조직과 학교를 하나하나 분리해 관찰할 수 있으며, 측정할 수 있는 부분으로 감소시켜 효율적으로 관리했다. 우리는 뉴턴의 과학으로부터 우리의 통찰력을 유출해내며, 부분을 이해함으로써 전체를 구별할 수 있으며, 분석이 필연적으로 통합으로 이어진다는 것을 마치 실제처럼 믿고 행동했다. 우리는 현재의 교육체계 구조가 프레더릭 윈슬로 테일러Frederick Winslow Taylor와 애덤 스미스Adam Smith 등의 원리와 19세기 산업혁명의 욕구 등으로부터 나왔다는 것을 생각해야만 했다. 그러나 더욱 근본적으로 17세기의 과학과 두뇌가 어떻게 움직이고 어떻게 학습이 일어났는가에 대한 잘못된 개념에 그 뿌리를 두고 있는 것이다.

학교에 대한 기계적인 은유인 시계장치에 대한 비유는 우리가 다음과 같은 가정에 기초해 잘못되고 역기능적인 학습에 관한 패러다임을 채택했다는 것을 보여주었다.

· 교육은 수동적이며 점진적인 것이지 역동적이며 발전적인 것이 아니다.
· 학습은 습득된 정보이지 구성된 개념이 아니다.
· 지능은 고정된 능력이며 학습될 수 있는 것이 아니다.
· 잠재력과 능력은 유한한 것이며 확장될 수 없는 것이다.
· 학습은 일정 기간 개인이 직무에 머물러 있는 시간의 양에 의거해 정의되는 것이지, 증명과 데이비드 퍼킨스가 '이해의 성과'라고 부르는 것에 의거한 것이 아니다.
· 학습의 범위와 양과 재생산이 진실된 이해보다 더욱 중요하다.
· 기계적인 기억이 공간적인 기억보다 더 '좋은' 것이다.
· 미래를 이해하는 데 사전지식은 중요하지 않다.
· 내용의 분화가 개념적 통합보다 훨씬 높은 가치를 지니고 있다.
· 신뢰도가 높은 평가는 객관적이며 외부에 의한 것이지 자기 적응적인 것이 아니다.
· 경쟁이 협력보다 훨씬 강력한 동기이다.

설계에 기초해 우리는 우리가 세계를 이해하는 것과 같이 뉴턴 식 학교를 건설해 운영했고, 이것은 병들고 학습 불구자인 기관들을 만들어냈다. 이들 기관은 생각, 창의력, 그리고 평생 동안의 성장에 필요한 천부적이며 소모되지 않는 인간 능력을 억압해버렸다. 뉴턴주의 법칙을 검토하지도 않고 복잡하고 적응성 강한 사회 체계에 응용함으로써 우리의 지속적인 성장과 변화 능력을 감소시켰다. 왜냐하면 이것이 개인 및 집단적 지능, 정력, 정신, 그리고 전체 시스템에 대한 희망을 '성장' 시키는 우리의 능력을 감소시켰기 때문이다.

사실 모든 자연과 같이 인간체계가 예측될 수 없었을 때, 우리는 변화의 예측 모델과 점진적인 학습이라는 믿음에 기초해 '선형 체계를 설계했다. 변화는 비선형적이며, 학습은 역동적이며 패턴을 갖추고 있었다. 인간들은 인과관계의 원리를 따르지 않는다. 우리는 연결성과 의미를 갈망하며, 오래 지속되는 깊은 관계를 찾으며, 비밀로 간직하지 않고 공유함으로써 성장하며, 감히 모험을 무릎쓸 수 있을 정도로 충분히 안전하다는 것을 느끼기 위해 신뢰하며 신뢰받을 필요가 있다.

만일 우리가 좀 더 높은 수준의 복잡성을 향해 계속적으로 스스로 탄생되며 재통합하는 학습공동체를 창조하고 싶다면, 우리의 조직적 변화와 리더십을 우리 시대의 과학에 근거를 두어야 하며, 사람들이 자신들의 직무에 의도적으로 감정적 공헌을 할 수 있는 조건을 만들어야만 한다.

새로운 학습의 서약

20세기의 시작은 직선적이고 기계적인 세계관의 종말을 가져왔다. 그리고 생태학적인 우주, 즉 모든 것이 서로에게 영향을 미치는 것처럼 보이는 신선하고, 역동적이며, 그리고 풀 수 없게 연결된 체계의 개념을 예고했다. 더욱이 지난 20년간은 인간이 어떻게 학습하며, 어떻게 하면 자연적인 학습 과정을 가속화시킬 수 있는 환경을 가장 잘 만들 수 있는가에 대한 혁명적인 통찰력을 낳고 있다. 이러한 새로운 통찰력은 우리가 정보 및 통신기술의 혁신적인 변화 가운데 일부를 경험하기 시작한 시기에 탄생된 것이다.

지식이 아주 굉장한 속도로 배가되고 있기 때문에, 처방적이고 직선적인 방법으로 지식을 전달하기 위해 역사적으로 사용되었던 (학교) 구조와 전략은 오늘날 지속적인 직장 내 학습의 필요성을 인식하는 지식에 기초한 기관들로부터 도전받고 있다. 매혹적인 책인 《침대 밑의 괴물The Monster Under the Bed》의 저자인 스탠 데이비스Stan Davis와 짐 보트킨Jim Botkin은 다음과 같이 언급하고 있다.

"일생을 통한 학습은 학교교육을 증가시키며, 어떤 경우에는 그것을 대신하는 규범이다." 즉 "미래의 수업은 학교나 집에서 받지 않게 될 것이다."

우리는 자녀들이 맞게 될 학습하는 직장을 위해 준비시켜야 한다. 이렇게 새로운 학습환경에서의 성장과 지속성의 기초는 우리 안에 내재해 있는 새로운 지식에 대한 열망과 능력이 바탕이 될 것이고, 이를 통해 지식의 지속적인 창조와 교환 과정이 일어난다.

예전의 19세기 학교에서 사용된 '교육의 효율성'이란 '모든 사람에게 적용되는' 전달체계를 확립하는 것이었다. 이 체계는 강의시간과 학점이 실질적인 이해를 대표한다는 오류를 보여주었다. 그 결과 우리는 통합된 학습을 방해하며, 학습자의 신원과 학습자적 능력을 왜곡하며 발명력·탐구력·복잡한 인식 등을 방해하는 학습과 적대적인 환경을 창조했다. 21세기의 개인화된 새로운 학습에 대한 서약은 자연적인 학습의 자극을 통해 지속적으로 개인의 능력을 증진시키는 것이다. 그리고 이러한 개인 능력은 연결성, 응집성, 상호간에 창조된 의미와 목적, 역동적 관계, 그리고 인간 경험 자체의 진화적인 성격 등에 기초해 만들어져야만 할 것이다.

이것은 우리가 학교에 대한 기계적인 패러다임을 통합적이고, 일체감이 있으며, 체계적인 학습공동체에 대한 비전으로 전환시켜야만 한다는 의미다. 우리는 이것을 어떻게 이룰 수 있을까?

모형언어　《시간을 초월한 건축The Timeless Way of Building》이라는 뛰어난 책의 저자인 건축가 크리스토퍼 알렉산더Christopher Alexander는 생동감 있고 역동적인 공간창조의 진수를 설명했다. 그는 우리가 건축하는 공간(빌딩 또는 조직)은 '언어로서 기능하는 모형들의 체계'를 통해 창조된다고 말하고 있다. 그는 "빌딩 건축의 모든 행동이 모형언어를 통해 지배되며…… 그리고 세계의 모형들은 사람들이 쓰는 언어를 통해 창조되었기 때문에 그 자리에 존재하고 있는 것이다"라고 말한다. 우리가 지속적인 학습공동체를 만들기 위해 필요한 원리와 조건을 탐험함에 따라 우주·자연세계·학습에 대한 새로운 이해로써 학습환경을 지각하고 설명하기 위한 새로운 모형언어를 만들 수 있게 해준다는 것을 인식해야만 한다.

우리는 직선적인 언어에서 살아 있는 언어로, 기계에 기초한 은유법에서 환경에 기초한 은유법으로, 그리고 엄격한 구조에서 돌연변이적인 환경으로 이동했다. 알렉산더가 주장했듯이 "모형은 사물이 아니고, 복잡하고 영향력이 있는 분야"이기 때문에 우리는 자연세계 자체가 세계를 새롭게 보고 존재하도록 하는 방법에 우리를 가까이 유인하려 하며, 이것이 학습공동체를 만들기 위한 심오한 의미를 갖고 있다는 것을 인식해야만 한다. 우리는 두뇌가 복잡하고 스스로 적응하는 살아 있는 체계이고 컴퓨터가 아니라는 사실을 알게 되었을 때, 학습이 목표 지향적이고 의미를 구축하는 간접적인 내적 과정이며 정보를 축적하는 과정이 아니라는 사실을 알게 되었을 때, 그리고 인간체계가 역동적이고 유기적이지 직선적이고 예측 가능한 것이 아니라는 사실을 인식했을 때, 이렇듯 새로운 이해를 이용해 새로운 언어, 새로운 모형, 그리고 학습 자체의 성격을 지지하고 축하하는 새로운 환경을 만들어야만 한다.

사회가 학교와 교실을 초월해 학습공동체의 형성을 위해 새로운 언어를 만들어야 하는 이유는 현재의 기계적인 학교에 기초한 언어의 지배력·유혹·권력이 현재 우리가 요구하고 있는 전 세계적인 학습공동체의 유기적 형태를 만들 능력이 없기 때문이다. 언어의 성격, 어학 분야의 잠재력, 그리고 이것이 구성하는 의미는 삶의 모형을 만들어내는 능력을 남보다 먼저 점유한다는 것이다. 오직 살아 있는 언어만이 살아 있는 모형을 만들 수 있으며, 오직 살아 있는 모형만이 살아 있는 환경을 만들 수 있다. 우리는 학교 교육 언어가 남보다 특출했다. 이제 우리는 학습과 삶이라는 언어에서 유창해져야만 한다.

만일 우리의 언어가 처방적인 것이라면, 우리의 학교는 생산적일 수 없을 것이다. 만일 우리의 언어가 정적인 것이라면, 우리의 학교는 역동적일 수 없을 것이다. 만일 우리의 언어가 직선적이고 알고리즘에 기초한 것이라면, 우리의 학교는 즐겁고 창의적일 수 없을 것이다. 상호작용과 상호관계의 살아 있는 모형을 만들어내는 살아 있는 언어 없이 학교는 생동감을 가질 수 없으며 지속적인 학습공동체가 될 수 없을 것이다. 그러나 자연의 언어와 새로운 학습기술이 그러한 예를 제공할 수 있다. 따라서 생태학적인 학습공동체의 창조는 필연적으로 학습언어 그 자체와 연결되어 있다.

우리는 학습자들이 자신들의 학습을 더욱 커다란 열정, 응집력, 그리고 복잡성을 향할 수 있게 만들어주는 학습과 가르침의 공동체를 만들 필요가 있다. 그리고 다른 사람들과의 지적·사회적·감정적인 관계를 증가시키기 위해, 그리고 그들의 지식증진을 위한 사려 깊고 통합적인 방법을 그들이 발전시킬 수 있게 해주는 협동적·역동적인 학습에 대한 접근 방법을 촉진시키기 위해서도 그래야만 한다. 우리는 위험·고상함·실험·도전의 장을 제공하며, 학습을 재정비하여 개인화시켜주는 학습 문화를 창조해야만 한다. 우리는 모든 연령층의 학습자들을 위해 그들의 탐구와 창의력에 힘·시간·희망을 줄 수 있는 학습공동체를 창조해야만 한다.

그러한 공동체는 학교에 등교하는 것이 아니라 학습의 원리에 지배되며, 다음과 같은 특징을 갖고 있다.

· 개인화, 유연성, 그리고 응집력이 있다(학습은 실생활의 문제와 관련되어 있다).
· 안팎으로 네트워크화되었으며 외형적·지리적·일시적 공간에 구속되지 않는다.
· 의미 있는 연구와 심각한 탐구를 수행하는 학생들을 초청한다.
· 학습자에게 적응적인 교육환경을 제공하기 위한 설명을 할 수 있다.
· 모든 학습자들을 위한 값진 정보와 학습 경험을 갖고 있다.
· 새롭고 생산적인 지식에 대해 열려 있다.
· 핵심적인 원리, 믿음, 그리고 공동으로 창조한 공유 목적을 위주로 자기조직화되어 있다.
· 학습 경험의 형태에서 세대를 초월하고 있다.
· 유연하고 다양할 뿐만 아니라 혁신적이다.
· 조직 간의 연대를 촉진시키며, 상호연결적이고 상호협조적이다.
· 공동체 안팎의 구성원들과 독특한 대화를 한다.
· 탐구, 복잡한 인지, 문제의 발견, 그리고 문제의 해결에 초

점을 맞춘다.

- 《꾀를 부려 아이큐 높이기Outsmarting IQ》라는 책에서 퍼킨스가 모든 개인의 '학습할 만한 지성'이라고 부른 것을 증가시키는 데 몰입한다.
- 모순과 역설paradox도 편안하게 느낀다.
- 즐겁다.
- 신뢰가 있다.
- 책임감이 있다.
- 사랑스럽다.

만일 우리가 21세기를 대비해 진정으로 학습공동체를 창조하려 한다면 우리의 학교가 역동적이고, 적응적이고, 자기조직화된 체계라는 견해를 소유해야만 한다. 이런 체계는 스스로 재탄생하고, 성장 및 변화할 수 있는 능력을 갖추고 있을 뿐만 아니라 애초부터 그렇게 설계되어야 한다.

| **리더의 새로운 직무**

비록 나의 초점이 직선적이며 비인간적인 학교의 전달체계를 대신할 지속적인 학습공동체의 창조에 맞추어졌다 해도 모든 인간체계의 지속성은 학습과 가르침의 공동체로 발전하는 것에 달려 있다. 바로 이런 이유 때문에 조직의 현재 배경을 재구성해 자기조직화하는 복잡하고 적응하는 체계가 출현할 수 있어야

한다는 것이다. 따라서 리더들은 자신들 체계의 자기조직화에 대한 자연적인 욕망을 이해할 필요가 있다.

살아 있는 체계에서는 무엇이 자기조직화를 만들까? 마거릿 휘틀리Margaret Wheatley는 《리더십과 새로운 과학Leadership and the New Science》이라는 책에서 자연체계에서의 자기조직화는 거미줄처럼 얽혀 있으며, 역동적인 세 가지 차원의 상호연관성에 기초해 출현하게 될 것이라고 분명히 설명하고 있다. 동일성·정보·관계가 그것이다. 만일 우리가 조직 내의 모든 사람들에게 탄력성과 적응하는 능력을 부여하고 싶다면, 조직의 집단적 지능과 연관성의 잠재력과 공유하고 있는 의미의 증가를 원한다면, 장기적인 지속성을 원한다면, 리더는 새로운 일을 해야만 한다. 그들은 체계의 더욱 커다란 목적을 중심으로 동일성·정보·관계가 역동적으로 연결되는 조건을 창조해야만 한다. 리더들이 창조해야 할 조건은 무엇인가?

동일성

동일성은 모든 자기조직화 체계의 가장 기본이 되는 원칙이다. 이것은 조직의 의미·목적·의도를 망라하며, 체계의 안정성이 출현하는 응집력을 제공하고 있다. 심지어 혼란스러운 환경에서도 질서와 변화를 촉진시킨다. 왜냐하면 이것이 조직적 완전무결함과 재건의 지속적인 준거 틀을 제공하기 때문이다. 조직의 동일성·목적·의미가 분명할 때, 그리고 리더가 다음과 같은 조건을 창조할 때, 조직과 사람은 자신을 참고로 하는 능력이 생긴다.

· 리더들은 체계결속을 통해 체계에 대해 스스로 생각하게 하며, 스스로 체계로서의 의사결정을 한다.

· 리더들은 조직의 기본적인 믿음, 가치, 그리고 공유하는 목적(사명)을 창조하는 데 있어서 체계 내 모든 사람의 전문성과 경험을 포함하고 있으며, 이를 중심으로 조직하도록 격려한다.

· 리더들은 조직이 달성하고자 하는 것이 무엇이며, 각 개인이 미래에 연결되어 있는 방식에 대한 조직 내의 모형을 분명하게, 그리고 지속적으로 찾아낸다.

· 리더들은 조직의 양심과 좀 더 커다란 목적에 속한다는 의식을 증진시킨다.

· 리더들은 강한 조직적 자아(동일성)에 기초해 부분적인 의사결정을 내린다.

· 리더들은 개인과 조직의 자유와 유효성을 증진시킨다.

정보

정보는 생산적인 학습의 교환수단과 힘의 원천이 되고 있다. 자기조직화하는 체계 내에서 정보는 물건이 아니다. 이것은 지속적인 성장을 허락하며, 지속성을 위해 필수적인 것을 정의하는 역동적인 조직생활의 중심이다. 체계를 흥분시키고 지속시키기 위한 정보의 에너지가 흐르지 않으면, 체계는 문을 닫고 고립될 것이다. 리더는 체계의 왕성함을 보장하기 위해 다음과 같은 조건을 창조할 수 있을 것이다.

· 공개적인 의사소통 통로를 여러 개 만든다.
· 솔직하게 주변의 의견을 체계 내로 가져옴으로써 풍부한 정보를 조직에 제공한다.
· 체계 내의 모든 곳에 정보를 전달한다.
· 지속적으로 새로운 지식을 창조하고 공유한다.
· 솔직한 대화, 피드백, 그리고 상호작용을 증진시킨다.
· 정보를 탐색하고 처리하고 통합하는 데 필요한 규칙을 단순화한다.
· 복잡하고 모호하며 역설적인 정보를 찾고, 사람들이 공개적으로 그것을 토론하고 이용하도록 격려한다.
· 빈번하고 빠른 실험을 격려한다.

관계

관계는 조직의 중립적인 네트워크를 대표한다. 또한 참여, 계약, 그리고 상호연결성에 대한 조직의 능력을 확립시킨다. 우리가 조직 및 조직 구성원들과 연결되어 있다고 느끼지 않는 한 우리는 목적을 동일시할 수 없으며, 성장을 위해 조직의 정보를 이용할 수 없을 것이다. 이런 면에서 리더들은 다음과 같은 조건을 꼭 만들어야 한다.

· 대화, 상호작용, 그리고 생산적인 의사소통의 네트워크와 거미줄을 창조해야 한다.
· 체계 내의 모든 사람들이 공개적으로 접근할 수 있도록 한다.

· 모든 종류의 다양성을 증진시킨다.

· 그들의 상호의존성, 연결성, 그리고 그들 일의 목적과 의미에 대한 공유된 의도라는 생각을 강화시키기 위해 대화를 통해 가능한 한 많은 사람과 접촉할 수 있는 기회를 찾는다.

· 체계 전체에 힘을 분배한다.

· 사람들이 동시에 움직이도록, 그리고 자신의 행동을 다른 사람의 행동과 조정하도록 장려한다.

· 전략적으로 연대 및 동반자적 관계를 조직 안팎에 확립시킨다.

· 서로간의 상호의존성을 계몽한다.

· 반사적이며 집단적인 탐구와 집단적인 책임감에 대한 능력을 육성한다.

· 조직의 경계선을 통과 가능한 유연한 것으로 만든다.

· 불연속적인 조직 변화에 적응할 수 있는 능력을 증진시키는 한편, 조직의 응집력을 육성한다.

· 깔끔함을 피하고, 난잡함을 참고, 관계가 중복되고 중첩되도록 한다.

물질계의 연결성과 케빈 켈리Kevin Kelly가 《통제불능Out of Control》이라는 책에서 자연세계의 '바이오로직bio-logic'이라고 부른 것에 대한 우리의 관심은 학습 조직과 리더십의 속성에 대한 새로운 통찰력을 보여주는 것이다. 이처럼 새로운 통찰력은 과거의 기계적인 명령과 통제원리를 부정하고, 조직 내 동질성 확보의 원천으로서 유일한 지위를 차지했던 리더라는 개념을 일소하며, 조직생활의 계약적인 속성을 확인하는 것이다.

새로운 과학의 패러다임을 통해 우리 리더십의 핵심은 자연세계에서 발견되는 자기조직화 체계의 세 가지 차원, 즉 동일성 · 정보 · 관계를 의도적으로 통합할 수 있게 해주는 조건을 창조하는 것이다. 체계의 힘이 생겨나게 하는 것은 바로 이러한 통합이다. 결과적으로 우리는 통합적이고 체계적이고 정열적인 방법으로 생각하고 행동할 수 있으며, 인간의 풍족한 능력을 초청하고 고용하고 발전시킴으로써 미래로 가는 길을 학습하는 변혁적인 공동체 창조를 두려워하지 않는 용기 있는 리더를 필요로 한다.

19

Dave Ulrich

능력에 기초한 조직 만들기

거리를 지나는 사람을 세워 하나의 조직을 생각할 때 무엇이 마음속에 떠오르는지 질문해보라. 아마도 대부분은 조직의 위계질서적인 성격의 이미지를 묵시적으로 반영하여 말할 것이다.

· 역할(조직은 사람에게 지위와 직책을 준다.)

데이브 올리히 Dave Ulrich | 미시간대학교 경영학과 교수다. 그는 《조직의 능력 : 조직 내부에서 외부로의 경쟁(Organizational Capability : Competing from the Inside Out)》, 《경쟁적 우위로서의 인적 자원 : 세계 기업에서 인적 자원의 능력과 인사관리에 대한 실증적 평가(Human Resources as a Competitive Advantage : An Empirical Assessment of HR Competencies and Practices in Global Firms)》, 《경계선이 없는 조직 : 조직 구조의 쇠사슬 파괴(The Boundaryless Organization : Breaking the Chains of Organization Structure)》, 그리고 《인적 자원의 왕자 : 가치를 증가시키고 결과를 낳기 위한 미래 일정(The Next Agenda for Adding Value and Delivering Results)》 등의 책을 공저했다. 그는 《비즈니스 위크》가 뽑은 '상위 10대' 교육자 중 하나이자 최고의 인사관리 교육자다.

· 규칙(조직은 일을 진행하는 절차와 과정을 소유하고 있다.)

· 명령의 사슬(조직은 사람들에게 누가 책임이 있고 누가 책임이 없는가를 말한다.)

· 책임감(조직은 사람들로 하여금 책임을 지게 한다.)

· 전문화(조직은 직무수행 방식을 잘게 나눈다.)

피라미드에서 네트워크로 만들다

지난 세기에 피라미드는 조직의 구조·통제·지위 그리고 관료주의의 상징이었다. 최근에는 조직을 상징하는 말이 높은 성과 또는 특별한 팀, 수평적 프로세스, 그리고 가상의, 경계 없는, 혼돈체계와 같은 수식어와 함께 네트워크, 거미집 등으로 변화되었다. 그러나 변화하는 조직의 이미지는 형태와 구조에서 약간 발견되고 있으며, 능력의 개념에서는 더욱 많이 발견되고 있다.

능력이란 조직 내의 기술, 재능, 그리고 전문성을 대표한다. 능력은 조직이 무엇을 할 수 있으며, 어떻게 할 수 있는가를 설명하고 있다. 능력은 조직의 능력으로 전환된 개인 능력의 집합체다. 하멜과 프라할라드는 《미래에 대한 경쟁》이라는 책에서 능력을 조직 내에 존재하는 기술적 전문성에 초점을 맞춘 핵심으로 묘사하고 있다. 예를 들면 혼다자동차는 엔진을 어떻게 만드는지 알고 있다. 그러나 조직의 능력은 기술 이상의 것을 의미한다. 이것은 동질성 또는 조직의 성격을 특징적으로 나타내준다. 조직이 더욱 수

평화됨에 따라 능력 또한 바뀌어야 한다. 위계질서는 일련의 소중한 능력, 즉 분명한 책임감, 정당한 권위, 정해진 반복성, 노동의 분화, 전문화를 보존하기 위해 만들어졌다. 예측할 수 없는 변화, 세계화, 역동적 기술, 그리고 교육된 직원과 소비자들의 세계에서는 이러한 능력이 통하지 않게 될 것이다.

〈표 19-1〉은 변화에 직면한 조직의 공통적인 함정을 설명하고 있다. 대부분의 관리자들은 올바른 일을 잘하고 싶어한다. 불행하게도 직무완수 방법을 알게 되면, 우리는 종종 변화에 적응하지 못하며 잘못된 직무를 잘 수행하는 위험한 함정에 빠진다. 이것이 바로 조직이 반응하지 못하며 쇄락하게 되는 지점이다.

예를 들어, 몇 년 전 GM과 다른 자동차회사들은 조립 라인을 이용한 생산능력을 갖추고 있었다. 그들은 그들이 꿈꾸었던 것보다도 훨씬 효율적으로 수십만 대의 자동차를 생산할 수 있었다. 그러나 변화하는 시장과 함께 긴 조립 라인은 자동차를 생산하는 잘못된 방법이 되어버렸다. 비록 GM사가 긴 조립을 잘했다 할지라도 이것은 잘못된 일을 하는 것이었다. 왜냐하면 회사가 전통적인 능력(우리가 작업을 진행하는 방식)에 의존하며 새롭게 적응하는 데 (올바른 직무를 수행하는 것) 실패했기 때문에 잘못된 직무를 잘 수행하는 것은 위험한 행위다. 조직에 초점을 맞춘 능력은 관리자들로 하여금 올바른 직무를 잘 수행할 수 있도록 도와준다.

〈표 19-1〉 변화의 영향력

		조직이 올바른 직무에 초점을 맞추고 있는가?	
		올바른 직무	잘못된 직무
우리가 얼마나 직무를 잘 완수하는가?	잘 완수함	우리는 올바른 직무를 잘 수행한다	우리는 잘못된 직무를 잘 수행한다
	잘 완수 못함	우리는 올바른 직무를 잘 수행하지 못한다	우리는 잘못된 직무를 잘 수행하지 못한다

승리하기 위해 필요한 능력

오늘날 조직이 수행하는 직무의 변화가 기대되는 것과 같이 직무를 수행하는 방법의 변화 또한 기대되고 있다. 과거의 능력은 미래의 능력이 될 수 없다. 일련의 새로운 능력이 출현해야만 한다. 나는 이렇듯 새로운 조직을 위한 다섯 가지 중요한 능력을 제안하고자 한다.

1. 공유하는 사고방식을 확립할 것

공유하는 사고방식은 직원·고객·투자가들의 마음속에 회사의 주체성을 심는 것이다. 제임스 콜린스James Collins와 제리 포라스Jerry Porrs는 항상 성공을 거두어온 회사들에 대한 그들의 공저 《성공하는 기업들의 8가지 습관》에서 이처럼 환상적인 회사들은 그들이 표방하는 것을 정의하는 핵심적인 이상을 소유하고 있다고 보고하고 있다. 문화를 창조하기 위해 내가 수행했던 일에서도 나는 회사의 어떤 것이 알려지는가를 밝히기 위해 인지심리학을 이용한 연구를 실시했다. 직원·고객·투자가들이 마음속에 고유한 동질성을 소유하고 있다는 것은 그들을 위한 가치창조가 된다는 것이다.

성과가 공익사업위원회에 달려 있었던 미국 공익산업의 생존은 규제된 세계에서 반응성, 유연성, 그리고 속도라는 경쟁적 세계로 극적인 변화를 겪고 있다. 이러한 경쟁적 환경에서 서던 컴퍼니 Southern Company는 미국에서 가장 다양한 공익회사가 되기 위해 과감하고 공격적인 목표를 설정했다. 서던 컴퍼니의 중역들은 이 목표를 달성하려면 사람들이 수행하는 직무의 질과 효율에 스스로 책임을 지는 권한 부여에 초점을 맞춘 새로운 사고방식이 조직 전체에 스며들어야 한다고 공공연하게 주장하고 있었다. 그들은 만일 조직 내의 모든 직원들이 이러한 사고방식을 소유하게끔 만들 수 있다면, 조직 밖에 있는 고객들이 좀 더 좋은 서비스를 받을 수 있을 것으로 믿고 있다. 그들은 조직의 최상에서 최하에 이르기까지 정보를 공유하고, 직원을 개발하고, 의사결정과 책임감을 아래로 위임함으로써 능력을 확립시키고, 그리고 보상을 공유함으로써 권한 부여를 증가시키고 싶어한다. 이러한 사고방식은 직접적인 감독이 필요하지 않기 때문에 좀 더 낮은 비용이 들 것이며, 좀 더 능력 있는 사람이 실질적인 의사결정을 하기 때문에 좀 더 높은 품질의 제품을 생산할 수 있을 것이다.

미국의 조직은 직원들이 좀 더 자율적이며, 스스로 통제하며, 스스로 동기부여가 되어야 한다. 조직의 동질성에 대해 직원들이 공통적인 사고방식을 공유할 때, 그들의 개인적 장점은 모두 합쳐져 좀 더 강해질 것이다. 이처럼 공유된 사고방식은 회사가 무엇을 달성하려 하며, 회사가 다른 방향이 아닌 현재의 방향으로 향하는 이유가 무엇이며, 각 개인이 전체의 목표 달성을 위해 무엇을 공헌할 것인가를 알고 있을 때 창조되는 것이다.

2. 직원 다시 유인하기

최근에 일본의 한 컨설팅회사가 리엔지니어링된 제품과 서비스를 점검하기 위해 미국의 컨설팅회사를 방문했다. 1주일이 끝나가는 시점에 일본의 컨설턴트는 리엔지니어링을 통해 약속된 20%의 생산성 향상을 달성할 수 있다는 확신을 얻었다. 그러나 그들은 이러한 기법을 일본으로 가져갈 생각은 하지 않았다. 그들의 논리는 리엔지니어링 후에 직원들의 갈등과 스트레스가 단기간의 생산과정 개선으로부터 얻을 수 있는 이익을 훨씬 초과하리라는 것이었다. 다운사이징, 합병, 리엔지니어링과 같은 물결을 경험한 회사들도 비슷한 우려를 보이기 시작했다. 직원들은 이러한 과정에 그들을 위한 것이 있는지 의심하기 시작했다.

시어스 로벅의 중역들은 고객을 상대하는 가맹점의 경영자들이 회사와 고객을 연결해주는 가장 중요한 연결고리임을 이해했다(전면에 나선 직원들이 중요한 접촉자라는 주장은 빌 프롬Bill Fromm과 렌 슐레징어Len Schlesinger가 쓴 《최고경영자가 아닌 기업의 진정한 영웅들The Real Heroes of Business and Not a CEO Among Them》이라는 책으로부터 나온 것이다). 이러한 직원들을 끌어들이기 위해 시어스 로벅은 직원들이 스스로 고객에게 좀 더 잘 봉사하기 위해 꼭 필요한 변화를 보여주었던 일련의 공회당 회의를 시작했다. 이 회의에서 직원들은 그들이 중단하고, 시작하고, 단순화시켜야 할 관행을 찾아냈다. 또한 회의 결과로서 시어스 로벅은 경제특강, 탁아소제도, 개선된 수당제도 등을 통해 직원들을 다시 끌어들였다.

미래의 조직은 직원들의 지적 자본을 수용하는 방법을 배워야만 한다. 지적 자본은 회사 내에서 가장 귀중한 자산이 되어야 한다. 회사는 이러한 자본을 수용하기 위해 직원들을 유인해서 그들의 마음과 정신을 회사의 목표에 몰입할 수 있게 만드는 방법을 찾아야만 한다. 지적 자본은 신고하는 것이 아니라 취득하는 것이다.

3. 경계선을 없앨 것

조직이 성장함에 따라 종종 개인을 차별화하기 위해 범주가 생겨난다. 계층(관리자 대 직원), 기능적 전문가(마케팅 대 생산), 그리고 영역(본사 대 현장) 등이 개인을 분류하는 경계선의 예다. 경계선을 제거한다는 것은 개인이 일하고 있는 범주보다 그들이 소유한 능력에 더 관심을 갖는다는 의미다. 경계선이 없는 조직에서는 재능 있는 개인들이 위계질서, 또는 지위에 상관없이 전문성을 제공한다.

GE는 경계선을 줄이기 위해 체계적으로 노력했다. 회사는 관리자들과 직원들이 생각을 공유할 수 있는 공회당 회의를 장려했다. 그리고 비슷한 고객에 대한 봉사에 초점을 맞추는 기능을 초월해 형성된 팀을 소유하고 있다. 회사는 훈련 프로그램에 고객과 납품업자를 포함시켰으며 정보 · 권위 · 잠재력 · 보상 등을 조직 전체와 공유했다.

경계선이 없는 능력은 미래의 조직에 있어 매우 중요하다. 경계선이 제거됨에 따라 조직은 의사결정을 좀 더 빠르고 정확하게 내릴 수 있다. 고객과 납품업자들은 하나의 지속적인 직무수행 과정에 참여할 것이고, 조직의 모든 수준과 모든 기능의 직원들이 고객에 대한 봉사에 초점을 맞출 것이다.

4. 변화할 수 있는 능력을 창조할 것

미래는 예측할 수 없다. 불확실한 미래에 성공할 수도 또는 실패할 수도 있는 전략을 만들기 위해 기업들은 많은 양의 자원을 소비하기보다는 변화할 수 있는 능력을 창조함으로써 성공을 향해 가고 있다. 변화를 위한 능력은 재빠름, 유연성과 속도에 초점을 맞추고 있다. 패배자와 승리자 모두 불확실한 미래에 직면할 것인데, 패배자들은 변화를 연구하기 위한 팀과 태스크 포스를 형성하는 반면 승리자들은 이미 적응된 상태가 될 것이다.

조직은 다양한 변화 능력을 소유하고 있다. 어떤 조직은 엄격하고 경직되고 변화할 수 없는 것처럼 보이며, 어떤 조직은 변화하는 조건에 대응해 움직이고 이동하고 신속히 적응할 수 있는 능력을 소유하고 있다.

컴퓨터산업은 빠르게 변화하는 역동적인 산업이다. 이 산업 내에는 훌륭한 신제품들을 소유하고 있으면서도 빠른 변화로 인해 성공을 거두지 못한 회사들의 예가 널려 있다. 선 마이크로시스템즈Sun Microsystems사의 회장이자 대표이사 겸 사장인 스콧 맥닐리

Scott McNealy는 자신의 회사가 특정 해에 선적하는 85~90%의 제품은 선적하기 전 최근 12개월 내에 만들어진 것이라고 주장했다. 대부분의 회사가 급격히 진행되고 있는 기술 변화에 적응할 수 없기 때문에 그는 어떤 컴퓨터회사도 현재의 산업 내에서 진행되고 있는 침체에서 살아남지 못할 것으로 믿고 있다. 그의 세계에서 전략은 만들어지는 순간 이미 구닥다리가 되어버리는 정교한 수학적인 투사가 아니라 비전이며 미래에 대한 이미지다. 마찬가지로 마이크로소프트Microsoft사의 창업자이며 대표이사인 빌 게이츠도 자아도취와 거만함이 몰입과 행동을 대신하게 될지도 모른다는 사실에 대한 두려움을 표시했다. 변화할 수 있는 능력의 창조야말로 조직을 살아 있게 하고 싱싱하게 만들 것이다.

미래의 조직에서 만일 조직이 빠르고 민첩할 뿐만 아니라 영리하게 변화하고 적응할 수 있다면, 미래를 알 수 없는 무능력은 공포를 낳지 않을 것이다. 과정·가격·상표·제품·봉사 등을 경쟁자보다도 빠르게 바꿀 수 있다는 것은 성공의 전조이다.

5. 빠른 학습을 숙지할 것

학습이란 조직에 충격을 주는 아이디어를 만들어 일반화시킬 수 있는 능력이다. 빠른 학습은 아이디어를 창조해 전파시키는 속도에 따라 조직을 차별화한다. 이는 조직의 일부에서 아이디어를 집대성해 조직 전체가 공유하게 함으로써 실수를 반복하지 않으며 성공이 복제될 때 일어난다.

코카콜라는 빠른 학습 능력을 창조하기 위해 노력하고 있다.

코카콜라는 성공의 열쇠를 종합하고 이러한 정보를 회사 전체가 공유하도록 하는 책임자를 각 지역 및 각 제품 라인에 배치시키고 있다. 기술, 포럼, 최고 기술에 대한 연구, 워크숍 등을 통해 지식을 빠르게 전달함으로써 세계시장에서 코카콜라의 입지를 강화하고 있다. 만일 그들이 좋은 아이디어를 지구의 한 지역에서 다른 지역으로 그들의 경쟁자들보다 빠르게 옮길 수 있다면, 시장점유율은 증대될 것이다.

미래의 조직은 사려 깊은 관리자들이 정보에 기초한 의사결정을 하며, 서로 통찰력을 공유하고 지속적으로 학습하는 모래상자로 인식될 필요가 있다. 빠른 학습이 조직의 일부가 되었을 때, 조직의 부분별 혁신이 일어날 뿐만 아니라 혁신이 전 회사에 빠르게 전파될 것이다.

그렇다면 이런 것이 미래의 경쟁적인 조직 능력을 바르고 실증적으로 정의하는 것인가? 꼭 그런 것은 아니다. 나의 의도는 조직에 대한 사고의 초점을 구조 · 형태 · 규칙 · 역할 · 책임감 등으로부터 능력에 대한 논쟁으로 이동시키려는 것이다.

미래의 승리하는 조직을 유지하기 위해 필요한 것은 무엇인가? 조직이 공유하는 사고방식, 노력하는 직원, 경계 없는 행동, 변화의 능력, 그리고 빠른 학습 등을 소유하고 숙달한다면, 승리할 가능성이 높다는 것을 많은 경험과 증거가 제시하고 있다.

능력에 대한 초점이 중역들에게 주는 의미

거리에 있는 사람들이 조직을 능력의 보따리로 생각하기를 기대하기 전에 중역들은 다음 사항에 초점을 맞출 필요가 있다. 능력에 대한 초점과 함께 중역들은 다음과 같은 일을 해야 할 것이다.

· 공식적인 계획에 시간을 덜 사용하고 사건이 일어나게 하는 데 더 많은 시간을 사용할 것.
· 조직도와 조직의 구조에 대해 덜 걱정하며, 구조와 상관없이 어떻게 직무를 완수할 것인가를 더 걱정할 것.
· 결과 자체뿐만 아니라 어떻게 결과를 달성한 것인가에 관심을 보일 것.
· 조직 내에 독특하고 분명한 능력을 창조하는 스스로의 능력에 따라 평가받을 것.
· 개인적인 카리스마뿐만 아니라 지속적으로 능력을 창조할 수 있는 리더를 찾을 것.
· 고객의 기대를 예측하는 데 요구되는 능력에 대해 지속적으로 질문할 것.

능력에 초점을 맞춤에 따라 사업의 전략 구성은 2단계에서 3단계로 변화되었다. 기존에는 2단계에서 전략을 만들고 수행했다. 그러나 이제 3단계에서 전략을 만들고, 전략의 수행을 지속시키는 능력을 만들어야 한다.

다음 내용이 참고가 될 것이다.

능력의 이론을 향하여	
전통적인 전략 이론	새로운 전략 이론
(능력을 포함하지 않음)	(능력을 포함함)
전략적 의도	전략적 의도
	능력
관리업무	관리업무
조직 내 과정	조직 내 과정
개인의 행동	개인의 행동

THE ORGAN OF THE FU

네트워크 사회의 과업과 조직

20

Anthony F. Smith · Tim Kelly

디지털 경제와 인적 자본

오늘날의 조직에 영향을 주는 빠르고 수많은 변화를 고려할 때, 미래의 조직이 어떤 조직의 '핵심적인' 기본원칙을 찾아내는 것은 말할 나위 없이 어렵고 위험스러운 일이다. 시장 전략과 정보기술 분야에서부터 세계적이고 전략적인 연대에 이르기까지 예측의 기법

앤서니 F. 스미스 Anthony F. Smith | 캘리포니아의 라욜라에 본부를 두고 있는 컨설팅회사인 케일티 골드 앤 스미스의 중역이다. 그는 매킨지(McKinsey&Company), 코카콜라, GE, ESPN, 그리고 내셔널 지오그래픽 소사이어티(National Geographic Society)와 같이 다양한 고객을 위해 일하고 있다. 그는 캘리포니아대학, 옥스퍼드의 경영대학(European School of Management) 등을 포함해 많은 대학의 교수로 봉사했다.

팀 켈리 Tim Kelly | 내셔널 지오그래픽 TV의 사장이다. 그는 매우 좋은 평을 받았던 탐험가시리즈의 공동책임 프로듀서로 일하기 시작하여 내셔널 지오그래픽 소사이어티에서 12년간 일했다. 그의 지도 아래 그 부서는 여러 번의 에미(Emmy)상과 에이스(Ace)상을 받았고, 그 외에도 300개가 넘는 상을 받았다. 그가 맡은 부서는 1996년 수익사업을 위한 내셔널 지오그래픽 소사이어티의 자회사로 전환되었다.

은 과거보다도 훨씬 더 복잡하고 불확실해졌다.

예를 들어, 농업시대에는 땅이 전략적이고 경제적인 이익을 얻는 핵심적인 기본요소였다. 아주 단순하게 말하면, 땅을 통제했던 사람들은 경제적인 이득을 얻는 사람들이었다. 산업혁명과 함께 경제적인 이익은 그 시대의 주된 힘의 원천이었던 엔진—처음에는 증기였다가 나중에는 내연기관 엔진과 전기 엔진—을 통제하고 점령한 사람에게로 옮겨갔다. 그러나 미래에는 계발과 관리가 땅보다도 훨씬 도전적일 수 있는, 매우 다른 자산이 힘의 원천이 될 것이다. 즉 인간자본 또는 레스터 서로Lester Thurow가 기술·교육·지식이라고 부른 것을 요구하게 될 것이다. 또한 노벨상을 받은 경제학자 게리 S. 베커Gary S. Becker는 《비즈니스 위크》지에서 "인간자본은 공장·집·기계 그리고 다른 외적 자산과 같이 한 국가의 부의 일부"라고 설명했다.

확실히 기술, 전략, 세계적 연대, 그리고 혁신 같은 차원은 모두 미래의 경쟁적 우위에 영향을 미칠 중요한 요소다. 그러나 이러한 각 분야는 아직도 인간의 재능에 의존하고 인간의 재능에 따라 움직이고 있다. 따라서 미래의 경제적·전략적 이익은 시장에서 가장 똑똑하고 다양한 최고의 사람들을 가장 효과적으로 유인하고 개발하고 보유할 수 있는 조직에게 돌아갈 것이다. 이러한 전제를 마음에 두고, 이 장은 세 개의 핵심 차원을 확장할 뿐만 아니라 미래의 조직을 구축하는 데 필요한 마지막 생각을 제공할 것이다.

| 최고를 유인하기

우리가 세 개의 핵심적인 과정을 분리했다 할지라도, 이는 설명의 명확성을 위해 분리했을 뿐이다. 기본적으로 우리는 지속적인 인재 개발을 촉진하는 환경을 갖고 있는 조직이야말로 인적 자본을 유인하는 동시에 보유하게 될 것을 믿고 있다.

최고를 유인한다는 것은 노동시장에 들어오는 사람들의 심리적인 성향을 이해하는 조직의 능력으로부터 시작된다. 그런데 이는 쉬운 일이 아니다. 20세기 이후 세대에 대한 《타임Time》지의 표지기사는 이들 세대가 자신의 동질성에 대해 '흐린 감각'만을 소유하고 있다고 설명하고 있다. 면접 과정에서 응답자들은 자신과 자신의 세대를 정의하는 데 어려움을 드러냈다. 이들이 안고 있는 복잡한 문제는 자신들이 누구이며 원하는 것이 무엇인가를 구세대가 명확히 정의하도록 허락하려 하지 않는다는 것이었다.

그러나 최근 연구는 특정한 경향을 제시하고 있다. 직원들은 더 이상 종신고용을 기대하지 않는다 할지라도 전달할 수 있는 기술에 대한 그들의 포트폴리오를 개발할 수 있게 해주는 고용 능력을 기대한다는 것이 분명해지고 있다. 또한 최고의 재능을 가진 사람들은 자신들의 시장가격을 매우 잘 이해할 것이며, 따라서 그들의 보상(실질적인 것과 정신적인 것)과 보수(돈과 기회)에 대해 매우 많은 것을 요구할 것이 분명하다. 지난 세대와는 다르게 그들은 주어진 가치에 기초해 받아야 할 가치를 요구하는 답례품적인 견해를 이용할 것이다. 마지막으로, 미래의 직원들은 고용주가 되려는 사람으로부터 종합적인 정보의 개방을 기대할 것으로 우리는 믿고 있다.

이러한 절대적인 요구·욕망·기대가 오늘날의 근로자에게 일관성이 있을 뿐만 아니라 분명하게 나타나고 있는 것처럼 보이는 반면에, 미래에는 요구의 강도와 진동이 증가함에 따라 기술 발전, 인정, 그리고 털어놓은 비밀이 상대적으로 매우 증가될 것으로 우리는 믿고 있다. 이러한 요점을 확대시키도록 하자. 우선 기업의 솔직성으로부터 시작해 인정과 보수, 그리고 고용 능력으로 끝맺기로 하자.

기업의 솔직성

분명히 가장 똑똑하고 최고의 재능을 보유한 사람은 일련의 계몽된 사람일 것이다. 이들은 인터넷과 같은 자원을 통해 무한한 양의 정보에 접근할 수 있을 뿐만 아니라 중요한 다운사이징, 조직 재구축, 중역과 주주의 보수 확대 등을 통해 분명해지고 있는 기업 내 충성심의 약화를 경험하게 될 것이다. 《비즈니스 위크》지에 보고되고 있는 최근의 연구가 이러한 인식을 확인시켜주고 있다. 1990~1995년 사이의 경향을 분석해보면 최고경영자의 임금이 92% 증가했으며 회사의 수익이 75% 증가한 반면에, 근로자들의 임금은 오직 16% 늘었으며 근로자의 해고는 39%나 급증했다. 이런 경향으로 인해 미래의 노동시장 진입에 대한 회의와 냉소는 오늘날보다 더욱 커질 것이다.

따라서 최고의 재능을 유인하고자 하는 조직은 중역의 임금, 주당 평균 근무시간, 승진의 가능성과 속도, 그리고 조직의 진정한 사명과 가치 등을 완전히 공개할 준비를 갖추고 있어야만 한다. 필연적으로 면접 과정에서 서로의 위치가 바뀔 것이다. 전통적으로 과거에는 직업을 찾는 사람들이 까다로운 질문에 대한 대답을 많이 준비했지만, 미래에는 직원을 찾는 조직이 동일한 현상을 경험하게 될 것이다. 최고의 재능을 소유한 사람들은 잠재적인 고용주를 찾는 과정에서 의심의 여지없이 예정된 수순을 따를 것이다. 직업을 찾는 사람들은 컴퓨터 네트워크를 통해 미래의 고용주에 대한 모든 사실과 수치를 그들의 손끝에 갖게 됨은 물론, 조직 내에서의 근무에 대한 실질적인 현실을 알아보기 위해 현재 근무 중인 직원들을 면접하는 능력도 갖게 될 것이다. 예를 들어, 전통적으로 안정된 고용이 확보된 직원들에게만 알려졌던 회사의 문화적인 요소에 새로이 직업을 찾는 사람들도 접근할 수 있을 것이다. 결과적으로 조직은 기술개발을 위해 제공되는 프로그램과 기회뿐만 아니라, 각각의 직원들이 어떻게 평가될 것이며 인정과 보상이라는 측면에서 조직이 할 일까지도 기꺼이 공개해야만 한다.

인정과 보수

현재의 경향은 최고의 재능 보유자가 자신의 성과에 기초한 능력급 보상을 요구할 것임을 보여준다. 현재의 조직은 단순히 직무를 잘 수행하는 것, 충성심, 연공서열을 반영하는 보상체계로부터 빠른 속도로 이탈하고 있다. 불행하게도 현 노동시장에 진입해 있는 많은 사람들은 자신들이 직무를 잘 수행하고 회사에 대해 충성심을 보이면 회사는 자신들에게 지속적으로 보상을 주고 승진의 기회를 줄 것이라는 기대를 안고 조직에 들어왔다. 그 결과 조직은 아직도 종신고용이 확보된 노동력과 새로운 노동력을 위한 능력제를 만드는 것 사이의 균형을 유지하기 위해 노력하고 있다. 효과적으로 관리되지 못한다면, 새로 고용된 직원들은 종신고용된 직원들과의 경쟁에서 당연히 불이익을 받는다고 느낄 것이다. 대부분의 초과 달성자들에게는 현장근무가 모든 형태의 작업 관계를 유도하는 전제조건이 되고 있다. 확실히 연공서열과 충성심은 미래의 조직에서도 인정받을 것이다. 그러나 개인의 근무연수는 경쟁적인 지식 또는 가치 있는 고객 관계의 안정성 등으로 전환될 수 있을 정도로만 인정될 것이다. 성과에 기초를 둔 보상체계를 보유하는 조직이 최고의 재능을 소유한 사람들을 더 많이 유인하고 보유하게 될 것은 분명하다.

아마도 미래 조직에서 가장 복잡한 문제는 자기결정에 대한 욕망, 리더십과 승진에 대한 기회, 그리고 직무의 중요성과 같이 근로자들의 정신적인 요구를 충족시키는 것이 될 것이다. 조직이 이러한 요구를 충족시킬 수 있는 유일한 방법은 예정된 공격적인 성장, 기업가정신, 분권화 등을 기꺼이 받아들이는 것이다. 이 모든 방법은 근로자들에게 빠른 기술 증진의 필요성을 인식하도록 할 것이다.

고용 능력

다음 단락에서 이 주제를 심도 깊게 다룰 테지만, 만일 조직의 핵심 역량이 분명하고 훈련체계가 효과적이며 회사의 전략과 일치한다면, 직원에 대한 투자가 많은 이익을 가져온다는 사실이 이미 널리 알려져 있다는 것을 여기에서 설명하기로 한다. 《돈Money》이라는 잡지에 기고한 프랭크 랠리Frank Lalli의 '왜 직원에게 투자하는 회사에 투자해야 하는가' 라는 글은 미국경영협회American Management Association에서 실시한 연구를 인용해 특히나 해고를 발표한 후에 훈련비용을 증액시킨 조직이 훈련에 투자하지 않은 조직에 비해 두 배나 많은 이익과 생산성을 보이는 경향이 있었음을 설명하고 있다. 훈련비용을 증액시킨 회사들 중에는 '장기이익이 79%, 생산성이 70% 증가' 된 회사도 있었다.

오늘날 모든 조직은 다운사이징의 실시 여부와 상관없이 일정 형태의 훈련과 개발을 하고 있다. 일시적으로 주말에 여는 워크숍에서부터 매우 체계적이며 정성들인 접근 방법에 이르기까지, 오늘날의 조직은 전통적인 직무수행을 통한 학습이 불충분하다는 견해를 분명히 받아들이고 있다. 학습에 대한 필요성과 학습의 충격을 증가시킬 수 있는 방법을 개발할 수 있는 조직은 진보된 인적 자본을 확보한다는 측면에서뿐만 아니라 가장 똑똑한 사람들을 유인할 수 있다는 면에서 분명한 경쟁적 우위를 갖게 될 것이다. 〈표 20-1〉은 전통적인 조직과 미래 조직 사이의 학습 속도 차이를 설명해주고 있다. 표에서 관찰할 수 있듯이, 미래의 조직은 과거와 현재의 조직보다 자신의 인적 자본을 훨씬 빠르고 심오하게 학습시키고 발전시킬 것이다. 우리는 'S 곡선을 증가' 시키며, 훨씬 짧은 시간 안에 높은 목표 달성을 위한 전략이 최고의 인재를 개발하는 열쇠인 체계적인 훈련과 개발을 통해 이루어질 것을 믿고 있다.

〈표 20-1〉 조직 학습의 속도

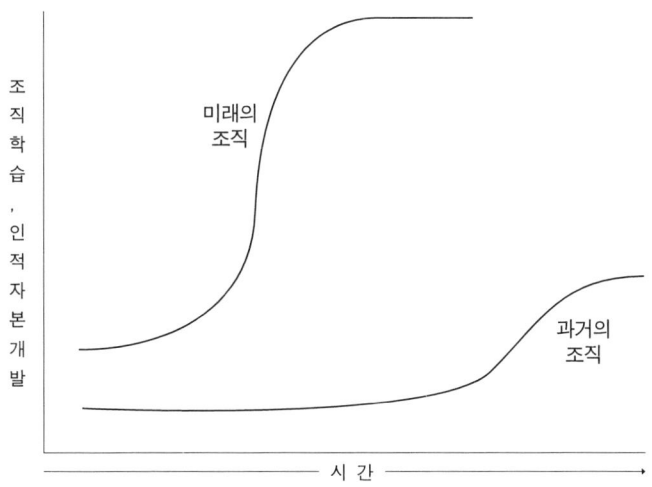

| **최고의 인재 개발**

체계적인 훈련과 개발은 유인과 사회화, 팀으로 일하기, 즉각적인 피드백과 코칭, 그리고 책임 있는 후속 조치 등 네 가지 중요한 요소를 포함하고 있다.

1. 유인과 사회화

모든 조직은 자신만의 분명한 문화, 인쇄되지 않은 규칙, 형식, 그리고 생존은 아닐지라도 조직 내 개인의 성공에 직접적인 영향을 미치는 규율 등을 갖추고 있다. 전통적으로 신입사원들은 단순히 시행착오를 거치면서 조직의 문화를 학습했었다. 여느 문화와 같이 사람들은 문화적 규율을 위반할 경우에 받게 되는 부정적인 강화와 문화적 규율을 지지하고 규율에 의거해 행동할 경우에 받게 되는 긍정적인 강화를 통해 학습한다. 과거에는 그러한 학습이 '부과금 납부' 또는 '통과에 대한 자연적 장벽'으로 여겨졌다. 사실 종신고용된 많은 직원들은 신입사원들이 '비결을 학습하는' 것을 관찰하며 한껏 즐거워한다. 그러한 우애 있는 행동은 예상된 것이며, 이것이 직원들의 초점과 에너지를 산만하게 만들어 성과를 방해하지는 않는다. 그러나 미래의 경쟁적인 조직은 더 이상 그처럼 느린 학습을 제공할 수 없을 것이다. 전통적인 수단을 통한 문화 학습은 최선이 아닐뿐더러 인간의 성과를 포함해 원하지 않는 수많은 결과를 낳는 과대한 근심의 원인 또한 될 수 있다. 따라서 미래의 조직은 어떻게 새로운 재능을 모집해 사회화시킬 것인가에 대해 극도의 배려를 해야 한다. 조직은 효과적이고 종합적인 오리엔테이션 프로그램을 개발함으로써 문화 학습의 속도를 증진시키고, 조직이 직원들을 진정으로 아끼고 있으며, 직원 모두의 성공을 보장할 수 있는 온갖 일을 다하고 있다는 메시지, 즉 최고의 재능을 보유한 사람을 유인하기 위한 강력한 메시지를 신입사원들에게 보낼 수 있어야 한다.

2. 팀으로 일하기

비록 약간의 똑똑한 사람들이 독립적으로 일하고 싶어할지라도 미래 조직에서 '외로운 산사나이들'은 제한된 기회를 가지리라는 것을 우리는 믿고 있다. 팀은 효과적이기만 하다면 직무를 완수하는 가장 강력한 생산 수단이 될 수 있다. 확실히 어떤 직무는 특정한 개인이 좀 더 효율적으로 완성할 수 있다. 그러나 복잡하고 정교한 일은 공유된 지식·지지·책임감 등이 높은 성과자들을 위한 중요한 운전사가 되고 있다. 마찬가지로 중요한 것은 아마도 대부분의 최고 재능 보유자들이 다른 최고 재능 보유자와 함께 일하기를 바란다는 사실이다. 그들은 팀으로 일하는 것이 더 많은 기쁨은 물론 가속화된 학습을 제공한다는 사실을 알고 있다. 직원들에게 팀으로 일할 수 있는 기회를 준다면 즐거운 일을 제공하고 가속화된 발전을 제공함으로써 조직의 신입사원 모집 능력을 크게 증진시킬 수 있을 것이다.

3. 즉각적인 피드백과 코칭

피터 센게Peter Senge는 유창하고 설득력 있는 설명으로 미래의 조직을 학습 조직이라 기술하고 있다. 우리는 이러한 전제에 전적으로 동의한다. 사실 현재의 조직 변화 속도에 맞추어 개인이 학습하려면 각 개인이 받는 피드백과 코칭이 매우 사려 깊고 유용해야 할 뿐만 아니라 무엇보다도 즉각적이어야 한다. 현재 매우 자주 사용되고 있는 '즉각적인 피드백'이란 단어는 조직 내에서 인적 자본을 빠르게 개발하기 위해 요구되고 있는 피드백의 속성을 정확하게 나타내고 있다. "일 잘했어"와 "계속 수고해" 형태, 그리고 분기마다 또는 6개월 내지 1년마다 진행되는 인사고과와 같은 공식적인 피드백 형태인 인과관계 피드백은 심지어 오늘날의 조직에서도 빠른 속도로 웃음거리가 되어가고 있다.

최고의 업무와 새로운 지식을 전파하는 데 가장 효과적이고 효율적인 수단이라는 면에서 공식적인 훈련은 항상 인적 자본을 개발하는 데 귀중한 역할을 담당하게 될 것이다. 그러나 진정한 도제정신으로 전해지는 즉각적인 피드백과 코칭은 인간의 행동을 변화시키고 인적 자본을 만드는 훨씬 강력한 수단이 될 것이다.

4. 책임 있는 후속 조치

체계적인 피드백 및 후속 조치의 빈도수 증가와 함께 공식적인 훈련 기간의 감소는 최근 몇 년에 걸쳐 분명하게 나타나고 있는 하나의 경향이다. 이것이 기정사실이라면 우리는 이러한 경향이 지속될 것을 믿고 있다. 예를 들어, 마셜 골드스미스Marshall Goldsmith는《미래의 리더the Leader of the Future》에서 리더의 효과는 리더가 받은 피드백과 함께 일하는 사람들에게 얼마나 자주 후속 조치를 취하는가와 직접적으로 관련되어 있다고 보고하고 있다. 피드백과 후속 조치는 인적 자본을 만드는 중요한 요소라는 점이 다시 한 번 분명해지는 것이다. 〈표 20-2〉는 최고의 인재를 개발하는 핵심 요소를 묘사하고 있다. 표에서 설명하듯이 이 모든 구성 요소는 서로 연결되어 있으며, 본질적으로 순환하는 방식으로 서로를 밀어주고 있다. 심지어 공식적인 훈련도 책임 있는 도제제도로 알려진 지속적인 피드백과 코칭하는 과정에서 출현하는 집단적인 주체가 추진해야만 한다.

분명히 피드백·코칭·후속 조치는 효과적이지만, 인재 개발의 충분한 수단은 아니다. "우리는 우리가 측정하는 것을 귀중히 여긴다" 그리고 "우리는 업무를 수행하도록 돈을 지불하고 강화한

〈표 20-2〉 최고의 인재 개발

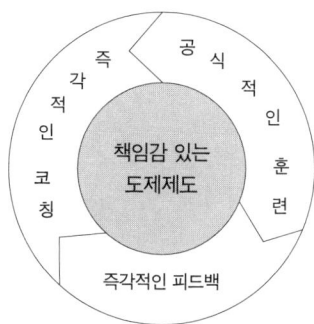

최고 인재의 개발

공식적인 훈련	즉각적인 피드백	즉각적인 코칭	책임감 있는 도제제도
최고의 업무, 틀, 그리고 새로운 지식의 전파.	개인의 직무와 성과를 공동으로 관찰하기.	직원이 스스로 수정하고 변화할 수 있는 능력이 없다고 가정함.	학습자에게 제한적인 책임을 소유하는 스승의 지도로 일련의 기술을 학습하는 과정.
기술을 수련하고 전문적인 피드백 받기.	변화와 발전을 위한 제안의 공유.	변화를 위한 제안과 자원을 제공함.	보상과 결과를 분명히 하며 책임감의 척도에 대한 계약이 아닌 서약을 한다.
네트워크, 공유, 반영 및 격려.	스스로 수정하고 변화할 수 있는 개인의 수단과 능력을 확인할 것.	발전을 감독하기 위해 주기적인 후속조치를 제공하고 지속적인 지지와 제안을 제공함.	기술개발, 경력개발, 만족에 대한 제한적인 책임감.
수용하고 분석된 지속적인 피드백을 통해 추진됨.	체계와 최고의 제도가 공식적인 훈련을 통해 전파되도록 강화할 것.	지속적인 피드백과 공식적인 훈련을 통해 개인의 발전을 장려함.	

다"라는 진술에는 많은 진실이 담겨 있다. 미래의 조직은 도제와 스승을 책임 있게 유지하기 위한 목적으로 인재개발을 추진하고 주시하는 체계를 포함해야만 한다. 만일 조직이 발전하지 못한 이유에 대해 결론도 없고, 발전에 대한 인정도 없다면 발전은 없을 것이며 조직의 생존마저 위험해질 것이다.

| **최고의 인재 보유하기**

이 장의 시작에서 언급했듯이, 지속적인 인재 개발을 보증하는 것이 아마도 재능을 보유하는 가장 효과적인 수단일 것이다. 그러나 이것이 유일한 수단은 아니다. 부가적인 요인을 탐색하면서 우리는 《미래의 리더》라는 책에 스티븐 본스타인Steven Bornstein과 앤서니 스미스가 쓴 '리더십의 수수께끼The Puzzles of Leadership' 라는 글을 참고하고 싶다. 저자들은 미래에 리더들이 효과적이기 위해서는 잠재적인 추종자들에 의해 신뢰를 받아야 한다고 주장하고 있다. 신뢰는 여섯 가지 차원, 즉 확신conviction, 인격character, 관심care, 용기courage, 침착composure, 그리고 능력competence에 기초하고 있다고 한다. 우리가 이러한 상황에 신뢰성 모델이 응용될 수 있다고 믿는 데는 두 가지 이유가 있다. 첫째, 만일 조직의 집단적인 리더십이 직원에게 신뢰를 받지 못하면, 최고의 인재들은 분명히 직업을 찾기 시작하며 궁극적으로 그 조직을 떠날 것이다. 앞에서 언급한 6C 중에서 어느 하나가 많이 모자라서 결국 신뢰를 잃은 사람들을 추종하는 것은 물론 그들을 위해 일

하는 것 역시 높은 성과를 보이는 재능 있는 인재에게는 유일한 대안이 아니다. 재능 있는 인재는 항상 대안을 소유하고 있으며 그 대안을 잘 알고 있을 것이다. 더욱이 신뢰받는 사람은 신뢰받지 못하는 사람을 추종하지 않는 경향이 있다. 둘째, 신뢰성 모델은 조직 신뢰성의 핵심 차원을 설명하는 데 유용하다. 특히 인격 · 능력 · 관심은 조직이 어떻게 최고의 인재를 유인하고 보유하는가를 이해하려는 노력에 응용될 수 있다.

일부 사람들은 매킨지, 월트 디즈니Walt Disney, 마이크로소프트, 골드만 삭스, 그리고 내셔널 지오그래픽 소사이어티 등의 조직이 최고의 인재를 유인하고 보유하는 데 경쟁적 우위를 점유하고 있다고 주장할 것이다. 사실 이러한 조직은 동종업계에서 최고로 인정받고 있다. 각자의 분야에서 신뢰받는 조직들이기 때문이다. 그 조직들은 능력이 출중하다. 사실 대부분의 경우에 그 조직들은 그들이 속한 산업집단의 속도를 결정하며, 다른 조직들의 벤치마킹 대상이 되고 있다. 또한 그 조직들은 인격 있는 조직으로 취급되고 있다. 그 조직들은 순수함을 유지하고, 가치 지향적이며, 전문적이며, 그리고 최고를 위해 몰입하고 있다. 각종 구설수와 내부자거래가 판치는 시기에 그 조직들은 인격적인 큰 실수를 피할 수 있게 해주는 핵심적인 가치관에 기초한 문화를 창조했다.

끝으로 그러한 조직들은 직원, 고객, 그리고 지역사회에 관심을 갖고 있다. 리더십에 대한 신뢰성과 똑같이 조직의 신뢰성은 많은 상호의존적인 차원에 기초하고 있다. 오직 하나 또는 두 개의 차원에서만 잘하고 있다고 지각되는 것은 전체적으로 신뢰를 잃는 결과를 낳을 수 있다. 더욱이 신뢰란 지각된 현상이라는 것을 결코 잊어서는 안 된다. 조직은 궁극적으로 조직의 신뢰를 결정하는 사람들을 유인하고, 개발하고, 보유하려고 노력하는 것이다.

| **결론**

우리가 여기에서 설명하고 처방한 내용의 대부분은 이미 어떤 일정한 형태로 발표된 것이다. 수정구슬은 흥분되는 도전적인 미래의 장식으로 가득 차 있다. 견해에 따라서는 우리가 여기에서 묘사한 어떤 조직의 변수도 미래 조직 구축의 핵심적인 필수요소가 될 수 있는 잠재력을 갖고 있다. 기술, 세계화 전략, 삶의 형태, 의미 있는 일, 그리고 세계적 연대 등은 분명히 중요한 요소다. 아마도 독특하고 뻔뻔하고 유일한 우리의 주장은 다른 어떤 변수보다도 인적 자본이 미래 조직을 건축하기 위한 유일한 핵심적 필수요소가 된다는 것이다. 오늘날의 조직은 인적 자본을 유인하고, 개발하고, 보유하기 위해 자신의 현 체계 및 업무를 비판적으로 평가할 정도로 현명하다. 마지막으로 우리는 인적 자본을 구축하는 세 개의 핵심 과정에 대해 약간의 부가적인 생각을 제시하고자 한다.

최고의 인재를 유인하고자 한다면 최고의 재능이 여러 가지 형태 · 크기 · 색깔 · 나이로 존재할 수 있다는 것을 명심해야 한다. 따라서 다양성을 이해하고 포용해야만 한다. 최고의 재능을 고려할 때, 비록 감정적 · 사회적 지성emotional and social intelligence : EQ이 지능지수intelligence quotient : IQ보다 더 좋은 기준은 될 수 없을 지라도 적절한 기준은 될 것이다. 또한 최고의 인재를 유인하기 위해서는 최선을 다할 준비를 해야 한다. 왜냐하면 최고의 인재들은 자신들과 비슷한 다른 사람들을 유인하기 때문이다. 기차의 기관차같이 인재들은 중요한 화물을 자신과 함께 끌고 올 것이다.

그리고 최고의 인재를 개발하려면 미래 조직은 전략적인 인사 기능을 보유해야만 한다. 우리는 미래의 최고 인사부서가 두 개의 분명한 기능을 할 것으로 믿고 있다. 즉 임금관리, 노사관계, 법률적 관리, 그리고 협력과 같은 인적 자원관리 업무와 인적 자본을 유인하고 개발하고 보유하기 위한 전략적 체계와 접근 방법을 포함하는 인적 자원 전략 말이다. 만일 인적 자본을 핵심적 필수요소로 가정한다면, 책임이 있는 기능은 성격상 전략적이어야 한다. 따라서 오늘날의 재무, 마케팅, 법률적 관리 등의 지위로 상승되어야만 한다.

마지막으로, 최고의 인재를 보유하려면 조직은 신뢰감을 주어야 한다. 신뢰란 지각되는 현상이기 때문에 조직은 신뢰감을 형성하고 유지·구축하는 데 요구되는 일련의 적절한 행동을 결정하기 위해 주기적으로 직원들에게 설문조사를 실시해야만 한다. 피드백의 고리는 비용이 많이 드는 과실을 피하기 위해 필수적이다. 인적 자본은 조직의 신뢰성을 통해 건축된다. 핵심 가치에 집착하면서 때 묻지 않은 인격을 보여주고, 지속적인 성장과 제품·서비스의 혁신을 통한 능력을 과시하며, 모든 것을 가능하게 해준 사람들에게 항상 관심을 갖고 있음을 보여주는 것이야말로 미래 조직의 특징이 될 것이다.

21

Edward D. Miller

통신혁명의
충격파

우리의 대부분은 제1차 세계대전 후 종종 조종사의 부인인 조종사의 파트너가 복엽비행기 아래쪽 날개로 걸어가는 '죽음에 도전하는 산책'을 포함해 공중묘기로 많은 사람들을 전율에 떨게 했던 '비행기 날개 위 걷기'를 기억하기에 나이가 너무 어리다. 비행기 날개 위를 걷는 두 가지 규칙 가운데 하나는 "다른 것을 잡을 때까

에드워드 D. 밀러 Edward D. Miller | 매체를 연구하는 포인터 연구소(Poynter Institute for Media Studies)의 공동 경영자다. 그는 관리 책임자 및 새로운 프로젝트의 창시자로서 1989년 연구소에 합류했다. 관리와 디자인의 혁신에 대해 세계 각지에서 강의하고 있다. 그는 《샬로테 프로젝트 : 시민들의 민주주의 회복을 도와줌(The Charlotte Project : Helping Citizens Take Back Democracy)》이라는 책의 저자다. 이 책은 1992년 연구소가 《샬로테 옵서버》 신문과 함께 선거 보도의 개혁을 수행했던 일에 관한 이야기다. 그는 《뉴스의 눈(Eyes on the News)》, 색깔이 신문의 리더십에 주는 영향에 관한 포인터의 책 등을 편집했으며, 《시민적 저널리즘 : 여섯 개의 사례 연구(Civic Journalism : Six Case Studies)》의 공동 편집자였다.

지 현재 잡고 있는 것을 결코 놓지 말 것"이다.

오늘날의 주역들은 과거의 편안한 습관과 미래에 대한 걱정 사이에서 비행기 날개 위 걷기를 하고 있다. 무엇인가 매우 새로운 것을 갖고 비행기의 날개를 걸어 내려와야 한다는 사실을 알고 있음에도 불구하고, 그들은 자신들이 알고 있으며 믿고 있는 것에 집착하기 위해 노력하고 있다. 이것이 우리에게 두 번째 규칙을 소개한다. "날개에서 내려오기 위해서는 궁극적으로 현재 잡고 있는 것을 놓아야 한다." 모든 종류의 사업은 일시적으로 날개 밑으로 내려가도록 강요당한다. 하나로 모든 것을 할 수 있다는 마케팅 접근 방법에 더 이상 동의하지 않는 전통적인 고객들은 그들의 제품과 서비스가 청바지에서 정보에 이르기까지 개인의 구미에 맞춰지기를 원한다. 더욱이 고객들은 이전에 생산자들의 고유 권한이었던 제품의 디자인 결정에도 참여하기를 원한다. 의사소통 기술의 발전은 지구촌 어디라도 존재하는 풍성한 정보에 즉각적으로 접근할 수 있다는 환상으로 이러한 기대에 연료를 제공하고 있다. 오래된 규칙과 관심이 불확실성의 무정부 상태로 대체된 사이버 공간은 대부분의 기업들에게는 사이버 혼돈이다. 너무 겁이 많아서 잡은 손을 놓지 못했던 날개 위를 걷는 사람들은 오래된 것을 하기 위해 새로운 도구에 적응하려 노력하고 있다. 반면에 유지할 가치가 있는 성공적인 기업을 소유하지 못한 좀 더 모험적인 많은 경쟁자들은 새로운 것을 하기 위해 새로운 도구들을 이용해 빠르게 날개 밑으로 움직여 내려오고 있다.

왜 그렇게 적응이 어려운가? 성공적인 기업은 새로운 도구와 새로운 시장의 신비를 위해 과거에 이익이 산출되었던 관례를 포기하기 어렵다는 것을 항상 발견한다. 조직, 특히나 커다란 조직은 잘 되어갔던 것에 의존하는 경향이 있다. 심지어는 비전을 갖춘 리더들도 자신들이 택하고 있는 길이 여전히 이익을 주고 있다면 용기를 잃을 수 있음을 발견한다. 이것은 새로운 사실이 아니다. 이 모든 것은 어떤 신문에서도 읽을 수 있다. 또한 당신은 신문사 자체의 조직에 관한 이야기에서도 혼돈의 한가운데서 날개 밑으로 걸어 내려온다는 중요한 교훈을 얻을 수 있을 것이다. 독자들은 변하고 있다. 그리고 신문은 어떻게 해야 독자들을 고객으로 잡아둘 수 있을까 당황하고 있다. 구텐베르크 이후 의사소통 도구는 가장 심각한 변화를 겪고 있다. 경쟁적인 위협이 도처에 널려 있다. 리더들은 보조를 맞추기 위한 자신들의 능력에 대해 고민하고 있다. 물론 이런 것이 독특하게 신문에만 해당되는 것은 아니다. 오늘날의 모든 산업은 비슷한 혼란을 맞이하고 있다. 따라서 신문산업의 문제와 문제에 대한 잠재적인 해결책이 교훈이 될지 모르겠다.

여느 사업들과 다르게 신문은 고객들의 환심을 사려고 많은 시간을 보내지 않았다. 한 범학자梵學者는 "나는 자유언론을 위한 모든 것이다. 내가 참을 수 없는 것은 빌어먹을 신문들이다!"라고 말한 바 있다. 수백만의 미국 사람들은 그의 폄하에 공감하고 있다. 더욱 큰 문제는 수많은 사람들이 신문에 관심이 없다는 것이다. 그리고 신문에 관심을 보이는 많은 사람들은 의사소통의 새로운 기법으로서 매혹적인 대안을 발견하고 있다. 그 결과 점차 증가하는 잠재적인 고객들은 신문을 더 이상 필수적인 것으로 생각하지 않는다.

언론은 항상 고객들과 역설적인 관계를 맺어왔다. 신문은 지역사회의 시민이나 조직과 상호의존하면서 사업으로 번성했다. 그러나 신문은 독립된 목소리를 유지함으로써 좋은 언론매체로 성공했다. 공식이 항상 균형을 이루는 것은 아니다. 현재 신문의 기능에 대한 독자들의 낮은 관심으로 볼 때, 편집의 독립성은 다른 귀중한 자산, 즉 지역과 사람에게 소속되었다는 생각의 대가로 갖게 된 것일 수 있다. 원인이 무엇이든 간에 상호의존과 독립성의 역설을 관리하는 것은 더욱 중요하고, 그리고 더욱 어려워지고 있다.

언론종사자들이 이러한 문제를 큰소리로 반성하는 것을 도와주었던 최근 포인터 연구소의 세미나에서 언론가도 '독자의 요구 needs of readers'를 알아야만 한다고 주장하는 한 중역이 어설픈 실수로 "필요로 하는 사람들을 읽어야 한다reads of needers"고 선언했다. 우리가 웃음을 그쳤을 때, 우리는 그가 옳다는 것을 알게 되었다. 지역사회는 하루의 사건을 분류하고, 일어난 소동에 부여된 의미의 뜻을 이해하기 위해 신문에 의존하는 '필요로 하는 사람들 needers'로 가득 차 있다. 영어의 동사 의사소통communicate은 라틴어의 communicare가 그 어원이다. 이것은 의사소통을 의미하지 않는다. '공유'를 의미한다. "존 F. 케네디 John F. Kennedy가 암살당했을 때 당신은 어디에 있었습니까?" 또는 "챌린저호가 폭발했을 때 당신은 어디 있었습니까?"는 communicare의 질문이다. 정확히 말해 신문은 오늘의 사건을 다른 사람들과 공유하는 것과 같은 의미를 독자들에게 제공했기 때문에 성공적이었다.

    그러나 점진적으로 시민들은 그러한 경험에서 자신의 소리를 갖기를 기대하고 있으며, 통신용 라디오에서 인터넷에 이르기까지 의사소통기술이 공개토론장을 제공하고 있다. 시민들이 자신들의 공공의 목소리를 찾게 됨에 따라 그들은 신문에서 오래된, 밀고 당기는 공식의 방향을 바꾸는 최소한의 수동적 관망자 이상이 되고 있다. 뉴스의 생산자가 소비자에게 위에서 아래로 정보를 '밀어냈던' 것이, 무엇이 뉴스이며 어떻게 어디에서 소비될 것인가를 결정함에 있어 사람들이 주도권을 잡음에 따라 수요에 의해 '잡아당기'는 것으로 되고 있다. 헨리 포드가 우리의 할아버지들에게 "검정색인 이상 어떤 색깔"이라도 좋다면서 제공해도 좋았을 것을, 오늘날에는 "당신이 원하는 대로 소유하시오"라고 말이 바뀌었다. 이것은 어떤 기업에게든 매우 어려운 과제이며, 특히나 대중매체산업에게는 더욱 어려운 과제다.

    요약하면 고객들은 관례적으로 생산자가 행해온 의사결정에 참여하기 시작했다. 미디어산업에서 이것은 분배체계의 통제를 통해 신문을 관리했던 유력한 편집자의 선호도와 의사결정으로부터의 독립을 의미한다. 언론의 전통적인 생산자와 고객 사이의 관계는 고객들이 제품의 디자인을 결정할 수 있는 좀 더 복잡한 관계로 대체되고 있다. 과거에는 편집자들이 무엇이 뉴스인가를 정의하곤 했다. 오늘날에는 독자들이 행동에 옮기고 있다. 바로 이런 독자들이 자신들의 인터넷 홈페이지를 통해 정보와 그들만의 독특한 상표의 '뉴스'를 전달함에 따라 실질적인 기업가로서 경쟁자로서 등장하고 있는 것이다.

돈 페퍼스Don Peppers와 마샤 로저스Martha Rogers는 자신들의 저서 《일 대 일 관계의 미래 : 한 번에 한 고객과의 관계 형성The One to One Future : Building Relationships One Customer at a Time》에서 사업은 더 이상 많은 사람들을 위해 제품을 생산하는 것이 아니라고 주장하고 있다. 사업은 각각의 고객들과 "관계를 창조하고 판매하고 유지하는 것이다." 한마디로 시장점유율과 함께 '고객을 점유'하는 것이다. 만일 이것이 사실이라면, 많은 산업의 전략은 대규모 시장에 적은 종류의 제품을 공급하는 것에서 개인화된 욕구를 충족시키기 위해 맞춤 주문 서비스를 제공하는 것으로 변화되어야 할 것이다. 언론산업에서 이것은 근본적으로 다른 개념이다. 이것이 그렇게 많은 신문을 만드는 사람들이 이런 생각에 저항하는 이유를 설명해주고 있다.

그러나 변화는 근심을 유발하며, 지역적으로 독점적인 프랜차이즈를 유지하려는 신문의 경영자들은 다음과 같은 경향을 포함해 많은 걱정을 하고 있다.

- 최고 수입의 기초가 침해당하고 있다. 어떤 신문에서건 재무적인 기념비가 되고 있다고 분류된 광고는 인터넷을 이용하는 새로운 경쟁자들의 쉬운 목표가 되고 있다. 스포츠 결과, 증권, 그리고 이미 한 세대 전에 TV가 빼앗아간 뉴스가 아닌 정보와 오락에 관한 기사도 마찬가지다.
- 경쟁은 변하고 있다. 오늘날 우리는 전통적인 경쟁자의 명

단, 즉 다른 신문들, TV, 잡지, 자유신문 등에 우리의 고객들을 첨가하고 있다. 컴퓨터와 모뎀을 소유하고 있다면 어떤 사람이라도 인터넷에서는 기업적인 출판가 또는 언론인이 될 수 있다. 언론계 진출자 숫자를 적게 만들었던 자본은 싼 장비와 지방 전화요금 정도의 가격으로 감소되었다. 신문은 고객들이 경쟁자로 등장하는 현상으로 인해 위협받는 많은 산업 중 하나에 지나지 않는다.

· 또한 기술은 많은 제품과 서비스에 대한 고객의 태도와 기대를 변화시키고 있다. 인쇄매체는 이동전화, 팩스 모뎀, 휴대용 컴퓨터, 대화방, 대량 주문제작 그리고 더 빠르고, 더 싸고, 더 좋은 것을 광적으로 뒤쫓는 것에 탐닉해 있는 국가 전체를 만족시킬 수 없다. 이러한 모든 압력은 언론의 기본적 사명과 전통적인 방식에 대한 우리의 자신감을 침식하고 있다.

이러한 위협에 대처하기 위해 기업의 지도자들은 아주 오래전에 길잡이가 되는 질문을 던진 드러커의 글을 다시 읽는 것이 좋겠다. 당신이 하고 있는 사업은 무엇인가? 당신의 고객은 누구인가? 당신의 고객이 중시하는 것은 무엇인가?

첫 번째 질문에 신문은 쉽게 대답할 수 있다. 우리의 사업은 신문의 제작과 판매를 통해 지역사회에서 독립적인 목소리를 유지하는 것이다. 이러한 설명은 아직도 타당하다. 그러나 완벽한 것은 아니다.

신문의 고객은 우리의 이웃이다. 현재 주민들은 지역적 분포

보다는 나이·인종·생활 형태·성별·직업·취미 심지어는 성적 성향에 의거해 정의되는 종족의 소속감에 기초해 새로운 지역사회로 나뉘고 있다. 전자매체가 전 세계에 미침에 따라 전통적으로 특정 지역을 지역사회로 정의하는 것을 무의미하게 만들었고, 지역적 분포 자체는 그다지 중요하지 않게 되었다.

우리 고객이 중시하는 가치는 무엇인가? 뉴스와 정보다. 그러나 언론은 항상 그 이상의 것을 제공했다. 매일 일어나는 일을 글로 표현함으로써 좋은 신문은 단순한 데이터베이스와 자신들을 차별화시키는 부가가치 서비스를 제공했다.

이런 부가된 가치 중 하나는 사람들의 지역사회 참여인식으로 표현될 수 있는 시민의 응집력이다. 그러나 이런 소속감은 많은 시민들이 자발적인 봉사활동을 하지 않고 투표에 참여하지 않고 무관심해짐에 따라 위기에 직면해 있다. 다수의 신문들이 오랫동안 적극적인 시민독자에게 의존해왔기 때문에 신문이 차지했던 기본적인 역할을 해치는 위협이 된다. 또한 이것은 신문산업의 재무적인 안정성도 해친다. 시민정신이 부식됨에 따라 신문의 독자층도 부식되고 있다.

비슷한 위협에 처한 다른 산업과 같이 신문산업은 새로이 출현하는 신기술에서 구제책을 찾아야 한다. 매체의 경우에는 매우 인상적이다. 현재 여러 도구를 통해 제작된 신문은 인터넷으로 전달되고 개인의 구미에 맞게 만들어져 언론인들이 새로운 지역사회에 진출할 수 있게 해준다. 고객들은 자신들의 요구에 맞는 제품을 만들기 위해 언론인들을 포함한 제품의 생산자와 상호작용을 한다. 상호작용은 조건이라기보다는 하나의 기대가 되고 있다. 신문사들이 잉크로 인쇄된 신문 대신에 전자신문을 배달하는 것은 시간·나무·돈을 절약한다. 이것은 미래에 대한 매력적인 견해다.

그러나 출판을 중지하기 전에 우리는 신문이 스스로 발명된 것이 아니라는 것을 상기하면서 도구들에 대해 조금 생각할 필요가 있다. 언론과는 관련이 거의 없는 외부 발명을 유익하게 사용했던 것이다. 더욱이 우리는 오래전부터 해왔던 일을 더욱 효율적으로 수행하기 위해 새로운 도구를 이용했다. 뉴스의 수집·설계·생산·판매의 근본적인 절차는 비교적 변화 없이 수십 년 동안 남아 있다. 단지 도구들만이 변화했다. 그러나 새로운 발명은 일상적인 관행에 젖은 기존의 사업과 새로이 출현하는 기술을 재빨리 자본화시키려는 기회주의적 외부인들 사이에 치열한 경쟁을 촉발시키며 항상 새로운 도구로 새로운 일을 할 수 있는 가능성을 열어놓았다. 과거의 역사는 약삭빠른 외부인들이 실질적인 우위를 점하고 있다는 것을 보여주었다.

이 모든 것에는 아이러니가 있다. 기술은 사람들이 찾을 수 있는 것보다 사용되지 않는 훨씬 많은 자료를 만들어냄으로써 가상공간이 빠르게 가상혼돈으로 전환되고 있다. 그러나 이것은 언론인들이 독자를 위해 전통적인 '항해사' 또는 '대리인'의 역할로 한 걸음 물러날 수 있는 길을 열어놓았다. 이것은 친숙한 영역임에 틀림없다. 몇 년 동안 사람들은 자신의 세계에 대한 타당성을 찾기 위해 신문을 이용했다. 신문은 독자들과 새로운 관계를 정립하기 위해 민첩하게 새로운 도구를 이용하는 기회로 위협을 전환시킬 것이다. 인쇄되어 가정에 배달되는 신문이 포함하고 있는 다양한 기술을 이용하는 신문사는 사람들이 정보, 의미, 지역사회에 대해 만족할 만한 탐색을 할 수 있도록 돕는 방법을 배울 필요가 있으며, 이런 도움을 통해 이익을 내야만 한다.

우리를 방해하는 것은 무엇인가? 그중 하나는 성공이다. 단순히 말해 몇십 년 동안 편안하게 이익을 보았으며 조립 라인의 생산 방식을 지배하는 19세기형 계층 모델에 만족하는 어느 산업도 급진적인 변화를 받아들여 실행하기는 매우 어렵다. 또 다른 장애는 언론인이라는 성직을 그들의 독자뿐만 아니라 광고를 팔고, 윤전기를 돌리며, 고객을 직접 만나는 그들의 동료들로부터 격리시키는 신분제도다. 이런 신분제도는 중요한 이점이 있다. 이익을 위해 운영되는 회사 내에서는 논조의 독립성과 순수함을 보호해준다. 그러나 이 신분제도는 시장의 변화 요구에 대응하는 방법을 학습하지 못하는 대가를 치렀다.

결과적으로 새로이 나타나고 있는 기술과 변화하는 고객의 기대가 피할 수 없는 변화를 만들 때 이윤으로 살찐 나태함, 문화적 격리, 그리고 새로운 제품을 만들기 위해 새로운 도구를 사용해보지 못한 무경험 등이 효과적인 반응을 늦춘다. 조직의 무력함은 신문사에 한정된 것이 아니다. 많은 회사들은 오래된 습관에 집착하며, 이것을 영속적인 가치와 혼돈한다. 그러나 특히 자유언론과 같은 가치는 불변한다. 일상적인 것은 변할 수 있으며 변화해야만 한다. 회사의 지도자들은 자신들이 알고 있는 방식에 집중하지 말고, 자신들이 학습할 필요가 있는 것에 집중해야 한다. 신문은 만들어서 배포하는 방법을 안다. 신문은 독자들과 새로운 관계를 만들기 위해 새로운 도구를 응용하는 방법을 학습해야 한다.

아직 모든 면에서 좋은 소식을 발견할 수 있다. 기술적 변화의 혼란 속에서 핵심 기술에 대한 언론의 욕구는 영속될 것이다. 산업 리더들이 할 일은 이런 기술을 새로운 환경으로 옮겨놓는 것이다. 분명히 그들은 시장을 갖고 있다. 정보의 홍수가 생활에서 직면하는 복잡성에 기여하는 한 호기심 많은 대중들은 고집스럽고 완전한 조사를 하는 기자, 자료를 저장하고 꺼내는 새로운 도구를 잘 사용할 줄 아는 연구원, 그리고 제목 뒤에 숨겨진 혼란스러운 형태를 조립하고 설명할 수 있는 작가와 그래픽 디자이너들에 대해 더 큰 욕구를 갖게 될 것이다. 독자들이 '욕구를 소유하고 있는 사람'인 이상 정확성, 순수성, 의존할 만한 서비스(잉크로 인쇄된 신문만을 의미하지 않음)를 팔고 있는 신문사들은 수많은 잠재 고객을 보유하게 될 것이다.

그러나 가치 있는 기술을 새로운 일감으로 만들기 위해 오늘날의 생산 지향적인 조립 라인은 단순히 대량소비에 반응하는 대신 개인의 욕구와 관련된 창조적인 반응을 이끌어내는 유연한 미래의 정보수집가와 정보관리자가 되어야 한다. '의미 있는 상인'으로서 신문은 지속적으로 기사를 게재하고, 지역의 독자를 위해 부가가치를 창출할 것이다. '정보의 저장소'로서 신문은 독자들이 오늘의 기사를 대충 읽거나, 많은 부가적인 자료를 찾게 해주는 막대한 문서의 저장과 연구 서비스를 제공할 것이다. 시간은 악마가 되지 못할 것이다. 전자적인 전달은 첫 출판된 지 몇 주가 지난 후에도 편집자들이 기사를 보충할 수 있게 해줄 것이다. 독자들은 더 이상 신문 생산과 전달 주기의 포로가 되지 않는다. 기사가 준비되는 동시에 독자들은 읽게 될 것이다. 마찬가지로 무한히 저장된 정보에 대한 시간 제약 없는 접근은 공간적인 제약도 없앨 것이다.

많은 것이 사망했음에도 불구하고 신문은 죽지 않았다. 인쇄의 지속성은 신기술에 현혹된 많은 사람들에 의해 과소평가되었다. 그러나 신문사가 독자들의 선택을 도와주면서 신문의 핵심적인 형식과 기능은 변할 것이다. 그러한 선택 중 하나는 집에 전달되는 신문(또는 가정에서 인쇄되는 신문)을 구독하는 것이다. 이 밖에도 많은 선택을 하게 될 것이다. 또한 신문 발행자와 고객의 관계도 근본적으로 변할 것이다. 과거의 상의하달식, 공급자 주도식 생산 모델은 미래의 고객 주도식 정보센터로 대치될 것이다. 독자들은 수동적인 고객 이상이 될 것이다. 고객들은 기사를 선택하는 과정에서 사이버로 연결된 동반자, 정보제공자, 심지어는 경쟁자가 될 것이다.

이러한 미래를 관리하기 위해 언론의 기능과 사업 사이의 틈은 좁혀져야만 한다. 다른 산업과 같이 관리의 직무는 생산을 위한 명령과 통제의 지배로부터 유연한 조직의 리더십으로 이동할 것이다. 신문은 일어난 사건에 반응하는 방법을 알고 있다. 신문은 새로운 도구를 이용해 독자인 고객들에게 새롭게 반응하는 방식을 학습할 필요가 있다. 비행기 날개 위 걷기는 균형, 타이밍, 그리고 무엇보다도 용기를 요구하는 항상 위험한 스턴트다. 오늘날 사업의 리더는 날개 위를 걷는 것에 친숙해야 한다.

22

Nathaniel Branden

정보시대의 자존심

우리는 항상 최고의 심리적인 욕구였던 자존심이 긴급한 경제적인 욕구—점진적으로 복잡하고, 도전적이며, 그리고 경쟁적인 세계에 적응하기 위해 필수적인 속성—가 된 역사적인 순간에 다다랐다.

이제 우리는 빠른 변화, 가속화하는 과학적·기술적 혁신, 그리고 전대미문의 경쟁 수준 등으로 특징지어지는 세계경제 속에서

나다니엘 브랜든 Nathaniel Branden | '자존심(self-esteem)운동의 아버지'로 묘사되어왔다. 그는 개인적인 심리치료와 더불어 자존심의 원리와 성과를 증진시키기 위한 기술로 응용할 수 있도록 기업들을 상대로 상담하고 있다. 그는 많은 책을 출판했는데, 대표작으로는 《자존심의 심리학(The Psychology of Self-Esteem)》, 《자존심의 여섯 가지 기둥(The Six Pillars of Self-Esteem)》, 그리고 《책임지기 : 자기의존과 책임감 있는 생활(Taking Responsibility : Self-Reliance and the Accountable Life)》 등이 있다.

살고 있다. 이러한 발전은 전 세대들에게 요구되었던 것보다 더 높은 수준의 교육과 훈련에 대한 수요를 창조하고 있다. 기업 문화에 익숙한 모든 사람들은 이것을 알고 있다. 그러나 동일하게 이해되지 않고 있는 것은 이러한 발전이 새로운 우리의 심리적인 자원에 대한 수요를 창조하고 있다는 점이다. 구체적으로 이러한 발전은 혁신, 자기관리, 개인적 책임감, 그리고 자기지도에 대한 능력을 더욱 많이 요구하고 있다. 이것은 상급 관리층에게만 요구되는 것이 아니다. 고급관리자에서부터 초급관리자, 심지어 신입사원에 이르기까지 회사의 모든 계층에서 요구되고 있다.

현대 조직은 더 이상 생각하는 소수의 사람들과 단지 시키는 일만 수행하는 많은 사람들에 의해 운영될 수 없다. 오늘날 조직은 참여하는 사람들의 더 높은 수준의 지식과 기술뿐만 아니라 높은 수준의 독립성, 자기의존, 자아신뢰, 그리고 주도권을 행사할 수 있는 능력, 즉 한마디로 자존심을 필요로 하고 있다. 오늘날 이것은 적절한 수준의 자존심을 소유하고 있는 사람들이 경제적으로 많이 필요하다는 의미이다. 이것은 역사적으로 새로운 현상이다.

최근에 출현하고 있는 기술적·경제적 현실은 우리 조상들보다 높은 수준으로 상승할 것을 명령하고 있으며, 종으로서 우리의 진화를 운전하고 있다고 할 수 있다. 만일 이러한 전제가 옳다면, 이것은 20세기의 가장 중요한 발전임에도 불구하고 그 결과에 대해 덜 감사하고 있는 것이다. 미래의 조직 문화를 형성하는 데 있어 지배적인 가치는 심오한 의미가 있으며, 복종·동조성·권위에 대한 존경과 같은 전통적인 가치와는 대조적으로 자율성·혁신성 · 자기책임감 · 자존심을 만족시키는 것이다.

자존심의 뿌리

《자존심의 여섯 가지 기둥》에서 내가 제안한 정의로부터 시작해보자. "자존심은 기본적인 생활과 행복이라는 가치에 대한 도전에 대처하기 위한 능력을 소유하고 있다는 경험이다."

이것은 능력이란 면에서 마음의 효능에 대한 자신감이다. 확장해 말하자면, 스스로 학습할 수 있고, 적절한 선택과 의사결정을 내리며, 그리고 변화를 관리할 수 있는 능력이다. 또한 이것은 인간에게 성공 · 성취 · 만족 따라서 행복을 주는 적절한 경험이다. 그러한 자신감의 생존가치는 분명하다. 자신감이 없을 때의 위험도 마찬가지로 분명한 것이다.

나는 30년이 넘는 연구를 통해 자존심을 구축하는 데 가장 중요한 여섯 가지 행동을 발견했다. 이 모든 행동은 미래의 조직과 상관 있는 것이다.

1. 의식적으로 살아가는 훈련

이것은 사실에 대한 존중을 포함하고 있다. 이는 우리가 수행하고 있는 것에 참여하는 것이다(예를 들어, 만일 우리의 고객 · 감독관 · 공급자 · 동료들이 우리에게 이야기할 때 그들을 만나는 곳에 있는 것이다). 모든 정보, 지식 또는 우리의 흥미 · 가치 · 목표 그리고 프로젝트에 관련된 피드백 등을 찾고 열심히 받아들인다. 그리고 스스로 눈이 먼 행동을 하지 않기 위해 우리의 외부뿐만 아니라 우리의 내부 세계도 이해하기 위해 노력한다.

웰치는 자신이 GE에서 달성한 비정상적인 변혁에 대해 설명해달라는 요청을 받았을 때 '의식적으로 사는 것의 핵심인 자신감, 솔직함, 그리고 고통스러울지라도 굽힘없이 현실을 직시하는 것'에 대해 이야기했다.

2. 자신을 받아들이는 훈련

이것은 회피, 거절 또는 자신과의 관계에 대한 부정 및 자기부정 없이 자신의 생각·느낌·행동을 기꺼이 소유하고 경험하고 책임지는 것이다. 그리고 자신의 사고와 감정을 경험하고, 자신의 행동을 필연적으로 좋아하고, 보증하고, 또는 객관적으로 바라볼 수 있도록 허락해주는 것이다. 만일 우리가 자신을 받아들인다면, 우리는 항상 무엇인가를 실험하고 있다는 사실을 발견하게 될 것이다. 이것은 방어력을 결핍시키는 결과와 함께 적대적 또는 비적대적인 심각한 피드백 또는 다른 아이디어를 기꺼이 경청하는 결과를 낳을 것이다.

3. 자기책임감에 대한 훈련

자기책임감은 스스로가 선택과 행동의 책임자라는 것, 우리 각자가 자신의 생활과 복지에 책임이 있다는 것, 우리의 목적을 달성하기 위해 다른 사람들의 협조가 필요하다면 우리는 교환가치가 있는 것을 제공해야만 한다는 것, 그리고 문제는 "누구에 대해 불평할 것인가?"가 아니고 항상 "무엇을 할 필요가 있는가?" 등을 이해하는 것으로 구성되어 있다.

4. 자기주장 훈련

자기주장은 자신이 다른 사람을 대할 때 진실하다는 것, 사회에서 자신의 가치와 다른 가치를 갖고 있는 사람에게 적절한 존경심을 갖는 것, 다른 사람이 부정하는 것을 피하기 위해 현실적인 자신의 존재와 자존심을 속이는 것을 거절하는 것, 그리고 적절한 환경에서 적절한 방법으로 자신의 생각을 기꺼이 옹호하는 것 등을 의미한다.

5. 목적을 갖고 생활하는 훈련

목적을 갖고 생활한다는 것은 자신의 단기적·장기적인 목표 또는 이들 목표를 달성하는 데 필요한 행동을 찾아내는 것, 이러한 목표 달성에 필요한 행동을 조직화하는 것, 올바르게 진행되도록 행동을 관리하는 것, 그리고 언제 어떻게 수정이 필요한가를 인식하기 위해 결과에 주목하는 것 등으로 구성되어 있다.

6. 개인적 순수함을 갖기 위한 훈련

개인적 순수함이란 우리가 알고 있는 것, 우리가 말하는 것, 우리가 행동하는 것 사이에 일치감을 갖고 생활하는 것이다. 또한 진실을 이야기하고, 몰입을 명예롭게 생각하고, 자신이 존경하는 가치를 행동으로 실천해 보이는 것이다. 그리고 다른 사람을 공정하고 자비롭게 다루는 것이다. 자신의 가치를 배반했을 때 자신의 마음을 배반하는 것이고, 이로 인해 자존심은 필연적으로 손상될 것이다.

| **리더의 자존심**

종종 리더들은 인간으로서 자신들의 존재가 조직의 모든 면에 실질적인 영향을 미친다는 사실을 인식하지 못하고 있다. 이들은 자신들이 역할 모델이 되고 있다는 사실에 고마움을 느끼지 못하고 있다. 아주 사소한 그들의 행동도 꼭 의식적이라고는 할 수 없지만, 주위에 있는 사람들에 의해 관찰되고 받아들여지며, 그들이 영향을 주는 사람들에 의해 전체 조직에 반영된다. 만일 리더가 의심할 수 없는 순수함을 지니고 있다면, 다른 사람들도 따라야 된다고 느끼는 표준이 설정되는 것이다. 만일 리더가 동료·부하·고객·납품업자들의 존경심을 이용해 위협한다면, 이것 역시 조직 문화로 전환되는 경향이 생길 것이다.

리더의 자존심이 높으면 높을수록 더욱더 다른 사람들이 최선을 다할 수 있도록 고취할 것이다. 스스로를 신뢰하지 않는 마음은 동료와 부하들에게 최선을 다하는 마음을 불어넣을 수 없다. 만일 리더들의 기본 전제가 자신이 옳고 다른 사람들이 틀렸다는 것을 증명하는 것이라면, 리더는 다른 사람들을 고취시키지 못할 것이다(전통적인 지혜와는 반대로 그처럼 불안전한 리더들의 문제는 그들이 커다란 자아를 갖고 있다는 것이 아니라 그들이 작은 자아를 갖고 있다는 것이다). 만일 리더가 높은 자존심과 높은 성과를 내는 조직을 창조하고 싶다면, 첫 발짝은 자신들 스스로가 먼저 노력해야 한다. 즉 자신들의 의식, 자기책임감, 그리고 행동 등의 수준을 높이는 것이다. 이들은 다음과 같은 질문에 답할 필요가 있다. 나는 내가 다른 사람들에게서 발견하고자 하는 특징을 행동으로 나타내 보이고 있는가? (또는 "내가 말하는 대로 하거라. 내가 행동하는 대로 하지 말고"라고 말하는 부모와 같은가?) 물론 이런 원리는 최고경영자뿐만 아니라 모든 수준의 관리자들에게도 적용되는 것이다.

여기서 나는 "사람들은 자기 자신의 자존심을 위해 어떤 일을 합니까?"라는 질문에 대해 몇 가지만 간단하게 제안하도록 하겠다.

자기 자신의 자존심을 키우는 일

자존심을 계발하고 강화시키는 행동은 자존심을 표현하는 것이다. 그 관계는 상호 영향을 미친다. 만일 내가 의식적으로 행동한다면, 나는 자존심을 성장시키는 셈이다. 만일 내가 적절한 수준의 자존심을 소유하고 있다면, 의식적으로 행동하고자 하는 충동은 자연스러운 것이다. 만일 내가 자존심을 갖고 행동한다면, 나는 자존심을 강화시킬 수 있을 것이다. 만일 내가 자존심을 소유하고 있다면, 나는 자기책임감을 갖고 행동하는 경향이 있을 것이다. 만일 내가 위의 여섯 가지 행동을 매일 매일의 생활에 통합한다면, 나의 자존심을 높일 수 있을 것이다. 만일 내가 나의 높은 자존심을 즐긴다면, 매일 매일의 생활에서 여섯 가지 행동을 명백히 하는 경향이 나타날 것이다.

만일 좀 더 의식적으로 행동하는 것을 학습하고 싶다면, 다음과 같이 질문할 필요가 있다. 만일 내가 5% 증가된 의식을 갖고 다른 사람들을 다룬다면 무슨 행동을 할까(무엇을 다르게 할까)? 예를 들어 우리의 사명을 실천하기 위해, 전략을 제고하기 위해, 또는 조직 내에서 개인의 창의성과 혁신성에 대한 좀 더 많은 출구를 만들기 위해 무슨 행동을 할까? 내가 검토하지 않으려 한 것을 다시 검토하기 위해 나는 무슨 사실을 필요로 하고 있는가?

만일 내가 5% 증가된 자기 받아들이기, 또는 자기책임감, 또는 자기주장, 또는 목적성, 또는 더 큰 순수함을 행동에 옮긴다면, 나는 어떤 다른 행동을 하게 될까? 내가 현재 하고 있는 그런 행동을 기꺼이 실험할까? 만일 내가 5% 증가된 자존심을 사용해 다른 사람들을 다루고 있다는 것을 알게 된다면, 내가 그들을 좀 더 관대하게 취급할 수 있다는 것을 인식할 수 있게 된다면, 왜 지금 그렇게 하지 않는가? 만일 내가 좀 더 많은 자존심으로 사람들을 좀 더 잘 보호할 수 있다는 것을 안다면, 왜 지금 그렇게 하지 않는가? 만일 내가 좀 더 높은 자존심으로 달갑지 않은 사실을 직접 대면할 수 있다면, 왜 지금 그렇게 하지 않는가? 우리가 옳다고 알고 있는 것을 할 때, 우리는 자존심을 증진시킬 수 있다. 그리고 우리가 그러한 지식을 배반할 때, 우리는 자존심을 파멸시키게 된다.

조직 내에서 자존심 장려하기

직원들에게 이런 행동을 강조하고 싶어하는 리더와 관리자를 위한 몇 가지 제안이 있다.

의식을 장려하기 위해

① 직원들이 직무를 수행하는 데 필요한 정보뿐만 아니라 직무를 수행하는 좀 더 넓은 의미인 조직의 목표와 발전에 적합한 정보를 쉽게 접근할 수 있게 제공함으로써 직원들의 행동이 조직 전체의 사명 및 일정과 어떻게 관계되어 있는가를 알게 할 것.

② 의식적으로 학습과 기술을 진보시킬 기회를 제공할 것. 여러 가지 수단을 통해 당신의 조직이 학습 조직이라는 신호를 보낼 것.

③ 만일 어떤 사람이 뛰어난 직무수행을 하거나 탁월한 의사결정을 한다면, 그를 초청해 어떻게 그리고 왜 그렇게 할 수 있었는지 검토할 것. 당신을 단순히 칭찬하는 행동만 하는 사람으로 제한시키지 말 것. 적당한 질문을 함으로써 달성 가능하게 한 것에 대한 개인적인 의식을 높이도록 도와주고, 따라서 미래에 이와 비슷한 다른 예가 생겨날 가능성을 증가시킬 것. 만일 어떤 사람이 수용할 수 없는 직무수행 또는 부적절한 의사결정을 내렸다면 같은 원리를 실천할 것. 당신 자신을 정정하는 피드백 역할만 하도록 제한시키지 말 것. 무엇이 실수를 불러일으켰는가를 설명할 수 있는 기회를 줌으로써 개인의

의식 수준을 높이고, 동일한 일이 반복될 가능성을 최소화시킬 것.

④ 과도한 지시, 과도한 관찰, 그리고 과도한 보고 등을 피할 것. 과도한 관리('미시적인 관리')는 자율성과 창의성의 적이다.

⑤ 혁신을 위한 적절한 계획과 예산을 설정할 것. 사람들에게 혁신적인 최선을 요구하지 말 것. 그리고 돈과 자원이 없다고 발표하지 말 것. 창의적인 열정(확장된 의식)은 없어지고 혼란(침몰된 의식)으로 대치될 것이다.

⑥ 사람들을 개발시킬 것. 그러기 위해 그들이 알고 있는 능력을 약간 뛰어넘는 직무와 프로젝트를 배당할 것.

⑦ 책임감에 대해 지속적으로 공표할 것.

자기수용을 격려하기 위해

① 다른 사람과 이야기할 때 기억에 남도록 할 것. 눈을 맞추고, 적극적으로 청취하고, 적당한 피드백을 주고, 말하는 사람에게 당신이 듣고 있으며 수용하고 있다는 경험을 하게 할 것.

② 누구에게 말하든 상관없이 존경의 어조를 유지할 것. 생색을 내거나 우월감을 보이거나 비꼬거나 비난하는 어조 사용을 스스로에게 허락하지 말 것.

③ 직무와 관련된 만남을 자아 중심적이 아닌 직무 중심적으로 만들 것. 논쟁이 개인적 갈등으로 퇴화되는 것을 결코 허락하지 말 것. 현실이 초점이 될 필요가 있다. "상태가 어떤가?" "무슨 일이 필요한가?" "무엇을 할 필요가 있는가?"

④ 비난 없이 바람직스럽지 않은 행동을 묘사할 것. 자연스럽게 그의 행동이 수용될 수 없다는 사실을 알게 할 것. 결과를 지적하고, 당신이 원하는 행동에 대해 의사소통하고, 그리고 특성의 암살character assassination은 피할 것.
⑤ 사람들에게 당신의 감정에 대해 정직하게 말하고 있다는 점을 알게 할 것. 만일 당신이 부상을 입었거나 허기지거나 마음이 상했다면 정중하게 그렇다고 직접적으로 말할 것(그리고 모든 사람에게 자기수용의 강점에 대해 교훈을 줄 것).

자기책임감을 격려하기 위해
① 자기책임감이 기대되고 있다는 점을 의사소통하고, 이런 기회를 만들 것. 앞서서 시작하고, 자발적으로 아이디어를 내고, 사람들의 영역을 넓혀갈 수 있는 공간을 제공할 것.
② 분명하고 모호하지 않은 성과 기준을 설정할 것. 직무의 질적 수준에 대해 협상할 수 없는 당신의 기대를 사람들에게 이해시킬 것.
③ 사람들로부터 그들의 이해와 당신의 이해가 일치하고 있음을 확신시켜주기 위해 그들이 책임지고 있는 것에 대한 그들의 이해를 끌어낼 것.
④ 뛰어난 자기책임감과 관련된 사건을 대중에게 공표하고 축하해줄 것.

자기주장을 격려하기 위해

① 실책과 실수가 학습의 기회라는 점을 가르칠 것. '일어난 사건으로부터 당신이 학습할 수 있는 것'은 자존심을 증진시키고, 자기주장을 격려하며, 의식을 확대시키며, 그리고 사람들의 반복된 실수를 막아주는 질문이다.

② 사람들에게 실수를 저지르거나 "잘 모르겠는데요, 그렇지만 제가 해결하겠습니다"라는 말을 해도 안전하다는 점을 알게 할 것. 실수 또는 무지의 공포를 자아낸다면 속임수, 억제, 그리고 창의성의 종말을 가져올 것이다.

③ 사람들에게 당신 의견에 동의하지 않아도 안전하다는 점을 알게 할 것. 다른 의견에 대한 존경과 다른 의견을 체벌하지 않는다는 점을 전달할 것.

④ 자기주장과 자존심을 해치는 조직 문화의 변화를 위해 노력할 것. 중요한 모든 의사결정이 명령체계를 통해 전달되듯이, 오래된 관리 모델에서 유래한 전통적인 절차는 행동하려는 사람들에게 권한 부여의 마비라는 결과를 낳으면서 자존심뿐만 아니라 모든 창의성·혁신성을 질식시킬 것이다.

⑤ 사람들의 핵심적인 흥미가 무엇인지 발견할 것. 가능하면 직무 및 목표를 개인의 성향과 일치시킬 것. 사람들이 즐기고 최선을 다할 수 있는 기회를 부여할 것. 그들의 강점을 구축할 것.

목적성을 격려하기 위해

① 사람들에게 그들이 하는 일을 좀 더 잘 통제하고 있다고 느

끼게 하기 위해 필요로 하는 것이 무엇인가를 물을 것. 그리고 가능하다면 그들에게 그것을 줄 것. 만일 당신이 자율성·흥분·목표에 대한 강한 몰입을 증진시키고 싶다면 권한 부여, 권한 부여, 권한 부여를 달성할 것.

② 사람들에게 지시된 일을 수행할 수 있도록 자원·정보·권위를 줄 것. 힘 없이는 책임이 존재할 수 없으며, 그리고 두 번째 것에 대한 배정 없이 첫 번째 것을 배정하는 것만큼 목적성을 해칠 수 있는 것이 없음을 명심할 것.

③ 사람들에게 자신들의 직무가 조직 전체의 사명과 어떻게 연결되어 있는지를 알게 해서 항상 좀 더 넓은 상황에 대한 이해와 함께 행동하는 것을 도와주도록 할 것. 이러한 상황에 대한 이해 없이 목적성을 유지하기란 어려운 법이다.

④ 모든 사람들에게 진술한 목표와 그 결과를 측정하도록 격려하고, 이러한 정보를 널리 유포할 것.

순수함을 격려하기 위해

① 다른 사람들에게서 당신이 보고 싶은 것을 예시할 것. 진실을 말할 것. 약속을 지킬 것. 몰입을 존중할 것. 내부 사람들뿐만 아니라 당신이 상대하는 모든 사람들에게 당신의 고백과 당신의 행동이 일치하는 것으로 지각되게 할 것.

② 만일 당신이 어떤 사람에게 실수를 했다면, 또는 불공정하고 성급한 행동을 했다면 그것을 받아들이고 사과할 것. 당신의 후회스런 행동을 인정하는 것이 당신의 존엄성 또는 지위

의 품위를 손상시킨다고 (어떤 전제적인 부모들처럼) 생각하지 말 것.

③ 당신이 어떤 상관인가에 대한 피드백을 줄 수 있도록 사람들을 초대할 것. 당신은 사람들이 이야기하는 종류의 관리자가 된다는 것을 명심할 것. 당신이 사람들에게 어떤 영향을 주고 있는지를 진심으로 알고 싶어하고, 학습과 자기수정에 대해 열려 있다는 점을 알게 할 것. 개방성에 대한 예를 만들어 놓을 것.

④ 완벽하게 도덕적인 회사가 될 수 있도록 회사를 운영하는 데 몰입하고 있다는 것을 가능한 모든 곳에 전달하고, 사람들이 보여준 뛰어난 윤리적인 행동의 예를 찾아 보상하고 대중에게 알릴 수 있는 기회를 마련할 것.

| 최하한선 | 결론적으로 나는 친구이자 동료인 워렌 베니스 Warren Bennis가 이 내용의 핵심을 향해 언급한 내용을 인용하고자 한다.

"조직이 바람직하다고 생각하는 어떤 행동에 대해 다음과 같은 유용한 질문을 한다. '이 행동이 보상받았습니까 아니면 벌을 받았습니까 아니면 무시되었습니까?' 조직이 당신의 행동에 관심을 갖고 있다고 언급하는 것이 아니라 이런 질문에 대한 답으로써 진정으로 조직이 무엇에 관심을 갖고 있는지를 가르쳐준다."

23

Deepak Sethi

자존심의 일곱 가지 R 모델

거의 모든 조직은 우리가 현재 지식근로자 시대에 살고 있으며, 사람이 진정한 경쟁적 우위를 갖게 하는 요소라는 것을 이해하고 있다고 고백한다. 그러나 말이 아닌 행동을 보면, 우리는 이런 고백이 매우 얄팍한 이야기라는 사실을 알 수 있다. 현재는 말로 외치고 있는 것을 적절히 시행하는 것과도 많은 차이를 보이고 있다. 비록 조금의 변화는 있을지 몰라도 전형적인 미국의 회사는 아직

디팩 세티 Deepak Sethi | 높은 잠재력을 보유한 관리자가 개발을 책임지고 있는 AT&T의 임원교육 담당 부소장이다. AT&T에 입사하기 전에 컨트롤 데이터 코퍼레이션(Control Data Corporation)에서 근무했으며, 뉴욕대학교에서 강의했다. 그는 뉴욕주 관리와 인적자원계획연구소(Institute for Management Studies and the New York Human Resource Planners)의 자문위원이다.

도 피라미드 형태의 조직으로 가장 잘 묘사될 수 있다. 피라미드의 꼭대기에 있는 사람들은 아직도 권력을 소유하고 있으며, 비전을 제시하고, 그리고 단계를 거쳐 밑으로 내려가서 남녀 직원들에게 수행 명령을 내리고 있다. 명령과 통제의 위계질서 구조가 명시적이지 않을 때에는 묵시적으로 작용하고 있다. 두 가지 모두 모르는 사이에 작용하고 있으며, '밑'에 있는 대부분의 사람들의 자존심을 해치거나 공격하는 경향이 있다. 물론 고통받는 것은 자존심뿐만이 아니다. 성과·창조성·혁신성 또한 고통받는다.

자존심을 지지하고 양육하는 조직 문화를 창조하는 것은 높은 성과를 지지하고 양육하는 문화를 창조하는 것과 전혀 다르지 않다. 독립적인 개인들이 적절하게 기능하기 위해 필요한 것이 무엇인가 하는 문제가 공통분모다. AT&T 및 다른 회사들에 대한 나의 경험은 만일 회사가 높은 성과와 높은 자존심의 문화를 달성하려 한다면, 최소한 일곱 개의 기본 정책을 시행해야 한다는 주장을 하게 만들었다. 나는 이것을 일곱 개의 R 모델이라 부른다. 바로 ① 존경 respect, ② 책임감과 자원 responsibility and resources, ③ 위험감수 risk taking, ④ 보상과 칭찬 reward and recognition, ⑤ 관계 relationship, ⑥ 역할 모델화 role modeling, 그리고 ⑦ 새롭게 만들기 renewal이다. 일곱 개의 R 사이에는 시너지가 존재하고 있으며, 구성 요소들이 연결되어 실현되었을 경우에 한해 이 모델은 효과를 발휘한다. 이러한 일곱 개의 R은 이 책에서 소개하고 있는 나타니엘 브랜든의 여섯 개의 기둥과 직접적으로 연결되어 있다.

| **존경**

이것이 자존심과 높은 성과라는 조직 내 사다리의 첫 번째 발판이다. 조직 내 사람들이 최고의 상태에서 최선을 다하게 하려면, 그들에게 존경심을 갖고 취급받은 경험이 필요하다. 존경심은 실질적이고, 확실하고, 지속적이어야 한다. 이것은 모든 수준의 모든 사람들과 다양한 배경을 갖고 있는 사람들에게 그들의 독특한 공헌은 가치 있는 것이며 진정으로 조직의 성공에 중요한 것이라는 느낌을 갖게 만들어야만 가능하다. 이러한 존경은 상투적인 말로는 만들어질 수 없다. 눈에 보이는 행동으로 보여주어야 한다. 이것을 표현하는 방법 가운데 하나는 사람들로 하여금 자신의 아이디어를 표현하도록 장려하며, 주의 깊게 청취하고, 피드백을 제공하며, 그리고 아이디어를 통제의 과정으로 인수분해하도록 하는 것이다.

오늘날에는 대부분의 조직이 상층부의 권력을 잡고 있는 사람들만 진정으로 경청한다. 중간 간부들과 전방에 위치해 있는 사람들이야말로 무엇을 할 필요가 있는가를 훨씬 더 잘 알고 있을 것인데도 이들은 자신들의 지혜를 공유하고, 조직의 행로에 영향을 미칠 수 있는 기회를 거의 얻지 못하고 있다.

조직이 다운사이징을 실시함에 따라 많은 관리자들이 급속하게 줄어들고 있으며, 남아 있는 사람들도 불안해하고 있다. 그들은 너무 쉽게 공격당할 수 있다는 면에서 자기주장만 고집할 수는 없을 것이다. 그들은 권위에 도전하거나 현재의 지위를 전복하기를 꺼리며 "좋은 관계를 유지하며 잘 지내고 있다." 그리고 명령과 통제 모델이 사라지기는커녕 점점 더 깊은 뿌리를 내리고 있다. 다운

사이징을 실시한 조직이 해야 할 것 중 하나는 조직에 남아 있는 사람들의 자존심과 내부적인 안정감을 지지해주는 것이다. 조직은 위험을 각오한 채 이를 게을리하고 있다. 이것이 오늘날 브랜든의 전략과 일곱 개의 R이 매우 중요한 이유다.

| **책임감과 자원**

회사 내의 모든 사람들은 뚜렷하며 잘 정의된 일부의 영역에 대해 책임을 짐으로써 조직의 성공에 공헌하고자 하는 자연적인 욕망을 소유하고 있다. 불행하게도 조직은 이 모든 것을 알고 있음에도 불구하고, 이처럼 건강한 성향에 대한 방해를 오래도록 지속하고 있다. 조직은 책임을 질 수 있는 그러한 영역을 제공하지 못하거나 부적절한 자원을 제공함으로써 유효성이 아니라 무능함을 고취시키고 있다. 자존심과 창의성이 희생자가 되고 있는 것이다.

이러한 상황은 우리가 미세한 관리micromanagement라고 부르는 형태로 인해 악화되고 있다. 사람들은 관리자들이 그들의 어깨 위에 서 있을 때, 즉 그들이 신뢰감을 느끼지 못할 때 최선을 다하지 않고 다할 수도 없는 것이다. 미세한 관리는 자존심에는 공격적이고, 높은 성과에는 파괴적이다. 사실 지식근로자시대에 관리라는 전반적인 생각은 철저한 점검을 요구하고 있다. 육체적인 일을 관리했던 방식으로 정신적인 일을 관리할 수는 없다. 관리가 여전히 감독·통제·조정을 의미한다면 관리는 정보의 경제에서 우리가 가장 절실히 요구하고 있는 것을 좌절시키고 방해할 것이다. 과거의 조직은 사람들을 어떻게 관리하는지 알고 있었다. 미래의 조직은 사람들을 어떻게 이끌 것인가, 그리고 사람들의 의식을 어떻게 고취시킬 것인가 학습해야만 한다.

위험감수

만일 혁신을 갈망한다면 우리는 위험감수를 지지해야만 한다. 만일 위험감수를 지지하지 않는다면 우리는 필연적인 실수를 수용해야만 한다. 높은 자존심을 갖고 있는 남자와 여자들은 자신을 신뢰하지 못하는 경향이 있는 사람들보다 더욱 지적인 위험감수자인 경향이 있으며, 자존심을 강화하기 위해 적당한 위험 그 자체를 기꺼이 수용하는 경향이 있다. 위험감수를 격려하고 실수를 통상적인 것으로 받아들이는 미래의 조직은 빠르게 자존심을 양육하고 혁신을 고취하게 될 것이다.

조직 내에서 우리는 종종 이러한 문제에 대해 이중적인 이야기를 접하게 된다. 구체적으로 표현한다면 다음과 같이 들릴 것이다. 실험하고, 위험을 택함으로써 시도된 적이 없는 새로운 것을 추구할 것. 그러나 실패하지 말 것. 실패라는 결과에 대해 공포를 갖고 있는 사람들은 높은 창의성의 사전 조건이 될 수 있는 기회를 택하지 않을 것이다.

사실 실패는 최고의 스승이 될 수 있다. 실패는 조직의 수직적·수평적·지리적인 경계선을 뛰어넘어 학습하고, 학습한 내용을 공유할 수 있는 아주 좋은 기회가 될 수 있다. 미래의 조직은 조직원들이 위험감수와 혁신에 몰입하고 있다는 증거로서 실수와 실패를 요구할 것이다.

보상과 인정

자신의 공헌과 달성에 대해 인정받기를 원하는 것은 인간의 기본적인 성향이다. 조직이 그러한 인정을 유보했을 때, 사람들은 자존심에 상처를 받을 수도 있고 또한 그렇지 않을 수도 있다(아마도 그들의 독립성 수준에 따라 다를 수 있으리라). 그러나 이것은 거의 필연적으로 그들이 지속적으로 최선을 다하기 위한 동기를 해칠 것이다.

사람들을 고취시킬 수 있는 가장 효과적인 방법 중 하나는 잘 수행한 직무에 대한 인정이다. 심리학 논문을 읽는다면 이를 잘 알 수 있을 것이다. 그러나 문제는 우리의 조직이 이러한 이해를 행동으로 옮기느냐 하는 것이다. 미래의 조직이 만일 최고의 인재를 유인해 보유하고자 한다면 꼭 행동으로 옮겨야 할 것이다. 자신의 능력에 자신감을 갖고 있는 지식근로자는 높은 재능이 요구되는 격렬하고 경쟁적인 세계경제 속에서 인정받지 못하는 상황을 참지 않을 것이다. 그는 금전적인 보상뿐만 아니라 가장 기본이 되는 감사와 인정이라는 정신적인 보상을 기대할 것이다.

그러나 문제는 남아 있다. 낮은 자존심을 소유한 사람들은 다른 사람들의 성과를 칭찬하기가 어렵다는 점을 알게 될 것이다. 시기와 분노가 종종 훼방을 놓는다. 다른 사람의 재능에 위협을 느꼈던 관리자는 그러한 재능에 적절하게 반응할 것 같지 않다. 반면에

만일 관리자가 적절하게 반응하는 것을 학습한다면—왜냐하면 조직이 원했고, 그것이 조직 문화였기 때문에—재능을 갖춘 사람은 더욱 고마움을 느낄 뿐만 아니라 관리자는 합리적인 행동을 취함으로써 자존심을 성장시킬 것이다. 각자에게 존재하고 있는 최선을 발산시키기 위한 사전 조건인 상호간의 존경에 기초해 미래의 조직이 건립될 것이다.

| **관계**

개인적이고, 존경할 만하고, 자비로운 관계인지 아니면 비개인적이고, 권위주의적이고, 권한이 부여되지 않은 관계인지에 따라서 관계는 높은 성과를 가져올 수도 있고 해칠 수도 있으며 마찬가지로 자존심을 높여줄 수도 있고 해칠 수도 있다. 대부분의 조직에서 비인간적인 관계는 예외라기보다는 규범이다. 지금까지 인간관계를 형성한다는 것은 권위의 행사에서 벗어나 관리를 더욱 어렵게 만드는 것으로 묵시적으로 받아들여지고 있다. 이것은 전통적인 관리기법과 관행으로 인해 사람들이 매우 싫증내고 있음을 알고 있음에도 불구하고 받아들여지고 있다.

모든 수준의 사람들이 존경하고 자비로운 방식으로 서로를 알게 되고, 서로의 장점 · 단점 · 희망 · 꿈 · 공포 등을 이해하게 되었을 때 상호간에 의미 있는 피드백을 주고받음으로써 신뢰감이 번성할 수 있는 상황이 완성되는 것이다. 우리는 브랜든이 관찰했듯이 자존심의 상호적 성격에 다시 한 번 관심을 갖고 있다. 만일 우리가 개인적으로, 그리고 자비롭게 서로와 관련되어 있다면, 상호 간의 자존심을 강화시켜줄 수 있을 것이다. 만일 우리가 적절한 자존심을 소유하고 있다면, 이런 방식으로 연결되어 있다는 것을 좀 더 자연스럽게 느낄 것이다. 또는 이 문제를 부정적으로 말해 만일 우리가 낮은 자존심을 갖고 있다면 인간 수준의 관계가 무서워질 수 있다. 권위·비개인성·통제·복종 뒤에 숨는 것은 자존심을 더욱 저하시킬 것이다.

관계가 개인적이며 고유할 때, 우리는 서로를 경청하고 존경하며 지지한다. 다른 많은 이익 중에서 다른 사람의 동기를 더욱 잘 이해하게 되고, 그들이 어느 정도의 책임감과 권한을 다룰 수 있는지 판단할 수 있게 되고, 그들이 최선을 다하기 위해 필요한 것은 무엇인지 알게 되고, 그리고 그들과 조직에 가장 만족스러운 위치를 찾는 것을 도와줄 수 있는 더 좋은 위치에 있게 된다. 강화된 나의 자존심과 당신의 자존심 사이에 완전한 조화를 이루게 되며, 반면에 우리를 고용한 회사의 욕구를 존경하게 된다.

| **역할 모델화**

높은 성과와 높은 자존심을 보여주는 조직은 모든 구성원들이 스스로의 행동으로 조직의 가치를 실증해주는 조직이다. 사람들은 관리자들의 이야기가 아니라 관리자들의 행동에 많은 관심을 보인다. 역할 모델화는 일련의 가치 또는 바람직한 행동을 전달하는 가장 강력한 방법 중 하나다. 불행히도 관리자들은 항상 연설을 하고, 메모

를 보내고, 또는 명령하는 것을 자신들이 고백하는 가치를 관찰하는 행동보다 더 편하게 여기고 있다. 조직 내에서 가장 냉소적인 사실 중 하나는 고백하고 있는 것과 실행하고 있는 것 사이의 이러한 불일치다. 위선이 개인의 자존심을 침해하듯이, 이는 다른 사람들에게서 자존심을 요구하는 순수함을 단념시킬 것이다. 그리고 냉소주의 · 환멸 · 의심은 결코 높은 공헌에 필요한 기초를 만들 수 없다.

고위직의 중역들은 역할 모델이 되어야만 한다. 이것이 그들의 지위가 주는 힘 또는 세력과 함께 가져야 하는 책임감이다. 중역들이 기본적인 원칙을 위반하거나 자신의 순수함을 배반했을 때, 그 영향은 조직 전체에 퍼지게 된다. 중역들이 무원칙도 받아들여질 수 있다는 신호를 보내면, 모든 사람들은 표준을 낮추는 경향을 보일 것이다. 그리고 평균적인 남자 또는 여자는 독립적인 영웅이 아니기 때문에 상급자들보다 더 많은 순수함을 보이지 않으며, 청원에 굴복하며, 따라서 암이 조직 전체에 퍼지는 위험을 맞는 것이다. 이러한 형태는 모든 사람들에게 좀 더 고무적인 신호를 보내는 새로운 종류의 역할 모델화를 통해 깰 수 있으며, 이것은 오직 상층부로부터 일어날 수 있다.

새롭게 만들기

요즘 학습 조직에 대해 많은 논의가 진행되고 있다. 그러나 진정한 학습 조직은 거의 존재하지 않는다. 만일 조직이 미래의 새로운 경제적 현실과 도전에 적응하고자 한다면, 미래 조직은 학습 조직이 되어야 할 것이다. 지속적인 학습을 생활의 일부로 만들어야 할 것이다. 새로운 학습의 응용과 함께 학습 일정 및 학습 목표는 수직적·수평적·지역적인 경계선을 넘어 매일 공개적으로 토론되고 공유되어야 할 것이다.

미래의 조직은 학습이 지속되는 문화를 필요로 할 것이다. 수많은 원천으로부터 지속적으로 주고받는 지도와 피드백이 널리 사용되는 문화 즉 성장·성과·자존심을 동시에 지지하며 확대된 양심이 하루의 규칙이 되는 문화 말이다. 증대된 양심이 증가된 자존심과 지속적인 성장 추세로 인한 증가된 공헌을 낳는 것이 새롭게 만들기의 의미다.

인적 자원관리부서에 대한 한마디

미래 조직에서 인적 자원관리부서는 자존심과 높은 성과 사이의 상호작용을 지지하는 중요한 역할을 담당해야 한다. 최근에는 단순히 거래적인 역할에서 좀 더 전략적인 역할로의 여행을 시작함에 따라 그 중요성은 더욱 증가되었다. 그러나 사업의 조건은 매우 빠른 속도로 변화하고 있으며, 더욱더 전략적으로 진행됨에 따라 사업 전체와 더 잘 연결되어 있다. 회사의 변화에 좀 더 선행적인 역할을 담당하는 인적 자원관리부서들은 이러한 변화를 앞서가며 행동할 필요가 있게 되었다. 무엇보다 인적 자원관리부서는 앞에서 언급한 모든 것을 이끌어야만 한다.

　그러나 자체적인 변화로부터 시작해야만 한다. 인적 자원관리부서는 자존심과 높은 성과를 지지하는 행동역할 모델이 될 필요가 있으며, 선두에 서서 전체 조직에 그것을 전파해야 한다. 이것은 인원선발 과정, 성과 관리, 리더십 개발, 후계자 계획, 승진, 보상 등을 포함하는 모든 인적 자원관리부서의 기능에 브랜든의 여섯 가지 행동을 포함하는 자존심과 관련된 행동을 확인함으로써 부분적으로 달성될 수 있다. 물론 이 모든 것은 공격적으로 높은 자존심과 관련된 행동을 스스로 모델화하는 최고경영자와 다른 고위 중역들과 앞뒤로 연결되어 있다. 인적 자원관리부서는 이러한 역할을 담당해야만 한다.

　정보화시대의 조직에서 각각의 참여자는 일터에 와서 직무 완수에 기여한다는 사실에 대해 기쁨을 느낄 수 있도록 고취되어 있어야 한다. 이것은 단순한 의무감, 또는 프로그램, 말, 표어, 깃발, 사명감의 설명, 또는 벽에 걸린 가치와 관련된 문구를 포함하고 있는 액자 등을 통해 생겨날 수 없다. 오직 그들의 자존심에 호소함으로써 생겨날 수 있는 것이다.

　오늘날 우리는 역사적인 기로에 서 있다. 세계경제에서 미국의 역할이 의문시되고 있으며, 미국의 조직은 오래된 그들의 동질성을 잃었고, 새로운 동질성의 창조를 위해 투쟁하고 있으며, 미국의 꿈이 다시 인식되고 다시 정의되어야 하는 새로운 세기를 맞이하고 있다. 우리가 직면하고 있는 새로운 도전을 처리하기 위해 진화할 시간이 우리에게는 없다. 우리가 필요로 하는 것은 우리가 누구이며, 서로의 관계에 대해 생각하는 방식의 혁명이다. 나는 인적자원관리부서가 이러한 혁명을 시작하고 이끄는 데 필요한 정화작용을 할 수 있다고 생각한다. 나는 브랜든이 제시한 방법을 믿는다. 그는 우리 가운데 현명하고 정직한 (그리고 멀리 보는) 사람들이 꼭 따라야 하는 기준을 제시했다.

24

Frederick G. Harmon

미래의 현재

당신은 이미 미래 조직에서 일하고 있다. 오늘날 스트레스를 받는 직장은 더욱 오래된 형태 안에서 탄생하고 있는 새로운 것에 대한 징조다. 직무는 미래를 예측하기 위한 것이 아니라 그것을 향해 일하기 위한 것이다. 현재 급하게 움직이고 있는 변화를 뒤쫓기 위한 것도 아니다. 진정한 리더십에 대한 도전은 발전의 구성 요소를 이

프레더릭 G. 하몬 Frederick G. Harmon | 독립적인 컨설턴트로서 개인 기업과 사회의 비영리 조직을 위해 일하고 있다. 그는 최근에《보존을 위해 노력하기 : 세계에서 가장 공격적이고 존경받는 회사들이 자신들의 사람들을 관리하고 활력을 불어넣고 조직화하기 위해, 그리고 그들의 사명을 증진시키고 발전시키고 달성하기 위해 핵심이 되는 가치를 어떻게 사용하고 있나(Playing for keeps)》라는 책을 저술했다. 미국경영자협회(American Management Association : AMA)의 이사를 지냈으며, 거기에서 AMA 사장단 모임을 주관했다.

해하고 발전 방향을 강화함으로써 발전을 촉진시킨다.

조직은 무한한 능력, 유연성, 그리고 다양성을 갖춘 사회적인 발명품이다. 교육을 위한 조직은 지식을 추출해 한 세대에서 다음 세대로 전달한다. 문화 또는 예술 조직은 미적 즐거움과 심리적 진실의 유산을 보존하고 강화시킨다. 이 장의 초점인 미국 근로자들의 조직은 개인 노동력의 생산성을 확대하려는 사회적인 요구를 위해 봉사한다.

회사라는 조직 형태의 발전은 19세기의 공장이었던 가족 단위의 농장과 다국적 기업의 생산성을 증가시켰다. 각각의 새로운 형태는 그 전까지 존재하던 형태의 유용한 요소를 받아들였다. 각 형태는 구성원들의 욕구를 충족시키기 위해 새로운 구조와 체계를 보충했다. 그러나 약 20년 전, 사람들은 직장에서 편안함을 덜 느끼기 시작했다. 좀 더 생산적이고 만족을 줄 수 있도록 설계된 사회적인 도구는 너무 융통성이 없어졌기 때문에 좌절을 증가시키는 반면에 종종 생산성을 방해했다.

오래된 이론은 도움이 되지 못했다. 공통적으로 사용되는 개념은 회사를 구조·체계·정책·절차의 네트워크라고 정의했다. 이론적으로 우리는 새로운 현실에 적응하기 위해 단지 네트워크 배선 조정을 요구하고 있다. 그러나 이러한 해결책은 비참할 정도로 불완전한 것으로 판명되었다. 조직도와 정책설명서는 단지 회사의 모양을 만드는, 복잡한 배열을 나타내고 있는 것이다. 이러한 조직도 뒤에 진정한 조직, 즉 관리자와 근로자, 그들의 육체적 에너지와 기술, 그들의 태도, 의견, 가치와 같은 것이 존재하고 있다.

이 문제의 핵심에 사람들이 변화할 수 있는 능력, 변화에 저항할 수 있는 능력, 그리고 적응하고자 하는 그들의 자발성이 존재하는 것이다.

경쟁적인 압력이 증가함에 따라 한 가지 선택할 수 있는 것은 오래된 조직 형태를 새로운 욕구와 조화되도록 제고하는 것이다. 대부분의 경우 이는 매우 어려운 것으로 증명되었다. 더욱 널리 사용되는 두 번째 선택은 기존의 형태를 '리엔지니어링' 하는 것이다. 원래 인지되었던 것과 같이 리엔지니어링은 새로운 요구에 조직이 적응하기 위한 체계적인 방법을 제공하고 있다. 이 기법은 거듭 응용됨에 따라 적은 직원으로 더 많은 일을 하는 것과 똑같은 것이 되어버렸다. 수백만 개의 직업이 없어진 후, 아직도 우리는 오늘날의 요구에 어울리는 새로운 조직의 형태를 만들어내는 일에 직면해 있다.

조직 내의 스트레스는 이러한 직무가 긴급하다는 것을 보여준다. 사람들은 오늘날 조직의 지배적인 형태인 19세기 창조물 안에서 21세기 요구 사항을 맞추기 위해 지속적으로 노력함에 따라 스트레스가 증가하고 있다. 조직의 기본적인 요소들이 변화했다. 조직이 운영되고 있는 사회적인 분위기가 변했으며, 조직 내의 인적 요소도 변했다. 이 모든 것이 조직을 지지하는 구조보다 훨씬 더 빠르게 변했다.

세 개의 세계적인 이정표

조직의 생사生死는 사회의 유행 및 요구와 함께 발전할 수 있는 조직 구성원들의 능력에 달려 있다. 조직 발전의 촉진은 사회가 향하고 있는 넓은 의미의 방향에 대한 인식을 요구하고 있다. 오늘날은 어떤 조직이든지 상관없이 세 가지 세계적 발전의 행동지침을 사용할 수 있다. 1979년에는 19개의 남미국가 중 12개국이 권위주의적인 정부를 갖고 있었다. 1995년 말에는 쿠바를 제외한 모든 국가들이 민주적으로 선출된 정부를 갖고 있었다. 심지어 더욱 강력한 자유의 물결이 다른 대륙에도 여파를 남기며 소련과 동유럽을 쓸고 지나갔다. 남아프리카공화국의 인종차별 정책이 평화롭게 끝난 것은 이러한 과정 가운데 놀라운 하나의 결과에 지나지 않는다. 혁명적인 물결은 결코 부드럽게 진행되지 않는다. 종종 진화는 중요한 전진을 위해 일시적으로 후퇴하는 위험이 있다. 집단을 재정비한 후 물결은 다시 앞으로 전진한다. 비록 형태는 매우 유동적인 상태일지라도 권위주의로부터 멀어지는 방향은 분명히 인식할 수 있다.

그러한 세계 전역의 흐름이 가속화됨에 따라 모든 조직의 형태는 더욱더 민주적으로 되어야 한다는 압력을 느끼고 있다. 집중화된 정부, 완성된 교육, 그리고 종교기관의 권력에 반대하는 최근의 '진화'는 이러한 변화 중 세 가지 예에 지나지 않는다. 의문으로 남아 있는 것은 변화의 방향이 아니라 변화를 관리하기 위한 최고의 전략에 관한 것이다.

E라는 알파벳은 더 이상 불가

종종 일시적인 유행은 변화의 조류 맨 위에 있는 거품이다. "우리는 이미 권한 부여Empowerment를 실시했지만 실패했다"고 한 이사가 컨설턴트에게 고백했다. "다시는 E라는 알파벳도 꺼내지 마세요!"라고 한 고객이 나에게 불평했다.

싫든 좋든 간에 근로자들에 대한 권한 부여는 21세기의 모든 조직 형태를 변화시킬 것이다. 권한 부여는 실패한 일시적인 유행이 아니다. 이것은 친숙해져 있는 조직의 형태를 사회적인 변화와 근로자들의 태도 변화에 적응하도록 강요하는 미래의 핵심 생각이다. 더욱 잘 교육받은 근로자들이 생활의 대부분에서 권위주의를 배척했듯이 19세기의 권위주의를 배척할 것이다.

권한 부여에 대한 환멸감은 관리자들이 이것을 조심스럽게 소개하지 못했으며 존경심을 갖고 이것을 다루지 못했기 때문에 생겨났다. 말만 가지고는 아무것도 변화시킬 수 없다. 아직도 많은 관리자들이 변화를 전략이라기보다는 만트라mantra : 기도할 때 외는 힌두교의 주문으로서 사용하고 있다. 이것이 권한 부여를 '기분 좋은' 순간적인 마약으로 만들고 있다. 사람들이 이것에 싫증을 낸다는 것은 의심의 여지가 없다.

권한 부여가 어떠한 효과를 낼 수 있기 전에 직무가 수행되고 평가되는 조직의 실생활로 들어가야만 한다. 이것은 시작부터 가장 낮은 위치의 근로자들을 제일 높은 곳에 위치시키면서 심리적, 그리고 심지어는 육체적 조직도를 다시 그리도록 하는 것을 의미한다. 플로리다주 잭슨빌에 있는 AT&T 유니버셜 카드 서비스AT&T Universal Card Service사는 이러한 접근 방법을 심각하게 받아들였다. 이 신용카드회사는 일선의 근로자들이 고객들의 신용 연장에 관한 요구를 포함한 모든 종류의 요구 사항에 잘 대답할 것으로 믿고 있었다. 고객상담원들은 첫 통화에 고객 요구의 95%를 처리했다. 회사의 기술과 기술관리체계는 이처럼 밑에서 위로 올라오는 전략을 지지했다.

권한 부여에 진정으로 관심을 갖는다는 것은 평가, 보상, 그리고 승진체계를 재정비한다는 의미다. 레비스트로스는 권한 부여를 회사의 목표진술서Aspiration Statement에서 정의하고 있다. 반대로 이 문서는 임금인상과 승진의 선행 요인으로 사용되고 있다.

| **증대되는 기대감**

두 번째, 세계의 경제적·사회적 발전이 권한 부여와 평행선을 그으며 인간의 열망을 변화시키고 있다. 몇 세기에 걸친 느린 진보를 보인 후, 인권은 모든 곳에서 그 기대감을 증진시키고 있다. 평화와 식량에 관한 국제위원회의 보고서인 '비정상적인 기회 : 평화와 공평한 발전을 위한 일정표Uncommon Opportunities : An Agenda for Peace and Equitable Development'는 다음과 같이 요약하고 있다.

"제3세계가 정치적·경제적으로 취약하며 원조에 의존하는 국가라는 오래된 견해는 굉장한 기회 앞에서 우리를 눈멀게 했던 과거의 유물이다. …… 앞으로는 이른바 제3세계가 세계의 경제발전을 추진하는 중요한 엔진이 될 것이며, 그 결과 산업화를 이룬 국가들의 경제성장과 직업 생성의 가장 큰 잠재적인 원천이 될 것이다."

이 말은 미국의 회사들이 저급기술을 요구하는 제조업과 서비스산업을 지속적으로 개발도상국으로 이주시킨다는 의미다. 이는 저급기술을 요구하는 산업에 국한된 것이 아니다. 예를 들어 IBM, 텍사스 인스트루먼트Texas Instruments : TI, 모토롤라 등은 오늘날 인도에서 소프트웨어 프로그램을 만들고 있다.

현재 상황을 투사해 추측해보면 다음 세기 초에 이르러서는 개발도상국에서 약 10억이 넘는 사람들이 직업을 찾게 될 것임을 알 수 있다. 저임금의 이점은 임금이 동결되어 그 자리에 남아 있거나, 또는 발전에 필요한 사회간접시설이 빠른 속도로 개선되는 국가에서는 더욱 커질 것이다. 이러한 변화가 실제로 실행되지 않고 있다 할지라도 자주 언급되고 있다. 우리는 미국의 근로자들에게 오직 더 높은 기술을 제공함으로써 미국의 임금과 미국의 생활수준을 유지할 수 있다. 우리의 경쟁력은 근로자들의 손뿐만 아니라 학습하는 조직이 되어야 한다. 미래의 조직은 그렇게 매일 하는 설교를 오늘 실천하는 것이다.

비록 세계경제가 어제의 직업을 빼앗아갈지라도 이것은 좀 더 높은 수준의 직업을 확장시킨다는 귀중한 약속을 제공하고 있다. 하버드대학의 교수인 로자베스 모스 캔터Rosabeth Moss Kanter는 《세계 수준 : 세계경제 속에서 지역적으로 번성하기World Class :

Thriving Locally in the Global Economy》라는 책에서 미국 내에 좀 더 많은 '세계 수준의 지역'을 만드는 것이 하나의 요구조건이라고 말한다. 그러한 지역은 외국의 투자를 환영하며 세계적으로 경쟁하기 위해 조심스럽게 준비한다. 그녀는 그러한 지역사회를 만들기 위해 다음과 같은 것을 포함한, 상호연결되어 있는 일련의 전제조건을 마련했다.

- 좋은 직업이 최고의 사회적 프로그램이다.
- 최고의 직업은 세계경제와 연결되어 있으며, 세계경제적인 능력을 제공하는 직업이다.
- 이러한 직업과 능력의 제일 좋은 출처는 세계화가 준비되어 있는 사업이다.

준비되어 있는 세계적 사업world-ready business이야말로 미래 조직의 핵심적인 직무가 될 것이다. 평생직업은 이미 소멸되었다. 모든 사람들은 고용주와 직원 사이의 새로운 사회적인 계약으로 이를 대치해야만 한다는 것을 알고 있다.

기업의 리더들은 이미 이러한 길을 보여주고 있다. 인텔은 묵시적인 계약에서 고용 가능성을 강조하고 있다. 직원들의 고용을 유지한다는 것은 기술훈련, 교차훈련, 프로젝트팀, 그리고 수직적인 이동과 같이 개인의 능력을 확대시키는 조직 생활의 모든 면을 더욱 강조한다는 의미다.

줄어드는 시간과 공간

사회와 사회 내부조직의 형태를 만드는 세 번째 발전은 기술을 통해 시간과 공간이 지속적으로 줄어든다는 것이다. 우리는 너무 치열하게 이러한 '기술적 축소'와 오래 살아왔으므로 이것을 당연하게 받아들이고 있다. 우리의 조상들은 그렇지 않았다. 우리의 미래를 생각했던 대통령 토머스 제퍼슨Thomas Jefferson은 이러한 열차를 결코 본 적이 없다. 1801년 제퍼슨이 대통령이 되었을 때, 미국 사람들은 고작해야 고대 그리스와 로마 사람들 정도의 속도로 자신의 제품, 자기 자신, 또는 정보를 이동시킬 수 있었다. 사람들은 항상 그럴 것으로 기대했었다.

제퍼슨의 시대에는 미시시피강에서 워싱턴 D.C.로 정보가 전달되는 데 6주가 걸렸다. 약 60년 뒤 에이브러햄 링컨Abraham Lincoln이 대통령에 당선되었을 때에는 같은 정보가 전보를 통해 거의 즉각적으로 전달되었다. 제퍼슨이 대통령일 당시 기차 또는 기선을 통해 하루 걸리던 거리를 한 시간 내에 이동했다. 역사학자 스테븐 암브로스Stephen Ambrose가 지적했듯이 분명히 제퍼슨과 링컨은 시간과 거리에 대해 매우 다른 방식으로 생각했다. 그리고 1세기 뒤에 케네디 대통령은 시간과 공간에 대한 우리의 시각을 더욱 축소시키며 인간을 달에 보내는 것을 '국가적인 프로젝트'로 만들었다.

이러한 시간과 공간의 압축은 세계경제의 심장부에도 존재하고 있다. 오늘날 조직에 있는 사람들은 기술적 축소를 평범한 것으로 받아들이고 있다. 불과 몇 년 지나지 않아 이동전화가 곳곳에 산재하게 되었다. 비록 평범한 것으로 수용될지라도 걱정 또한 평범한 것이 되고 있다. 컴퓨터가 정보 전달자 역할을 하는 중간관리자를 대신하고 있다. 기술이 가정과 시장의 직업을 빼앗았으며, 이런 경향을 세계 전역에 퍼뜨리고 있다. 많은 관찰자들은 일정 시점이 되면, 좋은 직업과 높은 고용은 영원히 없어질 것이라고 믿고 있다. 짧은 기간의 격변에도 불구하고 기술적 혁신의 역사는 반대 방향을 가리키고 있다.

오늘날 실업에 대한 걱정은 1890년대에 농업의 기계화가 440만 명의 농부들을 대치했을 때의 경험과 유사하다. 그때의 격변은 두 자릿수의 실업률과 암담한 미래에 대한 비전을 탄생시켰다. 그 이후 100년 동안 미국의 고용은 거의 1억 개의 직업이 탄생되어 400%가 확장되었다.

더 큰 변화가 오고 있다

원래의 PC는 고립된 사람들의 작업 속도를 증가시키기 위해 설계된 소프트웨어를 사용했다. 이러한 발전은 현재 장식이 되고 있다. PC는 앤드류 쿠퍼Andrew Kupfer가 1994년 7월《포춘Fortune》지에 발표한 글에서 "당신의 음성우편, 팩스, 그리고 그림이 삽입되어 있는 메시지를 포함한 전자우편을 조직화하는 만능우편함"이라고 묘사한 대로 되어가고 있다.

그러나 아직도 더 큰 변화가 일어나려 하고 있다. 1980년대 컴퓨터로 인해 탄생된 개인의 능률은 오늘날 네트워크를 통해 조직 전체에 퍼지고 있다. 네트워크는 전체 조직의 학습을 돕기 위한 협동과 지식의 연합을 더욱 쉽게 만들어주었다. 이러한 네트워크는 집단 공용의 프로그램과 연결되어 서로 다른 지역에 있는 사람들 사이의 가상회의를 탄생시켰다. 또한 의견일치와 집단 중심의 의사결정을 빠르게 할 수 있게 만들었다.

넓은 의미의 미래 조직 형태는 이미 출현했다. 앞서가는 조직 내의 권한을 부여받은 직원들은 더욱더 세계적인 경쟁력을 갖추게 될 것이며, 기술적으로 신속히 움직일 것이다. 다만 우리가 거기에 어떻게 다다를 것인가가 하나의 의문점이다. 또 다른 의문점은 누가 그곳에 가장 빨리 갈 것인가 하는 것이다. 빠른 진화는 조직 내 권력 중심의 이동에 대해 항상 경계할 것을 요구하고 있다.

한때 조직은 한 사람의 권위 아래에서 기능했다. 시간이 지나면서 주주의 돈을 대표하는 이사회는 두 번째 중심이 되었다. 조직 리더들에 대한 인물평이 바뀐다는 것은 권력의 중심이 확장하고 있음을 반영하는 것이다.

시간이 지나면서 우리는 생산 지향적인 리더에서 기술의 우두머리, 재무적인 귀재, 그리고 전문적인 관리자로 이동했다. 오늘날 기술·경쟁·권한 부여가 불과 20년 전에는 몇 개만 존재했던 권력의 중심을 수천 개 만들어냄에 따라 조직의 권력 중심이 없어지고 있다.

리더들은 진화를 촉진시키는 것이 뒤쪽을 방어하며 싸우는 것보다 훨씬 좋다는 태도로 출발하고 있다. 결국 진화를 촉진시키는 것이 진정한 의미의 리더십이 되고 있다. 미래를 향해 자신들의 조직을 지휘하고자 하는 리더는 태도·가치·정책이라는 세 개의 지렛대에 초점을 맞출 수 있을 것이다.

| **사고를 위한 태도**

태도란 무의식적으로 과거의 경험과 사고의 비중을 고려해 수용되는 일련의 통합된 감정이다. 태도는 사고에 도움을 준다. "우리는 이것을 할 수 있다. 우리는 그것을 결코 할 수 없다. 이것은 우리에게 도움이 된다. 당신은 그들을 신뢰할 수 없다." 이러한 태도는 매일 매일 행동의 기초가 되고 있다. 도전적인 태도는 미래 조직으로 가는 확실한 하나의 오솔길이다. 다음과 같은 것이 유용한 도전이다.

- 우리는 변화를 포용하고 있는가 또는 변화에 저항하고 있는가?
- 우리는 권한을 부여받은 사람들이 직무를 더 잘 수행할 수 있다는 것을 어느 정도 믿고 있는가? 우리의 믿음이 우리의 행동과 어느 정도 조화를 이루고 있는가? 믿음과 행동 사이에 간격이 존재하고 있다면, 우리는 태도를 바꿔야만 하는가?
- 기술이 우리를 해방시킨다고 생각하는가 또는 우리를 통제한다고 생각하는가? 이것에 대한 우리의 태도가 우리의 의사 결정에 어느 정도 영향을 미치고 있는가?

| **미래 지향적인 가치**

가치는 성과를 유지 또는 강화하기 위해 조직이 사용하는 조작적인 특성이다. 성공적인 모든 조직은 고객에 대한 서비스, 질, 다른 사람에 대한 존경심, 그리고 안전 등과 같은 많은 가치를 반영하고 있다. 어떤 가치의 상승은 조직의 발전을 위한 기회를 활짝 열어놓는다. 미래의 조직으로 이동하기 위해서는 미래 지향적인 가치가 수용되고 향상되어야만 한다. 여기에 세 개의 예가 있다.

① 만일 진지하게 추구한다면 권한 부여는 어떤 조직이든 새로운 모델을 출현시킨다.
② 속도는 새로운 기술과 방법을 효과적으로 수용하는 것을 격려한다.
③ 창의성은 개인의 상상력을 움직여 불확실하고 경쟁적인 세계에서 요구되는 판에 박히지 않은 사고를 번성시킨다.

| **행동의 지침**

정책은 넓은 의미의 일반적인 행동지침이다. 이것은 현재의 태도와 가치를 반영해야만 한다. 오늘날에는 이것이 성공을 위한 지난날의 규칙을 너무 많이 반영하고 있다. 규칙적으로 정책에 도전하라. 우리는 미래를 향한 오솔길을 잘 만들어가고 있는가?

자극적인 도전에는 다음과 같은 것이 있다.

· 우리의 평가와 승진체계가 우리의 가치와 얼마나 잘 조화를 이루고 있는가?

· 우리의 어떤 정책이 권한 부여를 증진시키며, 어떤 것이 권한 부여를 제한하고 있는가?

· 우리의 정책이 우리의 직무수행 방식을 변화시키기 위한 기술 능력과 잠재력을 얼마나 지지하고 있는가?

변화 속도는 우리를 불편한 새로운 차원으로 밀어붙이고 있다. 미래와 같은 현재 말이다. 우리 조직에서 일하는 사람들은 이미 의식적으로 미래의 조직을 건설하고 있다. 사전 스케치는 매우 분명하다고 할지라도 자세한 계획은 아직 없다. 가장 성공적인 건축가들은 이러한 스케치를 이해할 뿐만 아니라 현재 이것에 기초해 행동하고 있다.

THE ORGAN OF THE FU

PART 05

미래 조직의 리더십

25

James G. Brocksmith Jr.

자리 넘겨주기 : 미래의 지도자 만들기

참고 : 나는 '리더십 2000'을 현실로 만들어준 계획위원회에 많은 빚을 지고 있다. 프로그램의 관리자 역할을 한 은퇴한 파트너이며 관리위원회 회원인 스티브 앤더슨(Steve Anderson), KPMG의 리더십개발센터 소장을 맡고 있는 스티브 사스(Steve Sass) 등에 특별히 감사를 드리고 싶다. 또한 이 장을 연구하고 정리하는 일을 도와준 프로그램 관리 컨설턴트인 키티 윙클러(Kitty Winkler)에게 고마움을 전하고 싶다.

독특한 중역개발 프로그램인 '리더십 2000'은 내가 1993년 12월 KPMG의 회장인 존 마돈나Jon Madonna와 나눈 5분의 대화에서 탄생했다. 마돈나와 나는 같은 날 근무할 때마다 몇 분 동안 '전략적 시간'을 갖기로 약속했다. 이 시간에 우리는 회사와 회사의 진로에 대해 토론했다. 또한 우리의 전략적 시간은 각자의 새로운 아이디어, 꿈꾸어온 아이디어, 또는 동료·고객·조언자들이 제안한 아

제임스 G. 브록스미스 주니어 James G. Brocksmith Jr. | KPMG 피트 마윅 LLP(KPMG Peat Marwick LLP)의 부회장 겸 운영 담당 책임자. 그는 1965년 오하이오주 콜럼버스의 KPMG에 합류했으며 1971년에는 동업자가 되었다. 1990년 이후에는 부회장, 이사, 관리위원, 운영 책임자로 근무했다.

이디어를 실험하는 기회였다. 회사를 이끌 미래의 선임 지도자 개발을 위해 집중적이고 장기적으로 투자한다는 개념은 자리를 넘겨주는 것에 대한 토론 과정에서 탄생했다. 우리는 우리가 이미 회장과 부회장이라는 현재의 지위에 오른 후 배운 것 가운데 일부에 대해 말하고 있었으며, 우리는 어떤 방법을 사용해서라도 매년 가속화되고 있는 것처럼 보이는 일련의 새로운 도전을 위해 좀 더 준비를 갖추어 놓기를 희망해왔다. 우리의 경험에 비추어볼 때, 우리는 우리의 한마디 말로 회사의 이미지와 명성을 더욱 훌륭하게도 또는 더욱 나쁘게도 변화시킬 수 있는 위치인 정상과 정상의 리더십과 하부 구조에 힘입어 보호되고 있는 것 사이에는 다른 세계가 존재하고 있음을 알고 있었다.

나는 나중에 우리의 대화에 대해 생각해보았다. 만일 우리가 오늘 다른 사람에게 우리의 자리를 넘겨주어야만 한다면? 그 사람은 우리보다 더 잘 준비되어 있을까? 나는 마음속으로 우리를 대신할 재능 있는 파트너들을 논리적으로 검토해보고 나서, 그들의 배경과 준비사항이 우리가 준비했던 것과 거의 똑같다는 결론을 내렸다. 그들은 지방사무소 수준을 넘어서는 기업의 중요한 리더십 기술을 요구하지 않는 프랜차이즈 구조에서 성장했다. 우리가 우리의 자리를 차지한 이후로 우리 직업의 복잡성이 어마어마하게 변화하고 증가함에 따라, 나는 우리의 후계자들에게 지금까지보다 훨씬 더 많은 준비를 시켜야 한다는 것을 알게 되었다. 그렇게 하지 않는다면 그들에게 공정하지도 않을뿐더러 회사에 잠재적인 위험이 될 수 있다.

같은 날 오전, 마돈나와 나는 최근의 중요한 손실에 대해 토론했다. 즉, 회사가 최고의 잠재력을 소유하고 있는 직원들을 인정하고, 지속적으로 도전하는 일을 항상 잘해온 것은 아니라는 사실을 알게 되었다. 리더십 2000은 이러한 문제의 해결을 도울 것이다. 우리는 회사가 가장 훌륭하고 똑똑한 파트너 육성에 투자했던 가치를 시범 보일 필요가 있다는 결론을 내렸다.

만일 리더십 2000이 단기간 내에 탄생했다면, 이것은 천천히 심사숙고하는 유아기를 보냈을 것이다. 그러나 우리는 비범한 방법으로 미래를 위한 회사의 선임 리더를 개발하겠다는 아이디어를 회사의 관리위원회와 여러 번 토론하면서 프로그램의 윤곽을 잡는 데 시간을 소비했다. 궁극적으로 관리위원회의 참여와 함께 우리는 첫 단계로 35명의 참가자를 직접 선택했다. 그리고 1994년 5월 우리가 알고 있는 한 다른 회사에서는 찾아볼 수 없었던 흥분되는 과정을 시작했다.

기본 틀은 단순했다. 우리는 2~3년에 걸쳐 회사 내부에서 가장 높은 잠재력을 소유한 파트너 집단을 개발하는 데 시간과 돈을 소모했다. 우리의 비전은 그동안 그들의 발전이 그들 생활의 모든 면에 스며들 것이라는 점이었다. 그들의 직무수행을 통한 경험, 공식적인 교육, 그리고 개인 시간을 이용한 성장과 발전 등……. 우리는 계획과 코치를 하는 것이 이 과정에서 매우 중요하다는 사실을 알았다. 그리고 우리는 이들 선임 리더의 선발에 참여하기 위해 가능한 한 많은 시간을 할애했다.

우리는 이 프로그램의 개발에 은퇴한 선임 파트너인 스티브 앤더슨도 포함시켰다. 이사진을 개발해본 배경과 회사 내에서 높은 존경심을 받았던 앤더슨은 회사에서 최고의 코치로서 명성을 얻었으며, 공식적으로 많은 성공을 거둔 파트너의 경력을 지도해 주었다. 앤더슨과 팀을 이룬 사람은 회사의 리더십개발센터 소장을 맡고 있는 사스였다. 사스는 오랜 교육전문가로서 KPMG에 합류하기 전에 첨단기술을 보유하고 있는 회사의 중역개발 담당자 시절에 체득한 경험을 살렸다. 또한 이 두 사람은 벤치마킹과 프로그램 설계를 돕기 위해 자신들이 활용할 수 있는 전문가와 컨설턴트들을 보유하고 있었다. 우리는 창조적인 중역개발 프로그램을 소유한 것으로 알려져 있는 다섯 개의 선구적인 회사들을 벤치마킹했다. 비록 어떤 회사의 프로그램도 우리가 리더십 2000에서 계획하고 있는 것과 정확히 일치하지는 않았어도 이들 회사는 참고할 만한 좋은 아이디어를 우리에게 제공했다.

    개발팀이 구성되고 개념과 목적을 설정한 후 우리가 구축한 기본 틀에서 각각의 중요한 요소에 대한 실행 계획을 만들었다. 우리 계획의 핵심은 다음과 같은 네 가지 중요한 요소로 구성되어 있었다.

- 회사에 가장 적절한 선임 리더의 특성을 결정하는 데 참여자들을 포함시킬 것.
- 우선 참여자들의 직무수행 행동에 대한 도전을 통해 선임 리더로서의 속성 개발을 촉진시킬 것.
- 참여자들에게 세계적인 사색가를 접할 수 있게 해줄 것.

· 우리의 지식과 회사의 리더로서의 경험을 통해 학습한 모든 것을 참여자 집단에게 전수할 것.

이 장의 나머지 부분에서는 내가 이 네 가지 요소를 어떻게 실행했으며 각 요소가 우리 프로그램의 성공에 어떻게 기여했는가를 설명하려 한다.

리더십 2000에서 작지만 필수적인 부분은 몇 차례에 걸쳐 실시한 3일간의 총회였다. 첫 번째 3일간 프로그램에서 참여자들은 선임 리더 모델의 속성을 개발했다. 이후에 연속되는 프로그램은 이런 속성 중 한 개 또는 그 이상에 초점을 맞추었다. 이 회의를 통해 우리는 참여자 집단에게 많은 책을 저술하고 있는 세계적인 사색가들과 함께 할 수 있는 기회를 주었다. 3일간의 프로그램은 3일간의 총회 이후 6개월간 각 참여자들이 추구했던 개발 행동에 효과적인 자극과 흥미를 주었다. 많은 상호작용이 오가는 세미나와 같은 회의에서 사고하는 리더들은 오늘날 모습을 드러내고 있는 새로운 사업의 세계에서 선임 리더의 새로운 의미를 탐구하기 위해 도전했다. 우리는 이론에 치우치기보다는 좀 더 실질적인 학습을 위해 종종 역할극, 시뮬레이션, 그리고 피드백 워크숍 등을 회의에 포함시켰다.

예를 들어, 의사소통에 초점을 맞춘 프로그램에서는 유명한 경영학과 교수들이 참석해 참여자들에게 논쟁의 여지가 있는 주제를 적대적인 청취자에게 발표하도록 했다. 동료 참여자들은 적대적인 청취자의 역할을 가장했으며, 심한 비난에 직면해 기본적인 가치를 지지하는 동료의 능력에 강한 압력을 행사했다. 다른 역할극에서는 집단의 구성원들이 회사의 위기사항에 대처하는 대표이사의 역할을 맡았다. 최소한의 준비 시간과 함께 '대표이사'는 조명, 카메라, 그리고 리더십 2000의 다른 동료들이 담당한 기삿거리에 굶주리고 있는 기자들을 만나야 했다. 코치를 하는 강사는 유사점을 비교하고, 세계 수준의 인적 자원 리더십을 강화하기 위해 골프를 들어 비유했다. 일부 참여자들은 이 회의에 너무 매료된 나머지 회의가 끝난 뒤에도 강사와 개인적인 친분을 유지했다. 이 강사는 다른 사람들을 코치하는 참여자들의 개인적인 코치가 되었다.

다음에 나열한 일련의 선임 리더 속성은 리더십 2000의 첫 번째 총회를 통해 참여자들이 개발한 주제와 관계된 아이디어다. 참여자들은 다음과 같은 아홉 가지 속성을 KPMG 선임 리더의 필수 조건으로 정의했다.

① 가치Values : 가치를 확립하고 옹호할 것.
② 비전Vision : 비전을 발견할 수 있는 능력을 소유할 것.
③ 시각Perspective : 세계적 리더를 개인화할 것.
④ 의사소통Communication : 강도 높은 충격을 주는 메시지를 제공할 것.
⑤ 전략Strategy : 전략적으로 생각하고 행동할 것.
⑥ 의사결정Decisions : 현명한 의사결정을 내릴 것.
⑦ 지식Knowledge : 지식의 기초를 넓힐 것.
⑧ 사람People : 자원의 건축가가 될 것.

⑨ 자신Self : 자신이 누구인가를 알 것.

아홉 개의 나열한 속성 이외에 참여자들은 선임 리더들이 각 속성에서 성공을 거두기 위해 배양해야 하는 특징을 자세히 설명했다. 이것은 또 다른 세계적인 수준의 리더가 지도하면서 진행되었다. 그 사람은 그 집단의 구성원들이 경력의 현 시점까지 경험한 것과 새로운 속성이 선임의 수준에서 의미할 수 있는 것을 차별화시키는 것을 도와주었다. 조직의 정상에서는 주제의 복잡성이 증가된다는 것을 그 집단이 인식함에 따라 이와 같이 아주 단순해 보였던 리스트는 새로운 의미를 갖게 되었다.

참여자들의 최고의 욕구인 앞에서 언급한 속성의 영역에서 성장하기 위한 경험을 추구하는 것이 리더십 2000의 중심 아이디어 중 하나였다. 중역 개발을 위한 팀에 대한 경험은 진정한 학습이 교실이 아니라 직무를 통해 일어나고 있으며, 현실의 직무를 통해 강화되지 않는다면 강의실 교육은 낭비라는 것을 참여자들에게 가르쳐주었다. 따라서 우리는 참여자들에게 바람직한 속성의 리스트를 작성하면서 각 참여자들이 발전시킬 필요가 있는 자신의 속성에 알맞은 공식적인 계획을 개발하도록 했다. 이 계획은 개인적인 주도권, 교육적 경험, 그리고 가장 중요한 리더십 기술을 강화시킬 수 있는 직무와 관련된 행동을 포함했다.

참여자들이 임시 계획을 만들자 앤더슨은 그 계획을 검토하기 위해 그들을 개인적으로 만났다. 그는 단순히 '점검하는 사람' 으로 행동하지 않았다. 그는 참여자들이 선택한 속성과 그들의 계획이 어떻게 그들의 기술을 날카롭게 해줄 것인가에 대해 도전하는 앞선 행동자proactive의 역할을 담당했다. 계획이 제대로 되었다고 인식하면, 그는 참여자들이 스스로를 위해 만들어놓은 '확장' 행동을 확대하고 그 계획을 현실화할 수 있도록 도와주었다. 우리는 발전을 가속화하는 진정한 열쇠인 이러한 행동이 지금까지 개인들이 해왔던 그 어떤 것보다도 훨씬 더 도전적이었음을 확신한다.

예를 들어, 집단의 한 구성원은 관리자와 중역들을 면접하고, 고급관리자 회의에 참석하고, 대표이사를 따라다니며 고객의 사무실에서 1주일을 보냈다. 이익을 생산하지 못하는 이런 행동에 대한 투자는 이 회사에서는 드문 일이었다. 그러나 파트너가 맡고 있는 산업에 대한 전문성과 고객의 문제에 대한 이해를 증가시킴으로써 고객, 회사, 그리고 리더십 2000 참여자를 위해 중대한 장기적인 이익이 실현되었다. 어떤 여성 참여자는 회사의 감사 기능으로부터 전반적인 컨설팅서비스 사업으로 자신의 경력을 전환하는 중요한 도전에 착수했다. 회사 내의 다른 사람들도 그런 전환을 했지만, 그녀 수준의 전환을 한 사람은 없었다. 즉시 리더십의 위치로 뛰어들어 그녀는 완전히 새로운 환경에서 성공하는 데 필요한 기술과 리더십 기법을 빠르게 습득할 수 있었다.

우리는 프로그램을 설계하는 데 중요한 문제 중 하나가 프로그램 개발을 위해 시간을 내는 데 있다는 것을 사전에 알고 있었으며, 우리가 리더십 2000으로부터 성공적인 발견을 한 것도 바로 이 영역이었다. 자신의 개발에 가장 성공적인 참여자들은 개발을 자기 직무의 일부로 만드는 방법을 알고 있는 사람들이었다. 예를 들어, 한 참여자는 고객의 산업 내에서 훨씬 더 주목을 끌어 고객의 신뢰도를 얻겠다는 목표를 세웠다. 이 목표를 달성하기 위해 그는 산업에 대한 기술을 갈고 닦기 위해 그 산업의 협회를 조직하는 일을 포함해 몇몇 단계를 거쳤다.

궁극적으로 그는 《월스트리트 저널》뿐만 아니라 그 산업의 몇몇 정기간행물을 그 산업에 대해 가장 많이 알고 있는 원천으로 인용했으며, 그는 자신의 고객으로부터 새로운 존경을 받게 되었다. 따라서 개인적인 성장을 위한 일련의 행동은 또한 기업이 성장하는 일련의 행동이 되었다.

리더십 2000의 중요한 마지막 구성 요소는 마돈나와 내가 담당했던 역할이다. 우리가 프로그램 아이디어를 생각했을 때, 우리는 다른 곳에 사용되었을 우리의 시간과 정력을 이 프로그램이 요구하리라는 사실을 잘 알고 있었다. 그러나 우리는 회사의 미래에 관한 매우 중요한 주제에 시간을 꽤 잘 소비할 것으로 생각하고 있었다. 이러한 몰입을 하면서 우리는 각각 3일간의 총회에 참석했다. 약간의 예외는 있었지만 우리는 거의 3일 내내 머물렀으며, 이를 계기로 참석자들을 잘 알 수 있게 되었다.

또 우리가 직면하고 있는 의사결정, 회사의 중요한 문제, 그리고 심지어 우리의 실수까지도 솔직하게 공유하기 위해 각 회의의 몇 시간을 소비했다. 이런 회의 후에도 우리는 실제 직무로 돌아간 참여자들과 잦은 상호작용을 했다. 왜냐하면 우리는 그들 중 많은 사람들을 다양한 종류의 사업을 벌이는 파트너와 1년에 한 번 열리는 미팅을 주관하는 것과 같은 회사의 전략적 프로젝트를 이끌도록 임명했기 때문이다. 이와 같은 참여자들의 행동은 그들의 가속화된 발전의 일부였으며, 그들의 리더십이 성장하는 데 우리가 개인적인 역할을 하도록 해주었다.

참여자들은 우리가 프로그램 회의에 참석하고 1 대 1로 그들과 보낸 시간이 특히나 소중했노라고 거듭 말했다. 그것은 또한 우리에게도 성장의 경험이었다. 우리는 이처럼 똑똑한 사람들과의 흥분되는 대화를 통해 새로운 통찰력과 아이디어를 얻을 기회가 좀처럼 없었다. 회사 전 영역의 프로젝트에 대한 그들의 싱그러운 견해는 새로운 원천으로부터 흘러나오는 창조적인 사고라는 이익을 우리에게 주었다.

내가 이 글을 쓰고 있는 시간에 우리는 2년 반 동안의 강력한 발전을 마감하면서 마지막 회의를 계획하고 있었다. 마지막 회의가 다가옴에 따라 우리는 리더십 2000의 성과를 뒤돌아보았다. 설계와 같이 프로그램에 대한 우리의 측정은 비공식적인 것이다. 그러나 이 프로그램의 성공 또는 실패는 곧 확실해질 것이다. 왜냐하면 참여자들이 프로그램에 참여했을 때, 이들은 정상의 위치에서 불과 5년 정도 떨어져 있었던 것처럼 보였기 때문이다. 그래도 우리에게는 다음과 같이 빠르게 나타난 척도가 있다.

- 프로그램이 시작된 뒤 3년 동안 참여자들의 절반 정도에게는 책임감이 증가된 직무가 주어졌다.
- 우리가 미래의 방향이라고 부르는 주도권 아래에서 많은 참여자들이 회사를 변화시키려는 태스크포스의 노력을 이끌

고 나갔다.

· 내가 대화를 나누었던 모든 참여자들은 리더십 2000의 집중적인 프로그램이 없을 때보다도 더 많은 자신감을 느끼며 선임 리더십에 대해 잘 준비하고 있었다.

그 밖의 척도 또한 많이 존재한다. 회사의 관리위원회, 마돈나, 그리고 나는 회사의 미래에 대한 이 투자가 우리가 했던 일 가운데 가장 잘한 일임을 확신했다. 우리의 신념은 96학번으로 36명의 파트너를 추가로 리더십 2000 프로그램에 임명할 정도로 확고해졌다. 새로운 집단의 구성원들은 94학번의 발자취를 쫓아 자신의 발전적인 경험을 할 것이며, 마돈나와 나는 그들을 코치하고 성장시키기 위한 가시적인 역할을 지속적으로 담당할 것이다.

올 봄 졸업을 위해 워싱턴 D.C.에서 리더십 2000의 94학번이 모일 때, 이들은 새로 임명된 96학번들과 회의 및 경험을 공유하게 될 것이다. 이것은 팀워크와 공유라는 프로그램의 또 다른 전통으로 지속될 것이다. 96학번들은 훌륭한 94학번들의 학습을 기초로 발전의 기회를 갖게 될 것이며, 반면에 자신들만의 경험을 동시에 조각해낼 것이다. 또한 우리는 94학번들 사이에서 생겨난 발전과 동료애에 대한 몰입을 지속적으로 새롭게 할 것이다. 이미 우리는 긍정적인 에너지를 지속시키기 위해 1년에 한 번 동창회 모임을 계획하고 있다.

오늘날에는 인적 자원관리부서 어깨 위에 있던 회사 리더십이라는 망토의 무게가 리더십 2000 때문에 조금 가벼워졌다. 회사의 리더십을 넘겨줄 시간이 왔을 때, 우리는 좀 더 능력 있는 사람들에게 회사를 넘겨줄 수 있도록 우리가 중요한 역할을 담당할 것을 확신하고 있다.

26

Marshall Goldsmith

최고 직원의 유치

조직의 리더들은 세계 전역에서 변화하는 직업의 성격에 대해 논쟁하고 있다. 토론의 내용은 직업 안정성이 줄어드는 추세(회사에서의 평생고용은 사라져가고 있는 추억이다)와 회사에 대한 충성심이 감소되고 있는 것에 대해서이다. 스웨덴에서 독일·미국·일본에 이르기까지 직원들은 다음과 같은 것을 의심하기 시작했다.

마셜 골드스미스 Marshall Goldsmith | 캘리포니아에 근거를 둔 컨설팅회사인 케일티 골드스미스(KGC)를 창시한 소장이다. 그는 글로벌 컨설팅 얼라이언스(Global Consulting Alliance)의 파트너이며, 드러커재단 운영위원 중 한 명이다. 미국의 많은 선두기업들이 그의 고객이며 KGC가 개발하도록 도와준 리더십 피드백 과정은 세계의 약 70개 기업에서 약 100만 명의 사람들이 사용하고 있다. 1994년 그의 회사는 미국에서 가장 혁신적인 리더십 개발 프로그램 중 하나를 공동 설계한 것으로 인정받았다. 《월스트리트 저널》은 중역 개발 분야에서 골드스미스를 상위 10명의 컨설턴트 중 하나로 평가했다.

"만일 회사가 회사의 관리에 따라 나를 해고할 수 있다면, 왜 나는 나의 편리에 따라 회사를 버리면 안 된단 말인가?"

잘 알고 있듯이 우리는 이런저런 직장에서의 변화가 개인의 생활에 끼치는 심각한 영향력에 초점을 맞추려 하고 있다. 그러나 리더들은 이러한 변화가 그들 조직에 주고 있는 마찬가지로 심각한 영향력에 대해서는 간과하고 있다. 직원들이 자신의 경력을 책임지고, 회사가 그들에게 경력을 제공하는 '새로운 노동계약'은 개인이 관리하기 어려운 만큼 조직도 관리하기 어려울 수 있다. 리더로서 우리는 혼란스러운 시대에 필수적인, 높은 성과를 보이는 직원을 보유하는 기교에 대해 거의 이해하지 못하고 있다.

우리의 직무는 널리 알려지지는 않았지만, 다음 다섯 가지 부가적인 경향에 따라 복잡해지고 있다.

1. 대기업에서 일하는 것의 감소된 지위

존 코터John Kotter는 자신의 책 《새로운 규칙New Rules》에서 1974~1979년 사이에 작은 회사에서 근무했던 하버드 경영대학 졸업생들이 대기업에 근무하던 동기보다 더 많은 돈을 버는 경향이 있었으며 더 높은 만족감을 갖고 있었다고 기술한다. 현재 세계 전역에서는 최고의 능력을 갖춘 젊은 리더들과 기술적인 전문가들이 대기업에 근무하는 것을 점점 더 기피하고 있다. 반면에 이들은 작지만 새로 창업한 회사의 위험과 보상에 점점 더 매료되고 있다. 하버드 경영대학 교수인 레지나 헤즐링어Regina Herzlinger는 대학원 졸업생 중 반 이상이 새로운 기업가가 되고 싶어한다고 말했다.

2. 임금과 공헌 사이의 잦은 단절

내가 다양한 대기업에서 근무하는 2,000명이 넘는 관리자들에게 "같은 임금을 받고 있는 직원들 사이에서 상위의 성과를 보이고 있는 직원과 평균 이하의 성과를 보이고 있는 직원의 성과 차이는 얼마나 됩니까?"라고 물었을 때, 평균적인 대답은 "100%가 넘는다"였다. "일반적인 임금의 차이는 얼마나 됩니까?"라고 물었을 때, 평균적인 대답은 "5~10% 사이"였다. 실제로 많은 관리자들은 나이 많은 직원들에 비해 회사에 더 많이 공헌하지만 임금은 훨씬 적게 받는 젊은 직원들을 예로 들었다.

3. 승진 기회의 감소

많은 회사들이 기업 재구축을 통해 관리 단계를 축소하고 있다. 이러한 변화가 능률은 향상시킬지라도 승진의 기회는 더욱 없애는 결과를 낳고 있다. 대부분의 회사에서 임금의 척도는 아직도 성과가 아닌 지위와 직접적으로 연결되어 있다. 과거에는 많은 조직들이 상위 성과자들의 빠른 승진 경향을 지적하면서 같은 임금 등급 내에서 임금의 차이가 없음을 합리화했다. 그러나 고속승진의 기회가 없다면, 상위의 성과자들은 다른 기회를 찾는 경향이 더욱 강해질 수 있을 것이다.

4. 일의 증가와 보조 스태프의 감소

오늘날 대부분의 대기업 직원들은 자신들이 10년 전보다 더욱 열심히 일하고 있다고 믿는다. 보조 스태프와 대기업에서 근무하는 즐거움이 사라지기 시작했다. 과거에는 소규모 신생회사에서 일하는 직원들이야말로 늘 열심히 일했다. 현재는 대기업과 소기업 사이에 일의 양과 지원의 차이가 감소한 것으로 알려지고 있다.

5. 지식근로자들의 영향력 증가

드러커는 현대 조직에서 극적으로 증가하고 있는 지식근로자의 중요성을 강조했다. 아직도 우리는 우리가 이끌고 있는 방향에서 이것이 진정 무엇을 의미하는지 종종 확신하지 못하고 있다. 최근 마이크로소프트사의 빌 게이츠는 세계 전역에 있는 가장 똑똑한 소프트웨어 개발자들을 보유하기 위해 '필요한 모든 조치'를 취할 것이라고 말했다. 선 마이크로시스템즈와 같은 혁신적인 하이테크 회사는 현재 최고의 인재를 모집하기 위해 직원들에게 많은 보너스를 지급하고 있다. 미래에는 지식근로자들이 가져오는 '지적 자본'이 최고는 아닐지라도 많은 회사들의 중요한 경쟁적 이점이 될 것이다. 지식근로자들의 지각된 가치가 증가됨에 따라 이러한 능력을 갖춘 직원들을 고용하기 위한 경쟁은 더욱 강화될 것이다.

다른 직원에게 자극을 주는 성과자 보유 전략

리더들은 변덕스러운 직업 시장으로 인해 누가 떠나고 누가 조직에 남아 있게 될지를 결정하는 것을 더 이상 받아들일 수 없을 것이다. 우리는 재무적인 자산을 관리하는 것과 같은 열정으로 우리의 인적 자산을 관리하는 방법을 배워야만 한다. 다음과 같은 일곱 단계는 당신이 이러한 직무를 달성하도록 도와줄 수 있을 것이다.

1. 당신이 보유하고자 하는 직원들을 분명하게 찾아놓을 것

최근 몇 년 동안 많은 조직들은 그들이 보유해야만 하는 직원보다 제거해야만 하는 직원들을 결정하는 일에 초점을 맞추었다. 다운사이징을 실행하는 여러 가지 방법은 비슷한 경험을 갖고 있는 모든 직원들에게 퇴사에 대한 동일한 인센티브를 제공했다. 불행하게도 조직을 떠나기로 결정한 직원들은 종종 다른 곳에서 직업을 빨리 찾을 수 있는, 많은 충격을 주는 높은 성과자들이다.

2. 그들에게 당신이 그들을 보유하고 싶어한다는 사실을 알릴 것

놀랍게 들릴지 모르지만, 직장을 떠난 이유에 대한 질문을 받은 수많은 성과자들은 "아무도 있어달라고 한 사람이 없었다!"라고 말하고 있다. 많은 조직들은 '평균적인' 성과자들을 소외시키는 것이 두려워서 높은 성과자들에게 그들이 특별하다는 사실을 일부러 말하지 않았다. 미래에는 '평균적인' 성과자를 보유하는 것이 더욱 쉬워질 것이며, 높은 성과자를 보유하기가 더 어려워질 것이다.

3. 인식해줄 것

높은 성과자를 보유하기 위해 보상이 중요한 요소라 할지라도 몇몇 연구에 따르면 현재 이것이 가장 중요한 요소는 아니라고 한

다. 인재들이 대기업을 떠나는 중요한 이유는 인식과 참여 부족, 그리고 잘못된 관리 때문이다. 전자통신업에서 세계를 이끌고 있는 회사의 최고경영자는 최근 혁신적인 접근 방법을 도입했다. 사업부 수준의 중역은 인정을 받아야만 하는 높은 성과자들에 대한 보고서를 분기마다 제공했다. 최고경영자는 개인적으로 전화를 걸어 그들의 공헌에 고마움을 표시하고, 회사의 효율성을 높이기 위해 회사가 할 수 있는 것이 무엇인지 그들의 의견을 물었다. 최고경영자는 이러한 과정을 통해 인재를 보유할 수 있을 뿐만 아니라 중요한 피드백을 낳으며, 지속적인 발전을 위한 좋은 아이디어를 만들어낼 수 있다고 믿고 있다.

4. 발전과 참여를 위한 기회를 제공할 것

제일 큰 컨설팅회사와 회계법인을 겸하고 있는 회사 중 하나가 최근 높은 잠재력을 소지한 리더를 찾아내 그 리더를 계발하기 위한 혁신적인 프로그램을 시작했다. 과정의 일부로서 젊은 리더들은 회사가 직면하고 있는 실생활의 문제를 해결하기 위해 '행동을 통한 학습action learning' 프로젝트에 참여했다. 이것은 젊은 리더들에게 굉장한 발전의 기회를 주었고, 회사에는 실질적인 문제를 해결하는 데 필요한 의견을 제공했다. 또한 젊은 리더들이 회사에 남아 있겠다는 몰입을 강화시켰다. 회사의 리더들은 다른 파트너들을 소외시키는 것이 두려워 불과 몇 년 전에는 그러한 과정을 시도하지 못했다고 말하고 있다. 그러나 오늘날 회사는 높은 성과자들을 찾아내 보유하는 것 이외에 다른 방법이 없다고 말하고 있다.

5. 보상계획에 도전할 것

완전한 연공서열제보다는 임금 결정의 중요한 요인으로서 성과를 도입할 의사가 없는 조직은 상위의 성과자들, 특히 젊고 재능 있는 사람들을 보유하는 데 더욱더 큰 어려움에 직면할 것이다. 《포춘》이 선정한 500대 기업 중 한 회사는 최근에 변동성과급 임금제도의 실행을 거부했다. 왜냐하면 직원의 절반 정도가 그 개념에 불편함을 느꼈기 때문이다. 이 회사는 차별적인 임금제도에 대해 어느 쪽 절반이 거부감을 느꼈는가에 대해 측정하는 작업을 소홀히 했다. 미래의 높은 성과자들은 낮은 성과를 보이는 동료들보다도 실질적으로 훨씬 많은 임금을 요구할 수 있으며, 많은 임금을 받게 될 것이다. 낮아진 승진 가능성과 합쳐진 '사회주의적인' 보상계획은 '평균적인' 근로자를 양산할 것이다.

6. 느긋한 문화를 만들 것

관료주의를 감소시키는 것과 더불어 넷스케이프Netscape, 선 마이크로시스템즈, 그리고 AT&T 와이어리스AT&A Wireless : 예전의 맥코 셀룰러McCow Cellular와 같이 높은 성과를 보이는 하이테크 회사들은 직원들의 의상, 작업 일정, 그리고 생활 스타일의 선택 등에 자유를 주는 것으로 유명하다. 비록 직원들이 매우 열심히 일한다고 해도 직원들은 생산성의 증가 없이 그들의 자유를 제약할 수 있는 규칙·규제·비난 등이 없다는 사실에 감사하고 있다.

7. 사내기업가의 기회를 제공할 것

사내기업가intrapreneur란 용어를 처음 만들어낸 기퍼드 핀쇼 Gifford Pinchot는 일부 대기업이 커다란 기업구조 안에서 어떻게 자율적으로 기업을 운영할 수 있도록 적절한 기회를 제공할 수 있는가에 대해 설명했다. 높은 잠재력을 지닌 리더들에게 대기업 내에서 '회사를 운영하게' 허락함으로써 회사는 직원의 몰입 및 소유의식과 자신의 발전이라는 결과를 얻을 수 있다. 소유의식과 더불어 개인이 발전할 수 있는 기회라고 생각하는 사람들은 조직에 훨씬 오래 머물러 있을 것이다.

과거에 대기업에서 근무하는 높은 성과자들은 다른 회사에서 스카웃 제의가 와도 이를 거절하는 경향이 있었다. 대부분의 관리직과 전문직은 고임금, 직업의 안전성, 승진 기회, 그리고 지위 등을 제공받았다. 그러나 오늘날 직원들은 과거와 달리 그러한 기회를 수용하는 경향이 있다. 미래에는 이처럼 재능 있는 사람을 보유하기 위해 조직은 분명히 핵심이 될 사람들을 찾아내고 개발하고 참여시키고 인정해야 할 필요가 있을 것이다. 전통적인 보상계획은 도전받을 필요가 있으며, 불필요한 관료제도는 제거되고, 사내기업가의 기회가 주어져야 할 것이다. 미래의 현실과 조화하기 위해 인적 자원관리 체계를 수정할 수 없는 조직은 경쟁적 우위를 잃게 될 것이다. 역동적이고 새로운 인적 자원 모델을 만들어낼 수 있는 회사는 미래의 세계적인 경쟁 환경 속에서 성공하는 데 요구되는, 많은 지식을 소유한 재능 있는 사람들을 보유하게 될 것이다.

27

Paul Hersey · Dewey E. Johnson

다문화 조직의 상황적인 리더십

우리 시대의 훌륭한 학자이자 멘토인 랠프 스토질Ralph Stogdill은 20여 년 전《저널 오브 컨템포러리 비즈니스Journal of Contemporary Business》지에 발표한 논문에서 리더십에 대한 자신의 견해를 다음

폴 허시 Paul Hersey | 리더십연구센터(Center for Leadership Studies, Inc)의 창시자이자 회장이다. 그는 리더십·관리·판매에 관한 훈련과 개발 분야에서 세계에서 가장 뛰어난 권위자 중 한 사람으로 인정받고 있다. 그는 다음과 같은 책들을 저술했다.《조직행동의 관리 : 인적 자원의 이용(Management of Organizational Behavior : Utilizing Human Resources)》,《효과적인 리더십을 통한 조직의 변화(Organizational Change Through Effective Leadership)》,《가족 게임 : 효과적인 부모가 되기 위한 상황적 접근 방법(The Family Game : A Situational Approach to Effective Parenting)》,《상황적 리더와 상황적 판매 : 판매를 증진시키기 위한 상황적 접근 방법(The Situational Leader and Situational Selling : An Approach to Increasing Sales Effectiveness)》.

듀이 E. 존슨 Dewey E. Johnson | 프레즈노에 있는 캘리포니아 주립대학의 시드 크레이그(Sid Craig) 경영대학의 교수다. 그는 지방과 전국 학회에 12번 이상 임원으로 선출되었으며, 아카데미 오브 매니지먼트(Academy of Management)의 교육 및 개발 분야의 공동설립자이자 전직 의장이다. 또한 중소기업연구소 이사협회(Small Business Institute Director's Association)의 전국 회장을 지냈으며, 1995년 그의 학교에서 수여하는 프로보스트(Provost)의 뛰어난 교수상을 수상하기도 했다. 그는 리더십, 소기업, 그리고 성과관리 분야에 관한 많은 논문을 썼다.

과 같이 요약했다.

"가장 효과적인 리더들은 변화하며 모순되는 요구에 자신들의 행동을 적응시키는 어느 정도의 융통성과 유연성을 보여준다."

미래의 조직은 스토질 시대보다 더욱 빠르게 변화하며 모순적인 세계의 일부가 될 것이다. 효과적인 리더는 자신의 행동에 적응하고 미래 조직의 도전에 대응하기 위해 요구되는 유연성을 어떻게 보일 수 있을까?

우리의 또 다른 동료인 사려 깊은 워렌 베니스는 비전을 창조하고 실행하는 것으로 리더십을 정의했다. 우리는 이런 아이디어를 더욱 발전시키려고 하고 있으나, 먼저 상황에 대해 좀 더 탐구해보기로 하겠다.

미래 조직의 환경은 더욱 복잡해질 것이다. 현재 이러한 지표들을 보이고 있다. 조직은 국내와 반대되는 영역의 다문화와 세계화로 나아가고 있다. 세계화된 조직의 리더들은 문화·가치·믿음·기대 등에서 확장되는 다양성과 함께 효과적으로 기능해야만 한다. 그러나 조직이 더욱 세계화로 나아가는 반면에, 사람들은 차별되는 개인 또는 집단으로 취급해달라고 요구하고(종종 더욱더 열정적으로) 있다. 이는 하나의 리더십이 모든 것에 맞는다는 접근 방법은 통하지 않을 것임을 의미한다. 미래의 조직은 다른 문화에서 온 많은 구성원들을 포함하게 될 것이다. 그리고 미래의 리더들은 문화에 상관없이 자신들이 어디에 있든 간에 사람들에게 효과적으로 영향을 미칠 수 있어야만 한다.

다문화 조직의 리더들은 자신들의 환경적 요구에 맞추기 위해

'너무 미국적' 또는 '너무 유럽적'인 스타일을 사용한다는 타당한 비난을 자주, 그리고 종종 받고 있다. 우리는 리더십 스타일의 선택이 리더의 배경에 따른 것이 아니고, 분명한 상황의 요구에 따라 결정되도록 하기 위해 리더십 스타일을 수정하는 접근 방법에 대해 토론하고자 한다. 우리는 상황적 리더십이라는 개념을 간단하게 검토하고, 이 접근 방법이 어떻게 다문화 조직의 리더들을 도울 수 있는가에 대해 토론할 것이다.

| **상황적 리더십**

상황적 리더십은 허시와 케네스 H. 블랜차드 Kenneth H. Blanchard가 1960년대 후반 리더십연구센터Center for Leadership Studies에서 개발했다. 그들은 1969년 5월 발간된 《트레이닝 앤드 디벨로프먼트 저널Training and Development Journal》지에 실린 논문에서 이를 '리더십의 생활주기 이론Life Cycle Theory of Leadership'으로 발전시켰다. 상황적 리더십은 세 가지 중요한 요소의 상호작용에 기초하고 있다. ① 리더가 제공하는 안내와 방향제시의 정도, ② 리더가 제공하는 사회감정적 지지의 양, 그리고 ③ 정해진 직무를 수행하기 위해 인도되는 사람(추종자)의 준비 수준. 이들 세 가지 요소는 어떠한 리더십 상황에도 존재하며, 어떤 문화의 구성원들이든 쉽게 이해할 수 있는 것이다. 상황적 리더십에 따르면, 사람에게 영향을 미치는 유일한 '최고 방법'은 없다. 따라서 이 모델은 유연성이 요구되는 다문화 조직에 특히 유용하다.

직무 지향적 행동과 관계 지향적 행동

상황적 리더십 모델에서 리더십 스타일은 두 가지 종류의 행동을 고려해 분류할 수 있다.

① 직무 지향적 행동은 리더가 각 개인 또는 집단의 의무와 책임을 규정하는 정도로 정의되고 있다. 리더의 이러한 행동은 해야 할 일이 무엇이고, 어떻게 해야 하고, 언제 어디에서 누가 할 것인가에 대한 결정을 포함하고 있다.
② 관계 지향적 행동은 리더가 쌍방 또는 다방면의 의사소통을 하는 정도로서 정의된다. 이러한 행동은 청취하고 촉진시키고 지지하는 것을 포함하고 있다.

직무 지향적 행동과 관계 지향적 행동은 분리되어 있으며 서로 다른 것으로 보일 수 있다. 이들은 2차원 그래프의 서로 다른 축에 위치할 수 있으며, 네 개의 상한을 이용해 서로 다른 리더십 스타일을 표시할 수 있다. 〈표 27-1〉은 이러한 스타일을 설명해주고 있다. 직무 지향적 행동은 수평축의 낮은 곳에서 높은 곳으로, 관계 지향적 행동은 수직축의 낮은 곳에서 높은 곳으로 그려졌다. 이 그림을 통해 네 가지 종류의 리더십 스타일을 설명할 수 있는데, 이러한 네 개의 상한은 리더의 행동을 평가하는 기초로 사용된다. 비록 어떤 하나의 스타일이 모든 상황에서 효과적이지 않다 할지라도 각 스타일은 적당한 상황에서 효과적일 수 있다.

〈표 27-1〉 상황적 리더십

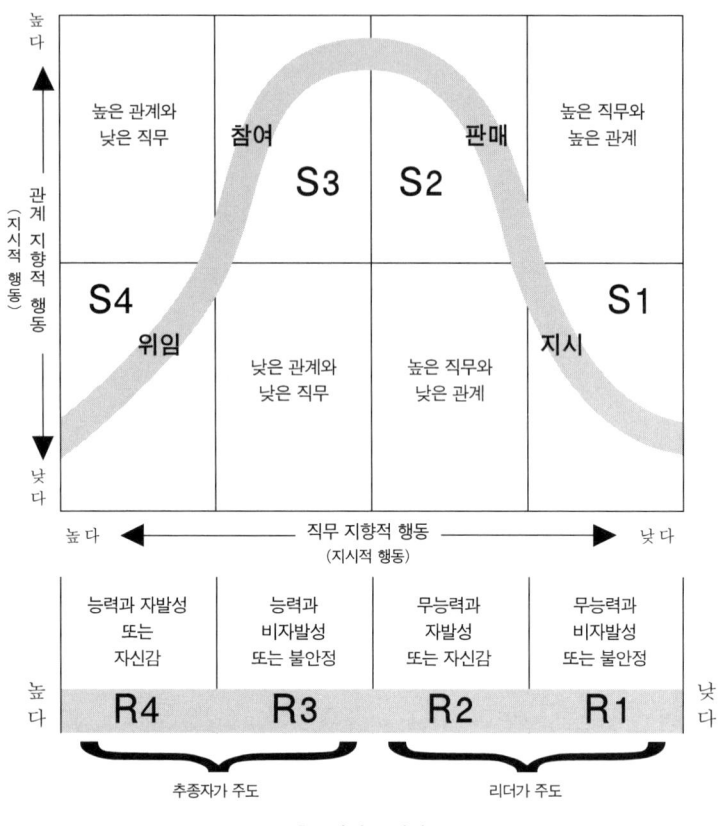

Copyright ⓒ 1985, 1990. Leadership Studies, Inc. All rights reserved.

| **추종자의 준비성** | 앞에서 언급했듯이 하나로 규정되는 가장 좋은 리더십 스타일은 존재하지 않는다. 최고의 리더십 스타일은 영향을 미치려고 시도하는 상황에 의해 결정된다. 리더들이 자신들의 행동을

상황에 적응시킬수록 영향을 미치려는 리더들의 시도는 점점 더 효과적이다. 리더들의 상황은 많은 요소로부터 영향을 받을 수 있다. 그러나 우리는 리더와 추종자 사이의 관계를 매우 중요한 변수로 보고 있다. 만일 추종자들이 따르지 않기로 결정한다면, 리더가 생각하는 것, 그리고 직무수행이 요구하는 것 등은 필요 없게 된다. 만일 누군가가 따라주지 않는다면 리더십이란 존재할 수 없다.

상황적 리더십에서 준비성이란 추종자들이 현재 자신에게 주어진 직무를 완성하는 것 또는 자신의 능력과 자발성을 보여주는 것 정도라고 정의된다. 사람들은 완성시키라는 지시를 받은 직무에 따라 각기 다른 수준의 준비성을 보여주는 경향이 있다.

준비성은 개인적 또는 문화적인 특징이 아니다. 개인의 특성·가치·나이 등을 평가하는 것이 아니다. 이것은 개인의 구체적인 직무수행을 위한 준비를 의미한다. 준비성이란 개념은 구체적인 상황과 관련이 있다. 모든 사람들은 구체적인 직무, 기능 또는 목적 등과 관련해 어느 정도 준비하는 경향이 있다.

준비성을 구성하는 두 개의 중요한 구성 요소는 능력과 자발성이다. 능력은 개인 또는 집단의 구체적인 직무 또는 행동으로서의 지식·경험·기술 또는 성과의 기능을 한다. 지식은 직무와 관련된 지식이며, 경험은 직무와 관련된 경험이다. 그리고 기술 또는 성과는 비슷한 직무를 성공적으로 완성시키는 데 사용된 기술 또는 성과다.

자발성은 개인 또는 집단이 구체적인 직무를 완성시키기 위해 보유하고 있는 자신감·몰입·동기 부여 등에 따라 결정된다. 자신감이란 개인 또는 집단의 "나는 할 수 있다"는 느낌이며, 몰입은 개인 또는 집단의 "나는 그것을 할 것이다"는 느낌이며, 동기 부여는 개인 또는 집단의 "나는 그것을 하고 싶다"는 느낌이다.

자발성은 문제를 묘사하는 유일한 단어다. 그러나 사람들은 때때로 비자발적이지 않은 경우도 많이 있다. 단지 그들은 구체적인 직무를 사전에 수행해보지 못했을 뿐이다. 아마 그들은 그 직무에 대해 아무런 경험도 없었으며, 따라서 불안하고 염려스럽고 두려운 것이다. 일반적으로 만일 그들이 어떤 것을 결코 해본 적이 없다면, 문제는 불안감이다. 비자발성이란 어떤 이유에서인지는 모르지만, 자신의 몰입과 동기를 놓치거나 또는 잃어버렸을 때 하는 가장 적절한 표현이다. 이것은 그들이 퇴보하고 있음을 암시할는지도 모른다. 많은 경우 자발성은 목표의식 · 의미 · 참여 · 성장도 포함하고 있다.

비록 능력과 자발성의 개념은 다를지라도, 이들의 부분적인 중요한 변화가 전체의 변화에 영향을 미칠 수 있는 상호 영향체계를 구성한다는 점을 꼭 기억해야 할 것이다. 추종자들이 구체적인 상황에서 보여주는 자발성의 정도는 그들의 현재 능력을 이용하는 것에 영향을 미친다. 또한 자신감과 능력을 성장시키고 계발하는 정도에도 영향을 미친다. 마찬가지로 구체적인 직무를 수행하기 위해 소유하고 있는 지식 · 경험 · 기술의 양은 종종 능력 · 몰입 · 동기에 영향을 미치게 될 것이다.

준비성은 사람들이 각각의 직무를 수행하기 위해 소유하고 있는 능력과 자발성의 차별적인 조합이다(〈표 27-1〉 참조). 추종자 준비성의 연속선은 네 개로 나눌 수 있다. 각각은 추종자의 능력과 자발성 또는 자신감의 상이한 조합을 대표하고 있다.

◀ 첫 번째 준비성 수준(R1)
- 무능력과 비자발성 : 추종자는 할 수도 없고 몰입과 동기도 없다.
- 무능력과 불안함 : 추종자는 할 수도 없고 자신감도 결여되었다.

◀ 두 번째 준비성 수준(R2)
- 무능력과 자발성 : 추종자가 능력은 없으나 동기 부여되어 있으며 노력한다.
- 무능력과 자신감 : 추종자가 능력은 없으나 리더가 가이드를 제공하는 한 자신감이 있다.

◀ 세 번째 준비성 수준(R3)
- 능력과 비자발성 : 추종자가 직무를 수행할 능력은 있으나 능력을 발휘하고자 하는 자발성이 없다.
- 능력과 불안감 : 추종자가 직무를 수행할 능력은 있으나 혼자서 일하는 데 대한 불안감이 있다.

◀ 네 번째 준비성 수준(R4)
- 능력과 자발성 : 추종자는 성과를 올릴 능력이 있으며 몰입되어 있다.
- 능력과 자신감 : 추종자가 성과를 올릴 능력이 있으며 직무를 수행할 자신감도 있다.

〈표 27-1〉에서 나타나듯이 네 가지 리더십의 곡선 형태는 직무 지향적인 행동과 관계 지향적인 행동의 높은 조합 가능성을 대표하고 있다. 이러한 조합은 바로 밑에 있는 준비성 수준과 관계가 있다. 모델을 사용하기 위해 구체적인 직무를 수행하기 위한 추종자들의 준비성을 나타내고 있는 준비성 연속선에서의 위치를 찾아낸다. 그리고 그 점에서 리더의 스타일을 나타내고 있는 곡선을 가로지르는 수직선을 긋는다. 수직선과 곡선이 만나는 점이 구체적인 상황에 대해 가장 적절한 직무 지향적 행동과 관계 지향적 행동의 양을 나타낸다.

직무 지향적 행동과 관계 지향적 행동의 가능성이 높은 조합을 선택하는 경우 성공 확률도 높다. 그러나 적절한 조합에서 움직여 벗어남에 따라 성공의 확률은 점진적으로 감소한다. 처음에는 느린 속도로, 그리고 멀어질수록 빠른 속도로 감소해간다.

상황적 리더십의 응용

상황적 리더십은 잘 정의되고 상호연결되어 있는 다섯 단계를 따라 응용할 수 있다. 그리고 주어진 상황에서 리더가 이용해야 하는 행동의 스타일 또는 형태를 결정하기 위해서는 일곱 가지 중요한 의사결정이 이루어져만 한다.

1. 어떤 목적을 달성하고 싶은가

첫째, 리더는 추종자가 달성해야만 하는 직무와 관련된 구체적인 결과를 결정해야 한다. 만약 바람직한 결과를 명료하게 창조하지 못하면, 리더는 추종자의 준비성 또는 준비성 수준에 맞게 사용할 구체적인 행동 형태를 결정하는 기초를 갖지 못할 것이다.

2. 현 상황에서 추종자들의 준비성은 어떠한가

목적이 만들어지면, 리더는 이 목적을 달성하고자 하는 추종자의 준비성을 진단해야만 한다. 만일 추종자들이 높은 수준의 준비성을 소유하고 있다면, 오직 낮은 수준의 리더 간섭이 필요할 것이다. 반면에 추종자들이 낮은 수준의 준비성을 보유하고 있다면, 좀 더 구조적인 리더의 간섭이 필요할 수 있다.

3. 리더는 어떤 행동을 취해야 하는가

다음 단계는 적절한 리더십 스타일을 결정해준다. 만일 리더가 주어진 직무를 달성하고자 하는 추종자들의 준비성이 높다고 판단했다고 가정한다면, 즉 추종자가 능력이 있고(많은 양의 지식·기술·경험·자원을 소유하고 있고) 자발성이 있다(많은 양의 자신감·몰입·동기를 소유하고 있다)면, 적절한 리더십 스타일은 위임일 것이다. 왜냐하면 추종자는 높은 수준의 능력과 자발성을 모두 소유하고 있기 때문이다. 만일 추종자가 능력과 자발성이 낮다면, 좀 더 지시적인 스타일이 알맞을 것이다.

첫째 단계에서 셋째 단계까지는 문화의 제약을 감소시킨다. 예를 들어 목표가 조직 문화 범위 내에서 설정되었을 때, 그 목표를 달성하기 위한 추종자의 준비성은 그 시점의 조직 문화에 대한 평가에 기초하게 될 것이다. 따라서 이 모델은 '외국'의 리더십을 수입해 특정한 문화에 응용함으로써 생겨나는 많은 잠재적인 문제를 제거해준다.

4. 리더십 간섭의 결과는 무엇인가

이 단계에서는 결과가 기대에 부합되는가를 결정하기 위한 평가가 필요하다. 사람들의 학습은 조금씩 증가한다. 개인이 바람직한 수준의 성과에 접근함에 따라 발전은 성공적인 평가를 긍정적으로 강화하도록 구성되어 있다. 따라서 리더십 간섭 이후에 리더는 반드시 목적을 다시 점검하고, 준비성을 진단하고, 또 다른 스타일 변화가 필요한지 여부를 확인 하면서 결과를 평가해야만 한다.

5. 있다면 무슨 수정이 요구되는가

만일 현재의 성과와 바람직한 성과 사이에 차이가 존재한다면 수정이 요구되며, 그리고 새로운 주기가 시작된다.

상황적 리더십은 리더와 추종자가 모두 이 모델을 이해했을 때 가장 효과적으로 작동할 수 있다. 특히나 다문화적인 환경에서는 더욱 그렇다. 추종자들은 모델을 이해함으로써 스타일의 변화가 문화적인 편견이 아니라 현재 고려 중인 직무에 대한 추종자들의 준비성에 따라 우선적으로 영향을 받는다는 것을 쉽게 이해할 수 있다.

모델을 다문화적인 조직에 응용하기

앞에서 언급한 각 단계는 구체적인 직무와 관련된 것이지 문화에 따라 구속되는 것은 아니다. 이는 30년이 넘는 동안 128개의 국가에서 사용해본 결과 증명되었다. 이 모델의 유용성은 문화적인 국경을 뛰어넘고 있다. 그러나 다문화적 환경에 이 모델을 응용하려면 약간의 민감한 특수문제를 고려할 필요가 있다. 비록 네 가지 리더십 스타일이 어떤 나라에서도 실행될 수 있다고 할지라도, 메시지가 전달되는 방식은 문화에 따라 현저히 다를 수 있다. 예를 들어, 독일과 일본에 있는 리더들 모두가 때에 따라 구조와 방향을 제공할 필요가 있을 수 있는 반면에, 구조를 제공하는 방법은 각각 다를 수 있다. 뉴욕시에 있는 투자은행에 근무하는 은행원들은 캘리포니아의 협동조합에 근무하고 있는 리더와 다른 방식으로 지지를 제공할 것이다. 리더들은 자신의 리더십 스타일을 전달하는 방식을 결정할 때 문화적 차이에 민감하게 반응할 필요가 있다.

요약하면, 상황적 리더십 접근 방법은 리더들이 고려하고 있는 구체적인 직무와 직무에 대한 개인적인 준비성에 초점을 맞추는 것이다. 이러한 원칙은 리더들이 각각의 상황을 객관적으로 볼 수 있도록 도와주며, 잠재적인 문화적 편견을 제거하도록 해준다. 이 모델의 이해는 문화와 직무를 완성하는 것 사이에 다리를 건설하려는 리더와 추종자 모두를 도와줄 것이다. 그 결과 미래의 조직은 다문화적 세계 환경에서 더욱 잘 기능할 수 있으며, 복잡하고 급변하는 세계의 도전에 대처할 수 있을 것이다.

28

Pierre J. Everaert

직원관리의
감정·템포·타이밍

조직은 점점 변화하기 어려운 엄격한 구조가 되었다. 그리고 미래는 정의에 의거해 변화될 것이다! 따라서 변화가 정말로 일어날 시기―미래―와 변화가 진정으로 일어날 장소―시장―로부터 주제를 해결해보도록 하자.

변화를 일으키는 것은 누구인가? 시장의 고객 또는 직원들은

피에르 J. 에버라이트 Pierre J. Everaert | 집단관리위원회의 구성원으로 1993년에 네덜란드 아인트호벤에 있는 필립스 일렉트로닉스 NV(Philips Electronics NV)사에 합류했으며, 현재는 관리 담당 부사장으로 근무하고 있다. 그는 오하이오주 애크런에 있는 굿이어 인터내셔널 코퍼레이션(Goodyear International Corporation)에서 15년 동안 6개국을 돌며 근무했고, 독일지사 회장으로 은퇴했다. 그 후 파리의 제너럴 비스킷 USA(General Biscuits USA)사의 부회장을 지내다가 제너럴 비스킷 USA의 대표이사 사장이 되었다. 1985년 그는 네덜란드의 잔담에 있는 코닌클리즈케 아홀드(Koninklijke Ahold)사의 관리 담당 중역 중 한 명으로 합류하여 아홀드 USA사의 대표이사 사장을 역임했으며, 1989년 모회사의 사장이 되었다.

감정으로 충만하다. 사람들이야말로 조직의 지적 자산이며, 변화를 창조한다. 나는 두 가지의 구체적인 변화 과정에 초점을 맞추고자 한다. 직원관리의 템포와 타이밍, 그리고 감정이 그것이다. 비록 자주 간과됐고, 심지어 완전히 무시당했다 할지라도 이러한 변화 과정은 성공의 공식에서 매우 중요한 요인이다.

조직과 미래라는 개념은 학자뿐만 아니라 기업의 실무경험자들이 쓴 최근의 홍수 같은 출판물에서도 많이 다루어졌다. 컨설턴트는 조직을 여러 방면으로 분석하고, 분해하고, 재조립하고, 리엔지니어링하고, 재구축했다. 그들의 일은 서구 기업 분야의 고전적인 행동지침뿐만 아니라 출현하고 있는 시장과 새로운 영역에서 새로운 기업가들의 도전까지도 대상으로 삼고 있다. 글쓴이들은 최소한 두 가지 개념에 동의하고 있는 것처럼 보인다.

① 변화하는 환경에서 살아남기 위해 조직은 변해야만 한다.
② 미래는 변화가 일어나야만 하는, 정의되어 있는 일정 기간이다.

그래서 무엇이 새로운 것인가? 나는 템포와 타이밍이라는 개념이 미래를 그리는 데 중요한 요소이며, 감정을 조직의 지적 자산, 즉 사람들을 관리하는 중요한 요소로서 제안한다.

사업의 템포도 음악의 템포와 전혀 다르지 않다. 렌토lento와 모데라토moderato는 부드러운 연주를, 프레스토presto와 비바체vivace는 생동감 있는 연주와 빠른 동작을 요구한다. 사업에서 렌토는 과거의 의사결정 속도이며, 비바체는 미래에 대한 작용과 반작용에서 요구되는 시간이다. 타이밍은 '변화의 과정이 시작되는 순간'으로 정의된다. 감정은 사업에서 사용되는 감정으로 정의된다. 이러한 것은 말 또는 글에 인간적인 면을 부가하며, 조직의 스타일을 수정한다.

나의 결론은 미래의 성공적인 조직이란 사람들이 시장에서 요구하는 변화에 대해 이야기만 하는 게 아니라 실행에 옮기며, 제안서를 쌓아놓지 않고 될 수 있으면 빠른 속도로 의사결정 결과를 실행하는 조직이다. 또한 성별, 나이, 위계질서상의 위치와 상관없이 유능한 관리자들이 책임을 지게 하는 조직이다. 이것은 사람들이 감정을 숨기고 잘 나타내지 못함으로써 숫자만을 좋아하는 황량함(현재의 세대)과 일하는 즐거움(새로운 세대) 사이에 다리를 제공하지 못하는 조직이 아니다.

미래 : 템포와 타이밍

회사의 전략에 관한 보고서 또는 지난 10년간 전문가들이 만들어놓은 전략적 실행을 위한 안내서를 읽을 때, 이들은 타이밍(실행의 시간)과 템포(실행의 속도)의 개념을 빠뜨린다. 대부분 조직의 전략에서 이러한 것은 무심코 숨겨지거나 우연히 문장 중 어디엔가 삽입되어 있다. 어쨌든 그것들은 매우 억제된 형태로 이야기되고 있다. 템포는 오케스트라의 연구를 완성시킬 수도 있으며 파괴시킬 수도 있다. 심지어 작곡가가 쓴 악보를 오케스트라가

연주하는 방식에서 변형시킬 수 있다. 이것은 관리자가 준비한 계획을 실행하는 경우 조직의 성과에 같은 충격을 줄 수 있다. 음악 세계에서 이것은 연주회의 성공을 의미하는 오케스트라의 명성, 즉 대중성에 영향을 미친다. 기업에게 이것은 업종 내에서 최고가 되는 것, 또는 산업 내에서의 지위 확보와 같은 기업의 성공에 영향을 준다.

새로운 시대의 조직은 미래를 그리면서 자신의 전략을 발표할 때 템포와 타이밍에 대한 설명을 포함시킬 것이다. 미래의 조직에서는 전략적 계획이 월·분기·년—그러나 무한하지 않다는 것은 분명하다—등으로 구분될 것이다. 이것은 계획 단계의 어느 시점에서 조직 또는 산업에서 통용되는 매우 구체적인 시간대가 되어야 한다는 것이 하나의 변수다. 그러나 1980년대 중반 이후 재계는 기업의 성과를 분기별로 검토하고 있다. 맞든 틀리든 간에 타이밍을 변화시켰으며, 새로운 산업의 속도에 따라 이를 채택하도록 했다. 컴퓨터는 기껏해야 6개월밖에 안 되는 짧은 기간을 갖고 있다. 소프트웨어는 하루가 멀다 하고 바뀌고 있다. 상담원의 분석을 따르는 투자가들은 그들의 타이밍을 다시 조정하고 있다. 사고파는 것과 같은 투자 결정은 장기적인 이익보다 단기적인 소득에 더욱 집중되고 있다. 이들이 새로운 시대의 템포를 운전하는 주역이다.

시장과 돈까지의 시간이 극적으로 단축되었다. 사실 타이밍은 양면성이 있는 칼이다. 타이밍은 '우리 언제 이것 할까요?' 라고 물으며, 템포는 '우리 얼마나 빠르게 이것을 할까요?' 라고 묻는다. 환언하면 등급을 올리고, 재작동하고, 또는 변화하는 것에 대한 계획이 준비되었을 때 실시되어야 한다. 또는 오래된 관료주의로 인해 머뭇거리거나 지체될 수 있는 것이 아니다. 당신의 계획이 실행시간과 실천 템포에 관한 계획을 포함하고 있는지 자문해보라.

음악에서와 같이 사업에서도 템포는 작곡가가 선택하는 것이다. 사실 이것은 작곡가가 생각하는 곡의 연주 방식이다. 음악 또는 계획도 모두 최고의 성과를 올리도록 되어 있다. 그러나 종이에 그것을 적는다고 자동적으로 실행에 옮겨지지는 않는다. 성공은 다음과 같은 세 가지의 합이다.

- 참여하고 있거나 영향받는 사람들에 의해 수용되는 정도.
- 조직 내 의사소통의 깊이.
- 현재의 관리 또는 그 후계자들이 변화를 실현시키는 능력.

다시 한 번 묻는다. 무엇이 새로운가? 새로운 것은 실행의 규칙이다. 외부에서 부여되었건 스스로 부여했건 간에 이것은 조직이 조직 전략의 일부로서 템포와 타이밍을 받아들이도록 요구하고 있다. 사업 계획의 사후검시를 통해 '너무 많이, 너무 빨리' 그리고 '너무 조금, 너무 늦게'라고 분석하는 것은 미래에 대한 일련의 계획으로 전환되어야 한다. '얼마나 많이, 얼마나 빨리?'는 경쟁적인 환경에서, 매우 숙련된 사람들과 진보된 관리기술을 소유한 상태에서, 기업 또는 개인의 일련의 성공이나 용서받지 못할 한 번의 실패 사이의 차이를 의미하게 될 것이다.

실행의 시점

실행의 시점은 우리의 책꽂이에 있는 모든 사업설명서에 포함되어 있다. 그런데 왜 다시 이를 언급하는가? 왜냐하면 대부분의 이런 책들은 인터넷 시대, 그리고 고속 노트북이 적절한 가격으로 시장에 나오기 전에 쓰였기 때문이다. 이 모든 것의 예가 빌 게이츠다. 그는 공개발표회의 모든 일정을 새벽 뉴질랜드에서 시작해 자정의 로스앤젤레스에서 마쳤다. 윈도95 공개발표회 계획에서, 타이밍은 뉴질랜드 시간으로 1995년 8월 24일 자정이었다. 템포는 하루였다(44시간).

우리가 현재 사용할 수 있는 도구의 성과가 진행 중인 변화를 지휘한다. 모든 책상 위의 PC와 네트워크 데이터베이스, 그리고 복잡한 모델을 조정하기 위한 소프트웨어는 '한 달 뒤에 보자'에서 '내일 보자'로 우리의 사고 시간을 단축시켰다. 오늘날 사업을 하는 새로운 방법의 창조는 장기계획이라기보다는 단기계획의 일부가 되고 있다. 회사들은 시뮬레이션화된 경쟁적인 시합을 벌이고 있다. 이러한 시뮬레이션을 통해 만들어진 숫자의 신뢰도는 높다. 왜냐하면 경쟁적인 벤치마킹이 계속 진행되고 있기 때문이다. 관리자들은 제안된 의사결정과 연결된 요구 사항을 알 수 있다. 고용되거나 훈련받아야 하는 사람들, 수준을 한 단계 높여야 하는 제품, 그리고 요구되는 투자 등 관리자들은 이 모든 것을 거의 동시에 알게 된다.

일단 모델이 인정되고 실행되어야 할 것이 의사결정집단에게 알려지면, 다음과 같은 질문만 남게 된다. "우리 시작할까요?" 그리고 "우리가 이것을 어떻게 합주할까요?"

그냥 실행할 것!

실행을 연기시키는 고전적인 이유는 머뭇거림이다. 관리자들은 자신들의 계획에 대한 실현 가능성을 의심하며, 친구 또는 동료가 제안한 변화를 받아들이는 데 문제가 있으며, 비록 타당성 있고 높은 신뢰도를 보여주었다 할지라도 다른 산업에서 가져온 모델에 의문점을 제시한다. 얼마나 많은 전문가 또는 컨설턴트들이 추천하는 변화에 대한 보고서가 책상서랍에서 사장되고 있는가?

타이밍과 템포의 문제는 조직의 다양한 계층에서 다양한 형태로 살아 있다. 거의 모든 공장 벽의 게시판을 장식하고 있는 PERT 도표(타이밍 도표)의 이용이 제일 좋은 예다. 공장근로자의 수준이라면 타이밍과 템포의 결정은 엄격하게 지켜진다. 조립 라인 또는 생산 단위의 집단적인 성과는 직장에서 모든 시각적인 그래프로 측정되고, 벤치마킹되고, 공개된다. 이러한 도표는 생산, 팀 구축, 그리고 경쟁정신에 긍정적인 영향을 미치는 것으로 알려져 있다. 이들 도표는 품질을 향상시킨다.

또 다른 예로서, 새로운 판매와 마케팅 부서는 빠른 이스터 데이Easter Day : 춘분 3월 21일의 만월, 그날이 만월이 아니면 그 후의 만월 후 최초의 일요일로 날짜는 유동적, 2월 29일 또는 뉴욕의 심한 눈보라가 판매 및 이익에 미치는 영향을 계획하기 위해 타이밍과 템포를 사용하고 있다. 이러한 것은 투자가들의 연못에 여러 날에 걸쳐 물결이 일게 하는 하루의 사건이다. 과거에 이들은 시장에 대한 영향력이 전혀 없었다.

그러나 오늘날 분기별 성과를 측정하는 형태에서 차이를 나타내고 있다. 이 세 가지 모두가 1/4분기의 매출과 이익에 영향을 미칠 수 있다.

한 개인이 조직 내의 사다리를 올라감에 따라 타이밍에 대한 인식은 약해지고, 템포에 대한 인식은 잊혀진다. 오직 상관이 진정한 기업가일 경우에 타이밍과 템포는 살아 움직일 것이다. 따라서 성공하면 보상을 받을 것이고, 실패하면 그에 합당한 결과를 안게 될 것이다. 새로운 시대의 조직에서 저급 관리자들은 타이밍과 템포를 갖고 일하라는 말을 듣지 않아도 될 것이다. 그들은 그들이 발표한 전략의 일부로서 직무를 수행하라고 강조할 것이다. 그들은 정시에 수행하는지 확인하는 일을 그들의 책임으로 가정하고, 보상을 요구할 것이다.

예를 들어, 만일 기업의 결과가 1월 2일 오후 4시 인터넷에 게재되었다면, 바로 그 순간에 신세대 직원들은 다음과 같이 말할 것이다.

"사장님, 우리가 해냈습니다! 우리가 경쟁자들보다 잘했습니다! 우리가 차이를 냈습니다. 보너스에 감사합니다."

이것이 타이밍이다. 이것이 템포다. 그리고 이것이 감정이다.

의사소통

분기별 또는 연도별 결과를 발표하는 첫 번째 회사는 재계의 관심을 더욱 많이 받는다. 온라인을 이용한 자료검색은 발 빠른 회사에 분명한 이익을 갖다주면서 투자 세계의 가능성 분석을 가속화할 것이다. 만일 조직이 매우 짧은 공급주기의 기술을 습득했다면, 주주와 관련자들에게 재무와 관련된 정보를 제공하는 데 같은 속도의 서비스를 제공하지 못할 이유가 없다. 더욱 중요한 점은 결과를 신속히 제공하는 것이 투자가와의 관계를 개선하는 데 국한되어서는 안 되며, 회사의 운영에도 영향을 미쳐야 한다는 것이다. 이는 각 분야의 관리자들이 스트레드시트를 불러와 자신들의 평가를 수정하도록 강요해야 하는 것이다. 이는 예상을 재확인 또는 수정하며 타이밍과 템포를 최근의 판매와 생산 데이터에 적용시키는 기회가 되어야 한다. 이것이 시장에 기초한 계획의 건전한 형태다.

조직 : 조직과 사람관리에서의 감정

서고의 책에서 자유롭게 번역되고 있는 조직(영리 또는 비영리)은 공동의 목적(제조 및 판매 또는 서비스의 제공)을 위해 일정한 구조(단순 또는 복잡한 구조) 아래에서 일하며(보상을 받음), 적절한 리더십(사장) 밑에서 자금제공자들에게 반대급부(돈)를 창출하는 개인들의 집단으로 정의된다. 그렇다면 무엇이 새로운 것인가? 나는 조직과 사람을 관리하는 데 감정을 도입할 것을 다시 제안한다.

감정

감정은 서구 기업 문화에서 사라지고 있으며, 거의 모든 조직 내에서 흐려지고 있다. 제품과 서비스에 대해 감정으로 밀착되는 현상은 점차 감소하고 있다. 장인에 대한 자부심은 수치로 나타내는 성과 다음 자리를 차지하게 되었다. 실행의 탁월함은 거의 보상받지 못하고 있다.

서구의 방식 오늘날의 재무보고서를 보면 감정이 간과되거나 무시되고 있는 것이 금방 눈에 띈다. 제품에 대한 사진은 성장의 백분율과 모든 종류의 비율을 보여주는 막대그래프 또는 원그래프로 대치되어 있다. 몇 년 전부터 대부분의 연간보고서가 미래에 대한 비전, 즉 경쟁적 우위를 빼앗기지 않는 범위 내에서 흥미와 호기심을 자아내기에 충분할 만큼 미래의 회사 발전에 대한 약간의 예고편을 보여주고 있다. 과거의 연간보고서에는 새로운 제품, 새로운 판매지역, 품질인증, 환경 정책, 그리고 직원 인센티브 프로그램 등에 관한 요약이 많이 포함되어 있었다. 오늘날 이것은 급격하게 줄어들었다. 현재 우리는 '기대 또는 전망'이라는 제목 아래 단기간의 전망을 언급하는 한 개의 문단만을 볼 수 있다. 이 문단은 재무 담당부서에서 신중하게 문구를 작성하고, PR부서에서 문구를 재수정하고, 법률 담당부서가 확인을 하고, 이사회에서 검토하고, 마지막으로 승인하기 전에 대표이사가 서명을 한 것이다.

우리의 리더는 분기별로 책임 없이 공식발표하는 과학적인 공문서와 이와 관련된 모든 사람들을 위한 이익공유라는 숫자를 좋아하는 사람인가?

연간 또는 분기별 보고서는 귀중한 의사소통 도구다. 왜냐하면 한 해의 일정한 시점이 되면 전문가 집단뿐만 아니라 많은 청중

이 그것을 찾기 때문이다. 이러한 문서는 감정을 만들어내기 위해 사용되어야 한다. 몇 개만 거명하자면 자부심의 감정, 행복함의 표현, 그리고 보상 등이다. 이들 문서는 특정한 시점에 회사 현상에 대한 정확한 그림을 분명하게 나타내야만 한다. 반면에 마음을 마비시키는 숫자·도표·비율 등의 줄과 칸을 뛰어넘어야 한다.

숫자를 뛰어넘으려면 사람들과 충돌하고, 다른 사람으로 인한 충돌을 받아들이는 등의 용기가 요구된다. 중역 중 한 명이 의사소통의 일부를 담당하도록 하자. 그 사람을 리더로 알려지게 할 뿐만 아니라 그 사람이 사람들과 연결되어 있으며, 회사를 외부와 연결해주는 사람으로 알려지게 하자. 식품회사의 대표이사가 좋은 요리사로 알려진다고 해서 해로울 것은 없다.

다른 방식 태평양 연안의 우리 동료들은 우리가 과거에 사람과 제품을 통해 회사를 소개했듯이 회사를 소개하는 예술을 공연하고 있다. 리더는 가장 또는 주부이며, 그들 주변 사람들과 제품에 자부심을 갖고 있다는 회사 가족의 웃어른이다. 회사에 대한 보고서는 디자인 또는 달성한 품질에 대해 사람들이 상을 수상하는 장면을 보여준다. 직무수행·훈련·놀이 등을 하는 사람들을 보여준다. 회사의 모든 영광과 관련된 조직 내 인적 자본을 말이다. 물론 그들의 문화는 다르다. 그렇다, 그들의 시장은 활성화되고 있다. 그들은 우리가 속해 있는 같은 세계시장의 일부가 아닌가?

사람관리

사람관리는 직무설명서, 임금의 척도, 그리고 이익의 계획 등을 승격시키는 것 이상을 요구한다. 이것은 직원의 행동을 관찰하고 그들의 인격과 관련된 가치를 인정해주는 기묘한 기술을 포함하고 있다. 우리는 인적 자원관리 분야에서 저자 또는 세미나 전략가들과 같은 사람들이 만들어낸 '새로운' 사람 지향적인 프로그램의 풍성함을 예고하는 새로운 관리기법의 지속적인 흐름을 보아왔다. 우리는 모두 이 흐름을 보고 들어왔다. '미래의 관리자들', '아시아에서의 관리' 등등……. 그리고 우리는 가끔 낄낄대고 웃는다. 물론 우리는 중국에서는 주 6일 근무한다는 사실을 알고 있다. 일본에서는 회사가 경비를 지급하는 1년에 1주일의 휴가를, 그리고 베이징에서는 종업원들을 위한 자전거 선반을 공급하고 임금을 현찰로 지급할 필요가 있다.

그러나 이러한 통계적인 교습은 충분한 것이 아니다. 우리는 다른 세계의 사람들을 특징짓는 문화적 차이를 인정하는 방법을 배워야 한다. 우리는 그들의 전통을 존경해야 하고, 그들의 태도를 적절하게 해석하는 방법을 배워야 한다. 다음 10년 내에 인적 자원 관리자들은 전대미문의 가장 정교한 컴퓨터 소프트웨어를 이용해 출근·생산성·훈련·경력계획·보수 등을 관리하게 될 것이며, 더욱더 숫자·통계·파이차트 등을 사용하는 결과를 낳을 것이다. 이것들의 이용은 기업들의 생활을 더욱더 인간화시켜야 한다는 욕구를 창조하게 될 것이다. 그리하여 행동으로 나타나는 언어에 대한 해석과 양적 지수뿐만 아니라 질적인 지수에 기초해 관련자들에게 보상을 주기 위한 성과지표로 사용하게 될 것이다.

현재 거의 대부분의 유럽 지역에서 산업 성장은 미미하며, 생산성은 아시아의 경쟁자들을 밑도는 수준이라고 자신 있게 말할 수 있다. 사회적 프로그램, 짧은 근무시간, 그리고 조기퇴직 등의 비용은 수익성을 침해했다. 미래 성공의 일부가 될 유럽의 관리자들을 pérenité(프랑스어로서 '생존') 또는 제품과 서비스에 대한 자부심 증진, 혁신 유도, 그리고 품질관리 실시 등을 통해 달성 가능한 조직의 지속성에 관심을 보이는 사람들을 돌보고 있다. 사회적인 투쟁에서 실종되었고, 그리고 비만한 시절에 완전히 포기했던 이처럼 '오래된' 품질의 일부가 갑자기 다시 나타나게 되었다. 예전에 공산주의였던 국가들의 매우 낮은 생산비용에서 생겨나고 있는 새로운 경쟁은 서유럽의 조직들에게 경쟁적 압력에 대처하기 위해 필요한 사고의 재정립에 요구되는 기동력을 제공하고 있다. 문제가 해결된 것이다.

조직의 새로운 방향 세계의 다른 부분에서 시장이 성숙하고, 기대하지 않은 새로운 경쟁자들이 출현함에 따라 회사들은 전략적 사고를 재정립해야만 한다. 이러한 과정에서 도움이 될 수 있는 몇 가지 단계가 있다.

1. 당신의 현재 위치를 알 것 _ 어떤 새로운 방향과 계획을 정의하거나 미래를 재계획하기 전에, 오늘날 당신이 어디에 있는가를 정직하게 평가할 필요가 있다. 이러한 평가 없이 당신이 향하고

있는 미래의 그림을 그리는 것은 10피트짜리 다이빙대에서 어디로 향하며, 얼마나 높으며, 심지어 수영장에 물이 있는지도 모른 채 물에 뛰어드는 것과 같다.

2. 산업의 성과에 대해 당신의 성과를 벤치마킹할 것 _ 벤치마킹은 현실적이어야 한다. 아직도 너무 많은 조직들이 자신들을 자신들과 비교하고 있다. '올해 우리의 성과는 지난해의 성과에 비교할 때 8% 증가했다. 모든 사람에게 최대한도의 보너스를 지급하라!' 그러나 우리의 산업은 어떠한가? 만일 판매가 평균 15% 증가했다면, 우리 회사의 최대한도의 보너스가 아직도 현실적인 것인가?

3. 당신의 장기계획을 벤치마킹할 것 _ 세 번째 단계는 인증된 장기계획을 벤치마킹하는 것이다. 당신 조직의 목표를 산업 내에서 3~4년 뒤에 다른 회사들이 위치할 곳으로 판단되는 상황과 비교하라. 다음과 같은 질문을 하라.

· 만일 우리가 성공적이며 우리의 장기계획을 모두 달성한다면, 우리의 경쟁자들과 비교할 때 우리의 위치는 어디가 되겠는가?
· 그들은 앞으로 더 큰 도약을 할 것인가?
· 그들은 산업 표준을 좀 더 높은 수준으로 향상시킬 것인가?

4. 당신의 산업은 미래에 살아남을 것인가 _ 제품의 종류를 다시 새롭게 하는 데 실패하거나 살아남기 위해 적시에 새로운 산업으로 전환하는 데 실패했기 때문에 사라진 많은 회사들은 이러한 질문을 정당화시킨다.

일반적으로 미래 조직의 현명한 선택은 '같은 것을 더 많이' 또는 '다른 것을 더 많이' 다. 만일 우리가 '무언가 다른 것' 을 선택했다면, 다가오는 사용자의 수요라는 면에서 이를 정의해야 한다. "여기에 우리가 제공하고자 하는 것이 있고, 그리고 당신은 이것을 사게 될 것이다"라는 전통적인 각도가 아니라 고객들이 무엇을 원하며 언제 어디에서 그들이 이것을 원하는가의 측면에서 마케팅을 보라. 미래의 고객과 직원들은 인터넷 포럼 토론회에서 '우리' 라는 형식으로 움직일 것이다. 그들은 귀가 터질 정도의 소리로 MTV의 중단 없는 음악과 컴퓨터의 살아 있는 색깔의 가상공간을 통해 파도타기를 즐길 것이다. 새로운 형식은 고객들로 하여금 "당신이 제공해야 하는 것을 내게 말하시오. 그리고 언제 어디에서 구매하고, 어떻게 대금을 지불할 것인가는 내가 결정합니다"라고 말하게끔 하는 것이다. 자신에게 다음과 같은 질문을 해보자.

- 당신의 조직은 이러한 파도타기꾼들이 당신의 제품과 서비스를 구매하도록 충동을 느끼게 만들 수 있는가?
- 당신은 시끄러운 당신의 상관과 큰소리로 의사소통을 하고 있는가?

- 당신의 조직은 전화 또는 케이블 TV를 통해 비용을 지급할 준비가 되어 있는가? 고객들이 당신의 데이터베이스에 접근하며 의사소통을 할 수 있는가?
- 당신의 조직은 인터넷에 자리를 차지하고 있는가?
- 당신 제품의 카탈로그와 연중보고서가 인터넷에 실려 있는가? 당신의 데이터는 읽기만 가능한 형태인가, 아니면 스프레드시트에서 작업할 수 있는 형태를 갖추고 있는가?

이러한 질문과 미래의 많은 고객들이 요구하는 것은 현재 중역들이 맡고 있는 업무 영역에서 멀리 벗어나는 것이다. 중역들의 교육, 경험, 감정적인 밀착은 가상공간의 일부가 아니다. 중역들은 미래를 이해할 수 있을 정도로 충분히 유연한가? 우리 모두는 세계의 절반이 컴퓨터에 노출되었거나 이미 컴퓨터를 잘 알고 있는 더욱더 젊은 사람들로 채워져 있다는 사실을 받아들였는가? 우리는 젊은 관리자들이 속도제한 없이 타이밍과 템포를 다른 알고리즘으로 수정하며 가상 형태에서 일하고 있다는 것을 이해하는가? 이것이 그들의 세계다. 우리(당신)를 멀리 앞질러 있을 수도 있다.

왜 사람들의 재능을 이용하지 않으며, 남자든 여자든 젊은 중역들이 앞장서도록 허락하지 않는가? 그들이 계획을 준비하도록 하자. 그들이 변수를 설정하도록 하자. 미래를 그리기 위한 투입물을 공급하도록 요구하자. 오늘날 리더들은 그들의 비전, 새로운 하드웨어, 그리고 현재의 소프트웨어를 이용해 두 세대에 걸친 직원들이 함께 일할 수 있는 조직을 설계할 수 있다.

변화 새로운 경주에서 승리하기 위해 우리는 분명히 새로운 경주용 자동차와 새 운전사가 필요하다. 완전히 다른 사람이 컴퓨터화된 운전석에 앉아야 한다. 원격조종 컴퓨터의 통제를 받아 코너를 도는 경주용 자동차가 필요하다. 컴퓨터는 코너를 돌 때마다 서스펜션을 설정하고 재설정하는 것을 매번 반복한다. 경주에서 승리할 때까지 말이다. 지속적으로 관리되면서 변화하는 것이다. 특히나 중역의 수준에서 "여기에서 발명되지 않았다"는 태도는 사라지지 않는 매우 잘 알려진 현상이다. 나이 많은 중역들은 얼마나 자주 "일을 매우 신중하게 진행했다"라는 말 뒤에 숨어왔는가? 그들은 변화하기를 두려워하는가? 더 이상 이를 받아들일 수는 없다. 여기에서 추천하고 있는 것과 같은 사업에서의 감정은 이러한 중역들이 자신들의 목표를 말하고 자신들의 마음을 말하도록 요구하고 있다. 만일 새로운 기술을 이해하지 못하는 것이 문제라면, 그들은 그렇게 말해야만 한다. "혼동의 시기에는 신중해야 한다"는 말은 그들이 좋아하는 또 다른 방어로서 세대 차이를 더욱 잘 설명해주고 있다. 중역들에게 허리케인처럼 보일지 모르는 바람이, 젊은 관리자들에게는 파도타기를 하기에 이상적인 바람이 될 수도 있는 것이다.

새로운 조직의 리더들은 지식을 한 단계 상승시키고, 새로운 기술을 습득하고, 그리고 새로운 피로 자신들을 감싸야 한다. 전환은 가능하다. 중년의 관리자들은 새로운 자동차를 배우기 위해 다시 학교에 다녀야만 한다. 강력한 훈련과 새로운 도구를 준비해야 하는 시기가 도래했다. 학문을 하는 기관들은 이러한 직무를 수행할 준비가 되어 있다. 동서양의 기술과 문화를 혼합하는 것은 더 이상 문제가 아니다. 이는 혼합된 문화적 환경에서 사람들을 관리하는 모든 것이다. 그러나 이것은 우리가 성장해온 유일한 시장의 편안한 위치에서 일어나는 변화를 의미한다.

조직의 구조와 통치　감정·타이밍·템포 등이 변화의 과정에 완전히 통합되면, 빠른 작용과 반작용 능력이 있는 매우 유연한 조직구조를 창조하게 될 것이다. 조직은 조직 자신이 봉사하는 시장에 따라 다르게 구조화될 것이다. 소비자 시장, 사업 대 사업, 연예계, 그리고 서비스 등……. 조직의 정보 네트워크를 이용해 광대한 데이터를 주주들에게 동시에 제공하게 될 것이다. 주주들은 더 큰 조직의 이사회에 더욱 강력한 대표자들을 보낼 것이다. 관리자들은 성과에 기초해 보상을 받게 될 것이다.

생활의 형태 문제　미래는 세 살에 수영을 하며, 넷 또는 다섯 살에 읽는 것을 배우고, 종이나 칠판 대신 컴퓨터에 글씨를 쓰는 (아주) 젊은 사람들의 것이다. 그들 10대 형제와 자매들은 숙제를 인터넷에서 받고 있다. 이처럼 젊은 성인들은 제품을 주문하고 온라인으로 대금을 지급하는 반면에 그 부모들은 VCR의 리모트 컨트롤과 씨름하며, 아직도 신문과 잡지를 읽고 있다. 여기에 차이가 있다. 완전히 다른 세 개의 세대가 다른 템포와 다른 속도로 함께 살고, 학습하고, 그리고 일하고 있다. 고객들은 정보에 굶주리고, 질에 많은 관심을 보이고, 그리고 싼 것을 찾게 될 것이다. 제품과 서비스에 대한 그들의 지식은 전자 네트워크를 뒤진 결과다. 그들은 세계시장에서 널리 제공되고 있는 제품과 서비스를 선택하게 될 것이다. 자료, 제품의 사진, 그리고 비디오를 통한 상품의 사용 방법 추천 등은 정보의 초고속도로를 통해 즉석에서 이용할 수 있게 될 것이다.

결론 승리하는 조직은 양적인 도구와 질적인 도구를 조화롭게 혼합하고 세계적이고 다문화적인 관리기술을 이용해 다양한 배경, 성별, 그리고 사회적인 지위를 소유한 고객들과 직원들을 똑같이 관리하는 조직이다. 내용과 형식 모두에서 스타일은 지속적인 변화를 겪을 것이다.

이렇듯 유연한 조직을 설계하고자 하는 욕구와 재능을 소유한 사람에게는 매우 큰 도전이 되고 있다. 처음으로 유연한 조직을 만들 수 있는 용기 있는 일부 사람들에게는 커다란 전율이 되고 있다. 좋은 정보를 소유하고 결정적인 의사결정을 하는 사람들과 함께 일하는 것은 매우 커다란 특권이다.

29

John Alexander · Meena S. Wilson

다문화 직원 리더십 : 다섯 가지 핵심 역량

참고 : 이 장을 준비하는 데 도움을 준 창조적 리더십센터의 동료인 제리 브라이트먼(Jerry Brightman), 맥신 돌턴(Maxine Dalton), 빌 드래스(Bill Drath), 마이클 호프(Michael Hoppe), 진 레슬리(Jean Leslie), 존 타바레스(Joan Tavares), 그리고 엘렌 밴 벨서(Ellen Van Velsor) 등에게 감사드린다.

많은 조직이 점진적으로 세계 사회를 향해 이주하고 있다는 것은 논쟁의 여지가 없다. 특히 경제적 영역에서 중요한 방해 요인이 무너져내리고 있다. 북미자유무역협정North American Free Trade Association : NAFTA과 아시아태평양경제협력기구Asia Pacific Econo-

---

존 알렉산더 John Alexander | 창조적 리더십센터(Center for Creative Leadership)의 의사소통 담당 부사장이다. 여기에 오기 전에 신문의 편집인 및 칼럼니스트로 20년이 넘도록 근무했다. 그는 리더십에 초점을 맞춘 학회나 워크숍의 유창한 연설가인데, 몇몇 비영리단체에서 봉사하고 있다. 그는 《모래의 리본 : 대양과 외부 모래언덕의 놀라운 만남(Ribbon of Sand : The Amazing Convergence of the Ocean and the Outer Banks)》의 공저자다.

미나 S. 윌슨 Meena S. Wilson | 창조적 리더십센터의 연구원이며 《문화를 뛰어넘는 관리 : 학습적 틀(Managing Across Cultures : A Learning Framework)》의 대표 저자다. 그녀의 연구는 세계적인 리더십과 문화 간의 가치 차이 등에 초점을 맞추고 있다. 인도 사람으로서 알래스카에 거주했던 윌슨은 개인적 발전을 양성하는 프로그램 설계 경험을 갖고 있다. 그녀는 미국의 훈련 및 개발연구위원회(American Society for Training and Development Research Committee)에서 봉사하고 있다.

mic Cooperation : APEC와 같이 지역화된 무역 상대들이 새로이 출현했다. 새로운 정보와 의사소통 기술에 기초해 추진되고 있는 다국적 기업들은 세계적인 제품과 서비스를 제공하기 위해 공격적으로 움직여왔다. 그러나 만일 세계화를 향한 경향이 현실이라면, 이것이 모든 것을 해결해주는 것은 아니다. 비록 새로운 시장을 향한 쟁탈이 주도적인 국가의 생활 수준을 향상시킬 수 있다고 할지라도, 이것은 환경적 타락, 불법이민, 그리고 경제적 이탈과 같은 초조한 문제의 치료뿐만 아니라 때로는 원인이 될 수 있는 것이다. 수백만 세계 시민들은 아직도 경제 및 정보혁명의 과일을 같이 나누지 못하고 있다. 그리고 심지어 선진세계에서도 회사의 다운사이징, 계속되는 경기 후퇴, 거치적거리는 정부, 특히 미국에서 가족과 지역사회의 가치 개념 감소 등으로 인해 생겨난 걱정은 새로운 논쟁에 불을 붙였다.

　이런 환경에서는 많은 리더들에게 새로운 능력을 요구하고 있으며, 환경에 대한 새로운 사고를 요구하고 있다. 우리는 이러한 리더들에게 초점을 맞추었으며, 조직이 변화하고 있는 상황에서 어떻게 하면 그들이 좀 더 많은 효과를 올릴 수 있는가에 초점을 맞추었다. 문화 · 지역 · 국경을 뛰어넘어 관리한다는 것이 어려운 일이라는 점은 알고 있다.

　최근의 연구는 20~50% 사이의 미국 관리자들이 해외 임무에 실패하는 사례를 보여주고 있다. 실패의 비용은 매우 높은데, 한 연구는 한 번의 실패가 약 25만 달러에 이른다고 밝히고 있다. 이 비용에는 실패한 임무가 가족들과 그 사람들의 경력에 미치는 충격 또는 훈련비용 및 재배치비용이 포함되지 않았다. 다른 국가에 회사를 차리려는 많은 시도는 실패했거나 또는 바람직한 결과를 달성하지 못하고 있다.

그 이유가 이러한 경계선을 탐색하는 리더들의 특징에 대한 우리의 실마리 부족 때문은 아니다. 그들은 매일매일 세계 여러 나라에서 일하고 있다. 그들은 국경과 문화를 쉽게 넘나들고 있다. 그들은 연대를 이룰 수 있는 친구를 만든다. 그리고 그들은 결과를 얻고 있다. 중국에서 태어나 미국에서 개업하고 있는 변호사가 최근 우리에게 이야기했듯이, 그녀는 사람들이 행하고 있는 국제적 기업협상에서 성공할 사람들을 즉각 찾아낼 수 있으며 실패할 사람들을 예상할 수 있다고 했다. 왜냐하면 그들은 그들 자신과 협상하고 있는 사람들 사이의 문화적 차이를 연결하지 못하기 때문이다. 왜 다른 리더들이 실패하는 곳에서 일부의 리더들은 성공하는가? 어떤 형태의 자본과 지식의 혼합이 국경을 넘어서 효과적으로 기능할 수 있는가? 어떻게 그런 자본을 찾아내서 학습하고, 그리고 다른 사람들에게 전수할 수 있는가? 그리고 어떻게 그들이 새롭게 계산된 조직을 탄생시키는 데, 그리고 빠르게 변화하는 외부 환경에 반응할 수 있는 능력 있는 연대를 만드는 데 기여하게 될까?

첫째, 조심스런 주석 : 리더십이란 개념 자체가 문화적 의미를 내포하고 있다. 비록 리더들을 극찬하고 검증해왔다고 할지라도 하나의 분리된 기업에서의 리더십 연구는 비교적 새로운 것이다. 아마도 문화와 역사라는 이유 때문에 리더십에 대한 매료는 특별히 미국적이었던 모양이다. 군주, 국왕 또는 귀족이라기보다는 새롭게 나타난, 또는 훈련된 리더의 개념은 현대적인 민주주의의 성장을 동반했다. 어떤 문화에는 리더 또는 리더십에 해당되는 단어가 없다. 다른 문화에서는 리더라는 단어에 매우 부정적인 의미가 깃들어 있다. 왜냐하면 리더라는 단어가 금세기 대부분의 기간 동안 수백만 명에게 참혹함과 고통을 안겨주었던 독재자들을 생각나게 하기 때문이다. 이 개념에 부가된 다른 의미에 대한 인식은 문화를 뛰어넘어 리더십을 토론하는 데 있어 중요하다.

창조적 리더십센터에서 20년이 넘도록 다양한 조직의 수천 명이 넘는 중역들과 함께 한 우리의 연구와 경험은 효과적인 리더십과 관련된 기본적인 역량과 능력을 찾아냈다. 이 가운데 가장 지속적인 것 중 하나는 높은 수준의 전문적인 기술, 즉 사업을 어떻게 운영하는가에 대한 지식이었다. 그러나 이것과 마찬가지로 지속적인 것은 자신에 대한 이해와 다른 사람과 함께 일하는 능력에서 생겨나는 역량이다. 몇 번이고 다시 출현하는, 수치화할 수 없는 이러한 역량을 우리가 탐험하기로 선택한 것이다. 왜냐하면 우리는 문화를 뛰어넘어 이끄는 것에 대한 중요한 실마리를 갖고 있기 때문이다. 그것은 다음과 같은 네 가지 핵심적인 속성을 포함하고 있다.

1. 자기 인식을 높일 것

한 사람의 장점과 단점을 종합적으로 이해하는 것, 즉 어떻게 다른 사람들에게 지각되고, 어떻게 그들이 다른 사람들에게 영향을 미치는가를 확인하는 것은 필수적이다. 이 효과는 다른 사람이 우리를 보는 것과 같이 우리 자신을 보기 위한 일련의 거울 중 하나를 세우는 것이다. 자기에 대한 이러한 지식은 리더가 효과를 방해하는 행동을 변화시킬 수 있게 해주며, 효과를 증가시키는 행동을 강화하고, 몇 달 또는 몇 년에 걸쳐 실시될 수 있는 개인의 성장과 발전에 대한 계획을 설계하게 해준다. 나이 많은 리더가 먼저 자기 자신의 변화를 이해하고 실천했을 때에만 변화를 통해 자신의 조직을 효과적으로 이끌 수 있다.

2. 피드백을 초청하는 습관

리더들은 솔직하고 건설적인 다른 사람들, 즉 상사, 친구, 그리고 직접적인 보고 등의 피드백을 장려함으로써 개인의 변화와 행동의 기초가 될 수 있는 자기인식을 계발한다. 항상은 아닐지라도 보통 이러한 피드백은 자신과 다른 사람들에 의해 작성되며, 의도된 용도의 정확성과 타당성을 주의 깊게 검증한다면 평가도구를 사용해 획득할 수 있다.

피드백을 주고받는 능력을 획득해 성공적으로 사용하는 것은 어려운 기술이다. 그러나 이것은 각 개인이 리더로서의 모든 잠재력 개발을 도와주는 강력한 도구다. 왜냐하면 이것은 리더들이 모르는 강점과 약점을 찾는 일을 도와주기 때문이다. 이러한 강점과 약점은 이끌림을 당하는 조직의 생산성에 상응하는 긍정적·부정적인 영향을 미칠 수 있다.

또한 피드백은 집단의 행동과 팀워크를 증진시키기 위한 적극적·실질적인 도구로 사용될 수 있다. 이것은 1 대 1의 관계에 제한되어야 하는 것이 아니다. 넓은 피드백의 예술적인 이용을 통해 리더들은 개인과 집단이 그들의 숨겨진 자산을 더 잘 이해하도록 도와줄 수 있다. 따라서 보이지 않던 것을 보이게 하고, 얻을 수 없을 것처럼 보이는 것을 손에 잡을 수 있게 해준다. 이러한 리더들은 현재 상태와 미래 사이의 알기 어려운 간격에 두 다리를 걸치고 있다. 이것은 아주 드문 자질이다. 그러나 미래의 성공적인 리더, 그리고 조직을 정의할 수 있는 자질이다.

3. 학습에 대한 갈망

새로운 지식의 수용, 그리고 이것에 기초해 개인의 시각과 행동을 기꺼이 바꾸고자 하는 의지는 매우 중요하다. 우리의 연구는 직무를 통한 경험이 최고의 스승이라는 사실을 발견했다. 도전은 그러한 경험으로부터 지속적으로 어떻게 학습하는가를 배우며, 그에 따라 행동을 적응시키는 것이다.

또한 학습에 대한 열정은 창의력과 연결되어 있고, 새로운 시각의 관을 짜는 능력과 연결되어 있다. 사물을 새로운 방식으로 생각하는 것 말이다. 좋은 학습 환경은 사람들이 즐거워하고 새로운 생각과 행동을 시도할 수 있고, 새로운 렌즈 또는 오래된 렌즈를 다른 방식으로 사용해볼 수 있는 안전한 공간을 창조한다. 이렇게 극적으로 변경된 시각은 리더가 높은 혼돈의 상태 또는 모호한 상황으로부터 의미를 창조하는 것을 도와준다. 의미를 만드는 것은 리더십의 강력한 개념이다. 특히 의미가 넓은 지역사회에서 공유되고 이해되었을 때는 더욱 강력한 개념이 된다.

4. 직장 생활의 통합

이끄는 것과 생활하는 것은 가깝게 연결되어 있다. 왜냐하면 효과적인 리더들은 단순히 자신의 경력 또는 직위에 의해 정의되는 사람들이 아니라 완전한 개인으로서 강력한 자아의식을 소유해야만 하기 때문이다. 오늘날 직장과 가정 사이에 산뜻한 구분이란 없다. 가족과 지역사회의 요구는 직장의 요구 사항과 균형을 이루어야만 한다. 또는 좀 더 정확하게 통합되어야 한다. 이것은 대부분의 리더들에게 비현실적인 목표인 직장에서 더욱 짧은 시간을 보내는 것으로 번역되지 않는다. 남들에게 믿음을 주기 위해 리더는 이러한 상황에서 편안해질 수 있도록, 그리고 모든 상황을 준비할 수 있도록 노력해야 한다는 의미다. 왜냐하면 가정과 직장 모두가 동일한 개인적 가치의 깊은 저장소에서 꺼내온 것이기 때문이다.

리더는 개인적으로 또는 정신적으로 보충할 수 있는 오아시스를 찾아야만 한다. 오아시스가 존재하는 것은 틀림없다. 그러나 이 오아시스는 사람에 따라 다를 수 있으며, 모호함과 변화의 시기에 리더의 개인적인 장점과 안정의 원천이다. 이러한 개인적인 삶과 직장 생활의 정합성은 신뢰감과 함께 많은 사람들이 자신의 리더에게서 찾고 있는 신뢰감을 만들어낸다. 이것은 열정과 더불어 그들이 속해 있는 조직 또는 지역사회에서 공유하고 있는 목표를 창조할 수 있다.

이러한 것이 창조적인 리더십센터의 수많은 개발과 훈련 프로그램의 핵심적인 개념이다. 이들 개념은 학습되며 해마다 수백 개의 조직에 응용된다. 그러나 이 개념은 얼마나 세계적인 것인가? 자기인식, 피드백, 학습, 그리고 생활과 직장의 상호작용 등의 개념이 다른 의미와 다르게 응용될 수 있는 문화에서 어떻게 이들 개념이 잘 응용될 수 있는가? 예를 들어, 프랑스에 있는 우리의 동료는 '르 피드백le feedback'이라는 개념을 만들어야만 한다. 왜냐하면 유럽의 조직에서 개인의 개발을 위해 다면평가의 이용은 아직 초보 상태이기 때문이다.

이러한 개념은 사람들이 열심히 일함으로써 자신과 자신의 생활을 발전시킬 수 있다는 개념과 이 길을 따라 지속적으로 발전하는 것은 더 생산적이고 더 행복한 사람이 될 것이라는 미국의 낙관주의와 개인주의 전통에 어느 정도 뿌리를 두고 있는가? 집단의 규범이 개인주의를 압도하기 위해 사용되는 문화에서, 또는 학습자의 경험보다는 학습의 스타일이 권위를 지지해주는 문화에서, 또는 일 자체에 대한 의미와 목적에 대한 믿음이 다를 수 있는 문화에서 자기인식과 자기개발하는 리더라는 개념이 의미가 있겠는가?

예를 들어, 세계적인 약품회사의 미국인 인적 자원관리자가 동양에 배치된 경우를 생각해보자. 놀랍게도 그의 최대 도전은 중국·말레이시아·대만·한국 등에서 온 그 회사의 관리자들이 판촉을 받아들이도록 설득하는 것이었다. 그들은 경력보상 또는 개인적인 이익을 위해 자신들의 친구와 경쟁하기를 원하지 않았다. 또한 국적을 뛰어넘는 책임을 지기 위해 지역사회와 맺고 있는 유대를 깨뜨리고 싶어하지 않았다.

우리는 이러한 핵심적인 리더십 속성이 다른 문화권에서도 의미가 있으며 응용이 가능하다고 믿고 있다. 그러나 그들은 번역과 재정비를 요구하고 있다. 예를 들어, 자기인식은 많은 나라에서 영광으로 여겨지고 있다. 그러나 그 동기는 크게 다를 수 있다. 서양 문화에서 자기인식은 개인적인 발전의 스프링보드로 사용될 더 높은 정신적인 수준으로 가는 통로가 될 수 있다. 자기인식 또는 행동의 변화를 위한 도구로서의 피드백이 알려지지 않은 것이 아니다. 어떤 문화에서는 이것이 직장보다는 단순히 가정 또는 학교에서 사용되도록 제한되어 있다.

또한 학습은 대부분의 사회에서 존경을 받고 있다. 그러나 종종 다른 이유 때문에 다른 방식으로 존경을 받고 있는 것이다. 즉 학습 전략이 다른 것이다. 예를 들어, 어떤 사회는 정신적인 지주 또는 교사를 통한 학습을 장려하며, 선생과 학생 사이의 개인적인 관계를 강조한다. 또 다른 사회는 교과서를 통한 학습을 강조하고 있다.

더욱이 직장과 가정 사이의 균형이라는 개념은 개인의 인식에서 직장이 차지하는 중심성에 따라 달라질 수 있다. 직업과 경력이 중심적인 역할을 차지하고 있는 미국에서 해고당한 근로자들은 근본적으로 약탈당했다는 감정을 갖고 있으며, 자기 자신의 중요한 부분을 잃어버렸다는 느낌이 든다고 지속적으로 호소하고 있다. 그러나 어떤 문화에서는 사람들이 직업 또는 직장 내 지위로서 자신들을 정의하지 않거나 직장을 가족관계, 아이들 기르기, 그리고 종교적 행사같이 더욱 큰 생활리듬의 일부와 혼합하고 있다. 열심히 일하는 것과 개인 또는 사회적 진보와 의미 있는 연관성이 존재하지 않기 때문에, 전쟁으로 찢어진 사회는 열심히 일하는 것에 대한 인센티브를 제공하지 않는다.

세계적인 리더는 이러한 견해를 이해하고, 적응하고, 종합할 수 있어야 한다. 그러나 문화적 장애가 이러한 통합에 걸림돌로 작용할 때는 이러한 통합이 쉬운 일이 아니다. 사실 리더는 학습자일 뿐만 아니라 다른 사람들이 다른 문화에서 어떻게 학습하는가를 배울 수 있는 사람이어야 한다. 따라서 우리는 효과적인 리더의 다섯 번째 요소를 제안한다.

5. 다른 사람들의 차이점을 인정할 것

출현하고 있는 세계적인 환경에서 효과적이기 위해, 세계적인 리더는 현저한 차이가 있는 사람들과 상황에 대해 알아야 하고 민감해야 한다. 이 말은 우리가 언어, 관습, 그리고 확실히 그 자체로서 중요한 문화의 차이에 민감하다는 것 이상을 의미한다. 즉 전혀 다른 견해의 보충성과 종합성을 찾아내며, 다른 사람의 관점과 가치에 의견을 줄 수 있는 능력을 의미한다. 여러 면에서 이러한 기술은 어디에서나 이용될 수 있다. 비교문화적인 상황에서 요구되기도 하고 사업, 정치와 행정, 또는 지역사회 등에서 다양한 견해가 표현되고 행동으로 옮겨지는 어떤 상황에서도 요구된다. 또한 우리가 설명했던 다른 리더십 기술, 예컨대 자기인식 · 피드백 · 학습 · 균형을 통합한다. 조화를 이루면 함께 작용하는 이런 기술 모두는 다른 견해를 중재하거나 통합할 필요가 있는 상황에서 행동을 취하는 리더를 도와준다. 행동을 취할 경우 리더는 다양한 견해의 의견을 제시하며 그들을 존중한다. 파벌주의를 초월하는 포용력은 다른 의견의 소유자들을 질식시키지 않는다.

이런 현상의 예는 주위에 많이 있다. 국제적인 임무를 띠고 있는 행동 지향적인 미국의 관리자들은 그들이 주재국의 문화를 받아들이는 모습을 보이기 전까지 종종 자신들이 방해받고 있는 것을 발견한다. 그러한 관리자 중 하나가 "믿을 수 없는 가치가 사업과 관련 없는 토론에서 나오고 있다. 당신이 세계를 보는 방식과 일치하지는 않지만 타당한 견해가 많이 있다. 당신의 민감도가 증가되면 팀의 구성원이 되는 것이 가능해진다"라고 우리에게 말했다. 또 다른 관리자는 "당신 자신의 문화는 옆에다 제쳐두고 당신이 직면하게 될 것을 기꺼이 받아들일 준비를 스스로 해야 한다"고 말하고 있다.

파나마 중부에 있는 평화봉사단Peace Corps의 자원봉사자인 젊은 선생은 교실에서 또는 지역에서 주민들과의 관계가 아무런 발전을 이룰 수 없는 이유를 알아차리는 데 4개월이 걸렸다. "나는 나의 마음 한구석에 여기에는 다른 종류의 규칙이 존재하고 있다는 것을 이해했다. 그러나 나는 그것이 무엇인지 알 수 없었다"라고 그는 쓰고 있다. 그런데 파나마에서는 선생들이 권위적인 인물로서 행동할 때 존경받게 된다는 사실을 그가 이해했을 때, 분리의 벽이 허물어지기 시작했다. 친구 또는 상담자라기보다 그가 전문가의 역할을 하면 할수록 그는 더욱더 학생들의 존경과 궁극적으로 그들의 신뢰와 친절도 더욱 많이 받게 되는 것이다. 학교에서만 1년을 보낸 후에 그는 "나는 파나마 사람이 아니었다. 그러나 나는 내가 성공적으로 기능할 수 있을 정도로 문화에 동화되었다. 문화적으로 정의된 특정한 매개변수 내에 머물러 있는 한 나의 차이점은 자산이 되었다"라고 쓰고 있다.

이것은 경계선을 탐색하는 모든 관리자 또는 리더에게 가장 어려운 교훈이다. 이러한 리더들은 세 가지를 필요로 한다. 첫째, 리더들은 자신의 문화뿐만 아니라 다른 사람들에게 그 문화가 어떻게 비칠지 확실히 이해해야 한다. 그리고 문화적 유래 내에 자신들의 위치에 대한 강한 감각을 소유해야만 한다. 그리고 자신들의 개인적인 가치관이 자기 나라의 문화에 역행하는지, 아니면 그 문화를 대표하는지 알아야만 한다. 끝으로, 자신들의 문화적 뿌리를 잃지 않으며, 사업을 하고 있는 국가의 다른 문화적 견해로 세계를 볼 수 있어야만 한다. 이렇듯 움직이면서 닻을 내리고 있다는 느낌은 눈을 한 지점에 고정시킨 채 빙빙 돌고 있는 발레리나의 기술과 유사하다. 이러한 기술을 구사하면 매우 숨이 가빠질 것이다.

우리는 세계적 리더의 능력과 미래의 리더는 하나이고 일치한다는 것을 알 수 있다. 리더가 국제적인 환경에서 직접 활동하지 않는다 할지라도 그는 차이를 조정할 수 있어야 하며, 지엽적인 경계선을 초월하는 세계적인 견해를 가정할 수 있어야 한다. 아마도 미래의 직장은 지속적인 변화와 더불어 하나의 특징을 소유할 것이 틀림없다. 이것은 넓게 퍼져 있는 다양한 견해다. 최근에 존 W. 가드너John W. Gardner는 독립단체Independent Sector와 전국시민연합National Civic League이 공동으로 출판하는《내셔널 리뉴얼National

Renewal》이라는 잡지에 "오늘날의 세계를 조사한다면, 다양함을 포함하고 있는 전체성이 우리 시대의 초월적인 목표이며, 국내와 세계 전역에서 우리 세대가 맡은 임무라는 믿음에 이르게 된다"고 쓰고 있다.

　미래의 조직에는 무엇이 있을까? 우리는 진정으로 생산적인 미래의 조직이 우리가 설명한 리더십 능력을 지속적으로 성장시키는 분위기를 만들어야 한다는 것을 첨가할 필요가 있는가? 이러한 조직은 의문의 여지없이 납작하고, 가상적이고, 팀에 기초하고, 집중화되고, 분산되고, 크고, 작은 다양한 형태를 취할 것이다. 그러나 정확한 형태는 중요한 것이 아니다. 자기인식·피드백·학습·직무와 일상생활의 통합, 다른 것에 대한 존경심 등이 격려받을 뿐만 아니라 훈련 프로그램, 정신적 지주, 발전적인 직무의 배정 등을 통해 이러한 능력을 발전시킬 수 있는 기회가 조직 문화의 필수가 되게 하는 것이 중요하다. 이러한 조직으로부터 세계적 지도자들에 의해 새로운 세대가 탄생할 것이다.

30

Diana Chapman Walsh

리더십과
내부 역량 개발

나는 성공을 위해 필수적인 '리더십의 내부작용'이라고 내가 명명한 것을 다루고자 한다. 리더의 외부세계의 힘과 관계에 대한 전략적이고 전술적인 고려사항보다 리더십의 내부작용에 관해 쓴 글은 그리 많지 않다. 나는 리더가 할 수 있는(그리고 내가 대담하게 해야 하는) 것이나 하려 하는 것에 대해 생각해보고 싶다. 리더들은 더욱

다이애나 채프먼 월시 Diana Chapman Walsh | 대학의 총장이다. 공중위생정책과 질병방지 분야의 최고 전문가로서, 최근에 하버드대학교 공중위생대학의 플로렌스 스프라그 노먼 앤드 로라 스마트 노먼(Florence Sprague Norman and Laura Smart Norman) 교수를 지냈으며, 보스턴대학교 공중위생대학의 사회과학과 행동과학 교수로서 근무했다. 회사 내의 의료 행위에 대한 연구를 비롯해 《회사 내 회사 : 의술과 관리의 사이에(Corporate Physicians : Between Medicine and Management)》라는 12권의 책을 쓰거나 편집·공저했다.

깊이 있고 더욱 완벽하게, 더욱 굳건한 기초를 갖고 있으며, 더욱 평화로우며, 점점 더 자기 자신의 직관, 상상력, 그리고 내부자원의 풍부함을 신뢰하는 '자아'라는 개념을 지속적으로 성장시키고 발전시키기 위해 조직 또는 기업을 움직이는 냉혹한 요구를 관리하고 있다. 아일랜드의 유명한 시인인 윌리엄 버틀러 예이츠William Butler Yeats는 생이 "해결되어야 하는 문제가 아니라 살아가야 하는 신비로운 것"이라 말했다. 이 장은 아직도 외부 생활과 잘 어울리기 위해 노력하고 있는 리더십의 신비로운 내부 생활의 도전에 초점을 맞추고 있다.

이러한 질문에 대한 나의 영감 가운데 일부는 고등교육 전문가이자 컨설턴트인 파커 J. 파머Parker J. Palmer가 쓴 《내부로부터 이끌기Leading from Within》라는 수필에서 얻은 것이다. 그는 새로 독립을 선언한 체코공화국의 대통령 바츨라프 하벨Vaclav Havel이 1990년 미국 의회에서 행한 연설로 글을 시작하고 있으며, 하벨의 두 가지 요지를 주축으로 선회하고 있다. "의식이 존재보다 앞선다." 그리고 "세계의 구원은 사람의 마음에 달려 있다." 파머는 이러한 두 가지 요지로부터 우리 모두가 "우리보다는 '다른 사람'에게 빛의 정신 또는 그림자의 정신을 투사함으로써 외부세계를 만드는 것"에 대한 책임을 공유하고 있다고 추론하고 있다. 우리는 희망의 정신 또는 실망의 정신으로 세계에 접근할 수 있다. "우리는 선택할 수 있으며, 그러한 선택이 현재의 세계를 만들고 있다."

그러한 선택은 그들의 위치에 따라 그늘 또는 빛을 다른 사람들에게 투사하기 위해, 다른 사람들을 위한 희망 또는 실망으로 가득 찬 세계를 만들기 위해 보기 드물 정도의 힘을 소유하고 있는 리더들이 특히나 무척 심사숙고해야만 하는 것이다. 그리고 "리더의 행동이 선보다는 악을 더 많이 창조하지 않게 하기 위해" 모든 리더들은 자신의 내부에서 진행되고 있는 것에 관심을 가져야 할 특별한 의무가 있다. 여기에서 파머의 생각은 좋은 리더들이 고통을 주기보다는 고통을 흡수해야 한다는 인식을 소유한 막스 디프리Max DePree 의 글에 대한 반향이며, 진정으로 효과적인 리더들은 자신들을 완전히 표현할 수 있을 정도로 설명하는 사람들이라고 주장한 베니스의 글에 대한 반향이다. 그들은 책임을 받아들이고 다른 사람을 비난하지 않으며, 자기 지식을 학습하고 찾는 사람들이다.

파머의 수필에서 '리더의 그림자 영역' 이란, 리더들이 내부적으로 대면하기에는 용기나 기술이 부족했던 두려움·불안정·자기현혹 등을 투사 방식에 대한 지식과 의식 없이 외부세계에 투사할 때 리더들이 입힐 수 있는 해를 언급하는 것이다. 그는 내부로부터 이끌리지 않는 리더들이 검토되지 않은 자신들의 그림자를 개인, 조직 또는 더 큰 사회에 투사하는 다섯 가지 방법을 열거했다.

자신의 동질성과 자신의 가치에 대해 불안한 리더들은 다른 사람들로부터 그들의 동질성을 빼앗아버리는 제도적인 장치를 창조한다. 그들은 세계가 본질적으로 적대적이며, 생을 경쟁적인 전장으로 인지하는 경향이 있다. 그들은 모든 것에 대한 궁극적인 책임이 그들에게 있는 것처럼 믿고 행동한다. '생의 자연적인 혼돈'이 두렵기 때문에 그들은 엄격한 규칙을 만들어 통제하려 시도한다. 마지막으로 부정적인 평가와 공적인 실패에 대한 그들의 두려움('죽음의 부정')은 그들이 죽은 지 오랜 시간이 지난 뒤에도 생명 유지 체계에 대한 프로젝트와 프로그램을 유지하고 있다.

파머는 자기 지식과 내적 지혜를 발견한 사람들은 모든 위대한 정신적인 전통에서 오는 해방을 두려워할 필요가 없다고 우리에게 상기시켜주고 있다. 이 말은 리더들이 두려움을 소유할 수도 또는 소유하지 않을 수도 있음을 의미하는 것이 아니라, 리더들이 다른 사람들의 두려움이 될 필요가 없으며, 그러한 두려움이 리더들의 생활을 지배하며 다른 많은 사람들의 직장 또는 일상생활에 영향을 미치는 세계를 창조할 필요가 없다는 의미다. 리더의 지위에 오른 사람들은 종종 외부세계에서 특별히 잘 적응하고 있다. 그들은 환경을 읽고 그것에 적응하는 데 능하며, 자주 깊이 분리된 자아를 소유한 채 생을 경험하고 있다. 내부로부터의 이끌기란 주의 깊게 만들어진 개인의 성공적인 외적 자아와 조심스럽게 숨겨진 자아의 내적 그림자 사이에 일치감을 발견하는 것이다.

당신은 앞에서 언급한 이런 것이 웰리슬리대학의 총장과 무슨 관계가 있는지 의아해할 것이다. 많은 것이 관련되어 있다고 나는 믿고 있다. 고급 교육을 제공하는 위대한 기관, 즉 세계를 다르게 만들 남녀에게 뛰어난 교양교육을 제공하는 데 공헌하는 기관의 지도자로서 나의 도전은 성장과 자기 발견의 공간인 지역사회가 모든 사람을 위해 번성할 수 있는 장소로 활짝 열리기 위해 내가 할 수 있는 모든 것을 다하는 것이다. 대학의 총장은 자원·관심·검증에 대한 경쟁적인 요구의 불협화음으로 인해 지속적으로 고통당하고 방해받고 있다. 최대한 효율적이고 효과적인 방법으로 특정 제품을 생산하는 조직과 달리, 대학은 가르치고 학습하는 것에 몰입하고 있다. 교육에서 과정은 생산물과 필연적으로 관련되어 있다. 발견과 의견표명 과정을 제외하면 교육은 아무것도 아니다.

그 결과 우리가 강조하고 표현하는 것을 중요하게 여기는 웰리슬리대학과 같은 장소에서 우리의 일을 어떻게 하고 있는가는 우리가 실질적으로 생산하고자 하는 결과만큼이나 매우 중요하다. 우리는 교수들이 강의실에서 고백하는 것만큼 무엇인가를 하며, 그리고 그것을 어떻게 하는가에 대해 가르치고 있다. 인간이 만든 다른 어떤 조직에서와 같이 이것은 말하고 있는 것(표현된 포부)과 실제 행동(살고 있는 현실) 사이의 차이와 결점을 소유하고 있는 하나의 조직에게는 겸손한 깨달음이다. 학생 · 교수 · 직원 · 동문 그리고 심지어 모르는 사람들은 그들이 생각하는 우리의 이상적인 위치와 우리의 현실 사이의 차이에 대해 설명할 것을 나에게 지속적으로 요구하고 있다. 그리고 만일 우리가 순수함과 합법성을 지니고 있는 과정을 심각하게 보호하려 한다면(실제로 보호하고 있다), 그러한 차이는 중요한 것이다. 모든 대학 총장은 매일매일 이러한 도전에 직면하고 있다.

좋은 소식은 비전과 현실 사이의 이러한 차이에서, 즉 우리의 현실과 우리가 위치하고자 열망하는 곳 사이의 차이에서, 우리가 경험하는 불안하지만 활기를 띠고 있는 구조적 긴장에서 인간의 창의성이 생겨난다는 것이다. 그러한 긴장을 적극적인 의식 속에서 유지시키는 것이 창의적인 행동의 첫 번째 단계다. 현실에 대한 자기 현혹으로 긴장을 무디게 했을 때, 또는 역으로 긴장을 참기보다는 야망을 낮추었을 때 창의력은 질식하게 된다. 창의력은 우리가 알지 못하는 것을 보상할 수 있는 자신감을, 그리고 실패와 마주 대할 수 있는 용기를 요구한다. "어떠한 창의력도 아마추어가 될 수 있는 용기를 필요로 한다"라고 스티븐슨은 쓰고 있다.

만일 고등교육에 임하고 있는 우리가 가르치는 것과 배우는 것 모두에서 심각하다면, 우리가 직면하는 가장 중요한 시험 중 하나는 어떻게 우리의 불완전성, 공격받을 가능성, 그리고 필연적인 실수를 처리할 것인가 하는 점이다. 우리는 완전한 능력을 갖추고 성장하는 데 필요한 학습의 기회에 사로잡히거나, 자기발견과 성장의 고통스런 과정에서 서로를 지지해주거나, 자신에게 기대되는 비난의 수치와 실패를 너무 수줍어해서 함께 위험을 회피하면서 우리의 탐구, 창조, 자기 발명을 제한한다.

나에게 학습을 익히는 용기는 학생·선생·근로자로서 우리 모두가 공유하고 있는 가장 압박을 가하는 도전이다. 우리 가족, 지역사회, 조직, 다른 사회적 기업에서, 그리고 인간의 혼란스러운 복잡성 가운데에서 우리 자신을 알고자 하는 본능적인 노력과 항상 변화하는 환경에 지속적으로 적응하려는 평생의 직무 말이다. 민족주의와 인종적인 적대감이 증가하는 세계적으로 굉장한 혼란과 갈등의 시기에 숙박시설을 갖추고 교양교육을 하는 학교는 우리 사회에서 다양한 배경을 가진 사람들이 한데 모여 평화롭게 사는 방법을 발견하려 하며, 서로에게 배우는 몇 안 되는 장소에 속한다. 이런 기숙학교들은 굉장히 중요하고, 섬세하며, 때로는 고통스럽고, 때로는 폭발적인 일을 하고 있다. 그러나 만일 우리가 21세기를 향해 안전한 통행을 확신하려 한다면, 종으로서 그런 일을 해야만 하고 그것도 잘해야만 한다는 식의 지나친 과장법 없이는 말할 수 없다.

이처럼 미묘한 지역사회를 건설하는 일은 자기발견의 내적인 작업 없이는 완성될 수 없다. 다양한 배경을 지닌 사람들은 자신들의 동질성이 충분히 확보되어 다른 사람에게 자신의 모든 것을 공개하는 위험을 택해야 할 필요가 없을 때까지 함께 모일 수 없으며, 그들의 의구심과 적대감을 지속시키며, 서로에게서 학습하기 위해 자신들의 보호막을 내릴 수 없다. 우리는 학교 교정에서 이러한 학습이 일어나는 것을 격려할 수 있는 안전한 장소를 만들 수 있을 것이다. 주의 깊게, 불완전하게, 그리고 희망하건대 진보적인 더욱 많은 자신감과 기술을 갖고 말이다. 그것은 독특하고, 그리고 독특하게 중요한 숙박시설을 갖춘 교육사회에 대한 것이다.

더욱 커다란 사회를 위해 이러한 노력을 매우 중요하게 만드는 것은 대학을 다니는 동안 이렇듯 어려운 공부를 하는 젊은이들이 현실 세계로 나가기를 바라고, 직장·가정·지역사회에서 책임을 지면서 중요한 방식으로 현실 세계를 변화시키려고 노력하기를 바라는 우리의 희망이다. 우리는 우리의 졸업생들이 비인간적으로 되어가는 환경에 적응하지 않으며, 파머가 설명하고 있는 파괴적인 사회적 습관을 맹목적으로 수용하지 않으며, 그들 내부의 악마와 대적하는 어려운 일을 지속적으로 시도하며, 외부세계에 대해 용기와 신념을 갖고 행동하기를 희망한다.

전국을 여행하면서 나는 우리의 젊은 졸업생들과 이러한 것에 대해 가슴 뭉클한 감동적인 대화를 많이 나누었다. 그들 중 다수가 웰리슬리대학에서의 경험이 현실세계로 옮겨갔다는 것이 내게는 매우 감동적이었다. 환경으로부터 그들이 받는 부정적인 신호와 상관없이, 그들이 말해야만 하는 것은 말할 가치가 있으며 들을 가치가 있는 것이라는 흔들리지 않는 자신감, 그리고 여성으로서 그들 자신의 가치에 대해 대학에서 교육받은 내적인 신념 등……. 내가 그들에게서 볼 수 있었던 것은 그들 생애를 통해 그들에게 특별한 자원이 될 수 있는 내적 선생, 내적 지혜, 내적 목소리에 접근한 것이었다.

우리 사회 리더십의 너무 많은 부분이 내부의 목소리를 근본적으로 잘라버리고 있다. 리더십의 많은 부분이 목차보다는 형태를, 그리고 실질적인 내용보다는 스타일을 강조한다. 이것은 어떻게 이끌 것인가에 대해 단순하고 조소적인 인식을 악용하는 것이다. 조정, 을러대는 전술, 교묘함, 공허한 웅변술, 이미지 관리, 빙빙 돌리는 속임수, 속이는 소리를 통해……. 이처럼 교묘한 처리 기법은 노출 · 고립 · 거부에 대한 검증되지 않은 두려움을 감추기 위해 리더들이 사용하는 도구다. 그들은 아무도 자유롭지 못한 조직을 만든다.

내가 보는 견해에서 내부로부터 이끈다는 아이디어는 우리가 선택하려는 미래를 위해 특별히 중요한 것이다. 어떻게 우리는 이러한 내부적인 일을 진행할 수 있을까? 우리는 심오함, 인내심, 그리고 평생 동안 전개되는 과정에 대한 공손한 존경심을 갖고 시작한다고 나는 믿는다. 이 일은 관심, 몰입, 그리고 점잖고, 사랑하며, 용서하는 종류와 같은 규율을 요구하고 있다. 이것은 (라이너 마리아 릴케Rainer Maria Rilke가 조언했듯이) 우리의 의문점을 조용히, 그리고 우리의 내적 지혜와 판단에 대해 깊은 신뢰감을 갖고 실행하는 것을 의미한다.

나는 나의 바쁜 생활에서 균형과 일치감을 유지하기 위해 개발하려 노력했던(항상 성공적이지는 않았다) 습관과 규율의 짧은 리스트와 함께 결론을 내리고자 한다.

첫째, 나는 나 자신의 동질성과 순수함을 양육하기 위해 의식 있는 의사결정을 내린다. 나는 다른 장소를 나에게 투사하는(보통 내가 특정한 종류의 리더가 되기를 원하는 그들의 욕구. 예를 들어 결단력이 있으며, 강하고, 또는 비전을 제시하는) 것에 저항하려 한다. 나는 나 자신, 내가 직장에 가져오는 것, 그리고 내가 주려고 하는 것에 기초를 두고 머무르려 노력하며, 그것을 내가 차지하고 있는 사무실과 분리하려고 노력한다. 나는 내가 더 이상 웰리슬리대학의 총장이 아닌 미래의 나와 연락을 하며 머무르려 노력하며, 내가 이러한 모험을 시작하기 전에 내가 누구였던가를 기억하기 위해 노력한다.

둘째, 나는 내적인 진실과 연결하고 또 연결하기 위해 시간을 내려고 노력한다. 간디Gandhi는 자신에게 다음과 같은 자극적인 질문을 규칙적으로 묻도록 충고했다. "오늘 나의 진실을 표현했습니까?" 그의 질문은 "어떻게 나의 목표를 진척시켰나?"가 아니라 "어떻게 깊이 뿌리박힌 내적 진실에 연결되었나?"라는 사실에 주목해야 한다는 것이다. 종종 내가 밖에서 혼자 뛰고 있는 동안, 나는 매일매일 나 자신과 홀로 지내는 시간을 찾으려 노력하며, 그 고독함을 개인적인 재생의 시간으로 사용하려 노력하고 있다. 나는 걱정을 막아 떨쳐버리는 데 항상 성공적이지는 않지만 시도한다. 또한 나는 시간이 있을 때, 또는 무엇을 해결할 필요가 있을 때 일지에 기록한다.

셋째, 나는 더 좋은 나를 지역사회 사람들에게 보여주며 고요함·용기·확실함을 나눌 수 있는 친구들과 함께 하는 기회를 만들려 노력한다. 확실하다는 것은 근본적으로 자기 스스로의 저자가 된다는 것을 의미한다. 나는 나에게 이러한 역할을 해주는 많은 친구를 갖고 있는 축복을 받았다. 시간이 허락할 때마다 나는 나와 함께 기쁨과 고통을 나눈 경험이 있는 오래된 친구와 통화하며, 무슨 이유에서인지는 몰라도 이러한 안전한 느낌을 얻기 위해 나에게 전화하는 새로운 친구들을 만들려고 노력한다. 나는 나를 잘 알고, 그리고 인간으로서 나를 걱정하는 친구들을 관찰하는 것이―때로는 심지어 두서없는 대화의 격식 없는 관찰이―자신을 근본적으로 새로운 통찰력을 향한 통로로 보낼 수 있으며, 종종 이것은 일종의 치료의 성질을 갖고 있다는 것을 발견한다.

넷째, 나는 다양하고 지혜로운 전통이라는 자원을 이용하려 노력한다. 나는 조직된 종교에 관해 약간은 전격적이며 실험적이라는 것을 고백한다. 나는 친구들의 사회Society of Friends―퀘이커교도들Quakers―라는 전통에서 양육되었으며, 내 생애의 다양한 시점에서 친구들의 모임을 즐겨왔다. 그러나 또한 나는 가슴 가득 명상을 시도했으며, 필요에 따라서 그것이 가치 있다는 것을 발견했다. 나는 경험을 하고 있는 것이다. 내가 다양한 지혜의 전통이라는 표본을 통해 놀라면서 재확신하는 것은 그 이야기가 얼마나 많은 지혜를 전달하고 있는가 하는 것뿐만 아니라 우리 모두를 통합시켜 주는 인간성의 단합에 관해 이야기를 하고 있다는 공통점이다.

다섯째, 힘든 일이지만 나는 내가 할 수 있는 최선을 다해 피드백을 처리하려 노력한다. 가르침과 학습, 그리고 관리라는 사업에서 평가는 가장 곤란한 문제 중 하나다. 주제에 관한 많은 관리규칙과 부수적인 협약에도 불구하고, 우리 중에 피드백을 솔직하게 잘 주고받는 사람은 거의 없다. 비록 가장 건설적이고 민감한 방법을 사용해 소식이 전달된다 할지라도 우리의 실수 · 한계 · 부족함을 알게 된다는 것은 항상 고통스럽다. 카를 구스타프 융Carl Gustav Jung은 고통 없는 의식의 탄생은 없다고 말하고 있다. 따라서 불편함과 부정은 도전의 일부다. 더욱이 효과적인 피드백은 미묘하지만 중요한 균형을 이루는 행동에 관심을 기울일 것을 요구하고 있다. 부족함과 결점에 초점을 맞추고 실수를 강조하는 강력하고 무자비한 자기개선 프로젝트는 우리의 실수가 종종 우리의 가장 귀중한 자산 · 기술 · 재능에 과중하게 의존한 결과라는 현실을 간과할 수 있다. 나는 어떻게 나의 행동이 다른 사람에게 영향을 미치는가를 의식하려 노력하며, 어떤 피해라도 최소화하려고 노력한다. 그러나 나는 또한 나의 보상이 되는 재능을 인정하거나 보호하지 않으면서 나의 결점과 실수를 너무 강조하지 않으려 노력한다. 내가 항상 이것에 성공한 것은 아니다. 그러나 나는 이것이 중요하다고 생각한다.

여섯째, 나 자신이 앞에 나타난 확신(사랑)을 받아들이며, 다른 사람과 연결된 것에 감사하고, 안도감을 느끼도록 자신에게 허락하는 것을 기억하려 노력한다. 이것을 알아야 할 필요성은 나에게서 그 무엇인가를 발견하고 발견한 것에 대해 스스로 의식을 갖게 된 친구로부터 얻은 통찰력으로 인해 얻게 되었다. 어느 날 회사에서 그는 단순히 "그것을 받아들여라"라고 쓴 메모지를 건네주었다. 나는 그때 그가 의미하는 것을 알지 못했다. 그러나 이제는 이해할 수 있다. 나는 다음 사람을 만나러 달려가기 전에 멈추어서서 나 자신에게서 만족 · 감사 · 감정 등을 느끼려고 노력하고 있다. 또한 늘 성공하지는 못하지만 이렇게 했을 때, 나는 확실히 기분이 좋아지는 것을 느낀다.

일곱째, 나는 생활주기에 맞추어 나 자신이 이 주기의 어딘가에 위치하도록 노력하며, 너무 생활주기와 싸우지 않으려고 노력하고 있다. 메리 캐서린 베이트슨Mary Catherine Bateson은 자신의 책 《생활 구성하기Composing a Life》에서 여자의 생활이 남자들의 생활보다 더욱 주기적이라고, 심지어는 생물학적으로도 주기적이라고 주장하고 있다. 우리는 성장과 합병의 주기, 축하의 주기, 통곡의 주기, 그리고 손실의 주기를 갖고 있다. 심지어 새로운 방향으로 성장함에 따라 떨어져나가는 우리의 일부분에 경의를 표할 수 있다.

여덟째, 마지막으로 나는 스스로 좋은 선생이 되려고 노력하고 있다. 위대한 선생들은 도전적이며, 관심을 보이며, 영감을 불어넣으며, 학생들의 지적 고통에 민감하며, 그들의 내부 조건에 순응한다. 스스로 그런 종류의 선생이 된다는 것이 무엇을 의미하는지 궁금해하는 것은 재미있는 일이다. 또는 좋은 부모나 좋은 감독자가 되는 것이 무엇을 의미하는가를 생각해보는 것은 재미있는 일이다. 훌륭한 선생과, 훌륭한 부모, 훌륭한 감독관은 도저히 말할 수 없는 남의 이야기를 주의 깊게 들어주며 자기인식의 길을 열어놓는 확인 질문을 하며, 양육하는 것과 도전하는 것 사이에 조심스러운 균형을 잡으며, 그리고 항상 경험에 대한 깊은 생각을 격려하고 지지해준다. 우리의 힘이 더 많은 빛을 발할 수 있도록 새롭고 더욱 건강한 가능성을 발견하기 위해 노력함에 따라 우리는 스스로와 다른 사람들에게 좋은 선생이 될 수 있다고 믿는다. 우리는 종종 좋은 리더가 되는 것이 얼마나 어려운가에 대해 듣고 있다. 그러나 현재는 심오한 변화의 가능성과 약속으로 흥분되는 시기이기도 하다.

31

Robert H. Rosen

리더십 학습

참고 : 이 장의 일부는 로젠이 쓴 《사람 이끌기 : 기업의 내부로부터 외부를 향한 변화(Viking Penguin, 1996)》에서 발췌했으며, 저자의 허락을 받아 재출간되었음.

오늘날 이익을 내며 책임 있게 조직을 이끈다는 것은 참으로 어려운 일이다. 우리는 빠른 기술적 발전과 숨가쁜 국제경쟁으로 가득찬 혼돈과 복잡성의 시대에 살고 있다. 우리의 근로자들은 매일매일 더욱더 다양해지고 있으며, 일에 대한 우리의 태도는 지속적으로 변하고 있다. 고객들은 더 좋고, 더 싸고, 더 빠른 서비스를 요

로버트 H. 로젠 Robert H. Rosen | 미국의 사회적·경제적 성공의 핵심은 조직의 건강이 될 수 있다는 새로운 비전을 강조하는 건강회사연구원(Healthy Companies Institute)이라는 비영리단체의 설립자이자 사장이다. 1984년 이후 그는 조지워싱턴대학교 의과대학의 심리치료 및 행동과학 임상 담당 조교수직을 맡고 있다. 그는 건강하고 성공적인 회사를 건설하는 데 몰두하고 있는 전국 컨설팅회사들의 모임인 건강한회사모임(Health Companies Group)의 회장이다. 로젠은 《건강한 회사 : 사람, 생산성, 그리고 이익을 발전시키는 여덟 가지 전략(Eight Strategies to Develop People, Productivity, and Profits)》과 《사람 이끌기 : 기업의 내부로부터 외부를 향한 변화(Leading People : Transforming Business from the inside out)》 등의 저자다.

구하고 있다. 당신이 정복했다고 생각하는 순간에도, 다른 변화들이 골목을 돌아나오고 있다. 모든 사람들은 일을 수행하며 사람들을 잘못 관리함으로써 발생하는 비용이 재난이 될 수 있는 새로운 '지식경제knowledge economy' 하에서 움직이고 있다. 리더들이 사람들을 움직이며 그들의 능력·창의성·몰입 등을 살려주는 기업이 성공하고 있다.

지난 5년 동안 미국의 기업들은 리엔지니어링, 설비 교체, 그리고 기업 재구축 등 커다란 변화를 겪었다. 이제 회사들은 강하고, 날씬하며, 효과적인 조직이 되었다. 그러나 이러한 단기간의 이익 뒤에는 아직도 감정적으로 폭발 직전이며, 공격받기 쉬운 위치에 있다. 리더들과 추종자들 사이에 긴장이 고조됨에 따라 불신과 비꼬기 등은 역대 최고 수준의 수치를 보여주고 있다.

미국인들은 다운사이징된 조직이 다시 건강하고 높은 성과를 보이는 조직으로 복귀하도록 인도할 수 있는 비전과 인격을 소유한, 감정적으로 지적인 새로운 리더를 몹시 갈망하고 있다. 나는 지난 15년 동안 생활의 모든 면에서 리더들을 연구했으며, 리더들에게 조언을 하며 보냈다. 그리고 나는 비용관리 및 리엔지니어링을 도입했던 사고방식의 리더십은 21세기에 사람들을 움직여서 건강하고 이익을 내는 회사를 건설하기 위한 리더십의 사고방식이 아니라고 믿고 있다. 리더들이 사람들을 이끌기 위해 열심히 노력하는 동안 내가 리더들과 그들의 조직과 함께 일하며 얻은 교훈이 여기 있다.

좀 더 깊은 수준에서 당신 스스로를 이해하기

이끄는 것에 대한 학습은 당신 스스로를 아는 것으로부터 시작된다. 당신은 다른 사람들을 이끌기 전에 당신 스스로를 깊이 파고들어 정리해야 한다. 우리 각자는 어린 시절부터 감정의 짐을 갖고 다닌다. 당신은 스스로와 다른 사람들에 대해 어떠한 정신적 모델을 갖고 있는가? 무엇이 당신의 가장 큰 두려움이며 가장 분명한 소망인가? 당신에게 정말로 중요한 가치와 원칙은 무엇인가? 당신은 이러한 생각이 당신의 매일매일의 행동에 어떻게 영향을 미치는지 이해하기 위해 그 생각을 표면으로 가져오고 싶을 것이다.

또한 우리는 우리가 생각하는 이상적이며 건강한 리더의 상을 마음속에 담고 다닌다. 어떤 원칙이 당신의 강점이며 어떤 원칙이 당신의 약점인가? 그것이 어떻게 당신의 말과 행동에 반영되고 있는가? 당신은 스스로를 좀 더 깊은 수준에서 이해하고, 당신의 이상적인 성과와 현재 성과 사이의 차이를 줄임으로써 당신의 능력이 강화되기를 바랄 것이다.

긍정적인 1 대 1 관계를 연습할 것

숫자는 쉽다. 그러나 관계는 어렵다. 관계들은 난잡하다. 사람들은 항상 서로에게 걸려 부딪친다. 사람들 사이의 간격을 관리하기 위해서는 민첩해지는 것이 중요하다. 최고의 리더들은 한 번에 한 개의 관계를 맺는다. 당신은 사람들이 매일 보고 있는 당신 일부인 외적 자아에 대한 이해로부터 시작할 수 있다. 당신 스스로에게 다음과 같은 질문을 해보자.

- 무엇이 당신의 기본적인 품행이고 운영 스타일인가?
- 당신 인간성의 어떤 부분에 대해 사람들이 좋아하고 싫어하는가?
- 대인관계에 대해 얼마나 편안함을 느끼고 있는가?
- 당신은 다른 사람들에게 진실되고 정직한가?
- 당신은 다른 사람들에게 요구할 수 있으며, 당신의 몰입을 유지하는가?
- 당신은 다른 사람들을 걱정하며 존경하는가?
- 당신은 관계의 어두운 면, 즉 갈등·경쟁·걱정·원한·자기이익 추구 등으로 가득한 관계에 대해 얼마나 편안한가?
- 당신은 다른 집단의 사람들에게 다르게 반응하는가?

당신의 관계를 검사하는 것은 당신의 리더 능력을 평가하는 최고의 방법이다. 어떤 사람은 특정한 유형의 사람들과는 긍정적인 상호작용을 한다. 또는 행동하는 올바른 방법을 알고 있으나 필요한 대인관계의 기술이 결핍되어 있는 사람들도 있다. 그리고 일부 사람들은 위기를 잘 처리하지 못하며, 자신의 그늘 아래에서 눈이 멀어 있다. 이러한 연속성 중 당신은 어디에 위치해 있는가? 관계를 맺는 당신의 기술을 발전시키는 최고의 방법은 연습할 사람들을 찾는 것이다. 그들에게 피드백을 요구하고, 그들이 말하는 것을 주의 깊게 경청해야 한다.

| **다양한 리더십팀을 개발할 것**

이제 리더십팀을 구축할 시간이다. 가장 성공적인 조직은 조직의 정상에 강하고 다양한 팀을 개발한다. 이것은 어떤 한 사람이 필요한 모든 리더십 기술을 숙달할 수 없기 때문에 매우 중요하다. 만약 다양한 재능을 가진 사람들이 책상에 모여 앉는다면, 팀은 더욱 강해진다. 리더로서 당신의 직무는 이렇듯 다양한 인재를 찾아 부분의 합보다 훨씬 커다란 전체가 되도록 영향력을 행사하는 것이다.

첫 번째 단계는 팀의 강점과 약점을 평가하는 것이다. 중요한 점은 사람들의 강점을 자본화하고 그들의 약점을 관리하는 것이다. 이것은 팀 구성원들을 자신만큼이나 잘 이해해야 가능하다. 각자는 독특한 가치 · 열망 · 동기를 소유하고 있는 복잡한 인간으로 취급되어야만 한다. 각자는 고유한 기질, 학습 스타일, 편견, 그리고 저항을 소유하고 있다. 깊은 차원에서 사람을 안다는 것은 당신이 팀의 역학dynamics과 조직생활 등의 필연적인 복잡성을 통과해 나가도록 도와줄 것이다.

| **조직의 건강을 진단할 것**

높은 성과를 내는 회사를 만들기 위해 당신 조직의 현재 건강을 평가해야만 한다. 근육질의 선수처럼 운영되고 있는가? 또는 비타민이 부족해 식욕이 부진한 사람처럼 운영되고 있는가? 당신의 직원·고객·주주들이 서로에게 해를 끼치고 있는가? 아니면 균형 잡힌 팀으로 함께 일하고 있는가? 중요한 것은 당신의 비전과 현재 성과의 차이를 검사하는 것이다. 이를 위한 최고의 방법은 당신 회사의 강점·약점·위협·기회·그리고 발전시킬 수 있는 영역을 평가하는 것이다. 면접·초점집단·감사·설문조사 등의 조합을 사용하자. 작업 환경의 가치·정책·체계·구조 등이 당신의 비전과 일치되는지 여부를 살펴보기 위해 당신의 작업 환경을 분석하라. 주주들의 만족과 관심사를 찾기 위해 주주들에게 설문조사를 실시하라. 당신 조직의 모든 박동을 느낄 수 있게 직원을 대상으로 설문조사하고 면접을 실시하라.

당신 조직의 건강을 평가함에 따라 당신은 다양한 사업 문제의 원인과 해결책, 그리고 모든 것이 하나의 체계로 운영된다는 사실을 감사하게 생각할 것이다. 이 체계의 건강은 직원의 몰입과 성과에, 그리고 궁극적으로 회사의 성공에 직접적인 영향을 미친다.

| **성숙한 성인의 노동력을 만들 것**

역사적으로 우리는 새로운 직장에서 매우 다양한 종류의 직원들이 요구하는 정도

를 과소평가해왔다. 리더들이 자신들을 개혁하는 것과 같이, 사람들 또한 리더들이 이끄는 대로 따라야만 한다. 모든 사람들은 회사의 성공에 대한 책임감을 공유해야만 한다.

리더들은 이상적인 직원에 관한 그림을 그리기 위해 첫 번째 페인트를 칠해야 한다. 최고의 후보는 팀원으로 열심히 일하며 자신들의 발전에 몰입하고 있는, 성숙하며 원칙에 충실한 성인 파트너다. 직원들이 중요하게 여겨야 할 책임감이라 생각하는 목록을 제시한다.

- 경청하고, 정보의 중요성을 존경하고, 그리고 정직한 의사소통을 한다.
- 아이디어를 제공하고, 책임 있는 의사결정을 하고, 직무를 수행하는 새롭고 더 좋은 방법을 찾고, 그리고 이끄는 역할을 가정한다.
- 고객의 마음을 이해하면, 고객의 사슬에서 자신의 역할을 이해하고, 고객의 욕구를 짐작해 충족시켜준다.
- 일생 동안 학습에 몰입하고, 지식을 공유하며, 실수로부터 배우고, 여러 능력을 개발한다.
- 독특한 믿음·재능·경험을 직장에 가져오고, 기존의 문화 속에서 효과적으로 직무를 수행하며, 다른 사람의 상이함과 독특함을 가치 있게 여기고, 차별과 편견을 검열한다.
- 조직의 정책과 관습 등을 준수하며, 직장 내 관계 개선에 대한 책임을 느낀다.

- 몰입과 짐을 공유하며, 개인의 안전이 조직의 장기적인 성공과 직접적으로 연결되어 있다는 점을 인식한다.
- 새로운 기술에 적응하고, 새로운 도구의 사용 방법을 학습하며, 혁신과 기술적인 변화를 지지한다.
- 개인의 건강을 심각하게 돌보고, 안전규칙을 준수하며, 건강과 병을 관리하는 비용을 공유하고, 직무를 위한 적절한 운동을 적극적으로 찾는다.
- 높은 수준의 품질, 윤리적인 행동, 그리고 고객 만족을 달성하려 노력한다.
- 직장, 가족, 그리고 개인적인 욕구에 대한 몰입 사이의 균형을 적극적으로 찾는다.
- 적극적인 시민, 환경감시자, 그리고 사회적 이익을 위한 자원봉사자로서 공공의 책임감을 공유한다.

리더의 문화를 창조할 것

오늘날 세계는 너무 복잡하며, 너무 빠르게 변화하며, 문제가 너무 기술적이라 어떤 리더 또는 리더들의 팀이 모든 문제를 해결하리라 기대할 수 없다. 이것이 최고 조직의 리더들이 문화를 창조하는 이유다. 목표는 조직 내의 모든 수준을 이끌 수 있는 강력한 능력을 건설하는 것이다.

첫 번째 단계는 조직 전역에 이러한 리더들을 평가하기 위한 과정을 개발하는 것이다. 이것은 강점과 약점을 평가하고, 따라서 직원들이 스스로 얼마나 좋은 성과를 내고 있는가를 학습할 수 있도록 피드백 체계를 개발함으로써 가장 잘 달성할 수 있다. 피드백은 최고경영자, 팀 구성원, 고객 등 모든 방향에서, 그리고 모든 형태로 주어져야 한다.

다음으로 조직 전역의 리더십 개발 프로그램은 각각의 리더의 학습과 성장을 돕기 위한 것으로 개발되어야만 한다. 각 리더는 피드백 체계에 기초해 발전계획을 소유하고 있어야만 하며, 교육과 코치에 관계된 전체 프로그램에 참여해야만 한다. 목표는 회사 내 모든 수준에서 변화의 대리인이 될 풍요한 리더들의 집단pool을 발전시키는 것이다.

| **건강하고 높은 성과를 내는 조직을 만들 것**

당신의 궁극적인 도전은 내부적으로 가치에 기초를 두고 비전에 의거해 추진되며, 외부적으로 고객에 기초하며 시장에 의거해 추진되는 건강하고 성공적인 기업을 만드는 것이다. 당신은 회사의 우두머리이며, 사람들은 당신 사업의 가장 훌륭한 내부 지표다. 그리고 당신이 창조한 환경은 어떻게 그들을 이끌고 있는가, 장기간에 걸쳐 회사에 무슨 일이 일어날 것인가를 예측해 줄 것이다.

당신의 목표는 조직 구성원들의 유능함, 몰입, 창의력을 증가시키기 위해 조직의 능력을 강화하는 것이다. 이것은 위에서 아래로, 아래에서 위로의 전략을 요구하게 될 것이다. 관리비용과 개발 자산을 동시에 요구하게 될 것이다. 그리고 당신의 최고 원칙이 정책, 관습, 그리고 조직의 체계에 반영되고 강화될 때까지 문화적 변혁을 요구하게 될 것이다. 다음과 같은 질문을 하라.

- 리더들이 자신의 말을 실천하는가?
- 리더들이 자신의 말을 직무수행 지침으로 이용하는가?
- 리더의 원칙이 사람들을 모집하고, 가치를 부여하고, 관리하고, 개발하고, 보상을 결정하는 데 사용되는가?
- 리더의 원칙이 당신의 선발, 성과관리, 경력관리, 그리고 보상체계에 반영되어 있는가?

이상은 사람을 이끄는 것에 대한 통합된 접근 방법 개발의 모든 부분이다.

변화를 이끄는 데 현명할 것

사람을 이끄는 것이 항상 변화를 이끄는 것을 의미하지는 않는다. 모든 회사의 말단에서 중역에 이르기까지 모든 사람들은 하얀 물의 상태이며, 그들 앞에는 항상 소용돌이가 다가오고 있다. 우리가 시도한 많은 변화와 리엔지니어링 노력은 실패했다. 그때 우리는 변화를 일으킨 외부인을 비난하거나, 또는 내부 사람들이 변화에 저항했다고 비난했다. 그러나 성공 또는 실패는 일반적으로 리더들의 관리 변화와 관련되어 있다. 우리 중 많은 사람들은 변화의 복잡성을 처리하려는 의사도 없으며, 능력도 없다. 어떤 사람들은 이것에 직면했을 때 분노·두려움·원한을 느낀다. 다른 사람들은 이러한 감정 모두를 부정한다. 그러나 변화는 항상 우리 주변에 있으며, 우리 모두는 어떻게 살아남아서 그 안에서 번영해야 하는가를 배워야만 된다.

우리 모두는 변화에 저항한다. 이것은 우리 생활의 통제와 예측력에 대한 우리의 탐구로 인해 생겨나는 인간적인 현상이다. 우리는 보호를 위한 장애물을 설치하고, 그리고 살아남기 위해 잡음을 거절한다. 사람들은 변화 과정을 통과하기 위해 시간을 필요로 한다. 어떤 사람들은 다른 사람들보다도 더욱 심하게 변화에 저항하며, 우리 중 많은 사람들은 여러 개가 중첩되는 변화를 동시에 경험하고 있다. 우리 중 어떤 사람도 같은 속도와 같은 방향으로 변화를 통과해 움직이는 사람은 없으며, 같은 것에 의거해 동기가 부여되는 사람도 없다. 이 모든 것은 사람들이 왜, 그리고 어떻게 변화를 처리하는가에 리더가 특별한 관심을 보일 필요가 있음을 보여주고 있다.

리더들은 조직 변화를 통해 사람들의 몰입을 리엔지니어링할 수 없다. 그들은 한 번에 한 사람씩, 그리고 한 관계씩 건설해야만 한다. 그리고 만일 목표가 사람들이 노력하고 있으며 조직의 미래에 몰입하고 있다는 느낌을 갖도록 도와주는 것이라면, 이런 사람들은 존경받고, 이해되고 있으며, 경청되고 있으며, 그리고 항상 가치를 인정받는다는 느낌을 필요로 할 것이다. 그렇지 않으면 그들은 변화의 노력을 방해할 것이다.

당신 자신의 리더 따르기를 학습할 것

우리 모두는 리더이며 추종자다. 우리가 좀 더 훌륭한 리더가 되어감에 따라 우리는 또한 좀 더 바람직한 추종자가 되는 방법을 배우고 있다. 때가 되면 우리는 리더들로부터 좀 더 많은 것을 기대하기 시작한다. 당신은 현재 리더와 함께 일하는 것이 어떠한가? 그들에게서 영감을 얻고 도전하려는 의욕을 얻는가? 또는 그들이 당신을 비난하고 당신의 에너지를 고갈시켜버리는가? 당신이 당신의 리더를 좀 더 가까이서 검사하고, 그리고 옆에 있는 다른 리더들을 쳐다봄에 따라 당신은 당신이 소유하는 것에 대해 더욱 감사하게 될 것이다. 그렇다면 당신의 상관에게 약간의 피드백을 줘라. 그는 아마도 인정에 굶주리고 있으며, 당신의 정직함을 즐길 것이다.

만일 당신이 운이 좋지 않아 우연히 역기능적인 리더를 위해 일하고 있다면, 당신은 어떤 행동을 취하는 것을 고려하게 될 것이다. 당신의 상관에 대한 능력 평가는 솔직한 피드백을 들을 수 있으므로 중요하며, 특히나 그에게 대인관계 기술이 결여되었을 때의 피드백은 더욱 중요하다. 그리고 공개적으로 피드백을 주는 것이 안전한가를 결정한다. 많은 경우 보복에 대한 우리의 두려움은 실제로 일어날 수 있는 현실보다도 훨씬 크다. 그러나 이것은 항상 그런 것이 아니므로 조심해야 한다. 일부 사람들은 동료들과 함께 집단으로 변덕스러운 성격을 소유한 리더에게 접근하는 것이 더욱 쉽다는 점을 발견하는 반면에, 다른 사람들은 독립적으로 접근하기로 결심한다. 또는 단순히 이런 형태의 환경에서는 더 이상 일하고 싶은 의사가 없다고 결정할 것이다.

당신의 성공을 측정하는 방법을 학습할 것

우리가 측정하는 것은 우리가 귀중하게 여기는 것이다. 오늘날 회계관리는 사람을 이끄는 것과 관련된 행동의 많은 부분과 그 결과를 계정에서 누락하고 있다. 아직도 노동이 생산비용으로 여겨지고 있으며, 따라서 우리는 잘못된 사람관리의 결과를 대차대조표에서 측정하는 것으로 끝내고 있다. 그러나 이러한 비용은 상당히 중요하다. 몇 가지 예를 다음에 제시한다.

- 불충분한 정보를 소유한 정보원
- 긴급함과 주도성의 결여
- 제한적인 새로운 생각과 혁신
- 미개발된 제품과 시장
- 과다한 결근과 사고
- 고비용의 분쟁과 불평
- 부정적인 공공이미지

- 직원 몰입과 신용의 결여
- 참견과 태업
- 동조와 과도한 순종
- 스트레스와 관련된 직원들의 보상 요구
- 수준 미달의 기술
- 분노하고 격리된 고객들
- 과도한 건강과 상해비용
- 퇴락하는 지역사회와 환경

사람들은 개발될 자신에 대해서 고마워하지만, 관리하는 비용에 대해서는 그렇지 않다. 그리고 지식, 관계, 학습 및 적응 능력이 생산성과 부의 창조에 가장 중요한 요소가 됨에 따라 눈에 보이지 않는 '부드러운' 자신을 측정하고 회계하는 새로운 방법이 요구되고 있다. 당신 조직의 성공을 측정할 때 다음과 같은 질문을 생각해보라.

- 당신은 당신 사업에 대한 분명한 감이 있는가?
- 당신은 올바른 고객들을 유인하고, 만족시키고, 그리고 보유하고 있는가?
- 직원들이 올바른 기술 · 지식 · 능력을 소유하고 있는가?
- 회사의 문화가 학습과 혁신에 도움이 되고 있는가?
- 당신은 지역사회에서 긍정적인 평판을 얻고 있는가?
- 당신은 변화의 가운데에서 적응하며 번성하고 있는가?

- 당신은 적절한 조직구조를 설계했는가?
- 당신은 열정적이며 몰입되어 있는 노동력을 유지하고 있는가?
- 회사 내에서 공유되고 있는 정신적 성향이 있는가?
- 당신의 직무처리 과정이 효과적이고 효율적인가?
- 당신의 모든 주주들이 즐거워하는가?

새로운 방법이 등장하고 있다. 천천히, 조용히, 그리고 결정적으로 우리의 조직을 변혁시키는 방법 말이다. 그동안 우리의 도전이 이렇게 엄청나본 적이 없으며, 책임 있는 리더에 대한 욕구가 이렇게 심각해본 적이 없었다. 성공적인 기업은 어떻게 가속하고 경쟁하는가를 알고 있다. 그들은 재무, 마케팅, 그리고 기술적 능력 등 대부분의 자원을 생산한다.

그러나 결정적인 차이를 만드는 것은 사람들이다. 사람들은 성장과 생산성을 높이는 엔진에 해당된다. 성숙하고, 현명한 리더는 이것을 만들어낸다.

THE ORGANI
OF
THE FU

PART 06

조직건강의 새로운 정의

32

Lewis E. Platt

직원 근로생활의 균형 :
경쟁우위

휴렛패커드HP에서 15년 동안 근무한 베테랑 셸리 컴스Shelly Comes는 얼마 전의 일을 기억하고 있다. 그녀의 아버지가 돌아가시자 68세의 엄마는 농장에 홀로 남겨졌다. 컴스는 엄마가 매우 걱정스러웠다. 농장은 꼬불꼬불한 산길 맨 끝에 있었으며, 가장 가까운 이웃은 전화조차 없었다. 컴스의 직장은 엄마의 농장과 같은 주

루이스 E. 플랫 Lewis E. Platt | 캘리포니아의 팔로알토에 있는 휴렛패커드의 회장이자 최고경영자이며 사장이다. 그는 1966년 휴렛패커드에 입사하여 여러 부서에서 고급관리자로 근무했다. 1992년에는 대표이사, 사장 및 이사로 선출되었으며, 이듬해 데이비드 패커드의 후임으로 회장에 선출되었다. 1995년 플랫은 클린턴 대통령의 임명으로 무역정책협상자문위원회(Advisory Committee on Trade Policy Negotiations)의 자문위원이 되었으며, 현재 세계무역기구(WHO) 태스크포스의 회장이다. 또한 1995년에는 조인트 벤처 : 실리콘밸리(캘리포니아) 네트워크((Joint Venture : Silicon Valley(California) Network))의 공동회장으로 선출되었다.

에 있었지만 260마일 떨어져 있는 캘리포니아의 마운틴 뷰에 있었다. 너무 먼 거리였다. 그녀는 가족과 직업의 책임감 사이에서 괴로워했다. 그녀는 선임 훈련 컨설턴트로서의 직업이 필요했으며 원하고 있었다. 또한 엄마 가까이에서 엄마를 돌보고도 싶었다. 컴스는 대처할 방법을 찾기 시작했다. 그녀는 HP 직원들에게는 때때로 대안적인 직무가 다양하게 부여될 수 있다는 말을 들었다.

몇 달 지나지 않아 그녀는 매달 3주씩 농장에서 재택 컴퓨터 근무telecommuting를 했다. 가족이 안정되면서 그녀의 정신적·육체적 건강은 개선되었다. 회사에서 그녀의 생산성은 증가되었으며 승진까지 하게 되었다. 이야기는 여기서 끝나지 않는다. 작년에 컴스의 남편이 44세의 나이로 죽었다. 만일 그녀, 그녀의 딸, 그리고 그녀의 엄마가 참아야 했던 지극한 슬픔을 겪는 동안 일을 계속할 수 없었다면, 그녀는 그냥 포기해버렸을 것이라고 나에게 말했다. 재택 컴퓨터 근무는 그녀가 겪는 직장과 가족 사이의 딜레마를 해결해주었으며, HP는 능력 있는 직원을 보유할 수 있었다. 이것은 기분 좋게 모두가 승리하는 상황이다. 컴스는 자신의 회사, 회사의 문화, 그리고 회사 사람들에 대한 자신의 몰입 및 충성심에 대한 고마움의 말을 첨가하면서 그때의 이야기를 자주 한다. 이것이 HP를 지탱하고 있었다.

미래의 조직이 산업의 리더가 되고, 집중력과 재능이 있는 직원들을 구축할 계획이 있다면, 이러한 사람들의 관심사를 해결해야만 할 것이다. 사람들은 고용주로부터의 지지를 필요로 하고, 지지를 받을 자격이 있다. 우리 모두는 인생의 변화에 직면하고, 때때로 도움을 필요로 한다. 분명히 나는 도움을 받았다. 내 딸들이 8세, 그리고 10세였을 때 내 아내가 죽었다. 당시 나는 HP의 집단관리자였다. 물론 나는 어려운 직무가 매우 친숙하기도 했지만, 딸을 돌보는 모든 일을 혼자 책임져야 하는 상황에 비하면, 어떤 사람도 그 직무가 오히려 편하다고 말했을 것이다. 아주 어려운 시기였다. 비록 재력과 나를 도와줄 가족들이 있었다 할지라도 활동적인 내 직무가 요구하는 것, 특히나 여행을 해야 하는 스케줄을 충족시키는 데 어려움이 있었다.

그때 내가 HP에 근무하고 있었다는 것은 행운이었다. 내가 맡은 관리팀은 내 직무를 가볍게 해주었다. 우리에게는 두꺼운 회사 규정집이 없다. 그러나 생의 변화 상황에 처해 있는 사람들을 도와주지 않는 것은 문화적으로 받아들여질 수 없다.

| **직장과 가정의 균형**

이제 대표이사인 나는 이처럼 가치 있는 문화를 양육하며, 직원들이 더욱더 긍정적으로 직장과 가정 사이의 균형을 잡는 분위기를 장려하는 것이 내 직무의 중요한 부분이라는 점을 믿고 있다. 또한 이러한 균형이 사업 성공에 필수적이라고 믿는다. 좋은 사람들을 갖고 있다는 것은 경쟁적인 우위 요인이 되고 있다. 우리가 이처럼 중요한 균형의 가치를 인식하지 못한다면 인재들을 보유하거나 모집할 수 없을 것이다.

내가 일하고 있는 실리콘밸리의 회사들은 점점 더 많은 것을 요구하고 있다. 기술은 어지러울 정도의 속도로 급변하고 있다. 제품 수명주기는 더욱 짧아지고 있다. 고객의 힘과 기대는 상승하고 있으며, 경쟁은 냉혹해지고 있다. 우리는 동반자관계 및 연합의 형성을 통해 지속적으로 활동을 확대시키며, 항상 다양한 생존전략을 찾고 있다. 이는 지속적으로 밀고 당기는 것이다. 이런 것을 모두 합치면, 당신은 왜 우리의 직업이 굉장한 양의 스트레스가 쌓이는 일인지 알게 될 것이다. 이러한 현실, 특히 빠르게 변화하고 있는 현실이 우리 근로자들의 인구 구성 배경과 상치될 때, 직장과 가정 사이의 균형은 매우 힘들어진다.

변화하는 인구 구성

근로자들에게도 많은 변화가 일어났다. 미국의 노동통계국 U.S. Bureau of Labor Statistics에 따르면, 여성근로자는 1960년 노동력의 33%에서 1995년 46%를 차지하고 있으며, 여성근로자들 중 부부가 함께 일하고 있는 가정은 1960년 34%에서 1995년 46%로 증가했다. 이처럼 일하는 여성들은 가장 어려운 균형을 이루는 행동을 해야 한다. HP에서 근무하는 모든 전문직 남녀는 1주일에 약 50시간 정도 일하고 있다. 그러나 남자들은 평균 19시간인 데 비해 여자들은 평균 33시간 정도를 집안의 허드렛일, 또는 아기 돌보기에 사용한다. 그래서 남자들이 여자들보다도 평균적으로 하루에 2시간 더 많은 여가시간을 갖고 있다. 이것이 우리 노동력에 속해 있는 여성들에게 많은 압박을 가하고 있다.

또 다른 재미있는 통찰력은 우리 관리직 사원들의 매우 다양한 가족 구성에서 발견된다(〈표 32-1〉참조). 여성의 86%에 비해 오직 29%의 남성만이 일하는 배우자를 갖고 있다. 이것은 3분의 2가 넘는 남성근로자의 69%가 사업계획을 완성시키려 노력하고, 집으로 가는 도중에 세탁물을 찾고, 그리고 저녁을 준비하는 등 여성이 겪어야 하는 일을 결코 경험해보지 못했다는 것을 의미한다.

직장과 가정의 균형이 여성에게 타당성이 있는 것이라 할지라도, 노동력에 포함된 남성들 또한 점차 관심을 갖고 있다. 경향은 바뀌고 있다. 내가 대화를 나눈 회사 내 많은 젊은 남성들은 회사 일을 위해 가족들의 모임, 아이들의 생일, 그리고 학교 연극 등을 기꺼이 희생하려 하지 않는다. 우리의 현재 노동력 중에서 23~50% 사이의 부모들이 자녀를 돌보는 책임을 지고 있다. 자녀를 둔 부모 중 50%는 18세 이하의 자녀를, 그리고 25%의 부모가 13세 이하의 자녀들을 돌본다.

증가되고 있는 또 다른 문제는 노인을 돌보는 것이다. 이것은 내가 직접 발견한 상황이며, 당신들 중 대다수가 이것을 발견했을 것이다. 우리 중 베이비 붐 세대는 운 좋게도 우리 부모들이 너무 오래 사는 것을 보고 있다. 현재 HP 근로자의 25%는 그들의 부모를 돌보는 책임을 지고 있다. 물론 그들 중 4분의 1은 현재 그들의 부모와 함께 살고 있다.

〈표 32-1〉 HP 관리자들의 가족 구성 내용

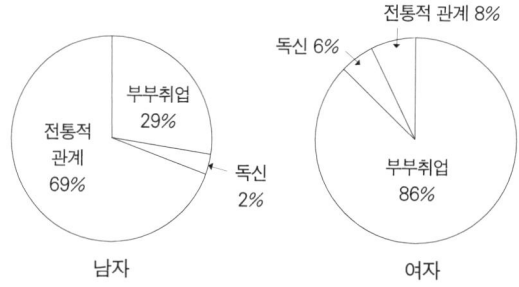

| | 변화하는 기대감 | 인구 구성뿐만 아니라 태도와 기대 또한 변하고 있다. 오늘날 일반 노동력의 72%가 개인 생활 또는 가족생활이 방해받지 않는 |

직업을 필요로 한다고 말하고 있다. 이것은 3년 전의 62%에서 증가된 것이며, 나는 이 비율이 더욱 증가될 것으로 예측한다. 오늘날 노동시장에 유입되는 사람들은 우리에게 특별한 작업 환경을 찾고 있다고 말하고 있으며, 그들에게는 이것이 임금보다 더욱 중요하다. 그들은 균형 잡힌 생활 형태를 찾고 있다. 그들이 직업을 찾기 위해 등록할 때, 지원자의 60%가 상위 다섯 가지 고려사항으로 그들 생활 형태의 효과를 평가하거나 그들 생활에서 균형을 찾을 수 있는 것을 들고 있다. 임금과 이익은 13번째와 16번째로 밀려나 있다. 따라서 고임금이 생활의 모든 희생을 보상할 것으로 생각하는 사람들은 다시 생각해보는 것이 좋다. 변화하는 직원의 가치와 욕구는 우리의 관심을 끌기 시작하고 있다.

관리직에 있는 우리는 직원들에게 올바른 균형을 달성하는 데 필요한 도구를 제공하는 것이 회사에 가장 큰 이익이 된다고 믿게 만들 수 있는 매우 좋은 자료를 갖고 있다. 지난 몇 년 동안 나는 강하게 믿는 사람이 되었다. 직장과 가정의 균형은 직원의 확보를 개선시키고, 훨씬 커다란 직원 주도권과 직원 몰입을 낳고 있다. 우리는 이것이 직원의 스트레스와 과로를 줄여준다는 사실을 알고 있으며, 이것이 직원의 생산성을 증가시킨다는 사실을 학습하고 있다. 그리고 비록 우리 초점의 대부분이 보통 사업 환경의 변화에 맞춰져 있다 할지라도, 나는 우리 근로자들의 변화하는 성격을 인식하는 것 또한 필수라고 생각한다.

그러나 우리가 사람들에게 생활의 균형을 잡을 수 있는 도구를 제공할 수 있다 할지라도, 실제로 균형을 잡는 것은 관리자들에게 달려 있지 않다. 직원들이 균형을 잡기 위해 주도권을 갖고 행동해야 한다. 우리가 직무를 더욱 쉽게 만들어줄 수는 없다. 다만 직원들의 직무수행 방식에 중요한 유연성을 첨가시킬 수는 있다.

| **정책**

HP는 직장과 가정의 균형을 지지하는 많은 정책을 실시해왔다. 1972년 이래로 탄력근무제도를 실시했는데, 최근의 연구는 탄력근무시간이 가장 바람직한 이익 중 하나로 받아들여지고 있다고 보고하고 있다. 또한 특별한 종류의 교육 프로그램에 참여하도록 시간을 주는 것과 같은 교육적 보상은 목록에서 매우 높은 위치를 차지하고 있다. 직원들은 지속적으로 새로운 기술을 학습할 필요가 있다. 우리는 우리의 환경에서 직원들이

5년마다 재정비되어야 한다고 생각하며, 오늘날 대부분의 노동력이 이를 실현하고 있다. 나는 지속적으로 앞으로 나아가려는 사람들에게 도움을 제공하는 것이 회사의 책임이라고 믿는다.

목표에 기초한 관리 또한 직장과 가정 사이의 균형 달성을 효과적으로 도와주고 있다. 이것은 패커드와 휴렛이 50여 년 전에 실시한 것이다. 단순히 말하면 우리는 목표에 기초하여 사용된 방법이 아닌 결과에 초점을 맞춘다. 이것을 시작함에 따라 우리는 사람들이 A지점에서 B지점으로 가는 방식에 실질적으로 많은 유연성을 줄 수 있다는 것을 발견했다. 따라서 대부분의 경우 우리는 이것들을 20년, 또는 30년, 또는 50년간 매우 오랫동안 실시해왔다. 그리고 이처럼 비교적 오래된 프로그램은 직장과 가정 사이의 균형을 더욱 잘 이루기 위한 우리의 노력을 도와주고 있다.

한편, 우리는 약간의 새로운 정책을 첨가해야 한다는 것을 발견했다. 예를 들어, 우리는 결근 정책을 바꾸었다. 정직한 모든 직원들은 HP로부터 항상 결근신청서 용지를 받을 수 있었다. 그러나 최근까지 이것은 중앙본사에 한정되어 실시되었다. 오늘날 이것은 매우 단순해졌다. 직원들은 어떤 이유로도 결근할 수 있게 되었다. 따라서 한 직원이 인생에서 단순히 일정 기간 동안 '냉각시킬' 필요가 있을 시기에 도달했다면, 그렇게 하기가 쉬운 것이다. 아마도 죽어가는 부모님의 임종을 지키거나 아이들과 좀 더 많은 시간을 보내는 것이 이유이리라. 문제될 게 없는 것이다. 만일 직원이 시간을 요구한다면, 우리는 시간을 준다. 우리는 지속적으로 의료보험을 실시하며, 재고용을 보장해준다. 또한 결근 약속 기간을 초과

한 직원들의 재고용을 쉽게 만들었다. 아마도 어떤 사람은 5년 동안 노동시장을 떠날 필요가 생길 수 있을 것이다. 현재 우리는 서비스를 연결하는 다리를 놓았고, 기본적으로 이익을 보고 있다. 이런 것은 어떤 이유에서든 단순히 몇 년 또는 몇 달 동안 떠날 필요가 있는 직원들을 도와주고 있다.

우리는 직원들이 부양가족을 돌보는 것을 돕기 위해 여러 가지 투자를 했다. 최근에 HP는 부양가족을 잘 돌보기 위한 미국기업협동체American Business Collaboration for Quality Dependent Care에 탁아시설의 숫자를 늘리고 탁아시설의 질을 높이기 위한 장기적인 헌신을 약속했다. HP는 미국 전역에 부양가족을 돌보는 다양한 프로그램을 개발하고 강화시키기 위해 모두 1억 달러를 약정한 21개 기업 중 하나다. 더욱이 우리는 직원들이 자신뿐만 아니라 가족 중 다른 사람들을 돌보기 위한 장기보험을 계약하면, 회사에서 보험금을 지급해주는 보험 프로그램을 실시하고 있다.

우리는 대안적인 작업 일정을 공식적으로 인정하고 있다. 예를 들어, 콜로라도 스프링스에 있는 금융센터의 총 60명으로 구성된 팀 가운데 38명의 직원들은 8시에서 5시까지 1주일에 5일 동안 일하는 정상적인 근무 대신에 4일 동안 하루 10시간 근무하는 것을 선택했다. 우리는 환경이 통제될 수 있는가를 연구했다. 우리의 예비조사는 다음과 같은 결과를 보여주었다.

① 잔업이 50% 감소했다.
② 생산성, 즉 하루의 거래량은 정상적으로 하루 8시간, 1주

일에 5일 근무하는 동료들을 능가했다.
③ 고객 만족과 직원 만족이 증가했다.

이러한 결과가 스스로를 증명해주는 것이다.

일정이 유연할 뿐만 아니라 일하는 장소도 유연하다. 많은 사람들에게 재택 컴퓨터 근무가 널리 알려져 있다. 기술이 지속적으로 발전함에 따라 거의 모든 장소에서 일하는 것이 가능해졌다. 진정으로 직무를 갖고 움직일 수 있게 되었다. 우리의 직원 중에는 10~15% 정도가 컴퓨터를 이용해 재택근무를 하고 있다. 직장이 아닌 곳에서 일하는 것은 매우 쉽다. 그리고 종종 더 잘, 그리고 더욱 효과적으로 일할 수 있다. 또한 재택 컴퓨터 근무는 오래된 HP의 제도인, 목표에 기초한 관리를 강화시켜주고 있다. 진정 목표 달성에 초점을 맞추어야 한다. 이제 더 이상 '시간 보내기'에 초점을 맞추지 않게 되었다. 재택 컴퓨터 근무는 우리가 살고 있는 세상에 적합한 것이다.

종종 나는 재택 컴퓨터 근무를 위한 장비 제공비용에 대해 질문한다. 우리 회사는 매우 자유로운 정책을 갖고 있다. 만일 우리가 경제성을 검토해 재택 컴퓨터 근무가 타당하다고 결정한다면, 우리는 직원들에게 직무를 수행하는 데 필요한 장비를 지급한다. 이것이 현대적인 고용주가 되는 길이다. 만일 직원들이 집에서 근무하는 데 드는 장비의 비용을 직원의 건강보험 또는 식당보조금 등의 항목과 비교해 생각한다면, 장비의 비용은 양동이 속의 물방울 하나에 불과하다. 모든 사람은 투입비용에 관심을 보인다. 그러나 나는 직원들의 요구에 따라 장비를 사주는 것이 고용주를 차별화시키는 길이라고 진정으로 믿는다.

| **문화적 변화**

문화적 변화는 모든 사람에게, 특히나 집에는 배우자가 있으며 그들의 일을 위해 개인 생활 대부분을 기꺼이 희생하는 세대의 관리자들이 이끄는 조직 구성원들에게 가장 어려운 변화다. 예를 들어, 우리의 선임 관리자 중 한 명은 직장과 가정의 균형에 대해 그의 스태프와 토론하기 위한 회의를 가졌다. 회의는 오후 5시에 시작해 오후 9시에 끝났다. 그리고 관리자는 예상 외의 결과를 얻지 못했다.

그러나 나는 천천히 일어날지라도 변화가 일어나고 있다고 믿는다. 우리는 내가 언급한 중요한 주제를 지속적으로 해결해나갈 것이다. 즉 언제 어디에서 직무를 수행하는가에 대한 유연성, 직원들의 부양가족에 관한 문제를 도와주고 지지해주기, 그리고 가족과의 시간을 더 많이 원하는 직원들을 위해 준비된 관리의 분위기를 발전시키는 것 등……. 우리는 많은 시간과 에너지를 직장과 가정 사이의 균형에 대한 비전을 개발하는 데 사용했다. 나는 이것을 당신과 공유하고 싶다. 이것은 '관리자와 직원들이 회사의 공동목적을 달성하기 위해 함께 일하는 것을 장려하며, 반면에 일과 다른 생활 사이의 균형을 찾기 위한 기회를 주는 환경'에 대한 비전이다.

우리는 모든 해답을 소유한 척하지 않는다. 또한 단 하나의 정답이 있다고 믿지도 않는다. 다만 긍정적인 균형을 만드는 것이 유

〈표 32-2〉 직장과 가정 균형의 목표

직장	가정
회의	집안 잡일
경쟁	아이 돌보기
폭발적인 성장	지역사회 프로젝트
교육	취미
프로젝트	노인 돌보기
마감일	휴가
여행	운동

일한 목적이라는 사실만은 분명하다. 어떤 사람들은 이것을 그들의 일과 개인 생활을 통합하는 것으로 생각하려 한다. 다른 사람들은 이 두 개 사이의 매우 분명한 경계를 선호한다.

해답을 찾는 사람이 다양한 만큼 해답도 다양하다. 나는 직장과 가정의 균형은 모든 회사들이 해결해야 하는 문제라고 믿는다. 중요한 것은 회사의 크기도 아니고, 사업을 한 기간도 아니었다. 〈표 32-2〉에서 설명하고 있는 것과 같이 긍정적인 직장과 가정의 균형이 우리의 가족과 지역사회를 건강하게 만들며, 모든 사람들은 그것을 공유해야만 한다.

우리 모두가 해답을 찾고 있는 것과 같이 나는 당신들 중 많은 사람들이 이러한 계획을 받아들이고 촉진시키기를 희망한다. 우리 조직과 가족들의 건강은 올바른 해결책을 찾는 우리의 능력에 달려 있다. 나는 직장과 가정의 균형이라는 시소에서 모두 승리하는 해결책을 달성할 수 있으며, 이것을 달성하는 것이 10년 내에 가장 큰 도전 중 하나가 될 것으로 믿는다.

33

Richard Beckhard

건강한 조직 :
개요

우리는 현대사에서 가장 불완전하고, 역동적이고, 흥분되고, 좌절감이 팽배한 세계에서 살고 있다. 기술이 넘쳐나고 있다. 우리는 세계의 모든 사람들과 곧바로 연결할 수 있다. 특히 사기업 부문에서 살아남은 조직은 더더욱 세계적인 조직으로 커가고 있다.

리처드 벡하드 Richard Beckhard | 조직개발, 변화관리 분야의 조직 컨설턴트다. 그는 《사실을 발견하는 회의, 핵심내용, 조직개발(The Fact Finding Conference, Core Content, Organization Development)》, 《커다란 체계 변화의 관리를 가르치고 학습하는 탐구(Explorations on the Teaching and Learning of Managing Large System Change)》의 저자다. 그리고 《본질을 변화시키는 것 : 기본적인 변화를 만들고 관리하는 기술(Changing the Essence : The Art of Making and Managing Fundamental Change)》, 《조직적 전환(Organizational Transitions)》을 공저했다. 그는 21년 동안 MIT의 슬로언경영대학의 조직행동론과 관리론 교수였다. 슬로언경영대학은 매년 《슬로언 매니지먼트 리뷰(Sloan Management Review)》지에 발표된 논문 중에서 이 주제에 관한 최고의 논문에 수여되는 리처드 벡하드 상을 만들어 그의 업적을 기리고 있다.

반면에 지방과 지역사회의 힘에 대한 요구가 증가하고 있다. 사회는 변화하는 장소. 사회가 국가의 정책 방향에 더욱더 강력한 영향을 미침에 따라 행정권한은 중앙에서 지방으로 위임되고 있다. 머잖아 회사는 더 이상 부의 유일한 원천이 되지 않을 것이다. 또한 공공 부문은 사람들에게 봉사하는 역할을 재검토할 필요가 있을 것이다. 사회 또는 자원봉사의 중요성은 기하급수적으로 증가하고 있다.

역사적으로 '세계의 일world's work'은 기관 또는 조직을 통해 수행되어왔다. 세계 사회가 부유함과 가난함, 남과 북, 선진국과 개발도상국, 그리고 세계적인 문제와 지역적인 문제의 차이에 대처하기 위해 노력하면서 조직은 문제와 사람을 연결하는 다리로서의 역할을 더 많이 담당하고 있다. 그러나 사람들이 유전과 환경에 영향을 받는 인격을 소유하고 있는 것과 마찬가지로 조직도 동일한 동기를 소유한 인격체다.

많은 사람들은 계속 변화하고 있는 환경에서 그들의 행동을 이해하고 관리하기 위해 대부분의 에너지를 소비하고 있다. 조직과 조직의 리더들은 같은 탐구에 더욱더 노력하고 있다. 최근의 학습 조직에 대한 폭발적인 흥미를 보라. 단순한 선택에 직면하기보다 딜레마를 관리하기 위해 투쟁하는 중역들의 말을 들어보라. 조직은 더 이상 비교적 안정된 환경 속에서 자율적으로 운영할 수 있는 독립적인 존재가 아니다. 그것은 지속적으로 역동적인 상태에 있는 관계와 상호작용체계의 부분이다.

우리는 건강한 사람들을 "아프지 않은"에서 "최고의 잠재력을 향해 움직이고 있는" 또는 "모든 것을 함께 갖고 있는" 등에 이르기까지 여러 방법으로 묘사할 수 있다. 그러나 모든 사람의 의견이 일치하는 건강한 조직에 대한 정의는 없다. 나는 나의 전문인 생활의 많은 부분을 조직건강의 성격을 탐구하는 데 소비했으며, 비록 우리 환경의 모든 면이 소용돌이치고 빠르게 변화하는 상태에 있다고 할지라도, 개인과 조직의 건강은 모두 현재나 미래와 같은 기준에 따라 측정될 수 있다는 결론에 도달했다.

건강한 조직의 윤곽

· 건강한 조직은 스스로를 체계로서 정의하며, 요구와 원재료를 받아 제품과 서비스로 전환시킨다. 조직의 주주들은 소유주와 스태프, 공급자, 중간 고객, 생산품과 서비스의 궁극적인 고객들, 매체, 조직이 운영되고 있는 지역사회 등이다.

· 체계의 모든 부분과 조직의 상호작용에 대한 현재의 정보를 받기 위해 강력한 탐지체계를 갖고 있다(역동적이며 체계적인 사고).

· '형식이 기능을 쫓아가는' 형태로 운영된다. 수행되어야 할 일은 조직의 구조와 일의 수행 방식을 결정한다. 그 결과 건강한 조직은 다양한 구조를 사용한다. 공식적인 피라미드 구조, 수평구조와 팀·프로젝트 구조, 그리고 임시 구조(주요한 변화를 관리할 때) 등……

· 건강한 조직은 지배적인 형태로 팀 관리를 사용한다. 정상

에는 중역들의 팀이 있다. 팀들이 부와 기능을 관리하고 프로젝트를 관리한다. 기능 간에 조정하는 위원회가 존재하며, 전문적인 개발팀은 전문가와 사용자 모두로 구성되어 있다.

- 원칙적으로 고객서비스—외부 고객과 조직 내의 다른 사람들 모두— 를 존경한다.
- 조직관리는 정보에 따라 추진된다. 많은 양의 정보가 몇 초 내에 수신되고 처리될 수 있다. 정보에 접근하는 것은 지리적 지역, 기능, 그리고 조직의 수준을 뛰어넘어 널리 공유되고 있다.
- 필요한 모든 정보를 구할 수 있는 고객과 가장 근접한 수준에서 의사가 결정되도록 장려하며 허락한다.
- 체계 전체를 통해 비교적 공개적인 의사소통을 유지한다.
- 보상체계는 일과 일치하며, 개인의 발전을 지지하도록 설계되어 있다. 관리자들과 직무수행팀은 성과 및 목표의 달성으로 평가된다.
- 조직은 학습 형식으로 운영된다. 학습할 시점을 알아내는 것은 모든 의사결정 과정의 일부다.
- 혁신과 창의성을 분명히 인정하고, 다른 스타일의 사고방식과 모호성에 대해 참을성을 갖고 있다.
- 정책은 직장과 가정 사이의 요구 사항에 존재하는 긴장을 반영한다. 적절하다면 가정에서 근무하는 것을 장려한다. 부모를 돌보거나 아이들을 돌보는 것을 회사의 책임으로 여기고 있다.
- 분명한 사회적 일정표가 있다. 지역사회의 시민의식, 환경

보호, 그리고 예술에 대한 보조 등은 고립된 행동이 아니라 회사의 정책이다.

· 효율적인 작업, 작업의 품질과 안전에 대한 인식, 그리고 더 좋은 미래를 위한 변화를 찾아내어 관리하는 일에 충분히 관심을 기울인다.

34

R. Roosevelt Thomas Jr.

미래의 다양성과 미래의 조직

참고 : 나는 이 장을 개발하고 조직화하는 데 도움을 준 마주리 우드러프(Marjorie Woodruff)의 공로를 인정하고 그녀에게 감사하고 싶다.

미래의 조직은 오늘날의 조직과 같이 불확실성, 높은 경쟁력, 그리고 복잡한 기업 환경에서 운영될 것이다. 그들의 이익과 생존은 다양한 노동력에 더욱더 의존하게 될 것이다. 즉 관리자들과 직원들은 매우 다르다는 것으로 특징지을 수 있는 노동력, 그들의 차이가 인식되어야 한다는 것을 강조하는 노동력 말이다.

R. 루스벨트 토머스 주니어 R. Roosevelt Thomas Jr. | 효과적인 다양성 관리 능력의 육성을 목적으로 연구하고 교육하는 기업인 미국 다양성관리연구소(American Institute for Diversity)의 설립자이자 사장이다. 또한 컨설팅회사인 R. 토머스 앤드 어소시에이트(R. Thomas and Associates)의 대표이사다. 그는 《인종과 성별을 초월하여 : 다양성 관리를 통해 전체 노동력의 힘의 속박 풀어주기(Beyond Race and Gender : Unleashing the Power of Your Total Work Force by Managing Diversity)》, 《다양성이 차이를 만든다(Differences Do Make a Difference)》, 그리고 《다양성의 재정의(Redefining Diversity)》 등의 저자이기도 하다.

혼합된 노동력의 특정 구성 요소, 특히 인종과 성별은 오랫동안 '다양성'의 문제로 여겨졌다. 어떤 회사들은 덜 전통적인 다른 요소, 예컨대 나이, 성적 성향, 직장과 가정의 문제, 교육, 직장 경험, 조직 내 근무경력, 인격, 위험과 모호성에 대한 인내력, 출신 지역, 종교도 다양하게 혼합된 노동력의 일부로 보고 있다. 그러나 현실적으로 상황은 이것보다 훨씬 더 복잡하다. 문화적·정치적 방해물을 제거한 다양성은 유사성과 다양성으로 특징지어지는 일정한 집합적 혼합(사람·체계·기능·업종 등)을 의미한다.

예를 들어, 당신이 빨간 젤리를 한 병 갖고 있으며, 여기에 초록색과 보라색 젤리를 첨가했다고 가정해보자. 많은 사람들은 초록색과 보라색 젤리가 다양성을 대표하고 있으며, 이들의 차이에 관심을 두어야 한다고 믿는다. 그러나 나는 다양성이란 한 차원(크기)에서는 같고, 또 다른 차원(색깔)에서는 다른 젤리의 집합적인 혼합이라고 믿는다. 또한 상대적인 가시성과 젤리의 상호보완성은 크기와 병의 모양에 따라 많은 영향을 받는다고 믿는다.

다양성에 대한 정의는 함유물에 초점을 맞춘 정의가 아닌 매우 다른 가정들로 연결되어 있다. 예를 들어, 소수민족 및 여성 고용촉진과 '차별에 대한 이해'에서 언급되지는 않았지만 조직 내에서 공통적인 가정은 백인 남성이 규범이었다. 그 밖의 모든 이들은 '다른' 것이었다. 그 결과 다양성에 대한 관심은 이러한 '다른 사람들'에게 관심을 보이는 것이었다.

만약에 근무연수, 구성원들, 그리고 미국 회사 내의 백인 남자의 상대적인 힘과 관련된 다양성을 계산하기 위한 공식이 주어진다면, 이러한 가정의 기초는 분명해진다. 그러나 결과는 다양성의 혼합에서 백인 남자를 효과적으로 제거하는 것이었다. 이것은 마치 우리가 병에 들어 있는 붉은 젤리가 보이지 않도록 사진을 찍어 초록색과 보라색의 젤리 위치를 분석하려는 것과 같다.

함유물을 이용한 다양성의 공식은 다양성 차원의 또 다른 모습을 대부분 눈에 보이지 않게 했다. 예를 들어, 폴 로렌스Paul Lawrence와 제이 로시Jay Lorsch의 《조직과 환경Organization and Environment》에서 기능적인 하부 단위간의 관계를 설명하는 경우, 그리고 로시와 스티븐 앨런 3세Stephen Allen Ⅲ 의 작품인《다양성과 상호의존성의 관리Managing Diversity and Interdependence》에서 사업부로 조직된 다양한 사업 영역이라는 측면에서 이것은 많은 사람들로 하여금 발달 가능성이 있는 연구를 무시하게 했다. 사실 '함유물'에 대한 초점은 인종과 성별 이외의 차원에 관한 다양성을 볼 수 있는 우리의 능력을 억제시켰다. 또한 다양성을 함유물과 동일화하는 것은 다양한 인구와 다양한 항아리(또는 조직 문화 · 구조 · 시스템) 사이의 구분을 감추고 있다. 그 결과 조직은 인구학적으로 다양한 노동력을 모든 규격에 맞는 하나의 항아리 속에 채우려는 시도를 반복적으로 했다. 아무도 검토할 필요성을 이해하지 못했으며, 직원들의 다양한 혼합을 반영하기 위해 어디에서 문화 · 구조 · 시스템의 변화가 필요한지를 이해하지 못했다.

분명히 정의가 문제였다. 마찬가지로 분명한 것은 미래의 조직이 좁고 오래된 구닥다리의 다양성에 관한 인식을 소유할 수 없다는 것이다. 대신에 미래 조직은 미래가 소유하게 될 환경적 복잡성과 조직적 복잡성을 조명하고 명확히 해주는 정의를 채택해야만 한다. 이러한 복잡성은 다양성에서 유래된 것이며, 다양성에 공헌하는 것이다. 두 현상이 손을 맞잡고 함께 진행되고 있다. 예를 들어 이들 현상은 기능과 사업 영역, 매수·합병·재조직·파트너십 등에서 유래된 기업의 조직 단위 사이에서, 그리고 세계화가 어느 때보다도 중요해짐에 따라 국가·문화·전략·사람들 사이에서 시너지 관계를 찾고 있는 조직을 지배하게 될 것이다.

관리자들은 언젠가는 이런 문제 중 많은 것을 접하게 될 것이다. 그러나 대부분의 관리자들은 다양성의 혼합 및 그 의미에 대한 강화된 인식과 체계적인 사고를 허락하는 틀을 소유하지 못하고 있다. 투사된 미래는 그러한 틀이 필수적인 것이 될 것이라고 제안하고 있다. 피터 베일Peter Vail은 《공연예술로서의 관리Managing as a Performing Art》라는 책에서 현재 기업 환경의 혼란, 위험, 그리고 변덕성을 영원한 흰색 물로 비유했다. 나는 이런 흰색 물에 비유되고 있는 환경이 더욱더 변덕스럽고 위험하며, 눈으로 볼 수 있는 한 최대한 멀리 확대되고 있다고 본다.

기업들이 무자비하게 변화하는 환경에 반응함에 따라, 관리자들은 매우 뒤얽힌 두 개의 혼합된 다양성에 쉬지 않고 대처할 필요가 있다. ① 환경적인 혼란과 관련된 혼합, ② 조직의 변혁과 변화와 관련된 혼합이 그것이다. 이 정도의 다양성을 관리하는 것은 관리자들이 소수민족 및 여성의 고용촉진법과 전통적인 노동력의 다양성을 이해하는 첫걸음이었던 '차이 이해하기'에 기초해 제공되는 것을 뛰어넘어 구성원들의 구조 및 관리 기법과 함께 좀 더 넓은 것에 기초한 이해와 개념적 틀을 요구하게 될 것이다. 나는 다양성의 관리, 즉 조직의 목적 달성을 극대화하는 방법으로 이러한 요구 사항이 적절하다고 생각한다.

| **다양성 관리의 틀**

다양성에 대처하기 위해 조직을 도와주었던 나의 12년 세월은 잘못 관리하거나 관리를 하지 않는 것이 효과적인 관리의 최대 장애라는 교훈을 나에게 확신시켜주었다. 다양성 관리의 핵심은 명령하고 통제하는 관리가 아니라 권한을 부여하고 가능하게 하는 효과적인 관리를 의미한다. 다양성 관리 과정의 핵심은 내가 저술한 《다양성의 재정의 Redefining Diversity》에 소개했듯이 체계적인 접근을 촉진시켜주는 틀이다. 이 틀은 분석단계의 순서를 정해주고, 몇 개의 가능한 행동대안을 찾아내고, 그리고 주어진 상황에서 적절한 선택을 위한 상황적 내용을 정의해준다.

| **다양성 관리 과정 : 상황론적 접근**

다양성 관리 과정의 첫 단계는 문제를 분명히 하는 것이다. 이러한 문제의 명확성은 회사의 비전·사명·전략·문화를 돌아보고, 그리고 사업을 진행하고 있는 환경에 대한 이해를 요구하고 있다. 조직 문화와 관련된 문제는 특별히 달성하기 어려울 수 있다. MIT에 있는 유명

한 조직심리학자 에드거 셰인Edgar Schein은 《조직 문화와 리더십 Organizational Culture and Leadership》이라는 책에서 문화를 이르러 조직을 이끌고 가는 '기본 가정'으로 묘사하고 있다. 나무의 뿌리와 같이 눈에 보이지 않을지라도 이러한 가정은 조직 내에서 무엇이 성장하고 진화할 것인가를 결정한다.

기본적으로 당연히 여겨지며 언급되지 않고 인식하지 못하는 가정은 다양성에 대한 조직의 반응을 지배한다. 만일, 동질적인 역사적 현실의 한가운데에 위치하고 있는 이러한 가정이 현재의 내·외적 다양성과 순차적인 복잡성을 반영하지 못한다면, 오늘날 기업이 현실에 대응하는 능력을 파괴할 수 있을 것이다.

일단 회사의 비전·사명·전략·문화·외적 환경 등을 이해하면, 관리자들은 요구 사항을 전통·선호도·편리성 등과 차별화할 수 있을 것이다. 복잡성이 과중해지고 자원이 고갈됨에 따라 그러한 차별화는 반드시 필요하다.

다양성 관리 과정의 두 번째 단계는 다양성의 혼합이라는 용어로 상황을 정의하는 것이다. 예를 들어, 제품 생산 라인에 관심이 있는 관리자는 제품의 제조 방법, 분배 방법, 이윤, 현재 또는 잠재적인 고객의 기초, 개발비용, 제품 성숙주기에서의 위치, 그리고 정부 규제의 요구 사항과 같이 상이성과 유사성을 발견하게 될 것이다. 모든 혼합의 차원을 인식한다는 것은 해결책을 계획할 때 필수적이다.

세 번째 단계는 다양성의 긴장도, 즉 갈등, 스트레스 또는 혼합된 요소들의 상호작용과 관련된 긴장을 점검하는 것이다. 두 개의 질문이 중요하다. 다양성의 혼합이 긴장을 유발하는가? 만약 그렇다면, 그것에 대해 어떤 처방이 필요한가? 모든 다양성의 혼합이 긴장을 동반하는 것은 아니며, 모든 긴장이 나쁜 것은 아니다. 다양성에서 생겨난 긴장이 조직의 목적 달성을 방해할 때 문제가 되는 것이다. 문제가 되었을 때, 문제를 해결하기 위해 현재의 접근 방법과 가능한 접근 방법을 검토할 단계인 것이다.

다양성 관리 과정의 네 번째 단계는 현재의 접근 방법을 검토하고 효과적이지 않은 것을 다른 것으로 교체하는 것이다. 관리자들의 의문점은 그 '다른 것'이 무엇이냐는 것이었다. 이것을 돕기 위해 나는 아홉 가지 가능한 행동대안을 찾아냈으며, 주어진 일련의 상황에서 적절한 대안을 선택하기 위한 체계를 구축했다. 행동대안은 분석 · 이해 · 행동계획 등을 촉진시키며, 자료를 조직하고 형태를 발견하고 이해하는 방법을 제공한다.

아홉 가지 행동 선택

관리자들은 다음과 같은 아홉 가지 행동대안을 통해 다양성과 복잡성의 문제를 해결할 수 있다.

① 포용include : 다양성 혼합물 구성 요소의 숫자와 변화를 확대시킬 것.

② 제외exclude : 다양성 혼합물 구성 요소의 숫자와 변화를 극소화할 것.

③ 부정deny : 유사성을 강조하거나 차이를 경시함으로써 다양성 혼합물의 존재에 대한 인식을 극소화할 것.

④ 동화assimilate : '소수'의 구성 요소가 지배적인 구성 요소의 규범에 동조하는 것을 강조함으로써 혼합물의 다양성을 극소화할 것.

⑤ 억압suppress : 차이에 대해 인지하고, 따라서 표면상 또는 의식적으로 그것을 보유하도록 허락함으로써 혼합물의 다양성을 극소화할 것.

⑥ 고립isolate : '다른' 혼합물의 구성 요소를 포함시켜 한쪽으로 치워둠으로써 다양성에 대처할 것.

⑦ 인내tolerate : 비록 혼합물의 구성 요소 사이의 제한적이고 추상적인 상호작용일지라도 '모든 태도에 대한 가능성'을 육성함으로써 다양성에 대처할 것.

⑧ 관계 형성build relationships : 수용과 이해로 특징지어지는 혼합물의 구성 요소 사이의 좋은 관계를 육성해 다양성에 대처할 것.

⑨ 상호적응 육성foster mutual adaptation : 모든 구성 요소의 공동 목적을 달성하기 위해 어느 정도 변화하는 상호적응을 육성해 다양성에 대처할 것(선호도 · 전통 · 편리성이 아니라 사업의 요구 사항이 언제 변화하는가를 결정한다).

| **행동대안에 대한 이해**

행동대안에 대해서는 다음과 같은 다섯 가지 요점이 있다.

첫째, 어떤 행동대안도 원래부터 긍정적이거나 부정적이지 않다. 모든 대안은 합법적이며, 선 또는 악을 위해 사용될 수 있다. 예를 들어, 새로운 사업 영역의 초기 고립은 최소한의 복잡성과 함께 완전한 실행에 필요한 거리와 시간을 제공할 것이다. 조직의 참된, 그리고 조심스럽게 묘사된 요구 사항에 대한 동조를 위한 동화는 개인과 조직의 적절한 성과를 보증해 줄 것이다. 도전은 동화라는 말 그 자체에 있는 것이 아니라, 이처럼 남용된 대안의 부적절한 사용에 있는 것이다. 부정은 다양성을 인정하고 대처할 준비 상태가 갖춰질 때까지 적절하고 효과적인 대처방안이 될 수 있다. 효과적인 것은 대안 그 자체가 아니고, 이익과 제약점을 결정하는 대안 전후의 관계. 대안에 대한 부정적인 지각은 과거 특정 대안에 대한 우리의 경험이 인종 및 성별과 관계된 영역에 제한되어왔다는 사실로 그 원인을 추적할 수 있을 것이다.

둘째, 각 대안은 차이점과 유사성의 어떠한 집합적인 혼합으로도 사용될 수 있다. 비록 우리가 인종과 성별이라는 전후관계 속에서 대안과 친숙하다 할지라도, 이들 대안은 어떤 종류라도 다양성이 존재할 때 운영될 수 있는 것이다. 예를 들어, 대안은 조직의 변혁과 변화와 관련되어 있는 다양성의 혼합물을 언급할 때 특히 유용할 수 있다.

셋째, 행동대안은 조합으로 사용될 수 있으며, 종종 종합적으로 사용된다. 예를 들어 사람들은 모집된 후 (포용되고) 고립되고, 모집된 후 관대하게 취급되고, 또는 모집된 후 억압받고 동화할 것을 요구받을 수 있다. 비슷하게 회사는 다른 회사를 구매(포용)할 수 있으며, 따라서 그것을 종속회사(고립)로 설립할 수 있다.

    넷째, 아홉 가지 대안 중에서, 오직 상호적응 육성만이 명백하게 다양성을 시인할 수 있다. 처음의 일곱 가지 대안은 다양성과 복잡성을 극소화하거나 제거하려는 것이다. 그러나 실질적으로 이것은 거의 이용되지 않는다. 다양성과 복잡성을 감소시키는 대안이 많이 사용되고 있다는 것은, 모든 개인과 조직이 가능하면 차이를 극소화하거나 부정하려는 욕망을 소유하고 있음을 반영하는 것이다. 물론 때로는 다양성을 제한시키거나 또는 복잡성을 단순화시키는 것이 적절한 경우도 있다. 문제는 환경이 다양성을 포용하고 관리하는 것을 요구할 때 그렇게 할 수 있는 능력 여부에 달려 있다.

    다섯째, 행동의 선택은 역동적이며, 전후관계에 따라 결정된다. 환경이 변화함에 따라 가장 효과적인 행동대안도 변화한다. 어떤 대안의 결과를 잘 검토하고 적당한 시기에 변화를 주는 것은 중요하다.

효과적인 다양성과 상황 관리자의 능력

효과적인 다양성 관리자는 핵심적인 다양성 혼합물을 밝혀

내기 위해 다양성 관리와 상황적 접근 방법을 사용하게 될 것이다. 그러나 관리자는 모든 다양성 혼합물이 관심을 요구하는 것은 아니라는 점을 이해하게 될 것이다. 또한 많은 혼합물이 문제를 야기하지는 않는다. 문제를 야기하는 약간의 다양성 혼합물은 조직의 사명이나 최하한선에 영향을 주지 않는 것으로 증명될 것이다. 여기에서 관리자들의 판단력은 매우 중요하다. 효과적인 다양성 및 상황 관리를 위해 발견된 다양성 혼합물과 그에 따른 긴장을 적절한 전후관계에 배치시킬 것이다. 이러한 전후관계는 외적인 환경뿐만 아니라 조직의 사명·비전·전략·문화를 포함하게 될 것이다. 그리고 관리자는 다음과 같은 두 가지 질문을 하게 될 것이다.

① 이런 전후관계가 주어졌을 때, 다양성의 긴장에서 오는 잠재적인 효과는 무엇인가?
② 이런 전후관계가 주어졌을 때, 이처럼 특정한 다양성의 긴장이 나의 관심을 보장해주는가?

두 번째 질문에 대한 부정적인 대답은 관리자들을 계속 움직이도록 하고 있다. 긍정적인 대답은 행동의 원인이 되고 있다.

중요한 다양성의 긴장을 발견한 관리자들은 "다음은 무엇인가?"를 반드시 질문해야 한다. 효과적인 관리자들은 과거의 행동을 검토하며 "이것이 효과적인가?"라는 질문을 하며 시작한다. 부정적인 대답은 일을 다른 방식으로 할 필요가 있다는 점을 지적하는 것이다. 분명하게 정의된 선택을 소유하고 있는 행동대안은 관리자들의 의사결정을 도울 수 있다. 그러나 한 가지 행동대안 또는 행동대안의 조합을 선택하고 실행하는 것은 단지 시작일 뿐이다. 관리자들은 자신들이 선택한 대안이 목적을 달성할 수 있도록 감독하고 '이끌어주어야' 한다. 역시 민첩함과 적응성이 대안의 성공 여부를 가늠하는 핵심적인 요소가 될 수 있을 것이다.

다양성 관리 : 미래의 조직 성공에 필요한 것

나는 모든 물의 흐름은 하얗고, 미래에도 그렇게 남아 있을 것으로 믿는다. 미래에는 민첩할뿐더러 적응하는 조직만이 번성하게 될 것이다. 민첩성과 적응성을 달성하려면 새로운 성공 공식에 대한 계속적인 연구가 필요하다. 기업 세계가 겪고 있는 심오한 변화와 현존하는 조직의 많은 가정과 제도가 변화와 적응을 방해하는 상황에서는 이러한 연구가 아무리 잘 진행되어도 어려움을 수반할 것이다.

번성할 조직의 질적 요구 사항

번성할 조직은 다음과 같은 속성을 중시하게 될 것이다.

- 재구성의 전후조건으로서 공유된 사명과 비전에 대한 몰입
- 올바른 일의 수행을 결정하는 것에 초점을 맞추고 있는지의 효과

- 반성과 학습 능력
- 권한 부여(뭔가 새롭고, 정보에 기초한 자기 스스로의 방향 제시에 대한 탐색이 필요할 때)
- 단위를 초월한 협동과 함께 다기능적인 역할
- 단순한 잠재성이 아니라 성과의 관리
- 전략적인 사고, 미래에 유지할 수 있는 경쟁적 이익을 얻기 위한 접근 방법을 찾아내는 과정
- 문화적 갱신, 뿌리박힌 가정의 지속적인 변화
- 지속적인 연구와 학습

이 정도의 조직 변혁은 몇 가지 전통적인 다양성의 혼합을 만들어낸다. 모든 것은 다양성 관리 과정을 통해 접근할 수 있다. 과정이 진행되는 방식은 이러한 혼합물 중에서 가장 중요한 두 가지 요소, 즉 환경의 지각과 조직 변화를 이용해 다음과 같이 설명할 수 있다.

환경의 지각과 행동대안 관리자들은 지속적으로 외부 환경에 대한 인상 형성 또는 '순간포착'을 하고 있다. 집단적으로 이러한 순간포착은 현재 환경에 대한 그림을 구성하고, 전략과 행동을 결정하는 틀로서 사용된다. 언제든 관리자는 외적 현실에 대한 조작적인 사진을 제공하기 위해 가장 마지막 환경에 대한 몇 가지 순간포착에 의존하게 될 것이다. 안정된 환경에서 이러한 순간포착은 서로서로 비슷하고, 과거의 순간포착과 비슷하며, 평상시와 같이 사업

을 계속할 수 있음을 관리자에게 재확신시켜줄 수 있다.

그러나 환경이 더욱더 예측할 수 없으며 역동적일수록 현재의 순간포착은 더욱더 다양하고, 과거의 순간포착으로부터 빗나간다. 이때 관리자는 "외부 현실에 대한 나의 이해를 변화시켜야만 하는가?"라고 질문해야 한다. 그리고 만일 그렇다면 "우리가 하고 있는 사업 방식에 변화가 필요한가?"라고 질문해야 한다. 이 물음에 대한 답은 관리자가 순간포착의 다양성에 반응하는 방식에 많은 영향을 미칠 것이다. 그는 제외를 선택할 수도 있다. 이러한 선택은 관리자가 현재의 상태에서 많이 벗어나고 있는 순간포착을 포함해 부정할 수도 있다. 행동계획을 만들 때 순간포착을 옆으로 치워놓고 무시함으로써 고립시킬 수도 있다. 또 현재의 모든 순간포착을 현상유지의 일부로 해석하고, 따라서 환경이 변화되지 않았다는 설명을 유지함으로써 순간포착을 동화시킬 수도 있다. 대안적으로 그는 순간포착을 인내하거나 억압할 수도 있다. 앞에서의 대안과 같이 이러한 대안은 그가 '벗어난' 순간포착을 무시하는 것을 허락하고, 그리고 평상시처럼 사업을 하도록 해준다.

그러나 오직 두 가지의 선택만이 관리자가 조직 변혁의 필요한 과정을 시작하도록 허락해줄 것이다. 첫째는, 차이가 나는 순간포착이 현재 상태에서 얼마나 벗어나는가를 결정하기 위해 실험함으로써 관계를 형성하는 것이다. 둘째는, 차이가 나는 순간포착이 관리자의 환경에 대한 종합적인 견해의 변화를 요구하게 될 것이라는 현실을 받아들임으로써 상호적응을 육성하는 것이다.

조직의 변혁과 변화관리 과정　　조직이 변혁 과정을 지속함에 따라 조직의 관리자들은 지속적이며 편재해 있는 변화에 적응해야만 할 것이다. 바람직한 변화의 성격을 분명히 규정할 수 있는 능력은 현재 상태에 대한 다양성 혼합물과 이에 대한 대안을 분석하고 이해할 수 있는 능력에 달려 있다. 관리자는 변화의 가능성에 대한 고려를 제외 또는 거절할 수 있다. 여기에 대한 전형적인 표현은 "모든 것이 괜찮다. 만일 깨지지 않는다면 고치지 말라"다. 대안적으로 그는 포함을 선택할 수도 있다. 변화의 가능성을 고려하고, 현재 상태와 대안에 대한 다양성 혼합물을 만들어내기 위해 말이다. 그러나 그는 '포함'의 대안을, 고려해볼 만한 가치가 있게 만들어주는 차이점에 대한 요구를 허락하지 않는 부정과도 짝지을 수 있다.

　또한 관리자는 고립을 선택할 수 있다. 대안을 포함시킬 수도 있으나 그 대안을 '특별한 것'으로 명명할 수 있다. 예를 들어, 그는 전사적 품질관리를 실시할 수 있다. 그러나 그는 이것을 조직 전체에 통합적인 것이라기보다는 보충적인 것으로 처리할 수 있다. 결과적으로 현재 상태는 그 자리에 남아 있게 된다. 동화된 관리자들은 대안이 현재 상태에 맞도록 대안을 재정의하려 한다. 그들은 "우리는 후계자 계획에 대한 우리 안을 개발할 것이다"라고 말할지도 모른다. '동화'라는 대안은 현재 상태를 유지하면서 관리자들이 변화와 관련된 적절한 전문용어를 사용하도록 허락한다. 오직 상호적응을 육성하는 대안만이 현재의 상태를 대안과 혼합해 바람직한 새로운 상태를 개발하는 데 도움이 된다.

| **바람직한 능력 수준의 달성**

미래의 조직은 다양한 상황 아래 도처에 산재해 있는 다양성 혼합물을 경험하게 될 것이다. 기업의 환경 또는 노동력 등에서 발견되고 있는 것과 같이, 어떤 다양성 혼합물은 우리가 살고 있는 세계와 자연적인 문화에 본질적으로 존재하고 있다. 다른 것은 조직, 기능적 단위, 그리고 사업 영역 등에서 상호의존성이 기하급수적으로 증가함으로써 생겨난다. 아마도 조직의 변혁 및 변화와 관련된 것과 같은 다양성 혼합물은 이전에 발견된 혼합물에 반응하려는 관리적인 노력에서 생겨나고 있다. 그 결과 조직의 변혁과 변화는 부가적이며, 이전에 언급되지 않았던 혼합물이 될 것이다.

최소한 이것은 조직이 이전에 사용해온 다양성에 대한 개념화와 접근방법 등을 재검토해야 한다는 의미다. 과거 다양성과 관련된 노력은 이전에 제외되었던 사람들을 포함하여, 다양성의 혼합 내에서 조화를 이루는 것에 초점을 맞추었다. 아직도 이처럼 바람직한 상태가 타당한 것이다. 그러나 이러한 상태만으로는 충분하지 않다. 다양한 혼합물의 풍성함 및 그 기본 성격은 지속적인 조직의 생존에 중요한, 혼합물에 대한 효과적인 관리를 가능하게 할 것이다. 반대로 효과적인 관리는 다양성 처리 능력을 소유하고 있는 관리자, 즉 다양성 관리의 틀을 이해하고, 사용하며, 구체적인 행동대안을 사용함에 따라 정확한 효과를 예상할 수 있는 관리자들에게 의존하게 될 것이다.

또한 조직의 다양성 처리 능력은 단순히 관리자들이 아니라 다양성 관리기술을 소유한 직원들에게 훨씬 더 의존하게 될 것이다. 다양성 관리기술에 대한 직원들의 욕구는 이미 도전받고 있는 관리자들에게 부가적인 책임을 지우게 될 것이다. 그들은 권한 부여와 다양성 관리기술의 구체적인 모델링 및 훈련 등의 조합을 통해 필요한 직원의 능력을 조성해야만 한다.

　　마지막으로, 필수적인 다양성 관리 능력의 성취를 위해 회사의 관리자들과 직원들의 능력을 강화시키는 조직 문화와 체계가 필요할 것이다. 여기에서 모든 짐은 조직의 리더가 지고 있다. 조직의 리더는 조직의 사명·비전·전략·문화 등을 분명히 전달해야 하며, 소용돌이치는 도전적인 외부 환경에서 더 이상 일하지 않으려는 사람들을 기꺼이 변화시켜야 한다.

35

Greg Parston

사회적 결과의 창출

조직은 책임감을 통해 정의된다. 짧은 역사를 지닌 커다란 상업 조직들이 책임감과 계량화된 하한선을 측정하는 것은 전통적으로 주로 소유주의 이익과 관련되어 있었다. 사업의 세계에서는 조직관리에 대한 성공을 주로 이익에 기초해 측정했다. 오늘날 기업 분석은 조직 변화의 성공을 판단하는 주요 기준으로서 주식의 가치를 언급하는 것으로 가득 채워져 있다. 주주들과 그들의 이익에 대한

그레그 파스턴 Greg Parston | 런던의 직원들이 소유하고 있는 트러스트인 퍼블릭 매니지먼트(Public Management)사의 최고경영자다. 이 회사는 대중에 봉사하는 조직과 사회적으로 책임 있는 사업을 위한 조직 개발을 제공하고 있다. 대표이사와 전략을 짜는 일을 하고 있으며, 하버드대학교 케네디스쿨의 겸임강사이기도 하다. 그는 뉴욕주의 특별연구원, 온타리오주, 미국과학재단, 그리고 세계은행 등을 포함해 많은 국가에서 관리자와 컨설턴트로 일했다. 많은 글을 쓰면서 폭넓은 강연을 했으며, 뉴욕대학교의 교수로 있다.

책임감은 조직의 성과·설계·행동을 결정하는 주요한 요소다. 성과관리, 사업 과정의 리엔지니어링, 경쟁적 우위 등은 모두 오늘의 조직을 더 큰 배당을 줄 수 있는 내일의 조직으로 변형시키는 것을 목표로 하고 있다.

그러나 주주의 이익에 대한 책임감이 전부는 아니다. 고객들은 항상 책임감이라는 이해관계에서 근접한 2등을 달리고 있다. "고객은 항상 옳다"라고 쓰여진 상점 문 앞의 간판은 좋은 마케팅에 지나지 않았었다. 그러나 이것은 또한 고객의 요구가 사업을 조직화하고 운영하는 방식에 중요한 역할을 차지하고 있음을 인식하는 것이었다. 더욱 최근에는 톰 피터스 같은 전문가들의 도움으로, 그리고 특히나 일본 경쟁자들의 성공과 함께 관리자들은 좀 더 분명하게 고객들의 요구 사항에 노력의 초점을 맞추는 방법에 대해 학습했다. 그리고 그러한 학습과 더불어 조직은 포드의 생산 라인에서 디즈니 월드 식 생산으로 옮겨갔다. 더 이상 고객들은 "검정색인 이상 어떤 색깔이든 당신이 원하는 대로"라는 식의 기대를 갖지 않게 되었다. 마이클 아이스너Michael Eisner는 월트 디즈니가 세계에서 최고의 성과를 올리는 조직으로 성공한 요인을 두고 단순히 사람들에게 그들이 원하는 것을 주었다는 점을 들고 있다. 고객들에 대한 책임감은 고객들이 잘 봉사받고 있다는 것을 확실히 하기 위해 더 많은 위임과 더 많은 책임을 일선 근로자들에게 주는 결과를 낳음으로써 새로운 모습의 조직을 탄생시켰다.

주주들과 고객들은 모두 조직으로부터 책임감을 요구한다. 그리고 중역들은 그들의 요구에 반응하기 위해 유행에 따라 어떻게 조직 구조를 설계할 것인가를 알고 있다. 디프리와 리카르도 셈러 Ricardo Semler와 같은 혁신적인 리더의 영향으로 많은 중역들은 직원들의 요구에 반응하는 것 또한 보상을 가져올 수 있음을 학습했다. 경력의 개발, 유연하고 지지적인 근무 조건, 칭찬, 그리고 직무 설계에 대한 참여 면에서 직원들에게 더 많은 것을 주도록 허락함으로써 중역들은 증가된 생산성, 제한적이지 않은 근무, 심지어는 회사에 대한 충성심 등 더 많은 것을 얻을 수 있었다. 냉소적인 관측자들은 직원들과 직원들의 조건에 대한 이처럼 새로운 관심은 또 다른 관리자들을 통해 오직 더 큰 이익, 즉 주주에게 더욱더 잘 봉사하기 위한 방법을 달성하려는 새로운 방법으로 사용되었을 뿐이라고 말할 것이다. 그러나 레비스트로스와 같이 조직 내에 존재하는 많은 진보적인 고용 형태는 대표이사 하스와 같은 최고경영자들이 근무하는 조직에 의미 있게 공헌하고, 궁극적으로 그들 자신의 생활에 공헌하게 만들기 위해 다른 사람들에게 봉사하고, 권한 부여를 시키고자 하는 근본적인 욕구를 소유하고 있었기 때문에 가능했다.

　　시간이 지나면서 우리는 성장한 기업이 책임감을 갖는 것을 보아왔으며, 조직 구조와 관리 과정도 따라서 성숙하는 것을 보아왔다. 아직도 주주들의 가치가 증권거래소를 지배하고 있지만 고객과 직원들은 기업이 생산해내는 것에 대한 정당한 요구자로서의 중요한 가치를 인정받게 되었다. 그러나 미래를 바라볼 때, 많은 리더들은 현재 자신들의 조직에 대한 욕구와 자신들이 져야 할 책임이 훨씬 더 복잡해지리라는 점을 인정하고 있다. 효율적인 조직

관리와 리더십의 모습을 바꾸기 위해, 그리고 조직 자체의 모양을 바꾸기 위해 무엇인가가 일어나고 있다.

많은 산업과 선진국에서는 새로운 이익을 요구하고 있으며, 조직관리에 새로운 책임감을 부여하고 있다. 고객으로서 사업에 대해 높은 품질, 좋은 서비스, 그리고 공정한 가격과 같은 것에 기대를 걸었던 외부의 주주들은 더 많은 것을 요구하기 시작했다. 그들은 기업이 이윤 이후를 생각하는 것을 기대하기 시작했고, 주주의 가치, 고객과 직원들에 대한 봉사 등을 뛰어넘는 성과에 대해 기업이 책임감을 갖기를 기대하기 시작했다. 그들은 기업으로 하여금 사회적인 결과에 대한 책임감을 갖도록 만들기 시작했다.

사회적인 결과에 대한 책임감

많은 기업들이 내고 있는 자선 성금과는 달리 사회적인 결과에 대한 책임감은 지속적이다. 회사가 한 해에는 예술에 돈을 주고, 이듬해에는 고등교육을 위해 돈을 주고, 시기가 나쁠 때에는 아무에게도 돈을 주지 않는 것은 고객·주주·사회에 대한 조직의 태도가 지속적으로 공공이익의 기대감에 긍정적으로 반응할 것을 요구하는 것과 매우 거리가 멀다. 이러한 사회적인 기대감을 충족시키지 못하는 것은 주주들 또는 고객들의 기대감을 충족시키지 못하는 것과 같은 위험이 될 수 있다.

조직의 사회적인 책임감을 분명히 충족시키지 못해 조직에 상처를 주는 예는 '더 보디 숍The Body Shop'에서 찾아볼 수 있다. 이 영국의 화장품 회사는 사회적으로 책임 있는 사업의 모범으로 여겨졌다. 시작부터 설립자인 로딕은 고객과 대중들에게 자신의 사업이 사회를 좀 더 살기 좋은 곳으로 변화시키기 위해, 환경을 보호하기 위해, 동물실험을 반대하기 위해, 그리고 윤리적인 무역을 증진시키기 위해 계몽된 자본주의 정신으로 모든 것을 하고 있다는 기대감을 심어주었다. 이러한 기대감을 충족시키면서, 또는 최소한 이렇게 하고 있다는 인상을 주면서 더 보디 숍은 번창했다. 그러나 1994년 일련의 비우호적인 보도가 이 회사의 사회적인 헌신에 의문을 제기하자 더 보디 숍의 대중 이미지와 회사의 시장가치는 고통을 받았다. 그러나 이 회사의 제품과 가격은 변화되지 않았다. 아직도 더 보디 숍이 다른 경쟁자들보다도 사회 전체에 더 많은 것을 기여하지 않을 수 있다는 대중의 인식은 시민으로서 이 회사의 사회적 가치를 지지한 사람들이 현재는 다른 회사의 제품을 구매하고 있다는 심각한 변화를 보여주었다. 이 회사의 공유가치와 이윤은 급락했다.

사회적으로 책임 있는 사업에 관한 연구를 보면 더 보디 숍을 포함해 '공공의 이익'에 대한 많은 회사들의 헌신이 외부적인 공공의 압력에 대한 반응이 아니라 설립자 개인의 가치와 철학에 기초해 주도되었음을 알 수 있다.

벤 코헨은 가장 주목받는 미국의 예다. 그 자신의 개인적인 가치가 가정에서 만든 아이스크림 사업을 하는 벤 앤 제리의 포괄적인 사회적 봉사 일정표를 움직이고 있다. 지역사회의 개발, 특히 원재료를 공급하는 농경 지역사회는 이 회사가 지속적으로 헌신하고, 스스로 책임을 지는 후원자라는 사실을 알고 있다. 이 결과는 이렇게 하지 않았을 때보다도 더욱 나은 구조, 더 많은 직원 참여, 그리고 유연한 작업 형태에 대한 더 커다란 기회를 소유한 조직으로 나타났다. 이것은 사회적 일정표를 주주들과 직원들이 똑같이 공유하는 것을 허락했다. 그러나 동시에 내부적으로 추진된 사회적 헌신의 결과는 시장에 반영되었다. 나와 다른 소비자들은 벤 앤 제리가 좋은 아이스크림이기 때문에 구입했다. 그러나 우리는 이 회사의 지역사회 개발 프로그램을 지지하고, 심지어 이 프로그램으로부터 이익을 원하기 때문에 이 회사의 아이스크림을 산 것이다. 나 자신이 최고경영자로서 회사가 잘 운영되고 있으며, 직원들이 행복해 보이는 것이 즐거웠다. 그러나 궁극적으로 고객으로서 내가 원하는 것은 좋은 아이스크림이었으며, 시민으로서 내가 원하는 것은 지역사회 개발을 통한 공공의 이익이었다. 만일 벤 앤 제리가 사회적인 일정표를 갖고 있지 않았다면, 다른 회사의 아이스크림도 그저 이것과 마찬가지로 좋았으리라.

새로운 대중의 기대

이와 같이 사업에 대한 새로운 요구는 서구사회에서 상대적인 부가 성장한 부분적인 결과다. 점점 더 많은 사람들은 기업 활동에 따라 분배되는 상대적으로 풍요로운 편안함과 개별 생산의 환경적·사회적 결과를 포함해 그들이 지속하거나 용서할 수 없는 부작용을 발견하고 있다. 그들이 즐기고 있는 제품과 서비스를 생산해서 전달하는 것 이외에 기업이 하고 있는 행위에 대한 그들의 걱정은 정부가 사회적인 욕구에 분명하게 반응하는 데 실패했기 때문에 더욱 긴급하게 되었다. 그 결과 사람들은 정의와 공정성을 확립하기 위해, 사회적인 배척에 투쟁하기 위해, 그리고 환경적인 부를 유지하기 위해 기업을 포함해 다른 기관들을 찾고 있다.

이 모든 사회적인 변화의 결과는 기업 외부의 사람들이 기업 내부의 사람들에게 사회적인 문제에 더 많은 관심을 갖도록 새로운 압력을 행사하기 시작했다는 것이다. 개인적인 소비를 위해 제품과 서비스를 생산하는 조직의 외부에 있는 사람들은 이러한 조직이 비록 일련의 사회적인 이익을 창출하지는 않을지라도, 최소한 공해나 인종차별이나 증가된 폭력과 같이 어떤 형태의 사회적인 해에 기여하지 않는다는 것을 확실히 함으로써 공공의 관심사를 인식하는 방식의 행동을 기대하기 시작했다.

환경친화적인 제품과 생산에 대한 요구, 회사가 도시 밖으로 옮겨갈 때 자산의 제거에 대한 관심, 그리고 신문과 장난감 권총이 소년 범죄에 미치는 영향에 관한 걱정 등은 오랫동안 사기업들이 언급해온(또는 무시하기로 선택한) 더욱 커다란 사회적인 문제를 설명하고 있다. 그러나 오늘날 회사들은 단순히 사업의 부정적인 효과를 처리하는 것 이상의 일을 해야 할 책임이 있다는 사실에 대한 관심이 커지고 있다. 기업이 지역사회의 일부가 되어야만 한다는 생각은 증가되고 있는 의식이며 요구 사항이다.

"당신의 기업이 우리 학교를 위해 무엇을 하고 있습니까? 우리의 건강을 위해서는? 노인들을 위해서는?" 이러한 질문은 과거에 지역사회 개발을 위해 단순히 작은 부분의 역할을 담당했던 조직의 리더들에게 더욱더 빈번하게 제기되는 것이다. 오늘날이 과거와 다른 것은 단순히 고객단체들이나 환경단체들의 로비 영향이 아니다. 오히려 단체에 가입하지 않은 수백만의 사람들이 시민으로서 더욱 안전하고, 더욱 건강한 사회를 만들기 위해 기울인 집단적 노력의 결과인 것이다.

이렇게 증가되는 사회적인 기대감은 기업과 기업의 리더들에게 전통적인 시장에서 그들이 맞이했던 것과는 다른 새로운 책임감을 부가하고 있다. 여전히 기업의 성공은 관리자들이 지속적으로 얼마나 주주들의 이익을 충족시켰는가에 따라 측정되고 있다. 기업의 성공은 최소한 고객과 스태프의 이익이 얼마나 잘 지켜지고 있는가를 점점 더 반영하게 될 것이다. 그러나 성공한 더 많은 미래의 조직은 시민들의 새로운 기대를 얼마나 잘 충족시키고 있는가에 대한 척도 또한 포함하게 될 것이다.

사회적으로 책임 있는 조직 개발하기

새로운 사회적인 책임이 조직 내부 또는 조직 외부의 요구에 따라 생겨나는가에 상관없이 이는 기업을 조직하고, 조직을 개발하고, 그리고 리더십을 행사하는 데 있어 우리가 과거에 보았던 것과는 아주 다른 도전을 대표하고 있다. 수요가 증가함에 따라 수많은 기업의 리더들은 공공의 이익에 대한 책임을 어려운 도전으로 받아들이게 될 것이다. 그러나 리더들은 이를 기회로 여길 것이다. 그들은 비록 그들의 사업이 이전에 직면했던 것보다 더 복잡하고 더 빠르게 변화하는 기대와 요구에 직면해 있을지라도, 그에 반응할 수 있는 기업 활동이 증가하고 있다는 점을 이해하게 될 것이다. 그리고 그들은 증가되는 윤리적인 투자자들로 인해 최소한의 결과에 대한 의미를 재고하도록 요구받을 것이다.

오늘날 미래가 어떻게 될 것이라는 약간의 지식을 가지고 있는 많은 중역들은 대부분 주주의 가치와 관련 있는 전통적인 성공의 척도를 충족시키기 위한 전통적 방식의 조직화는 새로운 변화에 대처해나가는 데 충분하지 않다는 사실에 대해 좌절하고 있다. 조직과 관리의 전통적인 접근 방법은 주주들과 사회 사이에서 균형을 이룰 수 있도록 그들을 돕지 못하고 있다. 미래의 리더가 될 사람들은 사회적으로 책임 있는 사업에 대한 회의와 학술대회에서, 그리고 다른 어떤 것보다도 코헨이 창설한 가장 유명한 사회적 벤처 네트워크Social Venture Network에서 분명히 나타나고 있는 것과 같이 사회적인 책임에 대한 증가된 압박에 논리적인 대응책을 개발하기 위해 투쟁하고 있다. 분명히 모순되고 대치할 수 없는 책임감이라는 새로운 경향에 대해 오늘날의 많은 리더들이 충분한 준비하지 못하고 있는 것은 사실이다. 그러나 벤 앤 제리, 프랑스의 샤토 드 라스투르Château de Lastours : 학습 불구자들만을 고용하는 기업, 그리고 스웨덴의 IKEA(모든 직원들이 환경보호를 중요한 목적으로 삼는 회사)와 같이 오늘날 사회적으로 책임 있는 조직의 일부 리더들은 이처럼 새로운 사회적인 요구를 충족시키기 위해 새로운 방식으로 조직화하는 방법을 개발하고 있다. 그들로부터 많은 것을 배워야 하며, 미래의 사회적인 책임이 요구하는 조직을 개발하기 위해 많은 준비를 해야만 한다.

미래의 조직은 주주·스태프·고객들과 새로운 형태의 관계를 개발해야 할 것이다. 그러나 가장 중요한 것은 전체 대중과도 새로운 형태의 관계가 요구된다는 점이다. 이러한 조직은 자신들을 지역사회의 적극적인 참여자이자 사회적 부를 위한 적극적인 기여자로 정의하고 있으며, 그러한 비전에 기초해 설립될 것이다. 이제 사회적으로 책임 있는 조직은 더 이상 그들의 재무적 제약, 그들의 소유권, 그들의 제품, 그들의 조직도가 아니라 사회에서의 그들의 역할에 따라 정의될 것이다.

지역사회에서 기업의 위치는 전통적인 영역에 도전하게 될 것이다. 사회적으로 책임 있는 리더들은 조직의 외형적·법적 제한을 뛰어넘는 새로운 미래를 설계해야만 할 것이다. 이것은 사업적인 사고에서 체계 전역의 새로운 건축물을 소개할 뿐만 아니라 조직에서 리더 자신의 역할 속성을 변화시킬 것이다.

미래에 사회적으로 책임 있는 기업의 리더들은 조직 내에 있는 다른 사람들이 자신보다 더 크고, 자신의 조직보다 더 많이 사회적으로 기여하도록 코치하고 교육시키고 촉진시킬 것이다. 리더들은 조직이 직면하는 일련의 복잡한 책임감과 아울러 살고 있는 사회에 대한 이해 구축을, 이러한 책임감을 충족시키기 위해 조직의 능력과 기술 개발을 강조할 것이다. 그리고 리더들은 새로운 동반자관계의 형성과 사회적인 결과에 초점을 맞춘 새로운 대화를 위해 조직 외부에 있는 사람들과 함께 일하게 될 것이다.

이러한 역할을 통해 미래 조직의 리더들은 사회운동가가 될 것이다. 새로운 사회적 책임을 충족시키기 위해 리더들은 조직의 사회적인 일정표를 명확히 확립시키는 중요한 역할을 해야 할 것이다. 또한 주주·스태프·고객들과 사업의 사회적인 최하한선을 결정하기 위해 힘겨운 정치적 협상을 벌여야 할 것이다. 리더들은 개인적 헌신과 조직의 헌신을 선언하고, 이를 지속시키기 위해 더욱 넓은 공공무대에서 활약해야 할 것이다. 그리고 미래 조직의 리더들은 익명의 중역으로 남아 있지 못할 것이다. 자신들이 지지하는 것과 생산하는 사회적인 결과에 의거해 널리 알려지게 될 것이다.

또한 미래의 조직은 사회적인 결과를 생산하게 될 것이다. 이는 단순히 이윤을 위한 것이 아니다. 미래 조직의 리더들은 쉽지 않은 일을 하게 될 것이며, 리더들이 받는 보상은 전통적인 성공의 척도에 부합되지 않을 것이다. 그러나 미래의 리더들은 단순히 조직을 관리하는 것보다 더욱 중요한 역할을 하게 될 것이다. 그들은 우리의 생활 개선을 도와줄 것이다.

36

John R. Seffrin

미래의 자발적 건강 조직

우리 사회가 더 이상 가난하며 불이익을 받는 사람들을 위해 자원을 할당하지 않고, 따라서 보건과 관련된 현재의 문제가 배가되지 않는 두 개로 분리된 보건체계—하나는 부자를 위해, 그리고 다른 하나는 가난한 사람을 위해— 의 탄생이라는 결과를 낳게 될 미래를 상상해보자. 이처럼 황량한 미래는 전혀 불가능한 것이 아니다. 사실 많은 사람들은 우리가 이 마지막 지점을 향해 매진하고 있다

존 R. 세프린 John R. Seffrin | 세계 최대 규모의 자발적 건강 조직인 미국암협회(American Cancer Society : ACS)의 대표이사다. 또한 그는 미국암협회재단(American Cancer Society Foundation)의 수탁인이며, 국립보건원(National Health Council)의 부회장으로 봉사하고 있다. 1992년까지 인디애나대학교 건강교육과 교수였으며, 응용건강과학과 학과장을 지냈다. 그는 건강교육, 질병예방, 그리고 공중보건의 리더로서 국내외에서 높은 명성을 얻었다.

고 주장하고 있다. 빠르게 발전하는 기술, 변화하는 인구 구조, 그리고 고조되는 경제적·정치적 압박은 이러한 국가의 보건체계를 급격히 변화시키고 있다. 예를 들어, 관리된 보건은 가정 담당 내과의사가 우선적인 암 치료 담당자가 될 것을 예고하고 있으며, 그리고 이 의사는 어떤 암 환자를 전문가에게 치료받도록 결정하는 중요한 역할을 담당할 것이다. 더욱이 인구 수에 기초한 할당이 규범화됨에 따라 금전적인 인센티브는 새롭고 종종 비싼 의료보호의 혁신을 덜 장려할 것이다. 이처럼 보건체계가 변화하면서 자발적인 건강 조직도 함께 변화해야만 한다.

불행히도 자발적 조직의 많은 리더들은 너무 바빠 오늘날의 문제에 집중할 수 없다. 따라서 그들은 미래 사회의 모든 구성원들의 건강을 증진시킬 보건체계의 탄생을 생각할 수 없는 것이다. 최근에 ACS는 미래 심포지움의 이정표를 조직했다. ACS는 암협회의 리더들을 모아 협회가 달성해야 할 장기적인 결과라는 측면에서 '의향서statement of intent'의 개발을 돕게 했다. 1977년 클레멘트 베졸드Clement Bezold, 앨빈 토플러Alvin Toffler, 그리고 제임스 데이터James Dator가 공동으로 설립한 비영리 연구 및 교육기관인 대안적 미래를 위한 연구소Institute for Alternative Futures의 도움으로 우리는 2013년(협회의 100주년이 되는 해)까지의 미래를 전망했으며, 다음 100년이 시작하는 초기에 암 예방과 통제를 위한 비전을 만들었다. 제안된 의향서의 기초적인 요소는 다음과 같이 2013년에 대한 기대를 포함하고 있다.

- 더 많은 암이 예방될 것이며, 질병이 조속한 죽음의 주된 원인이 되지 않을 것이다.
- 나이에 맞추어진 사건은 감소될 것이다.
- 나이에 맞추어진 사망률은 대폭 감소될 것이다.
- 대중은 암을 더 이상 사망선고로 지각하지 않을 것이다.
- 암 진단 후에도 더 많은 사람들이 제 기능을 할 수 있는 뛰어난 능력을 소유하고 삶을 즐기면서 더 오래 살아갈 것이다.
- 모든 암 환자들과 그 가족은 더 나은 삶의 질을 누릴 수 있을 것이다.
- 암 때문에 생기는 통제되지 않는 고통은 사라질 것이다.

모든 자발적인 조직은 원하는 미래 모습과 비슷한 발전을 개발함으로써 전략을 수정하고, 미래를 현실화하는 방향으로 몰입할 필요가 있다. 우리는 자신에게 루이스 캐럴Lewis Carroll이 《이상한 나라의 앨리스Alice's Adventures in Wonderland》에서 예언적으로 말한 내용을 규칙적으로 잘 상기시켜야 할 것이다.

"앨리스가 몇 야드 떨어진 곳의 나뭇가지에 앉아 있는 체셔 고양이를 보고 조금 놀라며 '제발 내가 여기서부터 어느 길로 걸어가야만 되는지 말해주겠니?' 하고 묻자 고양이는 '그것은 당신이 어디에 가고 싶은가에 달려 있어요'라고 말했다. '나는 어디든 상관없어……' 앨리스가 말했다. '그러면 어떤 길로 걸어가든 상관이 없습니다'라고 고양이가 다시 말했다. '……내가 어디엔가 도착하는 한'이라고 앨리스가 부가적인 설명을 했다. '당신이 충분히 멀리만 걷는다면, 확실히 그것을 할 수 있을 것입니다' 라고 고양이가 말했다."

ACS는 이미 21세기 운영 방식으로 변화했다. 1994년 실시한 몇 년간에 걸친 전략적 계획과 미래화 계획에 기초해, 현재 이 협회는 조직의 최우선 순위로서 매년 편성되는 예산을 결정하는 지속적인 운영 과정에 몰입하고 있다. 이것은 여러 부서가 계속 증가하는 예산을 따내기 위해 경쟁해온 수십 년 동안의 관행을 뒤집는 것이다. 과거의 관행은 협회의 목적 달성에 매우 중요한, 많은 예산이 드는 새로운 일을 추진하려는 우리의 노력을 방해했다.

이제 우리는 미래에 대한 주도권과 심각한 전략적 계획을 통해 우리의 크고도 비교적 전통적인 조직을 이전의 어느 때보다도 더욱 경쟁적인 시장에서 최대한 성공적으로 만들기 위해 요구되는 변화를 더욱 빠르게 수행할 수 있는 중요한 수단을 소유하게 되었다.

자발적인 건강 조직의 미래를 형성하는 주요 힘

현재 미국은 시민들에게 기초적인 보건을 보장하지 않는 유일한 선진국이다. 워싱턴 D.C.에서 보건에 대한 논쟁이 지속되면서 미국 사람들은 중요한 변화를 맞을 준비가 되어 있을 뿐만 아니라 변화를 요구하고 있는 것이 확실하다. 이러한 변화는 자발적인 건강 조직의 역할과 사명에 많은 영향을 미칠 것이다. 우리는 이와 같이 다가오는 변화를 준비할 필요가 있을 뿐만 아니라 우리의 조직적 생명력과 적절성을 확실히 하고 각자의 목표 실현 가능성을 극대화시킬 수 있는 전략을 고안할 필요가 있다.

관리된 보건을 향한 움직임은 다양하고 심오한 방법으로 보건체계를 형성할 것이다. 비록 이러한 많은 변화가 더욱 커다란 효율성이라는 결과를 가져오고, 보건예산을 덜 낭비한다는 결과를 낳을지라도 이것은 환자들의 효과적인 대변자 없이 바람직한 특정 보건 서비스를 모든 사람들이 널리 이용할 수 없게 할 것이다. 암 치료 분야는 특히나 걱정스럽다. 왜냐하면 암 병력을 지닌 사람은 다른 사람들보다도 더욱 차별받는 경향이 있다는 것을 과거의 경험이 보여주고 있기 때문이다. 더욱이 대중들이 암을 예방하고 치료하는 더 좋은 방법을 원하고 있다 할지라도, 이러한 발전은 연구와 임상실험 없이는 불가능하다. 불필요한 실험을 위한 연구비 지원은 어떤 경우에도 쉽게 이루어지지 않을 것이다. 만일 우리 조직이 암에 직면해 있는 모든 사람들의 욕구를 효과적으로 대변하지 못한다면, 그런 일은 실질적으로 불가능할 수 있다.

보건체계가 진화함에 따라 우리는 질병을 '위험증후군syndromes of risk'으로 보는 견해의 이동을 보고 있다. 빈곤은 우리 시민들이 나쁜 건강을 갖게 하는 제 1 증후군이다. 이러한 증후군에는 나쁜 주거 조건, 나쁜 영양 상태, 담배·술·약물의 사용 증가, 그리고 높은 수준의 스트레스와 범죄 등 많은 요소가 포함되어 있다. 자발적인 건강 조직은 이와 같이 건강에 악영향을 미치는 원인과 싸우는 임무를 부여받을 수 있다. 이는 다른 자발적인 집단들과의 협동뿐만 아니라 교육, 주거, 법률 집행 대리인들 및 같은 지역사회 주체들과의 동반자적 관계 형성을 의미한다.

　기술의 발달은 우리가 의사소통하고, 질병을 치료하고, 조직을 운영하는 방법을 변화시킬 것이다. 유전자 치료는 질병의 예방과 치료에 영향을 미칠 것이다. 인간 염색체 지도화는 온갖 질병의 위험에 처할 수 있는 많은 사람들을 구별하기 위한 시험 개발을 가능하게 할 것이다.

　질병의 '예측, 예방, 그리고 관리의 패러다임'으로 향하는 현재의 경향은 예방뿐만 아니라 건강한 지역사회의 창조를 위한 방법으로 생활 형태의 변화도 강조하고 있다. 질병은 빈곤과 나쁜 환경과 같은 다양한 증후군의 결과로 여겨질 것이다. 자발적인 단체들은 질병을 뛰어넘어 환경적 스트레스에 대한 관심뿐만 아니라 위험에 처한 모든 사람에게 초점을 맞추라는 역할 확대를 요청받게 될 것이다. ACS가 포괄적이고 질병 중심적인 사명에 대한 의향서를 더욱 사람 중심적인 것에 초점을 맞추는 쪽으로 변화시킨 것도 바로 이러한 이유 때문이다.

　중요한 인구 구성의 변화뿐만 아니라 전체 시민의 고령화는 보건체계의 매우 다른 봉사를 요구하게 될 것이다. 이러한 변화는 건강뿐만 아니라 교육과 주거와 같이 우리 사회의 다른 영역에도 암시하는 것이 있다. 더욱 나이 많은 사람들과 소수민족들이 보건체계를 이용하게 될 것이다. 이러한 소수민족들은 어떻게 보건체계에 접근하며, 어떻게 그 이익을 지각할 것인가에 영향을 미칠 수 있는 그들 자신의 문화적인 배경과 신념을 소유하게 될 것이다. 이러한 소수집단 중 다수가 가난할 것이며, 예방의학뿐만 아니라 좋은 영향과 안전한 주거 환경을 마련하지 못하고 있다. 이 모든 상황이 건강에 나쁜 영향을 주는 것이다.

또한 자원봉사자들의 모임은 자발적인 건강 조직을 변모시킬 것이다. 고령자와 소수민족 사람들이 미래의 자원봉사자가 될 것이다. 자원봉사자들과 돈을 기부하는 사람들 모두 자신들의 돈과 시간이 생산한 결과를 볼 수 있도록 결과에 대한 척도를 원할 것이다. 자발적인 조직은 최고 수준의 자원봉사자들을 모집하고, 그들의 최고 능력과 흥미를 사용할 수 있는 확실한 배치를 위해 그들의 모집 및 교육에 관한 전략을 수정해야 한다는 사실을 이해할 필요가 있다. 나는 많은 노령 인구층이 21세기 자원봉사의 기초를 변화시키는 데 중요한 영향을 미칠 것으로 예견한다.

보조적이고 대안적인 치료 방법의 사용과 수용이 미국과 전 세계에서 증가하고 있다. 이는 사람들이 보건체계에 접근하는 방식과 전통적인 방법으로 질병의 치료를 받는 시점을 변화시킬 것이다. 보건비용의 상승은 이처럼 비전통적인 치료 방법을 더욱 매력적으로 만들고 있다. 자발적인 건강 조직은 이러한 치료 방법을 시술하는 사람들이 잘 훈련받았으며, 환자들에게 유용한 서비스를 제공하고 있음을 확인하는 적극적인 역할을 할 수 있을 것이다. 또한 자발적 조직은 ① 보조적이고 대안적인 치료 방법의 효용에 대한 연구를 실시하고, ② 비전통적인 접근 방법을 포함해 안전하고 효과적인 치료 방법에 관해 객관적이고 타당한 정보를 대중에게 전달하는 책임감을 수용함으로써 미리 행동을 취할 수 있을 것이다. 의료비용과 이윤을 생각하는 동기가 미국의 보건체계에 널리 퍼짐에 따라 자발적인 건강 조직은 환자에게 가장 바람직한 보건을 유일한 흥미로 삼는 기관이 될 것이라는 사실을 우리는 기억해야만 한다.

생활 형태와 행동 형태는 보건을 형성하는 또 다른 중요한 힘이 될 것이다. 비록 많은 사람들이 더 잘 먹고, 더 많이 운동하고, 요가·명상과 같이 스트레스를 감소시키는 비전통적인 치료를 이용함으로써 더욱 건강한 생활을 향해 움직이고 있다고 할지라도 건강을 증진시키지 않는 행동이 늘어나는 징후가 매우 우려되고 있다. 흡연이 암, 심장병, 그리고 많은 질병과 연관되어 있다는 압도적인 증거에도 불구하고, 통계자료는 미국 성인의 25%가 아직도 지속적으로 흡연을 하고 있으며, 젊은이들의 다수가 흡연을 하고 있다.

왜 그럴까? 인간의 행동을 이해하고 좀 더 건강한 생활 형태를 촉진시키기 위해서는 어떻게 인간행동을 수정할 것인가를 학습하는 것이 21세기에 자발적인 건강 조직이 직면한 가장 커다란 도전 중 하나가 될 것이다. 다시 한 번 말하자면, 사회심리와 행동에 관한 일부 분야의 연구는 영리 부분 또는 정부보다 사회 부분의 조직들이 제일 잘 수행하고 있다. 미래에는 자발적인 건강 조직과 생활의 질 향상을 목적으로 하는 모든 사회 부분의 조직이 인간행동을 더욱 잘 이해하고, 인간행동을 변화시키는 것을 목표로 필요에 따라 실시하는 모든 조정의 효과와 '적절성'을 평가하기 위해 노력해야 할 것이다.

생활 형태와 관련되지 않은 많은 요소가 세계 전역의 건강에 영향을 미치고 있으며, 우리는 이것을 처리할 필요가 있다. 우리는 석유화학, 인공방사능, 그리고 더욱 얇아지는 오존층 등에 대한 증가된 노출이 우리의 건강에 미치는 악영향의 정도를 이제 이해하기 시작했다. 이러한 문제를 처리하는 데 자발적 조직의 역할은 무엇일까? 우리는 이같이 건강에 위협을 주는 세력에 대항해 로비함으로써 건강을 위한 대변인이 되어야 하는 것인가? 이러한 세력에 대항하는 전투에서 취할 자세를 결정하는 것은 모든 자발적인 건강 조직의 책임이다.

앞에서 언급했듯이, 이러한 위험증후군을 공격하기 위해 자발적인 조직과 모든 지역사회는 새로운 협동과 자원의 집합체를 형성하라는 요구에 직면할 것이다. 몇 가지 요소를 나열하면 안전한 거주지, 적절한 영양, 그리고 좋은 교육의 제공 등은 과중하게 두려운 업무가 될 것이다. 미래의 자발적인 건강 조직은 그들이 봉사하는 사람들을 돕기 위해 그들 손에 있는 자원을 사용할 것이다. 결국 우리 조직의 존재는 인간과 지역사회의 중요한 욕구가 개인, 즉 영리 부분 또는 공공(정부) 부분에 의해 적절하게 해결되지 않고 있다는 인식에 기초해 예측되었다. 따라서 우리의 존재 논리는 그러한 공간을 채우고, 지역사회 수준에서 민주사회의 전반적인 복지를 증진시키는 것이다.

21세기 초의 미국암협회

이 모든 것이 자발적인 건강 대리인들에게 의미하는 것은 무엇인가?

이것을 설명하는 최고의 방법은 미래의 ACS에 대한 윤곽을 제공하는 것이다. 다음과 같은 시나리오가 가능하다.

ACS는 현재 진행 중인 사업의 책임과 결과에 대한 척도를 점점 더 구체화하고 있다. 암 통제를 위한 치료와 다른 프로그램들은 그 효과에 기초해 평가되고 있다. 인터넷을 통한 시민대표자회의와 다른 형태의 사이버 공간을 통한 의사소통 등은 구성원들에게 치료의 유효성, 건강증진 프로그램, 그리고 ACS의 다른 지원적인 기능에 대한 일반인의 의견을 묻기 위한 수단으로 고려되고 있다. 이런 문제에 대한 피드백은 효과가 낮게 검증된 프로그램을 제거하고, 현재의 욕구에 맞는 새로운 프로그램을 만들어내는 등 잘 운영되지 않는 프로그램을 수정하기 위해 사용될 수 있다.

나쁜 건강에 대한 중요한 원인으로서 생활 형태와 관련된 요소를 인정하는 것은 ACS가 더 많은 연구의 초점을 행동과학에 맞추도록 하는 변화를 가져왔다. 사람들이 특정한 방식으로 행동하게 하는 원인이 무엇인가를 결정하며, 이러한 행동을 대상으로 투쟁하고, 더욱 건강한 생활의 선택을 촉진시키기 위해 건강증진 캠페인과 행동 수정 프로그램과 같은 전략을 세우는 데 관심을 갖고 있다. 암 예방뿐만 아니라 질병의 통제는 사회의 최우선 목표가 되었다. 강력한 ACS의 연구 기초는 모든 ACS 프로그램이 성공을 거두기 위한 적절한 기금확보 차원의 헌금뿐만 아니라 지역사회의 동반자적 관계에 의거해 지지되고 있다.

　미국의 노령화된 인구는 사회의 자원봉사자 모집 전략 방향을 재정립하는 원인이 되고 있다. 비교적 젊은 노인 시민들(55~65세 사이)은 더 늙은 사람들(70세 넘은 사람들)을 도와줄 수 있도록 모집되고 훈련을 받았다. 늘어난 소수민족들은 자원봉사자들의 인적 구성을 다르게 만드는 결과를 낳았다. 이중언어를 사용하는 훈련 담당자와 모집 담당자들이 ACS에 필요하게 되었다.

　사회의 자원봉사자들을 모집하는 방법 또한 변화되었다. ACS는 단순한 선발과 추천뿐만 아니라 모든 운영 분야에서 가장 최근의 기술적인 발전을 사용하기 위해 애쓰고 있다. 자원봉사자들은 현장에서 모집되고, ACS를 보조하는 많은 환자 지원 집단은 인터넷을 통해 활동하고 있다. 인터넷이 더 많은 동영상을 사용하는 능력의 개발을 향해 움직임에 따라 현장 지원 집단들은 머잖아 사이버 공간에서 직접 서로의 얼굴을 보며 상호작용할 수 있게 될 것이다. 이러한 추세는 사회의 스태프와 자원봉사자들이 새로운 기술의 사용 방법에 대한 훈련뿐만 아니라 미래에 다른 기술이 나타남에 따라 계속 병행해나가야 할 것이다.

　ACS는 검증된 지원적인 치료 방법을, 고통을 관리하려는 노력을 증진시키는 방법으로 받아들이고 있다. ACS는 마사지, 바이오피드백, 그리고 명상과 같이 몇몇 관련된 기법의 사용을 지지하고 있으며, 대중들에게 보완적인 치료 방법에 관한 정보를 제공하는 역할을 하고 있다. 비록 ACS가 현재 이처럼 비전통적인 치료 방법이 치료의 목적을 수행하지 못하고 있다는 점을 인정할지라도 이러한 방법이 어떤 암 환자들에게는 스트레스를 감소시키며 고통을 경감시키는 데 유용할 수도 있다고 여긴다. 더욱이 비전통적인 치료 방법이 현재의 전통적인 치료 방법과 결합되어 사용되었을 때, 암의 마지막 단계에서 일어나는 고통이 급격히 감소되거나 심지어 제거될 수 있으며, 따라서 품위를 갖추고 임종을 맞을 전망을 증가시키고 있는 것이다.

    ACS는 증가된 행동과 관련된 연구 노력을 통해 빈곤이 담배와 약물남용, 나쁜 영양 상태, 그리고 (안전하지 못한 주거와 작업 환경의 결과로서) 환경 유해물질에 자주 노출되는 증후군을 보여주었다. 이 모든 것이 암의 발전에 기여하는 요소로 알려져 있다. 이에 따라 ACS는 빈곤을 퇴치하려는 공격적인 캠페인을 시작함으로써 이러한 정보에 대처했다. ACS는 자발적 건강 조직과 협력을 시작했으며(대부분 술, 약물남용, 그리고 환경적 관심에 관한 문제를 처리했음), 도시의 가난한 지역사회와 협력사업을 시작했다. ACS가 교육, 소기업, 거주와 관련된 조직과 지역사회의 동반자관계를 만들어감에 따라 협회는 더욱더 건강한 도시 창조에 깊숙이 뿌리 내리게 되었다. 건강한 생활 형태의 촉진은 '건강한 도시' 운동과 매우 가까이 연계되어 있다. 지역사회가 환경적으로 안전할 때, 그리고 저소득층을 위해 더 좋은 주거 형태, 더욱 안전한 공공지역, 개선된 지역사회 지지 네트워크를 소유하고 있을 때, 사람들은 더욱 건강하고 행복한 삶을 살게 될 것이다.

미래의 자발적인 건강 조직을 만드는 리더십

어떤 자발적인 건강 조직이 지역사회뿐만 아니라 전국적으로 (그리고 점점 더 세계적으로) 효과적인 변화의 대리인이 되려면, 구성원들 사이에 특정한 믿음과 느낌을 불어넣고 양육할 필요가 있다. 사람들은 자원봉사 조직이 국민의 욕구를 이해하고, 과다한 비용을 참지 못하며, 다른 구성원들이 포함된 이권과 관련된 갈등을 하지 않는 사람들로 운영되고 있다는 것을 인식할 필요가 있다. 오늘과 내일의 자발적 조직은 예전에 없던 까다로운 책임의 기준을 만족시킬 필요가 있다. 사람들은 자신들이 투자한 시간과 돈의 결과를 보고 싶어한다.

자발적 조직은 책임감과 결과의 측정이라는 개념을 조직 철학, 조직 구조, 그리고 조직 운영에 혼합시키도록 노력해야만 한다. 미래에는 이러한 최소한의 책임감이 조직의 사명을 향한 과정과 조직의 사명에 주는 기여에 기초해 평가되고 궁극적으로 판단될 것이다. 이것은 돈을 모금하는 데 드는 비용과 특정 프로그램과 관련해 기부된 총액의 비율과 관련된, 중요하지만 미달되는 다른 기준들과는 반대되는 것이다. 환언하면 공공의 기탁자는 신중하고, 방어할 수 있으며, 그리고 무엇보다도 우리가 가고자 하는 곳에 우리를 데려갈 수 있는 방법으로 우리의 자원을 사용하도록 요구하고 있다. 우리가 선택한 법적·도덕적 방법이 보여주는 적절한 진척은 우리가 미래에 공공의 지지를 받을 자격이 있는가를 결정할 것이다.

결론적으로 나는 미래의 자발적인 건강 조직은 오늘날의 조직과는 매우 달라질 것이며, 이러한 미래 조직은 다음과 같은 특징을 지닐 것으로 믿는다.

① 미래의 조직은 훨씬 더 역동적으로 변모할 것이며, 경쟁시장에서 경쟁하기 위해 더욱 빠르게 변화할 것이다. 가장 성공적인 조직은 대를 잇는 전통보다는 대를 잇는 진보라는 특징을 가질 것이다.

② 미래의 조직은 높은 기술과 높은 감정을 가질 것이다. 의사소통, 훈련, 그리고 좀 더 효과적이고 좀 더 효율적인 네트워킹을 만들기 위해 기술이 사용될 것이다. 새로운 정책과 프로그램의 전략을 전파하는 시간은 오늘날의 경우와 같이 연年 단위가 아니라 날과 주 단위로 측정될 것이다. 성공적인 조직은 또한 구성원들과 대표자들 사이에 얼굴을 맞대는 회의에 필요한 자원을 공급할 것이다. 스태프·자원봉사자·대표자들 사이에 질 높은 상호작용을 강조하게 될 것이다.

③ 미래의 조직은 점점 더 사람 지향적이 될 것이며, 조직이 아니라 사명에 의거해 추진될 것이다. 긍정적으로 질병의 방향을 변화시키는 쪽에 계속 초점을 맞추는 것이 중요하다 할지라도, 만일 조직이 구성원들과 고객 등 모든 사람의 중요성을 이해한다면 바람직한 변화는 더욱 빠르고 효과적으로 발생할 것이다.

④ 전략적 계획과 계속되는 운영은 더욱더 사업과 일치하게

될 것이다. 우리의 주장과 관련된 조직이 단순한 사업 이상이라는 것은 확실하다. 그러나 이러한 조직도 상한선과 하한선이 있는 사업이다.

⑤ 미래의 조직에서 대중에 대한 인식, 자원봉사자의 모집과 보유, 그리고 감동받은 사람들과 같이 측정 가능한 요소는 성공에 대한 최고의 척도가 될 것이다. 마찬가지로 모금된 돈의 양, 실제로 봉사한 사람의 숫자, 그리고 생명을 구한 사람의 숫자와 같은 요소는 성공에 대해 가장 낮은 수준의 척도가 될 것이다. 미래의 리더들은 이와 같이 매우 적절한 사명—무엇보다도 우리가 존재하는 우선적인 이유—과 관련된 결과에 기초해 후원자들과 주주들의 판단으로 평가받을 것이다.

자발적인 건강 조직의 리더들은 자원봉사주의가 진공 상태에서는 생겨나지 않는다는 사실을 이해할 필요가 있다. 새로운 자원봉사자들의 모집뿐만 아니라 모집된 사람들을 보유하는 데 많은 요소가 영향을 미친다. 인터넷과 같은 기술적 진보는 자원봉사자들의 모집과 훈련 방식을 변화시킬 것이다. 비영리 조직은 미래를 위한 섬세한 계획을 세우는 반면에, 오늘날의 소용돌이 속에서 관리하는 방법을 배워야만 한다. 리더로서 우리는 우리가 해야 할 일에 관한 의사소통 방법을 학습해야만 하며, 반면에 분명하고 거역할 수 없는 비전을 중심으로 조직을 움직여야 한다.

37

A. W. Dahlberg · David W. Connel · Jennifer Landrum

장기적으로 건강한 회사 만들기

서던 컴퍼니에서 근무하는 우리는 때때로 조직이 경험할 수 있는 지각된 모든 형태의 변화를 취급하는 것처럼 보인다. 우리는 독점적인 환경에서 더 많이 통제되고 더욱 공개적이고 경쟁적으로 움직이고 있다. 우리는 작고 지역적인 조직에서 크고 세계적인 조직

A. W. 댈버그 A. W. Dahlberg | 최근 《포춘》지가 '미국에서 가장 존경받는 전기회사'로 지명한 서던 컴퍼니(Southern Company)는 미국 최대의 전기생산업체로서, 세계 전기시장에서 빠른 속도로 중요한 위치를 차지하고 있다. 서던 컴퍼니의 회장이며 대표이사인 A. W. '빌' 댈버그(A. W. 'Bill' Dahlberg)는 최근 '조지아주에서 가장 존경받는 대표이사'로서 예우받고 있다.
데이비드 W. 코넬 David W. Connel | 서던대학교의 설립자이며 학장이다. 이 학교는 미래의 성공을 위해 근로자들에게 요구되는 능력개발과 전략적인 문화적 간섭에서 회사의 리더십을 지지하는 책임을 지고 있다.
제니퍼 랜드럼 Jennifer Landrum | 앤더슨컨설팅에서 근무했던 과거의 경험을 토대로 변화관리와 리더십 개발 분야 컨설턴트를 하고 있다.

으로, 그리고 마침내 안정된 세계를 뒷전에 남겨두고 더 큰 위험과 더 많은 기회가 있는 새로운 세계로 들어가고 있다.

우리가 맞닥뜨린 커다란 도전 중 하나는 조직으로서 우리의 장기적인 건강과 생명력을 지속적으로 개발해야 하는 반면, 큰 변화의 한가운데에서 동시에 번영해야 한다는 것이다.

우리는 개인적으로 그리고 전문적으로 건강을 위해 노력하고 있다. 그러나 이 개념을 조직에 응용할 때 의미하는 것은 무엇인가? 우리는 빠르게 변화하는 우리 회사의 고유 업종이라는 측면에서 이 질문에 대해 대답하려 한다.

반규제를 경험한 미국 내 마지막 산업으로서 가스·은행·텔레커뮤니케이션·항공산업 등으로부터 학습할 수 있는 기회를 가졌다는 것은 우리에게 행운이었다. 반면에 우리는 오랜 기간 안정을 즐길 수 있는 기회를 가졌다. 우리는 우리와 같이 과거에 규제를 받던 산업이 직면한 것보다 훨씬 더 깊고, 훨씬 더 빠른 변화를 맞고 있다고 믿는다. 우리의 관점은 우리의 회사, 산업, 그리고 다른 산업에서 우리가 배운 것을 포함하는 여러 가지 원천으로부터 개발되었다.

공익산업의 중요한 변화, 특히 반규제와 경쟁을 향한 움직임은 많은 회사들이 직원들과의 묵시적인 계약을 파기하는 결과를 낳고 있다. 회사에 대한 충성심은 감소했고, 단기적인 재무적 지표가 성공의 유일한 척도로 사용되었다. 다른 산업에서의 반규제는 종종 고객 만족의 감소와 함께 회사와 지역사회의 동반자적 관계의 침해라는 결과를 낳고 있다. 우리는 이러한 문제를 우선적으로 처리하는 것이 우리 자신을 포함해 모든 건강한 회사의 성공에 매우 중요하다는 것을 믿고 있다. 따라서 우리는 건강한 회사를 정의하기 위해 세 갈래의 접근 방법을 택했다. 우리의 마음에 오랫동안 건강하게 남아 있는 회사는 투자가들이 재무적으로 존경할 것이고, 내부적으로는 재능 있는 사람들이 존경할 것이며, 외부적으로는 고객들과 지역사회가 존경할 것이다.

| **초점의 균형**

우리의 정의를 충족시키기 위해 건강한 회사는 성과의 척도, 즉 고객 만족, 수익과 비용, 시장 점유율과 직원 만족을 위해 어떻게 적절한 관심을 표현할 것인가를 결정해야만 한다. 콜린스와 포라스는 《성공하는 기업들의 8가지 습관》에서 'genius of the and'에 대해 이야기하고 있다. 이 생각은 초점의 적절한 균형을 결정하는 긴장과 상호 교환에서 매우 중요하게 여겨진다. 이러한 균형이 없다면 심각한 조직 문제가 야기될 것이다. 성과와 고객 만족이 감소할 것이며, 직원의 이직이 증가할 것이고, 궁극적으로 회사는 단기간의 생존 형태를 강요당할 것이다. 따라서 리더십의 새로운 책임은 긴장을 최소화하고 점점 더 격화되는 경쟁의 시기에 시계추가 재무적인 성과 쪽에 영원히 머무르지 않게 되었다는 점을 확실히 하면서 초점의 균형을 관리하는 것이 될 것이다. 회사 내 초점의 균형에 대한 예는 서던 컴퍼니에서 얼마든지 찾아볼 수 있다. 우리의 내부 자료는 직원들의 만족과 사업 단위의 성과 사이에 강한 상관관계

가 있다는 것을 보여주었다.

서던 컴퍼니의 리더십은 초점의 적절한 균형이라는 개념을 어떻게 응용했을까? 미국에서 가장 다각화된 공익회사가 되기 위해 분명하게 표현되고 있는 'BAG bold agressive goal : 과감하고 공격적인 목표'와 비용, 고정비, 현금흐름, 전력 마케팅, 수익, 고객 만족, '일하기 좋은 장소'가 되는 것 등에 초점을 맞춘 'BIGs big intermediate goals : 커다란 중간 목표'에서 그 분명한 증거를 찾아볼 수 있다. 이것은 우리 리더십의 책임감과 보상체계에 분명히 나타나고 있다. 또한 초점의 균형은 최고경영자의 시간 분배에서 분명히 나타나고 있다. 1991년 11개 자회사의 고참 중역들과 모기업의 주요 중역들로 구성된 서던 컴퍼니 리더십위원회Southern Company Leadership Council는 회사가 미래의 성공을 위해 필요한 능력과 문화를 구축하고 있는가를 확실히 하기 위해 대학자문위원회College Board of Advisory를 창설했다. 이 위원회의 지도 아래 11개 자회사의 훈련 및 개발을 책임지고 있는 대학교는 리더들에게 기술적 기법 및 대인관계에 관한 기법과 변화하는 환경에서 성공에 필요한 능력을 제공하기 위해 하향식 교육 과정을 설계했다. 모든 고급 관리팀의 구성원들은 1주일에 걸쳐 이 교육 과정 중 리더십 또는 '사람'에 관한 교육 프로그램인 '권한을 부여받은 앞서가는 리더Leading Empowered Leader' 과정의 첫 번째 참여자들이 되었다. 이러한 경험을 하는 동안 팀은 재무적 성과와 직원 욕구 사이에 초점의 균형을 유지할 도구와 체계 등을 정의했다. 이러한 행동이 "우리가 비교적 긴 기간 생존하고 있다"는 것을 분명히 해주고 있다.

| **당신이 할 일을 결정하기**

건강한 조직의 중요한 구성 요소는 조직이 지속된다는 가정 아래 회사가 할 일을 결정하는 능력이다. 환언하면 오랜 기간 동안 건강을 유지하려는 조직은 지속적으로 전략을 재점검해야 하고, 경쟁시장을 재평가해야만 한다. 건강한 회사라면 사업의 진정한 핵심 능력이 훨씬 더 분명해질 것이며, 나머지는 모두 외부에서 조달하게 될 것이다. 전략적 계획은 몇몇 사람들이 실행하는 연중행사 대신에 조직의 모든 계층이 참여하는 매일의 일과가 된 지속적인 과정이 될 것이다. 계획은 세계시장과 지역시장에 따라 동시에 결정될 것이다. 물론 이러한 과정은 리더들의 책임감을 다시 한 번 증대시킬 것이다. 사업 단위의 관리자는 유연한 노동력의 형태로 기술을 축적하며 유동적인 조직 구조를 만들면서 사업 단위를 실질적으로 하나의 독립체로 운영하게 될 것이다. 시장 변화에 따라 회사 전략도 변화하게 될 것이다. 아메바와 같은 노동력과 조직 구조는 빠르게 달라지는 미래에 요구되며 변화를 극복하는 데 매우 중요하다.

미래에 대한 서던 컴퍼니의 전략은 규제에서 경쟁으로, 빠른 속도로 움직이며 변화하는 전력공급시장에 의거해 추진될 것이다. 아무도 우리가 직면하게 될 경쟁의 형태를 알지 못한다. 우리가 상상할 수 있는 대부분의 경쟁적 환경을 준비해야만 한다.

비록 우리가 얼마나 경쟁적인 시장에 처하게 될지 알 수 없다 할지라도 우리는 모든 것이 다르고, 그것을 위해 계획해야 한다는 점을 확실히 알고 있다. 시장 변화와 관계없이 발전된 요구를 충족시키고 뛰어넘을 수 있는 준비를 갖추기 위해, 우리는 유연한 구조로서 조직화된 유동적이며 능력 있는 노동력을 만들 수 있다.

무엇을 어떻게 할 것인가를 결정하기

건강한 조직이라면, 자신들이 해야 할 것을 알기보다 어떻게 해야 하는가를 결정하는 데 좀 더 능숙해야 할 것이다. 변화의 바다에서 시장과 조직이 겪는 침식에 대해 보다 분명한 조직의 비전과 가치를 소유해야만 한다. 비전과 가치는 행동의 공통적인 기초를 창조하기 위해 조직의 모든 사람들이 공유해야만 한다.

우리 회사의 모든 직원들은 미국에서 가장 다각화된 공공사업을 수행하는 회사에 대한 우리의 비전을 이해할 수 있을 것이다. 또한 우리는 우리가 번영하기 위해 권장하는 행동을 정의하는 가치진술서, 즉 '서던 스타일The Southern Style'을 만들었다. 우리의 가치가 조직 내에서 진부해지지 않도록 확실히 다지기 위해 리더십팀의 모든 구성원들은 이러한 가치를 모델로 삼으려고 노력했으며, 이것에 기초해 서로를 측정했고, 이러한 가치를 가장 잘 보여주는 행동을 매일 토론했다. 서던대학에 개설되는 모든 과정은 모든 직원들에게 이러한 가치가 그들의 반복되는 일상생활에 응용될 수 있는 방안에 대해 토론할 수 있는 기회를 제공했다. 이러한 비전과 공유된 가치에 대한 몰입은 시장의 변화 또는 사업 목표의 변화 등으로 인해 말살되지 않을 것이다.

또 다른 중요한 방법론적 요소는 회사가 직무를 수행하기 위해 구성 요소를 조직화하는 방식이다. 건강한 조직은 조직 구조에 훨씬 덜 사로잡혀 있으며, 중요한 과정에 더 많은 초점을 맞추고 있다. 직무는 공급자와 고객 사이의 매듭 없는 동반자적 관계를 통해 실행될 것이다. 각 실체의 성공은 세력 다툼의 여지가 없는 독립적인 것이 될 것이다. 건강한 회사는 네트워크를 만들 수 있는 능력이 있어야 하며, 다중관계를 관리할 수 있는 사람들을 소유하고 있어야만 한다. 왜냐하면 고객, 공급자, 그리고 심지어 경쟁자 등 각각의 실체가 모두 동시에 나타날 수 있기 때문이다. 사업의 현실에 대한 의사소통은 가능한 한 모든 수단을 이용해 조직 전역에 걸쳐 거침없이 이루어져야 한다. 우리 회사에서 우리는 의사소통의 결여가 불신을 키우게 된다는 것을 학습했다. 우리는 모든 방향의 솔직한 의사소통을 방해하는 장애물을 제거하기 위해 노력하고 있다.

속도는 조직이 최근의 경험을 통해 학습한 것을 통합해 현재의 행동에 응용하는 방식으로서, 공격적으로 조직 학습에 몰입하는 것을 요구하는 표어가 될 것이다. 예를 들어, 우리 회사가 국제적인 다각화에 흥미를 갖고 있는 한 가지 이유는 미래에 훌륭한 가치가 될 수 있는 교훈을 학습할 수 있도록 해준다고 믿기 때문이다. 국제적인 투자를 할 때, 우리는 단순히 더 많은 이익을 얻으려 하지 않는다. 우리는 더 좋은 이익을 얻으려 하고 있다.

당신이 필요로 하는 사람 결정하기

일단 회사가 무엇을 어떻게 할 것인가를 확실히 하고 나면, 회사가 필요로 하는 사람이 훨씬 더 분명해진다. 사업의 핵심적인 능력은 회사가 숙련자를 선발하고 개발하는 기준으로 사용하는 기술과 적성을 결정하는 것이다. 건실한 회사는 단순한 직무수행이 아니라 기술을 기준으로 직원을 고용할 것이다. 그들은 요구되는 새로운 능력을 수입할 것이며, 그 조직을 위해 정의되는 것에 따라 최고의 인재를 고용하는 데 요구되는 어떤 일이라도 하면서 기존의 재능을 '재고용'할 것이다. 조직 안팎에 존재하는 노동력 중에서 가장 바람직한 직원들은 비판적으로 학습하고 생각하는 능력과 열정을 소유할 것이다. 그리고 학습 과정은 그들의 고용과 함께 시작된다. 건강한 조직의 직원들은 개인의 성공과 회사 성공의 핵심 요인으로 작용할 매일의 학습에 몰입할 것이다.

우리는 경험을 통해 과거 우리에게 성공을 가져다준 기술은 미래에 우리가 가고 싶은 곳으로 데리고 가주지 않는다는 것을 배웠다. 이것은 우리의 노동력 전체를 변화시켜야 한다는 의미라기보다는 미래의 성공에 요구되는 능력을 분명히 정의하고 조직 내에서 현재의 노동력에 필요한 새로운 재능을 보충함으로써 능력을 개발해야 한다는 의미다. 우리의 개인 개발 철학은 사업을 이해하고, 결과를 산출하고, 공동책임에 대한 가정을 강조하는 것이다. 직원은 부가가치를 증가시키는 기회를 찾는 데 몰두하며, 회사는 개인의 노력을 지지하기 위한 도구와 자원을 제공하는 데 몰두한다. 우리는 인력을 개발하는 데 적절하게 사용된 시간과 돈이 회사의 미래를 위한 투자라고 믿고 있다.

당신이 필요로 하는 사람 보존하기

증가된 경쟁이 묵시적인 고용계약의 파기를 강요하는 상황에서 회사는 필요한 사람들을 어떻게 보유할 수 있는가? 우리는 독점에서 경쟁적인 환경으로의 이동이 직원들의 직업안전성을 파괴시키는 현상을 보아왔다. 우리는 사람들이 직업을 잃을 수 있다는 두려움을 갖고 생활한다면, 최선을 다하지 않는다는 것을 이해하고 있다. 건실한 회사는 이런 파괴된 안정성의 느낌을, 회사가 직원들에게 몰입하고 있으며 직원들은 회사에 몰입하고 있다는, 새로이 정의된 그 무엇으로 대치해야 한다. 그렇지 않으면 공포와 공포의 장기적인 결과인 마비가 그러한 공백을 메울 것이다. 미국 회사에서는 이제 더 이상 종신고용제를 찾아볼 수 없으며, 우리 회사 또한 회사 사람들과 새로운 협약을 개발하는 과정에 있다. 이 협약은 회사가 사람들의 성장과 발전을 격려하는 데 주력하며, 따라서 회사 안팎에서 직원들의 시장성을 유지할 수 있게 만들어주려는 것이다. 개발 철학과 협약을 지지하는 체계와 함께 우리는 직원들이 회사의 미래를 이해하고, 미래에 충분히 역할을 수행할 수 있는 위치에 있을 수 있도록 하기 위해 노력하고 있다.

건강한 회사는 필요로 하는 사람들을 보유하기 위해 재능 있는 사람들이 머물고 싶어하는 회사를 만들어야 할 것이다. 우리 회사는 '일하기에 매우 좋은 장소'를 만드는 일에 몰두하고 있다.

이러한 개념의 기초는 사람들에게 기대하는 것이 무엇인가를 알게 하고, 그들이 그러한 기대에 부응해 얼마만큼의 성과를 보이고 있는가에 대한 피드백을 제공하는 것이다. 건강한 회사에서는 모든 방향(위, 아래, 그리고 옆)에서의 피드백이 규범이 될 것이다. 만일 사람들이 자신에게 기대되는 바를 분명히 알지 못하거나 자신들의 성과 수준에 대한 지식에 만족하지 않는다면, 그들은 그들의 위치를 알아야 할 권리가 있으며, 알기 위해 열정적으로 노력할 의무가 있다. 그들의 노력은 직무의 '무엇(객관적인 성과의 기준)', '어떻게(가치를 포함한 행위적인 차원)', 그리고 요구되는 기술과 지식을 포함하고 있다.

또한 일하기에 매우 좋은 곳이라는 우리 견해의 핵심은 항상 승리하는 팀이 되고자 하는 우리의 목표다. 우리는 단순히 시합을 하는 것이 아니라 승리하기 위해 경쟁한다. 우리는 지속적으로 우리 자신과 팀들을 위해 높은 목표를 설정할 것이다. 우리는 각자 우리 팀의 성공에 대한 책임을 질 것이다. 우리는 속도, 결단력, 그리고 팀을 통한 문제해결에서 주도권을 갖고 행동할 것이다. 그리고 고객과 가장 가까운 위치에 있으며 실제로 직무를 수행하는 사람들이 고객과 직무와 관련된 의사결정을 내릴 수 있는 가장 좋은 자격을 갖추고 있다는 믿음을 갖고 문제를 해결하려 할 것이다.

건강한 회사는 사람들에게 가능한 모든 행동의 자유를 줄 것이다. 우리는 더 좋은 결과를 낳는 것을 뛰어넘어, 직무를 즐기는 중요한 요소는 능력을 기회에 응용할 수 있는 자유라고 확신한다. 우리의 리더십은 우리 직원들에 대한 권위와 책임감을 증가시키기 위해, 좋은 의사결정을 하는 데 필요한 정보의 흐름을 증진시키기 위해, 개인의 의사결정 능력을 증진시키기 위해, 그리고 사람들이 달성한 성과를 인정해주고 보상해주기 위해 몰입하고 있다.

만족스럽고 즐거운 직장 환경에 있어 중요한 또 다른 요소는 리더십의 질이다. 서던 컴퍼니는 리더들이 기술적이고 관리적인 능력을 소유할 뿐만 아니라 윤리적이라는 사실을 확인하는 데 초점을 맞추고 있다. 심지어는 "나는 모릅니다"라는 의미일 경우에도 항상 진실을 말하고, 약속을 잘 지키고, 그리고 모든 사람을 공정하게 다루는 것도 포함된다. 앞에서 암시했듯이, 건강한 회사는 직무수행의 완성을 위해 적절한 집단의 사람들을 지속적으로 연결시키며, 회사의 건축가로서 지지하고 봉사하는 윤리적인 리더십을 제공해야만 한다. 건강한 회사는 핵심적인 공헌자가 떠날지라도 조직의 지속적인 번영을 위해 리더십 조수석을 강하게 만들어야 한다.

조직의 모든 사람들에게 책임감과 불확실성이 증가하고 있는 이 시점에서 건강한 회사는 직장과 개인 생활의 균형에 초점을 맞추어야 한다. 진화하는 회사의 경쟁적인 환경에서 우리의 직무만큼이나 요구되는 것은 우리가 이러한 균형을 달성하기 위해 솔선수범해야 한다는 것이다. 직무의 요구 사항이 증가함에 따라 건강한 회사는 개인으로서 우리가 어느 정도 수용할 수 있는 수준의 균형을 달성하기 위한 개인적인 의사결정을 허락해주는 자원을 제공하는 데 몰입해야만 한다. 건강과 우리 가족, 그리고 우리 자신을 위해 즐거운 시간을 보내는 것과 우리가 설명한 작업 환경 사이에 균형을 이룬다는 것은 '일하기에 좋은 장소'라는 기본원리를 대표하는 것이다.

이러한 개념이 진부해지지 않고 우리의 일상적인 직장 생활 행동에 깊이 스며드는 것을 다시 한 번 확실히 하기 위해 우리는 각각의 직원들에게 이것을 만드는 책임을 지도록 했다. 우리는 측정되고, 초점을 맞추고, 그리고 결과에 결부되어 있는 것이 회사와 개인의 경험을 통해 개선된다는 사실을 알게 되었다. 따라서 '일하기에 좋은 장소'의 질을 측정하기 위해 비전의 진보에 대한 설문조사 Vision Progress Survey로 알려진 문화적인 지표를 이용하고 있다. 우리는 이러한 설문조사와 함께 최고의 회사를 벤치마킹하고, 개선을 위한 프로그램과 과정을 확립시키고 있으며, 리더들에게 행동에 대한 책임을 지도록 하고 있다.

장기적으로 건강한 회사가 되기 위한 필요조건을 정의하는 것이 기념비적인 임무일지라도 우리는 이 장에서 그렇게 하려고 시도했다. 그리고 우리 회사의 장기적인 생존을 위해 매일 그렇게 하려고 노력하고 있다. 우리는 지속적으로 학습하고, 지속적으로 우리의 교훈을 공유하고, 그 교훈을 실무에 응용하기 위해 노력할 것이다. 10년 전에 진정으로 편안하고 쉽게 살아왔던 의자에서 일어서고 있는 회사로서 리더십, 노동력, 그리고 서던 컴퍼니에 실무적으로 배치되고 있는 프로그램이 우리를 지속적으로 서 있게 만들 것이며, 장기적으로는 하늘로 솟아오르게 할 것이다.

38

Chris Argyris

미래의 도전

오늘날은 조직의 학습을 매우 강조하고 있다. 그런데도 학습을 방해하는 가장 강력한 원인 중 하나인 조직의 방어적인 관례가 더욱 더 강해지고 있다. 왜 그럴까?

크리스 아지리스 Chris Argyris | 하버드대학교의 교육학과에서 조직행동론을 담당하는 제임스 브라이언트 코넌트(James Bryant Conant) 교수이다. 이전에 예일대학교 관리과학과 학과장을 지냈다. 《인격과 조직(Personality and Organization)》, 《개인과 조직의 통합(Intergrating the Individual and Organization)》, 《조직과 혁신(Organization and Innovation)》, 《간섭이론과 방법(Intervention Theory and Method)》, 《왕성한 연구의 내적인 모순(Inner Contradictions of Rigorous Research)》, 《실행되고 있는 이론(Theory in Practice)》, 《조직의 학습(Organizational Learning)》, 《행동을 위한 지식(Knowledge for Action)》, 《전략, 변화, 그리고 방어적인 관례(Strategy, Change, and Defensive Routines)》, 《조직의 방어를 극복하기(Overcoming Organizational Defenses)》, 《조직의 학습에 관하여(On Organizational Learning)》 등을 집필했다. 현재 《행동을 위한 지식》에서 제시된 견해를 다른 연구자들과 실무자들의 생각으로 연결시키는 프로젝트를 수행하고 있다.

| **조직의 방어적인 관례**

조직의 방어적인 관례는 조직의 참여자들(뿐만 아니라 집단, 부, 그리고 다른 영역의 구성원들)이 당황스러움 또는 위협을 경험하지 못하게 하는 동시에, 당황스러움 및 위협의 원인을 발견해 더 이상 변화하지 못하도록 하는 모든 행동·정책·제도를 의미한다. 정치적 활동, 게임하기, 다단계 만들기, 그리고 불필요한 구조 만들기 등이 머릿속에 떠오르는 몇 가지 예다. 조직의 방어적인 관례는 당황스러움 또는 위협의 원인이 우회하도록 격려하며, 그러한 우회를 눈감아준다. 또한 이러한 행동에 대해 토론하지 못하게 하며, 토론하지 못하는 능력에 대해서도 토론하지 못하도록 한다. 조직의 방어적인 관례를 사용하는 것은 발견되어 수정되지 않는 실수를 만들어내며, 다른 사람들의 실수를 비난하고, 그리고 학습을 제한하는 것을 포함하고 있다. 모든 참여자들이 방어적인 관례를 감소시키는 데 대한 무력감을 표현하는 것은 전혀 놀라운 일이 아니다. 이러한 무력감은 스스로 팽창하여 지속되며, 궁극적으로 당연하게 받아들여지도록 한다.

항목 _____ 《더 이큐제큐티브The Executive》지 1995년 2월호는 스티븐 커Steven Kerr가 조직의 방어적인 관례의 많은 예에 대해 집필한 20년 된 논문을 게재했다. 편집자들은 가장 널리 알려진 사람들 중에서 50명을 선발해 중역 자문집단을 구성했으며, 그들에게 이러한 방어적인 관례가 아직도 존재하고 있는지 물었다. 그들은 아직도 번성하고 있다고 대답했다. 같은 물음에 페퍼는 회사가 더욱

더 경쟁적으로 성장하는 것을 도와줄 수 있는 방법으로 사람들을 참여시키는 13가지 관행을 제시했다. 그는 조직의 방어적인 관례가 존재하지 않거나 또는 존재한다 할지라도 그것이 자신의 생각을 효과적으로 실행하는 것을 방해하지 않는 것처럼 쓰고 있다.

항목 _____ 토머스 왓슨 주니어Thomas Watson Jr.가 IBM의 대표이사로 있을 때, 그는 조직의 방어적인 행동에 많은 관심을 보였다. 그는 최고경영자들과의 여러 회의에서 언젠가는 IBM이 너무 관료적이고, 너무 완고하고, 그리고 필요한 만큼 신속히 변화할 수 없게 될 가능성에 대해 솔직하게 이야기했다. 나는 그 회의에 최소한 12번 이상 참석했다. 왓슨의 직속 부하는 그에게 걱정하지 말라고 보고했다. IBM은 세계적인 직원을 보유한 세계적인 기업이다. 중역들은 개인적으로 왓슨을 혼란시키고 싶지 않다고 보고했다. 왜냐하면 그는 종종 인간적인 요소에 대해 너무 걱정했기 때문이다.

항목 _____ 대표이사와 그의 직속 부하들은 교수들과 함께 '이끄는 것 對 관리하는 것'의 중요성에 초점을 맞추고 있는 학습 과정에 참여했다. 그 이튿날, 바로 똑같은 토론에서 미래 관리의 핵심 문제를 터놓고 논의하려 했다. 그 문제가 '뜨거운' 감자가 되는 순간, 토론은 거리를 두고 문제의 관례에 초점을 맞추게 되었다. 하루 전에 관리하는 것보다 이끄는 것이 중요하다고 투표한 바로 그 중역들이, 이끄는 것이 아니라 관리하는 것과 일치하는 토론을 하고 있었다.

조직의 방어적인 관례가 너무 강력해 아직 아무도 중역 프로그램에서 그들에게 가르쳐주지 않고, 어떤 공식적인 정책과 관행이 그들에게 보상을 주지도 않으며, 관리자들이 비공식적인 행동을 하는 것이 반생산적이라고 보는 것에 대해 어떻게 생각하는가? 나는 이 질문에 보통 두 가지의 대답을 듣는다. 첫째 조직의 방어적인 관례는 조직이 어느 정도 타고나는 것이다. 둘째 개인들, 특히나 관리자들의 일방적인 리더십 스타일이 그것을 생겨나게 한다. 몇 분이 지난 후, 세 번째 대답이 나온다. 즉 조직과 개인이 함께 그 원인이 되고 있다는 것이다.

나는 우리가 조직을 관찰할 때 보게 되는 경향이라는 세 번째 설명에 찬성한다. 그러나 나는 이러한 설명이 틀리지는 않았을지라도 불완전한 것이라고 믿는다. 개인들이 조직의 방어적인 관례의 첫째 원인이 되고 있다. 그들은 조직 문화를 만들어내며, 조직문화가 개인들에게 주는 피드백은 그들의 방어적인 관례를 지속시키는 원인이 되고 있다.

항목 _____ 미국에서 가장 선구적이고 혁신적인 컨설팅회사 중 하나인 모니터 컴퍼니Moniter Company를 설립한 이사들과 소유주들은 조직이 방어적 행동을 갖고 있다고 할지라도 이러한 성향이 아주 약한 회사를 설립한다는 생각을 갖고 회사를 창설했다. 몇 달 내에 방어적인 행동이 표면에 나타났으며, 심지어 그들 자신의 사고방식에서도 생겨나기 시작했다. 그들은 훈계를 통해 문제를 해결하려 했으며, 그러한 행동을 하는 사람에게 벌금을 물리기도 했다. 그러나 어떤 노력도 성공을 거두지 못했다.

이는 이사진들과 소유주들이 원하지 않는 방어적 행동을 소유한 아주 새로운 회사의 예다. 어떻게 조직이 비난을 받을 수 있겠는가? 조직은 방금 시작되었다. 재무적인 힘과 조직 내부의 힘을 소유하고 있는 상층부 사람들은 왜 그들이 비난하는 조건을 만들었으며, 왜 그들은 그것을 처리하는 데 속수무책인 것처럼 보이는가? 일시적으로 그들은 수정을 위한 행동을 취했으며 1993년 6월호 《파이낸셜 타임스Financial Times》지의 내용과 같이 최상의 성공을 보여주었다.

우리의 연구는 이사진들과 거의 모든 인간들이 인생의 초기에 나이 · 성별 · 인종 · 교육 또는 부와 상관없이 당황과 위협에 대처하기 위한 행동을 하는 데 사용되는 이론들로 프로그램화된다는 것을 보여주었다. 개인들은 다양한 행동의 이론을 지지한다. 놀랍게도 우리는 그들이 실질적으로 사용하는 이론이 거의 차이가 없다는 사실을 발견했다. 그러나 우리는 그들이 지지하는 행동의 이론과 그들이 실질적으로 사용하는 이론 사이에 체계적인 불일치가 존재한다는 사실을 발견했다. 더욱이 개인들은 자신들이 행동할 때의 불일치를 알지 못하고 있었다. 마지막으로 우리는 사용하고 있는 이론이 효과적으로 사용되었을 때, 그들의 머릿속에 있는 프로그램을 모르게 한다는 놀라운 사실을 발견했다.

이를 설명하기 위해 우리는 하나의 이론을 개발했다. 이 이론의 전제는 인간과 조직이 체계를 설계한다는 것이다. 그들을 이해하는 방법은 이러한 설계에 초점을 맞추는 것이다. 이러한 설계를 아는 길은 그들의 행동을 관찰하는 것이다. 개인과 조직을 이해하기 위해 현재 유행하는 대부분의 방법은 다른 전제에 기초하고 있다. 리더십의 문제를 예로 들어보기로 하자. 리더의 행동과 리더의 태도·믿음·가치관을 이해하기 위한 수많은 설문이 존재하고 있다. 이 모든 측정 도구는 주장된 이론과 관련을 맺고 있는 것이지, 사용되고 있는 이론과 관계된 것이 아니다.

항목 _____ 200명의 고참 중역들은 2년에 걸쳐 중역들의 리더십을 증진시키기 위해 인적 자원부서에서 고안한 워크숍에 참석했다. 학습의 일부로서 각 중역들은 각기 다른 네 가지 리더십과 성격을 측정하는 설문에 답했으며, 그 결과를 심도 있게 토론했다. 중역들은 이 시간을 매우 긍정적으로 평가했다. 몇 달 뒤에 최고경영층은 아직도 가장 분통 터지는 문제, 즉 조직의 방어적인 관례가 존재하는 문제가 수정되지 않았다는 것을 느끼게 되었다. 그들은 상위 50명의 중역들을 위한 일련의 워크숍을 준비하도록 하고 나를 초청했다. 워크숍을 준비하기 위해 중역들은 문제를 설명하는 사례와 그들이 실제로 문제를 해결하는 방법 또는 해결하기 위해 사용할 방법을 완성했다. 그것은 그들이 사용한 또는 앞으로 사용할 대화와 효율을 높이기 위해 그들이 검토했거나 앞으로 검토할 생각과 느낌을 포함하고 있었다.

　　50명의 중역을 통한 실험에서 예상되었듯이, 그들은 각자의 리더십 스타일, 인격, 의사결정 경향, 그리고 다른 요소 등에서 편차를 보여주었다. 그러나 그들은 모두 똑같은 일방통행적인 통제,

우회, 은닉된 이론을 사용했다. 사용되고 있는 이론의 수준에서 우리는 차이가 없다는 것을 발견했다. 시험을 통한 차이는 중역들이 행동을 설계하고 실행하는 방식에 영향을 미치지 않는 차이를 보여주고 있었다. 우리는 모든 경우에 중역들이 자기추진적인 반학습적 과정을 만들고 있다는 것을 발견했다. 조직의 방어적인 관례가 그 어떤 때보다도 강하게 나타났다는 점은 의심할 여지가 없었다.

좀 더 경험적인 또 다른 리더십의 접근 방법은 개인의 행동에 초점을 맞추고 있다. 기본적인 가정은 좀 더 효과적으로 이끄는 것에 흥미가 있는 참여자들의 집단은 그들의 오류를 수정하기 위한 피드백을 서로에게 제공할 수 있으며, 따라서 더욱 효과적일 수 있다는 것이다. 예를 들어, 리더는 많은 하급자들이 자신을 권위적이고 일방적이라고 보고 있다는 사실을 알게 된다. 만일 그들이 리더에게 이런 피드백을 건설적으로 준다면, 더욱 효과적으로 변화할 수 있을 것이다. 가장 좋은 시나리오는 리더가 변화하기를 희망해 덜 통제적으로 되는 것이며, 따라서 그는 더 많이 듣고, 다른 사람들이 이야기할 때까지만 자신의 견해를 유지하는 것이다. 변화 뒤의 인과관계적인 추론은 리더가 덜 통제적인 방식으로 행동한다는 것이다. 그러나 이런 인과관계적인 추론은 리더가 처음에 과도하게 통제한 이유를 배제하고 있다. 아마도 리더는 직원들이 너무 나약하고 멍청하다고 생각하고 있는지도 모른다. 따라서 그는 자신의 행동을 변화시킬 수 있으나 자신의 '원래' 행동이 타당한 이유에 대한 자신의 인과관계적인 논리적 추론을 바꾸지 않는 것이다.

변화의 추상성은 최소한 두 가지 방법으로 이해할 수 있다. 첫째, 리더는 종종 진실로 참여하는 것을 어색해한다. 그의 어색함은 그가 직원들의 논리적인 추론을 신뢰하지 않기 때문에 타당성이 있다. 더욱이 그는 자신의 진정한 견해에 대한 무시를 덮어두기 위해 노력하고 있다. 이것이 두 번째 문제를 불러일으킨다. 직원들은 효과적인 리더십에 관해 자신들의 논리적인 추론에 거의 초점을 맞추지 않는다. 따라서 그들은 논리적 추론 과정의 평범함을 학습할 필요가 없다. 만일 리더가 직원들의 평범한 생각에 대한 리더 자신의 의견을 시험하려 노력한다면, 직원들은 리더가 권위주의적이라고 반응할 것이다. 그러한 견해를 받아들이면, 리더가 방어적이라고 생각하고 무시하는 것이 (그들에게는) 논리적으로 타당하다.

내 의견으로는 이러한 모든 접근 방법은 항상 많은 제한을 받을 수밖에 없다. 왜냐하면 이들 방법은 현재 사용되고 있는 일방적으로 통제적인 이론과 리더의 인과관계적인 논리나 현재 사용되고 있는 이론에 초점을 맞추지 않고 있는 조직의 방어적인 관례의 기초로 사용되고 있는 인과관계적인 논리적 추론을 받아들일 수 없기 때문이다. 최고의 리더는 현재 사용하고 있는 이론의 반대되는 것을 할 수 있다. 그는 공개적으로 사용하는 자신의 이론에 집착하는 것을 억누르고 반대되는 것을 할 수 있다. 만일 그가 공격적이었다면 그는 더욱 수동적일 수 있다. 이러한 행동은 사용되고 있는 새로운 이론을 대표하는 것이 아니다. 이는 오래된 이론의 반대되는 모습을 대표하는 것이다. 따라서 종종 수명이 짧다. 특히나 개인이 당황스러움 또는 위협을 경험할 때 말이다.

| **인적 자원 기능에 대한 방어적인 논리적 추론**

만일 우리의 이론이 옳다면, 이러한 방어적인 행동의 전부는 설계된 것이다. 따라서 행동의 결과가 반생산적일지라도 행동 자체는 능숙한 것이다. '능숙하게 무능한' 행동 뒤에는 방어적인 논리적 추론이 있다. 방어적인 논리적 추론은 배우가 일방적인 통제를 하면서 남아 있는 것을 허락해주는 방식의 행동을 구성한다. 배우들은 무엇이 일어나고 있으며, 그들의 설계가 진짜 시험에 들지 않게 하려면 어떻게 행동해야만 하는가에 대한 결론을 만든다. 종종 사용되는 시험은 처음에 사용되었던 논리적인 추론을 지지하는 것이다.

나는 최근의 어느 여성이 운영하는 회사의 인적 자원관리 기능을 담당하기로 수락한 매우 똑똑하고 성공적인 컨설턴트가 쓴 사례를 이용해 방어적인 논리적 추론과 이것의 반학습적인 결과를 설명하고자 한다. 그녀의 사례는 개인의 오래된 문제 대 조직의 요구 사항을 보여주고 있다. 그녀는 컨설팅업으로 돌아오고 싶어하는 다른 동반자들을 대표하는 한 명의 동반자를 처리하려는 자신의 노력을 묘사하고 있다. 나는 의도적으로 여자가 쓴 사례를 선택했다. 왜냐하면 나 또한 성별에 대해 우리가 발견한 가장 중요한 결과를 설명하고 싶었기 때문이다. 여성이 남성보다 더욱 민감하고, 더욱 대인관계에 신경을 쓰며, 그리고 덜 일방적으로 경쟁적이라는 이론을 옹호하는 것이 여성(내가 예를 들고 있는 경우에서는 아닐지라도)에게는 유행이 되고 있다. 이 모든 발견은 우리가 사용하고 있는 여성들의 이론을 연구할 때 사라져버리고 말았다. 현재까지 총 7,500명이 넘는 사람들을 통해 우리는 여성들도 스스로의 행동을 설계하고 실행하기 위해 승자 - 패자의 이론인 일방적인 통제를 남성이 사용하는 것과 똑같이 사용하고 있다는 것을 발견했다. 남성과 여성은 서로에게 당황스러운 존재가 되기도 하고 위협이 될 수도 있으며 또는 위협이 되고 있는 문제를 다룰 때, 똑같은 방어적인 논리적 추론 과정을 사용한다.

수잔Susan은 이런 문제의 윤곽을 잡으며 자신의 사례를 시작했다. 그녀의 윤곽에는 다음과 같은 주장이 포함되어 있었다. 첫째, 인적 자원관리 행동은 컨설팅 행동만큼이나 중요하다. 둘째, 모든 인간들은 '독특하게 타고난 재능'을 소유하고 있다. 셋째, '그들은 생의 목적을 충족시키는 방식으로 타고난 재능을 사용할 수 있을 때 가장 행복하며 가장 생산적이다.'

이러한 주장이 만들어진 방식은 주장이 시험에 들게 하는 것을 어렵게 하고 있다. 수잔은 동료들과 자신을 관찰함으로써 그녀의 주장을 시험했다고 반응할 것이다. 그녀의 개인적인 논리와 경험에 기초한 그러한 주장은 허약한 것이다. 예를 들어, 더욱 강력한 시험은 생산적이며 불만족스럽거나 또는 비생산적이며 만족한 사람들을 찾아나서는 것이었다. 나는 그러한 사례는 발견하기가 어렵지 않다고 생각한다. 만일 이것이 사실이라면 인적 자원관리 기능이 이러한 견해에 기초하고 있다는 그녀의 주장은 허점으로 가득 차 있는 것이다. 수잔은 이러한 허점을 인식하지 못하는 것처럼 보였다. 아마도 그녀와 대화를 나눈 동반자는 이것을 인식했을 것이다. 만일 그렇다면 그는 수잔을 근시안적이며 인적 자원관리 기능을 과도하게 강조하고 있는 것으로 보았을 수도 있다. 더욱이 개인적 대화에서 수잔은 동반자를 근시안적이며 영수증과 돈을 과도하게 강조하고 있다고 평가하고 있었다.

만일 수잔이 자신의 동반자에 대한 제한점에 초점을 맞추기 전에 자기 견해의 제약점을 알기 위해 주장의 틀을 잡았다면, 좀 더 생산적인 대화가 되었을 것이다. 또한 좀 더 풍성하고, 좀 더 타당성 있는 인적 자원 기능에 대한 견해가 될 수 있었을 것이다. 수잔은 자신의 사례에서 자신의 동반자가, 그녀가 컨설팅 업무로 돌아오기를 바란다는 말을 듣고 깜짝 놀랐다고 쓰고 있다. 그녀는 두 개의 대화, 즉 하나는 개인적이고, 다른 하나는 공적인 대화를 통해 놀라움에 대처했다. 개인적인 대화는 다음과 같은 진술을 포함하고 있다. "오 하느님, 내가 이런 말을 듣다니, 믿을 수가 없습니다. 나의 동반자는 인적 자원과 관련된 행동이 회사에 얼마나 중요한지 아무런 생각이 없는 것이 '분명합니다.'" 그리고 "나의 동반자는 이 직무를 잘 수행하기 위해 필요한 것에 대한 실마리를 갖고 있지 않습니다."

또한 수잔은 공적인 대화를 게재하고 있었다. 수잔은 다음과 같이 말했다. "응, 준June : 수잔을 대신해서 일할 사람은 매우 능력이 있어. 그는 다재다능한 사람이야. 나는 컨설턴트가 되려면 매우 중요한 자질이 필요하다고 생각해. 대표이사는 이것을 믿고 있어." 자신의 논리적인 추론 때문에 그녀는 부정적인 평가와 귀인시키는 속성을 숨기기로 결정했으며, 그녀가 그렇게 하지 않고 있는 것처럼 행동하기로 결정했다. 그녀는 준에 대해 긍정적인 말을 했으며, 대표이사의 코멘트를 동반자의 제안에 대한 의문 제기의 기초로 사용했다.

결과는 우회와 은폐가 지배하는 만남이었다. 이 만남을 통해 인적 자원 기능은 소프트한 기능이고 컨설팅은 하드한 기능이라는 틀을 만들기 위해 서로가 학습을 돕는 것에 폐쇄적이라 비난했다. 대화의 끝부분에서 수잔은 자신에게 "모든 것이 괜찮다. 신경 쓰지 마라! 그 '자신'은 단순한 동반자다"라고 말하고 있다. 그녀는 자기 자신에게 공격적이지 말 것을 당부하고 있다. 그녀는 동반자가 분명히 수잔에 대해 동일한 생각을 했을 것이라 여겼다.

이 사례는 개인들이 어떻게 방어적인 논리적 추론을 사용해 자신들의 의도와 반대되는 생산성을 만들어내는가를 설명하고 있다. 개인들은 중요한 정보를 검열하는 개인적인 대화 또한 일방적으로 통제하는 전략을 이용하고 있다. 따라서 개인들은 학습을 제한하는 자기만족적인 과정을 개발했다. 왜냐하면 조직에는 기본적으로 동일한 이론을 사용하는 사람들이 생존하고 있기 때문에, 결과는 개인들을 보호하고 반생산적인 행동을 강화하기 위해 조직의 방어적인 관례가 생겨난다는 것이다.

나는 21세기의 도전은 이처럼 자기추진적이며, 반학습적인 행동을 줄이는 것이라고 제안한다. 이렇듯 중요한 탐구를 시작하고 보상하는 것은 리더십의 기능이다.

맺음말

Charles Handy

상상하지 못했던 미래

한 가지는 확실하다. 다음 세기의 조직은 현세기에 우리가 알고 있는 것과는 매우 다르리라는 것이다. 솔직히 말해 이 주제에 대한 과거의 수많은 분석과 글은 틀리거나 부적절할 것이다. 이것이 우리에게 커다란 도전의 기회를 주고 있다. 우리는 개념적으로 조직이 무엇인가를 다시 생각해야 하며, 무엇을 위해 그리고 누구를 위

찰스 핸디 Charles Handy | 영국에 살고 있는 작가이자 방송인이다. 그는 정유회사의 중역 · 경제평론가였으며, 오랫동안 런던대학교 경영학과 교수를 지냈다. 조직과 미래에 관한 그의 글은 잘 알려져 있으며, 가장 최근의 글은 《확실성 이후(Beyond Certainty)》다. 그의 책 《패러독스의 시대(The Age of Paradox)》는 1994년 《포춘》과 《비즈니스 위크》가 선정한 상위 10대 저서 중 하나로 지명되었던 《비논리의 시대(The Art of Unreason)》의 후편이다.

해 조직이 존재하는가를 다시 생각해야 한다. 이것은 연구자의 직무라기보다는 철학자들의 직무다. 왜냐하면 철학자들은 묻지도 않은 질문을 제시하고, 행동으로 연구하기에는 너무 새로운 대답을 종종 제안하기 때문이다. 따라서 나는 미래, 미래의 가능성, 미래의 문제에 매료된 자기만의 스타일을 소유한 사회철학자로서 이 글을 쓰고 있다.

가상성과 새로운 과학

휘틀리는 양자시대에 살고 있는 우리가 뉴턴시대의 조직을 믿는 위험성에 대해 《리더십과 새로운 과학 Leadership and New Science》에서 쓰고 있다. 뉴턴이 틀린 것은 아니지만 현재 과학의 딜레마에 대처할 수 있을 정도로 옳지는 않았다. 마찬가지로 조직을 보는 오래된 방식은 틀린 것이 아니다. 과거의 방식은 단순히 오늘날 조직의 의미에 대한 진정한 정수를 포착하지 못했을 뿐이다. 조직은 눈으로 볼 수 있으며, 만질 수 있고, 과거에 그랬던 것과 같이 분명한 장소가 아니다. 예를 들어, 일을 처리하기 위해 같은 시간과 같은 장소에 모든 사람이 모여 있을 필요가 없어졌다. 장소와 시간은 이제 서로 독립적인 것이 되었다. 세계적 조직들은 시간대와 보조를 맞추기 위해 한 줄로 나열되어 있는 집단들에게 프로젝트를 넘겨줄 수 있을 것이다. 좀 더 세속적으로 사람들은 전화·팩스·전자우편을 이용해 서로에게 연결되어 함께 일할 수 있다. 만일 정보가 직무의 원자재라면, 공통의 공간이 전혀 필요 없는 것이다. 이미 우리 사회의 사무실이 차지하고 있던 지역은 아파트로 전환되었다. 사무실을 임대했던 사람들은 1주일에 168시간 동안 사용하며, 그것도 대부분 기차에서, 비행기에서, 고객과 함께 그들의 가정에서, 또는 숙제를 하는 등 다른 곳에서 일하는 사람들을 위해 자산을 보유하는 것이 너무 비싸다는 사실을 알게 되었다.

더욱 중요한 것은 직무를 수행하는 데 조직은 필요한 모든 사람들을 조직이 볼 수 있는 곳에 그들을 있게 하는 것은 차치하고, 소유할 필요를 더 이상 느끼지 않는다는 것이다. 동반자적 관계, 외부 자원의 유입, 유연한 노동력, 그리고 임시 관리자 등이 조직 내에서 위험을 유지하며 성수기 또는 응급상황에 대처하는 데 필요한 부분을 수입하는 방법이다. 오늘날 사람들이 좋아하는 공식은 $1/2 \times 2 \times 3$이다. 즉 미래에는 현재 고용되어 있는 사람의 반이 고용될 것이며, 평균적으로 두 배의 임금이 지급될 것이며(그리고 두 배 열심히 일할 것이며), 세 배의 생산성을 올릴 것이라는 의미다. 현실적으로 몇 안 되는 조직은 공급자, 대리인, 그리고 하나 또는 다른 종류의 전문가 등과 보이지 않게 계약을 하는 '계약의 상자'에 지나지 않는다. 몇 년 전 전투에서 파괴된 것을 대치하기 위해 크로아티아의 듀브로프니크Dubrovnik에 설립된 새로운 도서관은 작지만 세계의 모든 도서관과 컴퓨터로 연결되어 있다. 이 도서관은 몇 안 되는 책과 논문집을 소장하는데, 만일 필요한 기술을 집에 보유하고 있다면 도서관은 근처에도 갈 필요가 없는 독자들을 만족시키기 위해 커다란 서고의 선반조차 필요 없게 된 것이다. 사실 이것은 학생들을 위한 실질적인 건물이 아니라, 개념적인 공간인 영국의 개방대학과 그다지 다를 바가 없다.

이렇게 조직은 점점 더 '가상적'으로 되고 있다. 당신은 그들이 하는 것을 설명할 수 있으나 그들을 볼 수는 없다. 그러면 조직이라고 불리는 것은 무엇인가? 오늘날 조직이라는 단어는 사물 또는 형체 대신에 조직화를 의미함으로써 명사라기보다는 동사처럼 여겨지고 있다. 그리고 우리가 볼 수도 없거나 만난 적도 없는 것을 어떻게 관리하는가? 많은 관리자들에게 이러한 새로운 조직은 가능한 오랫동안 가능한 먼 곳에 간직되어야 할 대상이다. 우리는 대부분 미래를 향해 뒤로 걸어가기를 선호하고 있다. 이러한 자세는 불편할 것이다. 그러나 최소한 이러한 자세는 친숙한 것을 우리가 볼 수 있는 한 계속적으로 쳐다보는 것을 허락해준다.

불행하게도 우리의 편안함을 위해 양자이론과 새로운 질서가 모두 무시될 수는 없다. 우리는 이것을 이해하려고 노력해야 하며, 우리가 과학을 이용했듯이 이것과 함께 살 수 있으며 사용할 수 있어야 한다. 새로운 과학에서의 문제는 고정된 그 무엇이 아니다. 분자와 파장의 혼합이다. 두 가지가 동시에 측정될 수 없기 때문에 이 혼합은 결코 완벽하게 포착될 수 없다. 마찬가지 방법으로 새로운 조직은 항상 변화하는 분자(또는 사람)와 파장(또는 거래)의 혼합된 관계의 패턴으로 보는 것이 더욱 적절하다고 제안한다. 물리학자들은 분자를 '잠재성의 보따리'라고 말한다. 나는 이것이 새로운 조직에서 우리가 원하는 사람들에 대한 매우 좋은 설명이라고 생각한다. 즉 사람들은 더 이상 미리 정해진 상자 안에서 역할을 담당하는 것이 아니라 카오스 이론에서와 같이 세계 전역에 천둥번개의 원인이 되도록 파장을 보내서 동요를 일으킬 수 있는 능력을 갖춘 나비와 같이 될 것이다.

이제 더 이상 자세한 예측과 통일성은 가능하지 않다. 베르너 카를 아이젠베르크Werner Karl Heisenberg가 관찰하는 방식이 관찰 대상을 변화시킨다고 지적한 것과 같이 우리가 어떤 사람을 보는 방식은 그들이 행동하는 방식에 영향을 미치며, 종종 우리 자신의 행동이 우리가 반응하고 있다고 생각하는 환경의 창조를 돕는다. 새로운 조직에서 힘은 구조가 아니라 관계에서 나온다. 명성을 확립해놓은 사람은 위로부터 내려오지 않는 권위를 갖게 된다. 다른 사람들에게 개방적인 사람들이 전에는 존재하지 않았던 긍정적인 에너지를 만들어준다. 회사에서 사랑 또는 좀 더 존경받을 만한 명칭을 준다면 '무조건적인 긍정적인 관심'은 세계를 지속시키지 못할 테지만, 이는 의심받지 않는 잠재성을 확실히 방출시킨다. 이것은 긍정적인 면이 있는 단정치 못한 세상을 만들게 된다. 물질적인 체계와 조직의 더욱 오래된 모델과 달리 새로운 조직은 무자비하게 밑으로 끌어내리고 있는 열역학 제2법칙에 복종하지 않는다. 그러나 이들 조직은 새로운 에너지원을 찾을 능력이 있으며, 따라서 자신들을 새롭게 할 수 있는 능력을 소유하고 있다. 그들은 이른바 학습 조직이라고 불리는 것에 대한 진정한 실마리를 갖고 있다.

과학에서 그랬듯이 예측 불가능성을 증가시키던 고된 사건이 기대하지 않았던 중요한 변화의 원인이 될 수 있다. 예를 들어 고객의 탐구·실수 또는 기대하지 않았던 실험의 결과가 전혀 새로운 제품을 낳을 수 있다.

세계에는 일종의 질서가 있다. 그렇지 않았다면 매일 매일의 생활은 불가능할 것이다. 세계 속의 조직에는 질서가 있어야 하지만, 질서는 더 이상 통제를 의미하지 않는다. 사실 새로운 조직은 항상 조금은 통제 불가능하며, 조직의 구조는 유연하고, 사람들은 혁신적인 경향이 있다. 사람을 포함하는 비선형적인 체계는 차라리 결혼생활에서 종종 생기는 것과 같은 예측 못한 결과를 만들어 내며 스스로에게 피드백을 주는 경향이 있다. 따라서 이렇듯 새로운 조직에서는 관리의 위계질서, 통제의 영역, 평가 체계, 직무기술서 또는 경력 계획 등과 같이 약간의 오래된 생각은 시대에 한정된 것처럼 보이고 향수를 불러일으키지만, 비현실적으로 전자우편 시대에 전보를 보내려고 노력하는 것과 같이 자신이 존재할 장소를 찾을 수 없게 될 것이다. 대신 새로운 언어가 출현할 것이다. 이 언어는 예전의 질서에 비해 이상하고 괴상한 듯이 보일 수 있는데, 이는 비유와 직유의 언어이며, 적은 숫자의 정의를 포함하고 있으나 풍부한 제안이 내포된 언어이다.

| **새로운 언어**

이 언어는 무엇인가? 우리는 다시 한 번 우리의 비유를 과학으로부터 빌려오고자 한다. 장 이론field theory은 주의를 끄는 아이디어다. 예를 들어, 전기장은 실질적인 것이다. 이 영향은 눈에 보이고 측정 가능하고 제한점 내에서 예측 가능하다. 그러나 장 그 자체는 눈에

보이지 않으며 손으로 만질 수도 없고 측정할 수도 없다. 이러한 장은 비활성 지점을 활성화시키며 전체를 하나로 유지하면서 에너지를 생산한다. 만일 우리가 장을 문화·가치·윤리·믿음·비전 등과 같은 것으로 생각한다면, 나는 이러한 비유가 조직에도 유용하게 응용될 수 있다고 믿는다.

모든 것을 함께 하기 위한 방법을 찾기 위해 서투른 노력을 하고, 잘 짜여진 계획이 더 이상 가능하지 않으며, 중심적인 윤리가 통제의 위치를 차지하고, 규칙 대신 행동의 규범이 존재할 때 공동의 신뢰를 줄이기 위한 서투른 노력을 함에 따라 조직 내에서 이러한 단어는 이제 진부한 것이 되고 있다. 신뢰의 장이 그런 장에 대한 하나의 예다. 프랜시스 후쿠야마 Francis Fukuyama는 《트러스트 : 사회적인 미덕과 번영의 창조물 Trust : The Social Virtues and the Creation of Prosperity》에서 높은 신뢰의 사회가 경제적으로 윤택하다고 주장하고 있다. 나는 그의 아이디어를 조직으로 확대시키고자 한다. 원칙적인 통제의 수단으로 신뢰에 의존하는 조직은 더욱 효과적이고, 더욱 창조적이며, 더욱 즐거우며, 더욱 싸게 운영되고 있다. 이들 조직은 우리가 오늘날 알고 있는 위계질서적인 통제 체계에 기초를 두고 있으며, 공포의 저류를 말하지 못하고 있는 대부분의 조직들과는 매우 다르다. 또한 이러한 조직은 운영하기가 쉽지 않다. 신뢰는 자신의 제약을 부가하고 자신의 규칙을 갖고 있다. 나는 다른 글에서 이러한 규칙에 대해 쓴 적이 있다. 이들 규칙은 신뢰에 기초를 두고 운영되는 조직이야말로 리더들이 다른 태도와 가정을 급진적으로 받아들일 것을 요구하고 있다는 점을 분명히 하기 위한 것이다.

신뢰는 새롭게 분열된 조직에서 하나의 장이 새로운 지렛대를 얻기 위한 방식으로 사용할 수 있는 한 가지 예다. 그러나 만일 장 이론이 새로운 과학의 다른 은유, 즉, 카오스 이론에서 나타나고 있는 형태를 조직화하는 것에 초점이 맞추어져 있고, 혼돈에서 탈출하는 방식이며, 움직임에 의미를 주는 '낯선 매력 있는 사람 strange attractor'에 대한 은유와 결합된다면 가장 잘 적용될 것이다. 열정적이지만 정신없고 통제되지 않은 조직은 그들에게 요점과 목적을 주고 있는 낯선 매력 있는 사람을 찾지 못한다면 의미 없는 움직임을 보일 수 있다. 어떤 사람들은 이것을 조직의 '정신'이라고 부른다. 이 용어는 부드럽지만 조직의 새로운 언어에 알맞은 또 하나의 풍요로운 단어다.

이제 나는 움직이는 것에 대한 의미를 부여하는 낯선 매력 있는 사람을 찾는 것이 리더십의 주요한 직무라고 믿고 있으며, 이 사람을 중심으로 조직의 열정을 조직의 내부가 아닌 조직의 제품에 기울이게 해주는 신뢰의 장이 만들어질 수 있다고 본다. 그러나 새로운 조직 계약의 출현이 모든 것의 밑바탕이 된다.

| **새로운 계약**

옛날의 질서 아래에서 도구주의적인 규제는 만사형통이었다. 조직은 소유주의 도구였다. 특히 회사는 더욱 소유주의 도구였으며, 근로자들은 조직의 도구였다. 관리자들은 소유주가 원하는 것을 시행하

고 조직이 필요로 하는 것을 직원들이 수행하도록 하기 위해 거기에 있었다. 계약은 분명했다. 조직은 도구였을 뿐만 아니라 소유주가 싫증나면 팔아버리는 재산의 일부였다.

그러나 만일 조직이 공장과 기계를 갖고 있는 건물이 아니라 사람과 관계의 혼합이라면, 조직을 '소유하기' 위해 돈을 지불하는 사람들에 대해 이야기하는 것은 타당하지 못하다. 어떻게 한 사람이 도덕적으로나 실질적으로 다른 사람들 또는 관계를 소유할 수 있는가? 만일 조직이 주로 가상적이라면, 즉 계약의 상자라면, 어떤 경우에도 소유할 수 있는 것은 없다. 만일 조직이 건물을 소유하고 있다면, 이것은 아마도 단기간의 임대이며 모든 컴퓨터 또한 임대 형식으로 사용될 것이다. 복잡성에 복잡성을 더하는 근로자들은 이제 조직의 핵심이다. 만일 그들이 조직을 떠난다면, 그들은 그들의 기술과 노하우를 가지고 조직을 떠나는 것이다. 자산은 도구 이상의 것이다. 자산은 사용될 뿐만 아니라 품어주고, 보호해주고, 그리고 투자해야만 하는 것이다.

스스로 통제하는 자신은 조직 행동의 새로운 현상이다. 칼 마르크스Karl Marx는 즐거워할 것이다. 그는 근로자들이 생산수단을 소유하는 날을 오래도록 기다려왔다. 이제 그렇게 되고 있다. 물론 그는 근로자들이 혁명을 통해 재무적인 소유주가 되는 것을 의미했지만, 오늘날 그들은 실질적인 소유주라고 할 수 있다. 왜냐하면 대부분의 조직에서 생산수단은 근로자 자신들의 손과 머리에 있기 때문이다. 그들이 떠나면, 거의 모든 것이 떠나는 것이다.

우리는 재무 담당자·근로자·관리자들의 책임을 규정하는

새로운 방식이자 그들 사이의 관계를 규정하는 새로운 방식인 새로운 계약을 필요로 하고 있다. 이런 과정에서 우리는 '회사'가 사업을 하는 조직이라면, 법적으로 소유주의 단순한 수단 이상이라는 사실을 재발견하게 될 것이다. 영국의 법률에 따르면 회사는 사람과 동일하다. 회사는 사람과 같이 고소당할 수 있으며, 범법 행위에 대해 사람과 같이 구속될 수 있으며, 행동에 대한 책임도 있으며, 그리고 규제에 대한 동조도 요구되고 있다. 비록 보통 잊고 지냈다 할지라도 회사는 항상 하나의 재산 그 이상이었다. 회사는 사람을 사물로 변환시키며, 기껏해야 인적 자원으로 변환시키고, 도구주의가 우리의 사고방식에 팽배하도록 허락했다.

새로운 계약은 아마도 회원·동료·투자가들에 대해 이야기하는 것이 좋아서 재산과 재산권에 대한 언어를 폐기하게 될 것이다. 회원들은 어떤 모임 또는 클럽에 속하는 것처럼 회사에 속한다. 아무도 자발적인 위원회를 소유하지는 못한다. 아무도 그럴 필요가 없다. 그러나 회원들은 그들 스스로가 핵심적인 자산일 때 중요해지는 심리적인 소유자라는 감정을 갖고 있다. 회원들은 공급자들 또는 대리인들과 같은 동료들이 갖고 있는 것과 같은 권리를 갖고 있으며, 이러한 권리는 궁극적으로 법에 따라 정의될 필요가 있다. 그러나 비록 현재의 권리와 같이 모든 것을 포함하고 있지는 못할지라도, 투자가들 또한 권리를 갖고 있다. 예를 들어, 클럽이 회원들과 함께 판매되듯이 구성원들을 제쳐두고 회사를 처분할 수 있는 권리는 아무도 소유하고 있지 않다.

이러한 구성원의 계약은 관리의 역할을 재정의하게 될 것이다. 이제 관리자들은 그들의 상관이라기보다 구성원들의 대리인이 되고 있다. 관리자들은 어떤 의미에서 구성원들이 관리자들을 관리하고 싶어하기 때문에 관리하고 있다. 그들은 그들이 힘을 행사하는 대상들로부터 그들의 권위를 찾고 있다. 이미 도구라기보다 중요한 자산이 되고 있는 많은 사람들의 재능과 기술을 이용하기 위한 방법을 찾기 위해 노력하는 많은 조직에서 이런 현상이 일어나고 있다. 이것이 관리자의 직무를 어렵지만 훨씬 더 합법적으로 만들고 있다.

예를 들어, 관리자들이 조직을 추진하는 목적이 무엇이며, 조직에 의미를 부여하는 낯선 매력 있는 사람에 대해 질문하는 것은 매우 합법적이다. 사업의 유일한 목적이 소유자들을 부유하게 만드는 것이라는 주장을 유지하면 더 이상 질문을 회피하는 것이 불가능할 것이다. 왜냐하면 소유주는 없고 오직 투자가들만이 존재할 것이기 때문이다. 분명히 어떤 사업일지라도 투자가들에게 보상할 필요가 있으며, 사업의 미래를 제공할 필요가 있다. 그러나 그것은 항상 다음과 같은 질문을 청해왔다. 어떤 미래에 무엇을 위해, 그리고 누구를 위해 조직은 존재하는가? 새로운 계약 아래에서는 그러한 중요한 질문을 회피하지 않게 될 것이다. 미래에는 어떤 표준화된 조직도 존재하지 않는 것과 같이 어떤 표준화된 대답도 가능하지 않을 것이다. 각 조직은 스스로의 운명을 결정할 것이며, 스스로 낯선 매력 있는 사람을 결정해야 할 것이다.

나는 새로운 조직이 과거의 조직에 비해 훨씬 더 어려운 장소가 되리라는 것을 의심하지 않는다. 확실히 새로운 조직은 예측할 수 없으며, 측정할 수 없으며, 전통적인 원리에 익숙하지 않다. 그러나 우리는 편안하지 않다는 이유로 미래를 거부할 수 없다. 우리가 해야 할 일은 새로운 조직을 이해하기 위한 방법을 발견해 새로운 조직이 우리를 위해 작동할 수 있도록 만드는 것이다. 그러한 이해를 위한 첫 번째 걸음은 이처럼 괴상한 창조물을 정의하는, 새로운 개념적인 단어와 새로운 방식을 만드는 것이다.

한경클래식 03
피터 드러커 기업의 미래

지은이 / 프랜시스 헤셀바인 · 마셜 골드스미스 외
옮긴이 / 이재규
펴낸이 / 김경태
펴낸곳 / 한국경제신문 한경BP
등록 / 2-315(1967. 5. 15)
제 1판 1쇄 인쇄 / 2009년 3월 20일
제 1판 1쇄 발행 / 2009년 3월 25일
주소 / 서울특별시 중구 중림동 441
홈페이지 / http://bp.hankyung.com
전자우편 / bp@hankyung.com
기획출판팀 / 3604-553~6
영업마케팅팀 / 3604-561~2, 595
FAX / 3604-599

ISBN 978-89-475-2623-4(set)
      978-89-475-2635-7

값 23,000원

*파본이나 잘못된 책은 바꿔 드립니다.